范式变更

零碳金融的长潮与大浪

朱民 王遥 等

- 著 -

NET-ZERO FINANCE

中国出版集团

中译出版社

图书在版编目（CIP）数据

范式变更：零碳金融的长潮与大浪 / 朱民等著 .

北京：中译出版社 , 2025. 6. -- ISBN 978-7-5001
-7223-9

Ⅰ . F83

中国国家版本馆 CIP 数据核字第 2025Y6S773 号

范式变更：零碳金融的长潮与大浪

FANSHI BIANGENG : LINGTAN JINRONG DE CHANGCHAO YU DALANG

著　　者：朱　民　等

策划编辑：朱小兰　任　格　朱　涵

责任编辑：朱小兰

文字编辑：苏　畅　王希雅

营销编辑：任　格

出版发行：中译出版社

地　　址：北京市丰台区右外西路 2 号中国国际出版交流中心 3 号楼 10 层

电　　话：（010）68002494（编辑部）

邮　　编：100071

电子邮箱：book@ctph.com.cn

网　　址：http://www.ctph.com.cn

印　　刷：山东新华印务有限公司

经　　销：新华书店

规　　格：710 mm×1000 mm　1/16

印　　张：35.5

字　　数：300 千字

版　　次：2025 年 6 月第 1 版

印　　次：2025 年 6 月第 1 次印刷

ISBN 978-7-5001-7223-9　　　　　定价：129.00 元

序

经济走向碳中和，金融走向零碳金融

碳中和转型是工业革命以来人类传统经济发展范式的巨变，将从根本上推动新旧范式的更替，也将催生新的经济发展理论。工业时代的传统经济发展范式是基于工业革命后西方发达国家的现代化标准，建立在不断投入资源、增加生产物质财富、升级消费物质产品的基础上，以国内生产总值（GDP）来衡量核心产出的增长。工业经济发展体现为物资大生产和大消费的特征以及人与物资之间简单的生产和消费关系。在经济快速发展推动工业化、城市化和农业现代化进程的同时，这种发展范式忽略了物质生产和消费过程中的社会、环境和健康的机会成本和收益，导致日益严重的不平等和环境退化，也产生了效率损失、环境污染、自然破坏、人类健康受损、财富收入分配不均、个人和社会的对立以及国家和全球的矛盾，给发展模式的可持续带来了压力。

2015 年在巴黎举办的联合国气候变化大会宣告了工业革命以来传统发展模式的失败，同时开启了人类以减碳、碳中和为目标寻找全新发展模式的进程，全球开始加快探索符合生态规律的经济新范式。经济新范式将彻底改变传统范式的发展目标、发展内容、发展方式和发展普适性。一是发展的根本目的是提高人们的福祉，需要从传统单一的以"物质产出最大化"为衡量标准转向基于"物质与社会福祉"多维参数的目标，重新审视价值理论并体现"超越GDP"的基于福祉的价值观；二是发展内容从以物质财富的生产和消费为中心上升到包括物质和非物质产出，涵盖环境质量、健康、社会和谐等多维需求，同时通过激励措施和政策来转变生产和消费系统，重新定义资源价值和商业模式，最终重塑整个经济体系；三是发展方式将重构人与自然的关系，理解并平衡人力资本、物质资本、自然资本和社会资本等生产要素之间的相互关系，确立最优投入，以获得稳定的资本回报和管理四项资本所产生价值的相互影响；四是发展范式具有全球普适性，传统增长范式高度依赖物质资源投入和高碳排放，导致了全球范围资源争夺加剧和环境发展不可持续，无法实现全球共享繁荣，新经济范式摆脱对物质资源投入的依赖，可以建成发展与全球生态相互促进的共生关系，最终实现各国绿色合作共赢和全球可持续发展目标。

新范式的根本变化意味着人类认识世界的整体性框架和价值标准的改变，这是发展底层逻辑的变化，将持续驱动科学技术、生产方式、消费方式、生活方式、社会组织方式和价值观念的重大变化，也将全面体现为资源概念、企业组织模式、商业模式、金融模式、体制机制和政策体系等实体经济的变革和创新。此外，这还会体现在对经济学基本问题的重新思考，包括价值理论、财富的内涵和测度、成本与收益概念、最优化概念、消费者和企业行为的目标及约束条件等方面。

当经济范式走向碳中和，支持实体经济碳中和转型的金融系统也必将与之相协同，经历一场深刻而根本的"范式变更"，最终走向"零碳"金融，并重新思考金融支持经济转型的作用、功能和路径，探索构建一个全新的可持续金融系统。

中央金融委员会和中央金融工作委员会成立以后，2023年10月底首次召开金融工作会议，提出要"以加快建设金融强国为目标""坚定不移走中国特色金融发展之路，加快建设中国特色现代金融体系"。2024年1月16日，习近平总书记发表重要讲话，深刻阐释了金融强国的丰富内涵，将推动金融高质量发展提升到国家战略的高度。

建设金融强国要求着眼未来，立足当下，必须加快构建中国特色现代金融体系。中央金融工作会议描绘了构建中国特色现代金融体系的宏伟蓝图，指明了我国由金融大国迈向金融强国的实践路径。针对中国金融高质量发展的长期制度设计，中央金融工作会议也首次提出了"做好科技金融、绿色金融、普惠金融、养老金融、数字金融五篇大文章"的行动指南。"五篇大文章"相关内容也首次写入2024年政府工作报告，对金融体系服务实体经济提出了更高的要求，成为当前和今后一个时期金融工作的重要指引。

建设金融强国的根本在于推进中国式现代化，为经济社会发展提供高质量服务，这与国家绿色可持续发展和"双碳"目标的战略方向是高度契合的。党的二十大报告指出，中国式现代化是人与自然和谐共生的现代化。在全球应对气候变化的共同目标下，我国生态文明建设与碳中和战略必然在未来40年深刻改变整个社会的能源结构、产业结构、投资结构和生活方式，也为中国零碳金融的高质量发展指明了方向和核心要求。以零碳金融创新为契机，积极探索人类历史中前所未有的零碳金融发展模式，推进中国零碳金融体系建设，成为构建金融强国、走中国特色金融发展道路的最佳诠释。

发展零碳金融遵循现代金融发展的客观规律，同时具有适合我国国情的鲜明特色。现代金融的发展总是与经济范式的变更紧密联系、相互推进。碳中和转型作为工业革命以来人类传统经济发展范式的巨变，正从根本上推动全球探索顺应生态规律的经济新范式。新范式的根本变化意味着人类认识世界的整体性框架和价值标准的改变，是发展底层逻辑的变化。经济的范式变更产生新的金融需求、金融模式和金融制度，金融资本在新旧范式更替的演化进程中发挥助推、主导和服务产业转型的关键作用，金融业也在这个过程中得以演进、升级和完善。在全球现代金融发展的历程中，先后建立起现代商业银行体系、现代投资银行体系、创业投资体系和现代金融监管体系。当经济范式走向碳中和，支持实体经济碳中和转型的金融系统也必将经历一场深刻而根本的"范式变更"，最终走向与碳中和一致的"零碳"金融。

从历史沿革来看，以经济收益为主导的传统发展模式受到物质资源消耗上限带来的增长约束，金融在支持经济增长的同时，在实践中也面临要支持环境可持续的变革需求，一系列与同期经济和生态目标相匹配的金融概念先后产生，如旨在提高环境质量和转移环境风险的环境金融、支持可持续发展目标的可持续金融、应对气候变化资金需求和风险管理的气候金融、投资绿色项目和追求环境效益的绿色金融等。总体而言，这些金融理念的演进在本质上都是顺应工业时代西方经济社会发展阶段对金融支持的特定需求，以支持经济总量增长、实现投资利益最大化为核心目标，努力将环境外部性纳入成本收益模型，还没有实质性地转向以人类发展与生态环境的共生为核心，因而受到其底层价值基础的局限，无论是在金融服务侧重点和发展框架上，还是在实践、理论和制度上都难以提出突破性解决全球性环境和气候危机的长期方案。

遵循现代金融支持经济发展的客观规律，零碳金融提出要从学理、制度和实践层面重新思考金融支持经济转型和生态、福祉协调的作用、功能和路径，努力探索构建一个全新的适合我国国情的可持续金融系统。构建零碳金融可以推进人与自然和谐共生的中国式现代化，走出与西方金融模式具有本质区别的中国特色金融发展之路。

在国际上，绿色金融源自西方国家早期绿色运动后萌生的环境金融，经过半个多世纪的动态发展，伴随发达国家先后走完了"先发展再治理"的工业化进程。我国绿色金融的提出一方面借鉴了发达国家早期对环境金融的部分界定，另一方面结合了自身工业化发展阶段的特征，具有符合国情的鲜明特色。我国自2015年开始全面构建绿色金融战略体系，在绿色金融顶层设计和体系建设、绿色金融产品和服务创新、气候环境风险管理政策设计、地区绿色金融和气候投融资实践、绿色金融国际合作等方面都积累了丰富的经验，本外币绿色贷款余额、境内绿色债券存量规模已分别居全球第一位、第二位。

同时，全球也意识到现有绿色金融对支持碳中和转型还存在巨大的差距，远不能覆盖转型所需的资金规模、期限和风险管理需求。相比西方绿色金融经过了近50年发展才完成碳排放的自然达峰，中国金融助力碳达峰碳中和面临的时间紧迫性决定了必须要从根本上变革思维框架和金融模式。这就意味着零碳金融要跳出西方金融模式的局限，探索具有不同于工业发达国家环保金融、绿色金融、气候金融、可持续金融模式的新内涵和特征，实现跨越式发展，以创新实践来助力高碳排放且金融资源匮乏的发展中国家共同走向"发展与治理同步"的生态文明。

零碳金融是构建金融强国、实现中国金融"换道超车"的历史机遇。在中国，零碳金融与碳中和目标一致，聚焦支持实体经济的零碳转型，支持以经济增长和社会福祉为目标的可持续经济增长，是贯彻"创新、协调、绿色、开放、共享"的新发展理念的综合体现，也与建设金融强国的丰富内涵高度协同。具体而言，在创新方面，零碳金融强调支持科技创新、产业模式创新，推动低碳零碳技术及其商业模式创新，匹配产业结构的零碳转型，解决绿色发展的动力问题；在协调方面，零碳金融以系统性、全域性碳中和变革中的不均衡为出发点，内在要求协调产业、区域、生产、生活的资源配置和结构调整，促进经济社会发展和生态环境保护协同共进，解决绿色发展的不平衡问题；在绿色方面，零碳金融以绿色金融取得的成效为基础，以助力实现碳中和为导向，通过金融的手段把生态优势转化为发展优势，使绿水青山产生巨大效益，推动实体经济绿色零碳转型和可持续发展；在开放方面，零碳金融以净零排放的全球性公共目标为准则，以更好的金融开放为路径，支持促进绿色低碳发展的资本、人才、技术和信息双向流动，解决绿色发展的内外联动问题；在共享方面，零碳金融重在协调、公正、平衡的转型，助力全球特别是发展中国家提高应对气候变化和可持续发展的能力，全球共享绿色发展成果，解决绿色发展的社会公平正义问题。

在碳中和大潮的推动下，全球面临着工业革命以来最重要的金融范式变更，需要前所未有的资金投入和创新的金融产品、全新的风险管理系统和金融监管体系，并将由此形成新的全球零碳金融标准、规则、市场和金融治理框架，全球金融业正全面而迅速地进入零碳金融时代。西方主要经济体纷纷围绕零碳金融领域标准和规则的制定、资金的流动、金融市场地位的确立等重要内容，开展全方位的政策研究和实践探讨，打造和推广具有本土优势和发展潜力的新金融模式，以期在未来全球零碳金融治理格局中占据先发和主导地位。

在迈向净零的全球竞赛浪潮中，各国瞄准零碳金融规则制定这一制高点展开激烈竞争，部分重要领域已开始出现领先标准。但整体上，全球零碳金融规则正处于探索和构建阶段，国际合作面临政治、经济、数据、技术等多重挑战，对市场和企业行为尚未形成可普遍接受的通用框架，这为中国零碳金融的发展和国际定位提供了难得的发展机遇。在全球推进碳中和目标和绿色金融发展转型中，中国金融业正和国际金融业处于构建零碳金融的同一起跑线上。中国金融应充分利用现有的绿色金融实践经验、市场规模和生态基础，努力发挥具有中国特色的制度优势，先行构建领先的零碳金融理念和零碳金融体系，牢牢把握"换道超车"和走向世界前列的历史机遇，积极探索建设金融强国的实践路径。这也是中国金融为全球零碳金融体系建设和可持续发展而承担世界责任所贡献的力量。

构建零碳金融宏观管理框架，支持中国特色现代金融体系建设。习近平总书记深刻指出，加快构建中国特色现代金融体系需要建立健全"六大体系"，即科学稳健的金融调控体系、结构合理的金融市场体系、分工协作的金融机构体系、完备有效的金融监管体系、多样化专业性的金融产品和服务体系、自主可控安全高效的金融基础设施体系。"六大体系"涉及金融调控、金融市场、金融机构、金融监管、金融产品和服务、金融基础设施等方方面面，这六大体系互相联系，互为支撑，交织描绘出中国特色现代金融体系的宏伟蓝图。

零碳金融是支持中国特色现代金融体系建设的重要体现。构建零碳金融需要尽早建立相应的宏观管理政策框架，为金融参与者和市场提供清晰和长期的政策信号、明确的政策指引，以提供激励导向和稳定的市场预期。在零碳金融宏观管理框架的顶层设计引领下，零碳金融要适应碳中和经济范式转变特有的时间跨度长、投资规模大、转型风险突出、覆盖国民经济全领域等特征，推动整个金融体系的零碳转型，服务实体经济的零碳转型。在这个过程中，我国金融业也有机会走向持续的实践创新、理论创新、制度创新，逐步建设起中国特色现代金融体系，助力经济可持续增长，助力金融强国建设，助力中国式现代化进程发展。

在建立中国式零碳金融体系的战略目标推动下，零碳金融宏观管理政策体系、零碳金融市场体系、零碳金融组织服务体系三者将有机融合，共同构成将政府、市场与参与主体紧密结合起来的现代零碳金融生态。其中，零碳金融宏观管理政策体系是引导和支持绿色金融向零碳金融转型的顶层保障和制度支持，具体由财政政策、货币金融政策、零碳金融风险管理、零碳金融国际治理等多目标协同的政策支持工具构成。零碳金融市场以构建并完善透明、高效的零碳融资体系、零碳投资体系和零碳交易体系为核心，在政策框架下引导实体经济等融资需求方与机构、个人等公私投资需求方有效参与零碳投融资活动，同时满足支持碳中和的增量投融资活动和支持高碳转型的存量资产管理需求。零碳金融组织服务体系则以各金融机构和中介组织提供的零碳金融产品、服务、自律活动和平台合作为主，以多样化的金融产品和服务创新，全面支持多元化零碳金融市场主体的多层次投融资需求，服务于健康丰富的零碳金融市场生态。

本书主要内容与结构如下所示。

第一章从经济金融范式的理论和国际零碳金融的发展入手，提出碳中和经济范式下的零碳金融要综合已有环保金融、绿色金融、气候金融、可持续金融模式的发展共性和逻辑要求，探索具有不同于工业发达国家金融模式的新内涵和新特征，极大地丰富了金融支持气候变化、支持人类福祉的内涵，实现跨越式发展。向零碳金融转型是实现中国金融"换道超车"的历史机遇，应战略性先行构建零碳金融宏观管理框架，支持中国特色现代金融体系建设。

第二章梳理了我国绿色金融发展在"自上而下"的政策引导与"自下而上"的市场实践中取得的成效和经验。第二章指出双碳目标下经济社会的绿色转型为金融供给提出新要求，绿色金融面临向零碳金融转型的新任务，同时在战略框架设立、法规制度与政策体系建设、金融市场活力改善、碳信息披露水平提升、气候风险评估与应对等方面也面临新挑战。

第三章探讨了构建具有中国特色的零碳金融宏观管理框架的蓝图设想与实施路径，强调了在支持碳达峰碳中和目标下，金融体系需进行自我革命，实现零碳转型，并提出了包括政策工具、风险管理、国际合作在内的具体策略。同时，文中还分析了国际零碳金融宏观政策框架的探索与经验，为中国建立领先的零碳金融体系提供了参考。

第四章从财政和货币政策协同的理论框架和历史演进出发，明确提出碳中和目标是两者协同合作的时代任务。在参考国际上财政和货币政策协同支持绿色低碳转型的实践经验和创新模式基础上，总结我国财政支持绿色金融所取得的成绩和面临的挑战，提出我国要发挥社会主义市场经济的制度优势，创新"财政引导＋市场主导"的零碳金融模式支持碳中和。

第五章论述了央行的低碳结构性货币政策是应对气候风险和推动低碳转型的重要工具。实施这一政策时，需要平衡其他货币政策目标、市场效率以及低碳转型的需求，并协调与其他财政政策之间的关系。全球各央行在低碳结构性货币政策方面的实践，为评估其效果提供了重要的现实依据。

第六章探讨了金融监管的"巴塞尔"体系经历了统一标准的创立、三大支柱的提出与全面风险监管、多层次监管框架建立的三阶段，当前碳目标下，巴塞尔银行监管委员会在增强金融稳定的目标下进行了一系列的气候相关金融风险研究探索，开展系列革新工作，探索将气候风险纳入现有巴塞尔框架的路径。

第七章围绕面向碳中和构建生态高度复合的中国零碳金融市场体系展开，指出零碳金融市场的构建是金融领域零碳转型的核心组成部分和关键着力点，构建复合型的零碳金融市场生态体系需要从基本要素、运行机制和市场体系三个方面予以考虑。

第八章指出在当前全球缺乏零碳转型可行方案与成功经验、理论落后于实践的客观条件下，绘制金融支持中国双碳目标的蓝图，应基于前期积累的实践基础开展多样化的探索。从我国中央、地区绿色金融政策框架出发，提炼了绿色金融地方实践创新中的有益模式及经验，特别是致力于双碳目标的有力举措，同时借鉴国际先进经验，提出地区开展试点示范走向零碳金融体系的若干建议。

第九章基于碳中和作为解决全球气候问题的新的国际公共产品，

探讨了零碳金融的国际合作框架、各国在零碳金融领域的战略布局以及中国如何利用自身在绿色金融领域的国际优势，推动全球金融治理机制的构建和零碳金融生态市场的形成。同时，也分析了零碳金融国际合作的成效和挑战，提出中国在全球零碳金融治理中的影响、定位和政策建议。

第十章探究了在双碳目标下，碳达峰与碳中和阶段呈现不同的特点，由此决定了不同阶段面临不同的金融需求。基于两阶段下金融支持方向、金融支持结构、金融风险管理等方面的特点，紧扣金融服务实体经济的首要原则，提出"零碳金融"路线图。

第十一章研究发现，在应对气候变化目标下，气候环境政策、公共需求偏好转型、技术范式变革等相关因素引发的对实体产业的冲击，可能通过金融的杠杆机制与关联机制向金融体系传导，造成金融体系内恶性循环加剧、服务实体经济功能受阻等不良后果。在此背景下，提出设计零碳转型金融风险的宏观监管框架与微观监管机制，以适应新风险情势下的发展要求。

第十二章深度剖析了碳市场在全球及中国的发展历程、政策创新、实践效果以及所面临的挑战，揭示碳市场在推动全球经济零碳转型、应对气候变化中的核心地位与作用，提出了中国碳市场在支持国家碳中和路径中的策略选择和未来展望。

经济走向碳中和，金融走向零碳金融。碳中和带来巨大的转型机遇和风险，也将带来国家治理结构调整，自上而下打造全面的战略方案和框架，以创造市场为契机建立起新型政府与市场的结合关系。零碳金融以金融业的"范式变更"支持碳中和，将深刻体现这种新型的政府与市场、金融与科技、产业与金融的关系，满足国家碳中和战略、经济高质量发展的需求，确保我国金融系统积极稳健转型，以金融高质量发展支持建设金融强国、走中国特色金融发展道路。

感谢各位作者认真、辛苦探讨和研究，不断探寻零碳金融的前沿，不懈深挖零碳金融的理论基础，经过两年的努力终成文稿。感谢德勤企业咨询（上海）有限公司吴颖兰、普华永道会计师事务所吴倩提供的专业支持。感谢读者阅读此书，还请大家不吝批评指正，共同参与中国零碳金融的探索。先谢谢大家了。

朱　民

2024 年 7 月 6 日

目录·

第一章
范式变更：零碳金融的颠覆和转型
朱　民　潘　柳　张娓婉

第二章
跨越：从绿色金融走向零碳金融
王　遥　任玉洁　吴祯姝　张蕃严

第三章

构建具有中国特色的零碳金融宏观管理框架

朱　民　郑重阳　李长泰　韩绍宸　巩　冰

第四章

财政和货币政策合作支持碳中和：财政政策视角

朱　民　潘　柳　张娓婉

第八章

在实践中创新：开展中国零碳金融的试点示范

朱　民　郑重阳　潘泓宇

第九章

迈向碳中和：零碳金融的国际合作和竞争前沿

朱　民　潘　柳　潘泓宇　巩　冰

第十章

发展零碳金融路径：双碳目标和零碳碳达峰的两阶段发展

王　遥　金子曦　傅奕蕾　万秋旭

第十一章

管理零碳转型金融风险

王　遥　王文蔚　张广逍

第十二章

碳市场的发展与未来：中国与世界其他国家的政策创新与挑战

李长泰

第一章

◆

范式变更：
零碳金融的颠覆和转型

朱　民　潘　柳　张娓婉[*]

* 朱　民： 中国国际经济交流中心资深专家委员、国际货币基金组织原副总裁、
中国人民银行原副行长

潘　柳： 清华大学五道口金融学院中国金融前沿中心副主任

张娓婉： 清华大学五道口金融学院中国金融前沿中心研究专员

第一节　碳中和推动金融业转向
零碳金融范式

历史上经济范式的变更总是与相应的金融范式紧密联系、相互推进。经济的范式变更产生新的金融需求、金融模式和金融制度，金融资本在新旧范式更替的演化进程中发挥助推、主导和服务产业转型的关键作用，金融业也在这个过程中得以演进、升级和完善。金融革命作为经济范式变革中的重要推动力量，在全球先后建立起了现代商业银行体系、现代投资银行体系、创业投资体系和现代金融监管体系（陈雨露，2021）。

在现代经济理论和历史实践范畴内，金融发展与经济增长之间相互促进和制约，存在密切的内在关联性。具体而言，从金融功能支持经济发展的角度，金融可以优化宏观和微观经济的发展效率，对经济增长产生促进作用。金融活动通过结算支付、资本形成、资金导向、信用催化、产融结合、信息揭示以及风险管理等主要功能和机制，改变资本对产业的供给和配置，进而影响生产要素的分配，推动产业转型升级和生产力发展（Levine，2002）。从金融制度理论的角度，金融制度可以影响金融发展的规模、结构和效率，从而实现金融与经济增长间的协调发展。适应经济发展阶段需求的有效金融体系和金融政策组合，可以有效配置资源、减少信息不对称、降低交易成本、达成契约并提供激励机制，促进金融业加速发展，从而推动经济增长，而不匹配的金融体系则会制约经济发展和产业转型（Levine，2002；

Stiglitz et al.，2002）。此外，金融发展的作用机制也具有阶段性和动态性，经济发展阶段越高，金融的作用也越强（Gurley et al.，1967）。

各国意识到以经济收益为主导的传统增长模式受到物质资源消耗上限带来的增长约束，在实践中产生了金融支持经济增长和环境可持续发展的变革需求，演化出与同期经济增长和生态发展目标相匹配的系列金融概念，如旨在提高环境质量、转移环境风险的环境金融（White，1996）、支持可持续发展目标的可持续金融（Jeucken，2001）、应对气候变化资金需求和管理风险的气候金融（Giglio et al.，2020）、投资绿色项目追求环境效益的绿色金融（Devas，1994）等。但总体而言，这些现代金融理念延续了经济总量增长的判断模式，仍是从效用理论为出发点，以实现投资收益最大化为目标，尽管努力将环境外部性纳入成本收益模型，但仅依靠市场化价格体系难以解决金融价值和非金融价值之间的冲突，因而从理论基础和功能上难以支撑经济增长与自然生态协调发展的巨大资金需求。

与走向碳中和的经济范式变更相协同（朱民等，2023），金融业走向零碳金融的"范式转变"（Carney，2019），需要从学理、制度和实践层面重新思考金融支持经济转型的作用、功能和路径，探索构建一个全新的零碳金融系统。

在学理上，现代金融的逻辑框架是帮助个人、企业和社会通过基于风险资产估值的价格系统来对市场稀缺资源分配做出决策（Weston，1981）。以效用理论为基础，现代金融推出的均值方差投资组合理论、状态偏好理论、资产定价理论等奠基理论，为个人、企业和社会提供了从效用理论应用到风险替代方案选择的均衡结构。市场各主体对风险替代品的不同偏好相互作用，形成资产价格信号，使得跨期及不同主体消费投资之间的有效资源配置成为可能。但在此过程中，由于缺乏对非市场资源的合理估值，物质资本的价值被高估，自然资本、社会资本的价值被低估，产生了市场价格体系在面临环境问题时的失灵。

在制度上，Stephen（2019）指出，现代金融的四大基本制度是有效市场、回报和风险、用无套利原则对近似替代品的估值，以及以股东利益最大化为目标的公司金融。这些主要制度在匹配新经济范式下对经济和福祉增长的需求时，也面临重构和扩展的挑战（Dennis，2022）。第一，有效市场假说中金融市场的资产价格应包含有关价值的全部信息，但社会、环境因素对资产价格的影响越来越显著且难以明确。信息不对称、公共品和外部性等因素使得市场无法自动实现资源配置的效率最优，产生市场失灵。第二，微观金融理论的核心是依据金融支持标的的预期收益率和风险进行资产定价，但投资组合理论、资本资产定价模型（CAPM）和期权定价理论等，都尚未将气候变化或碳排放的相关风险和收益充分纳入考虑，以及包括物质、环境、健康、社会和谐等多维参数的投资偏好和恰当的贴现率，基于模型的分析将产生模糊的结果。第三，气候风险超出现有估值模型的适用范畴，如金融风险通常被转变为静态或用线性函数代入模拟确定均衡解，而气候变化风险是动态、非线性和不确定的，难以用常规函数模拟；金融风险管理仍以短期为主，但气候因素既有短期也有长期，具有持续的期限和结构错配；此外，气候变化和碳减排也缺乏足够的相关历史数据用以建模和验证。第四，现代公司金融的模型和制度建立都以最大化股东利益为前提，如公司资本结构与市场价值不相干（MM）定理、信息不对称和信号定理、委托代理模型等，在纳入碳排放、健康、福利、卫生等非经济利益的背景下，股东利益最大化的定义也要重新考量。

在实践上，国际社会已经意识到现有金融实践在应对气候变化的规模、速度和效果上都存在巨大的不足，碳中和目标下的新增长和生态可持续发展对全球金融提出了全新而严峻的要求与考验。对仍处于工业化和城市化进程中的中国而言，向零碳金融跨越的需求更为迫切。第一，要为前所未有的规模大、期限长、风险高的碳中和转型提供高额投融资，现有金融业面临巨大的资金来源和风险管理等现实挑战，零碳金融必须突破创新融资机制；第二，要管理高达 400 多万亿元存量金融资产在碳估值变动过程中的金融重构风险，提出重塑国家、产业、企业和居民资产负债表的预案，确保金融平稳进入低碳零碳产业并从高碳产业撤出，减少波动；第三，为碳中和科技创新提供史上最大规模的高风险投融资，现有金融业在碳中和科创领域的投融资经验不足，科创公司因缺乏固定资产而面临融资困难，亟须创新零碳金融风险投资模式；第四，设计旨在帮助高碳产业适应碳中和政策环境的金融产品和服务，吸引不同风险偏好和投资期限的投资者，共同支持高碳产业结构转型；第五，金融机构应积极参加国际零碳金融标准设立、零碳金融市场建设的前沿竞争与合作，提出并推动可适应发展中国家经济产业结构的零碳金融标准、原则和政策框架，参与构建全球零碳金融治理体系；第六，金融机构自身在这个过程中也逐步转型成为全新的净零碳排放金融机构（朱民，2022a、2022b）。

第二节 国际零碳金融的发展

在工业化的进程中，国际金融界特别是西方发达国家在理论和实践发展中相继提出了诸多从区域性到全球性的生态相关金融概念，与金融支持同期经济发展和生态体系相匹配。这些概念既遵循了金融支持经济发展的必然逻辑，同时具有工业文明时代背景下以服务总量增长为主的鲜明印记，其金融目标、金融功能、估值原则、风险内涵和测度、市场产品等都体现了现代金融基础理论和制度框架在环境生态领域的应用和实践。

一、二十世纪六十年代西方环境保护运动的兴起催生环境金融

环境金融是最早由学界提出的维护自然生态的相关金融概念，也被认为是环境经济学的一个分支（White, 1996）。二十世纪六十年代，随着工业化带来的西方生态环境破坏加剧，环境保护运动兴起，要求金融支持环境保护行动并承担责任，其作用机制是通过金融决策过程纠正影响区域性环境的工业行为，弥补生态系统破坏带来的显著经济损失。环境金融的核心思路是结合市场化的环境政策工具来提高投资策略的生态影响，以减轻环境破坏带来的负面影响。

在环境金融国家战略层面，欧美国家率先出台《清洁空气法案》等生态环境立法，继而提出建立生态环境治理、资金补偿与责任等反应机制。美国于 1980 年出台了《综合环境反应、补偿与责任法》，依

据该法建立了首个联邦紧急授权和工业维护基金（"超级基金"）为环境修复提供资金，并对银行的环境责任从可追溯性出发提出明确的行动准则，促使金融投资在功能上重视环境领域的资源配置和风险管理。在市场发展层面，战略和政策的导向引发了全球资本流向的改变，推动市场重构，创新利用金融衍生品、价格和交易等市场机制来协同解决环境问题（Sandor，2012；Sandor，2017；Tao et al.，2022）。在国际合作层面，1972 年在斯德哥尔摩举办的联合国人类环境会议首次将环境问题作为主要议题，《斯德哥尔摩宣言》呼吁通过国际合作"筹集资源，提供资金、技术支持来维护和改善环境"，提议成立世界环境基金作为国际公约资金机制，标志着工业化国家与发展中国家开始就经济增长、空气、水和海洋的污染以及全世界人民福祉之间的关联展开对话。

二、二十世纪九十年代以来的可持续发展理念深入延伸出可持续金融

世界逐渐认识到环境生态影响的复杂性和全球性，需要各国政府、企业和个人共同承担社会责任和治理（Friedman，2007）。早在 1987 年，联合国从国际组织层面提出可持续发展理念，要求金融部门予以重点支持，在商业和投资决策时考虑经济活动或项目的环境（E）、社会责任（S）和公司治理（G）因素，引导更多长期投资（UNEP–FI，1997）。在国际合作层面，各国意识到转变私人金融是实现可持续发展的关键。在 1992 年里约地球峰会召开前夕，联合国环境规划署（UNEP）发布《银行关于环境和可持续发展的声明》，并

成立银行倡议组织。1997 年修订《金融机构关于环境和可持续发展的声明》，标志着全球环境规划组织与金融部门联合推动可持续金融变革。2015 年后，可持续金融较为明确地被定义为联合国 2030 年可持续发展目标框架提供直接和间接支持的金融服务及相关机制和市场安排，其目标在于满足可持续发展目标（SDGs）框架下的长期金融需求，处理风险以及外部性等市场失灵，提高金融市场的稳定性和效率（G20[①]，2018）。2019 年，可持续金融国际平台（International Platform on Sustainable Finance，简称为 IPSF）成立，旨在就环境可持续金融方面的最佳实践展开交流，进一步强化国际合作。

在可持续金融政府战略层面，以欧盟为代表的主要经济体率先开始建立支持可持续金融发展的战略体系。如欧盟 2018 年出台《可持续增长融资行动计划》作为可持续金融战略顶层设计，2021 年发布的《可持续经济转型融资战略》确定了以金融手段推动实现经济可持续转型的行动方案。在市场层面，可持续性原则的应用始于股票市场，而后扩展至固定收益市场，以为环境项目融资的债券为主（IMF blog，2019）。为降低市场风险，全球在可持续分类标准、信息披露、评级准则等领域的细化方案也不断推进，推动构建可持续金融体系的基石。如欧盟 2019 年《可持续金融分类方案》已成为国际可持续金融最广泛的分类依据。在可持续金融的实践中，ESG[②] 投资、ESG 风险、ESG 信息披露、ESG 评价等越来越广泛地被市场和政府主体所重视，引导着金融市场主体的价值观转变，如联合国 2009 年提出可

---

① 二十国集团（Group of 20，以下简称为 G20）
② ESG 是环境、社会责任和公司治理（Environmental，Social and Governance）的缩写

持续证券交易所倡议。各类可持续金融产品推陈出新，在国际金融市场中的地位也日益增加。

三、全球气候治理和 2015 年《巴黎协议》强化了对气候金融的重视

世界关注应对气候变化的信号不断增强，国际社会要求采取全球共同气候行动，发展中国家面临资金、技术和能力建设的巨大缺口，产生了迫切需求。全球气候治理框架也对金融参与提出了特别要求，气候投融资和气候金融的概念应运而生。《巴黎协议》在气候融资方面取得重大进展，提出气候金融应以 1.5℃温控目标为指导，促使资金流向与低温室气体排放和气候韧性发展路径相一致（UNFCCC，2015）。以《联合国气候变化框架公约》（UNFCCC）、《京都议定书》《巴黎协议》为主导，国际上的气候投融资主要强调发达国家对发展中国家的金融支持，即哥本哈根会议设定的目标：到 2020 年发达经济体每年向发展中国家提供 1 000 亿美元的气候融资。因此，气候金融的狭义目标也被认为是发达国家提供的"气候特别净资助"（Carty et al.，2018）。然而，气候融资不同于官方援助，它是用于覆盖应对气候变化增量成本的额外资金。近年来，气候金融的内涵也在不断扩展，从减缓和适应气候变化，到增强韧性、补偿损失和损害以提供复原力，在更广泛意义上要求与可持续目标保持一致（UNFCCC，2022）。

在国家气候金融战略层面，各国纷纷颁布或制定气候变化法律法规，成立气候变化管理部门，实施发展低碳经济战略。例如，英国于 2008 年通过全球首个国家层面的框架型立法——《气候变化

法案》，并成立了气候变化委员会作为独立咨询机构，就减缓和适应气候变化向政府提供建议，包括碳预算、碳足迹和气候金融等方面。其他已出台应对气候变化法律法规的还有欧盟以及德国、法国、瑞典、新西兰、墨西哥等国家。在国际范围内，各国政府部门在气候金融领域的合作也不断深化。2019 年，多国联合发起成立财政部长气候行动联盟（CFMCA），2022 年又成立了贸易部长气候联盟，旨在推动财政政策和贸易行动对气候融资的支持。市场层面的发展则围绕碳交易机制、披露制度、低碳基准、气候债券标准等主要支柱性领域展开，包括强制和自愿的温室气体排放权交易机制、G20 成立的气候相关财务信息披露工作组（TCFD）、气候债券倡议组织（CBI）推出的《气候债券标准》等。在实践中，当前全球气候投融资仍以债务性融资为主，股权类、混合类、保险类等其他创新投融资工具的应用还较为有限，企业、私人资本的参与力度也相对不足，难点在于如何更好地量化气候金融风险并将其汇总到投资组合层面。

四、《京都议定书》的减排机制奠定了碳金融的发展基础

《京都议定书》中约定的国家之间降低碳排放的合作机制，催生了碳金融的发展，从市场角度提出了应对气候变化的金融解决方案，并逐步形成为减排项目配置资金的全球碳金融市场。由于国际气候公约下的资金机制面临发达国家与发展中国家合作的困境，国际气候融资需要从环境基金等集中融资模式向分散性的融资模式过渡，也需要多样化的融资主体。同时，《京都议定书》界定了温室气体排放的所有权，使其成为一种资产而具有商品的价值和交易的可能性。狭义

的碳金融通常指以碳配额、碳信用等碳排放权为媒介或标的的资金融通活动，由此以碳排放权为核心的市场化碳金融模式开始发展。

在国家战略层面，西方主要经济体将碳交易政策作为应对气候变化的关键政策工具，着手立法制定碳金融政策，推动建立碳金融市场。如欧盟于2000年发布的《气候变化计划方案一》、英国于2008年通过的《气候变化法案》、美国的《2009年美国复兴与再投资法案》中，都提出了建立排放交易体系的计划，并在后续通过一系列专项政策或行动指令予以具体落实。在市场层面，各国碳金融市场迅速起步，以配额交易机制为主，欧盟2005年启动的排放交易体系已成为全球最大的强制性碳交易市场，美国2003年启动的芝加哥气候交易所（CCX）和英国2002年始建的排放交易体系（UK ETS）则成为自愿减排的典型。国际碳金融活动的参与主体广泛，碳交易平台众多，基于碳交易的金融衍生产品也不断丰富，全球碳市场总交易规模持续增长。在国际合作层面，以《京都议定书》中提出的三大市场机制为通用基础，碳交易市场的壮大内在要求积极推进全球各地碳市场的跨区域和跨国界连接，如欧盟与澳大利亚、日本、新西兰建立了对接机制，全球统一碳市场也在努力推进。此外，民间机构如2007年成立的国际碳行动伙伴组织（ICAP）等，也积极为促进全球碳市场建设和发展提供国际合作平台。

五、《巴黎协议》和解决环境外部性问题推动对绿色金融的广泛关注

绿色金融在《巴黎协议》后也受到更广泛的关注和重视，要求将

环境外部性内部化，通过联合金融机构和金融资产、公共资金和私人资本以及金融体系对环境风险的有效管理，为经济低碳绿色转型提供投融资支持。绿色金融与环境金融涵盖的范畴相近，但由于不同国家环保政策的重点不同，其定义在国际、国家和市场层面并不统一，演变进程也有差异。绿色金融强调利用投融资金融活动产生环境效益，主要将资金投向绿色行业和绿色项目以改善生态，支持环境可持续发展（G20，2016；Oecd-ilibrary，2021；IFC et al.，2017）。

在绿色金融国家战略方面，中国 2016 年率先提出顶层设计《关于构建绿色金融体系的指导意见》及配套支持政策，积极开展体系建设和地方实践。2019 年，英国、美国和欧盟均颁布了各自的绿色金融战略。中国人民银行对绿色金融支持的范畴包括环境改善、气候变化应对和资源节约高效利用三个层面，强调完善金融支持绿色发展的资源配置、风险管理和市场定价功能，大力发展绿色信贷、绿色证券和绿色保险等绿色金融主要产品。

在市场发展层面，各国以绿色债券、绿色贷款为主的绿色金融产品规模持续增加，一系列绿色金融原则和标准得以建立，如针对绿色信贷中环境和社会风险评估的"赤道原则"（EPs）、界定绿色金融活动的绿色债券标准和绿色分类法等，以及专业绿色投资机构不断成立，如英国绿色投资银行、丹麦绿色投资基金、南非绿色基金等，都由财政提供主要资金。政府和民间还广泛开展绿色金融国际合作，例如，2016 年成立了 G20 绿色金融研究小组，2017 年组建了"央行与监管机构绿色金融网络"（NGFS），2018 年中英联合发布《"一带一路"绿色投资原则》（GIP）等，这些合作致力于推动全球和区域性绿色金融标准的协调和全球绿色金融能力的建设。

六、应对碳中和转型的金融覆盖不足而补充提出转型金融

在实现联合国 2030 年可持续发展目标的过渡转型中，人们逐渐意识到绿色金融普遍以投资方向来界定，并没有充分覆盖高存量的传统碳密集经济主体转型的资金需求和风险管理，因此，从 2019 年开始，陆续补充提出了转型金融的概念。转型金融主要指对于"棕色产业"和碳密集产业低碳转型的金融支持（OECD，2019），是对绿色金融侧重将资源配置集中在绿色项目投融资的补充和延伸，也是可持续金融的重要组成部分。实施转型金融的主要原则是避免碳锁定和成熟绿色替代品的缺失，同时避免出现重大的融资缺口和社会经济风险。各国政府也予以了战略层面的重视，积极制定转型金融框架和出台相关指导意见（G20，2022）。例如，欧盟 2021 年发布的《可持续金融战略》将转型金融作为重要内容纳入其中；日本 2021 年发布的《气候转型融资基本指南》为高排放行业制定了详细的转型路线；英国财政部 2022 年成立了转型计划工作组，以推动建立转型金融框架和标准。在市场行动层面，金融机构相继推出转型债券等创新型转型金融产品，转型金融的界定标准、分类方案、评判原则、披露要求、行业标准等相关激励机制和准则正在被设定，如 CBI 的《为可信的绿色转型融资》白皮书、国际资本市场协会（ICMA）的《气候转型融资手册》。国际机构组织如经济合作与发展组织（OECD）（以下简称经合组织）、G20 等也分别提出转型金融的统一指引和框架，以促进各国在转型金融领域的国际合作。目前，转型金融仍处于早期发展阶段（UNFCCC，2022），但从长期发展来看，其在本质上具有以转型发展为主的阶段性特征。

七、整体而言，以上金融理念对支持碳中和仍存在很大差距

在国际演化中，上述生态环境相关金融概念由政府、市场或学术界等不同主体先后提出，它们本质上都是顺应工业时代经济社会发展阶段对金融支持的特定需求，并在政府战略、市场行动和国际合作的共同推动下，逐渐形成各有侧重的发展框架（参见附表1）。演变和发展逻辑的主线是将环境和资源视为约束，利用金融手段来内部化环境破坏和气候变化的外部性，力争获得传统西方经济学理论下的收益与成本最优均衡，最终化解工业生产模式下的不可持续风险。但这些金融逻辑本质上仍是工业文明下以支持经济总量增长，实现投资利益最大化为核心目标，还没有转向以经济发展与生态环境的共生为核心目标驱动，因而受到其底层价值基础的局限，也就难以在方法和实践上提出解决全球性环境和气候危机的突破性的长期方案。迈向生态文明阶段，实现碳中和目标需要各产业从运作到生态都发生颠覆性变革，金融支持的思维方式需要跳出传统的以经济收益最大化为主导的判断模式，转向采取以净零排放为抓手的"成本收益+社会福祉"模式，首要的基础是形成清晰明确的金融概念引领，以匹配适应新的文明形态、支持零碳经济的发展。

现实情况证明，围绕"气候变化"和"绿色环保"的现有金融实践模式远不能覆盖碳中和转型的规模、期限并满足风险管理需求。减少碳排放的资金承诺远远达不到实现《巴黎协定》温控目标所要求的水平，存在巨大的排放差距和金融差距（UNEP，2022a，2022b；IMF，2022）。气候政策倡议组织（CPI）跟踪数据显示，2019年—2020年的全球气候金融年均规模为6 320亿美元，到2030年必须

至少增加 590%，达到 4.35 万亿美元，才能实现气候目标（CPI，2021a）。这一巨大差距的根源，一方面在于全球范围内达成和实施有效的气候变化合作协议困难重重，亟须全球气候治理框架和各国政策的切实完善；另一方面则是以获得"环境效益"为主的金融概念与实现 1.5℃温控目标所要求的"净零排放"在金融目标上并不一致，因而现行金融系统框架缺乏纳入"净零排放"因素的驱动力和配套制度保障，这制约了金融在推动实现碳中和目标中的核心作用（Robins，2020）。

第三节　金融新生态：零碳金融的理念和内涵

2021 年的联合国格拉斯哥全球气候峰会（COP26）成为引领金融范式转变的新转折点，利用金融支持净零经济转型目标成为共识。会议对零碳金融标准制定、私人资本投融资活动、国际零碳债券市场发展、金融机构零碳联盟等方面提出了初步设想和倡议。新金融范式的使命在于面向生态文明阶段努力促进净零排放目标的实现，气候金融、可持续金融、绿色金融和转型金融的内在含义都延伸至利用金融支持与《巴黎协定》温控目标一致的"净零"方向（Carney，2021；CPI，2021b；Roberts et al.，2021），这在广度和深度上已经超越单个金融理念自身的定义基础。面向未来的新金融范式要求综合已有概念的发展共性和逻辑要求，结合新经济范式和碳中和目标，极大地丰富金融支持气候变化、支持人类福祉的内涵，这种新金融范式可称为"零碳金融"。

一、零碳金融的定义

零碳金融是面向生态文明阶段金融支持经济发展与环境共生的新范式，是与碳中和目标及经济模式相一致的金融投融资活动和金融体系，聚焦支持实体经济和产业的零碳转型行为，支持广义的以可持续发展和社会福祉为目标的新经济增长。它旨在通过创新和完善金融系统，以政府引导、市场主导的方式调控激励公共和社会资金流向与资源配置，管理转型风险，以促进可持续发展，最终构造人与自然的和谐共生局面。

二、零碳金融的范式变更表现

在理解经济发展、生态环境和金融支持之间的内在逻辑和演进历史的基础上，零碳金融将建立起与碳中和经济模式相匹配的新金融形态。不同于以经济总量增长为主的工业文明，生态文明阶段以人与自然和谐共生为特征，零碳金融新范式必将从本质上重塑金融体系的价值观，并在金融目标、金融功能、估值原则、风险内涵和测度、市场产品等属性上突破旧范式的约束，展现更为广泛和深远的适用性。

首先，零碳金融目标将引入更为宽广的福祉判断标准。价值观的改变对金融效用的定义产生根本影响，传统金融以实现投资的收益最大化为目标，而零碳金融将兼顾物质效用和非物质效用，以追求"收益＋社会福祉"均衡最大化为目标，并由此引导投资、企业和个人的市场和非市场行为，助力实现人与自然的和谐及多维人类福祉。碳中和的全球性还意味着全球和国家层面的一致行动，要将全球金融合作和政策协调列入零碳金融目标，从全球金融治理的角度设计零碳金融系统。

其次，零碳金融从广度和深度上极大地扩展金融功能所涉及的范围和内涵。传统金融系统的六大基本功能包括跨期跨域进行资源配置、管理风险、支持商品和服务以及各类资产交易、归集资源和细分所有权、提供信息、解决激励问题（博迪等，2006）。这些功能在零碳金融范式下都将被丰富和延伸。一是资源配置期限和领域被拉长放大，需要跨代际和跨国界配置；二是所管理的风险类别和复杂性超出传统模式，对政策、技术、市场和声誉具有全面影响，需要从学理和制度层面改变对风险溢价的理解，重构定价机制；三是资源和资产范围扩展，要求增加对自然、社会、健康、教育和福祉的测度，以及增加新所有权划分和金融化如碳资产、碳负债等，最终建立统一的测度标准；四是提供更广泛的市场和非市场信息，以帮助市场更好地对风险资产、碳排放、科技创新等进行估值，支持低碳转型所需的资本重新分配；五是发挥金融在政府和市场间的赋能和催化作用，助力放大政府的激励引导作用，引导市场资源配置，加速启动政府、企业和个人的低碳转型。

最后，零碳金融将重新定义估值原则。传统金融范式主要通过市场价格体系对金融资产估值后进行资源配置，但针对碳排放等具有负外部性的公共品，单凭市场价格机制无法实现效率最优。如何在生产、交换、流通、分配和形成市场价格的全流程中体现自然资本、社会资本价值，是零碳金融估值体系的重要命题，需充分发挥政府和市场的共同作用，建立支持碳中和目标的信息披露的新的价格体系，在其中将经济效率和社会价值充分纳入考虑，形成对金融和非金融资产的科学估值以支持资源配置。

三、辨析零碳金融与绿色金融

当前，绿色发展的理念在全球广泛普及，涉及环境、社会和经济发展的方方面面，但绿色金融一直没有较为统一的概念，其底层价值基础仍停留在旧经济范式下，在支持绿色转型的实践中也缺乏整体框架和系统思维的引导，与实现碳中和的金融需求差距巨大。从工业文明到生态文明的飞跃带来了发展范式的根本和全面变化，这是理解零碳金融不同于绿色金融的核心基础。概括而言，环境问题是伴随工业增长范式产生的副效应，绿色金融等金融方案着眼于对环境问题具体表象的治理，因而收效甚微，而碳中和是针对增长方式提出的革命性解决方案，零碳金融则是着眼于新增长方式提出的金融变革，在本质上是与碳中和一脉相承的金融形态。零碳金融与绿色金融的具体差异可从以下三个方面辨析。

一是提出的背景和主体不同。绿色金融源自西方国家早期绿色运动后萌生的环境金融，重点支持解决区域性的环境问题，在半个多世纪的动态发展期间，发达国家先后走完了"先发展再治理"的工业化进程。中国政府于 2015 年发布的绿色金融概念沿用了发达国家早期对环境金融的界定，也结合了自身工业化发展阶段的特征，但与西方发展史最大的不同是，中国绿色金融同时面临着应对全球气候变化危机的碳排放挑战和要求。2015 年签署的《巴黎协议》和联合国发布的可持续发展目标成为重要分水岭，全球绿色金融已扩展到应对气候变化、生态修复和可持续发展等更为广泛的领域。相比西方绿色金融经过了近 50 年的发展才完成碳排放的自然达峰，中国绿色金融助力2030 年前实现碳达峰仅有不到 15 年的时间，到 2060 年前实现碳中和仅有不到 45 年的时间。气候变化挑战和时间紧迫意味着中国现有绿色金融的思维框架必须通过根本的变革，摆脱西方工业时代路径依赖的局限，将环境保护和气候治理目标有效转化为减碳行动，探索新经济范式下适应发展中国家"发展与治理同步"的零碳金融道路。

二是金融应对的方式不同。绿色金融的发展源自实践中同期环境治理的需求牵引，是从经济发展的视角用金融手段解决资源约束问题；零碳金融则是人类为了实现未来可持续发展而提出的自我变革下的主动选项，是第一次由发展中国家提出，也是第一次从变革产业模式和排放的角度提出的金融解决方案。从绿色金融的被动治理到零碳金融的主动引领，这一变化决定了金融支持思路和方式的转换，要转向以引导产业结构和投入产出中的碳排放为重点出发提供金融供给。同时，鉴于发展中国家普遍面临的资本市场不发达、法规制度不完善等金融基础设施短板，零碳金融也将为发展中国家提供在应对全球气候变化问题时特有的金融治理思路，是推动重建全球金融治理体系的有力抓手，也将打造中国式现代化的领先金融方案。

三是发展目标和服务重点不同。当前绿色金融涉及多种多样的广义范畴，也意味着其目标的多维化和服务边界的模糊化，在概念认知上难以达成统一。从政策制定上，中国金融支持双碳目标涉及绿色金融、气候投融资和转型金融等多个层面之间的相互补充和协调，也导致了政策和机构的分散化，难以形成合力，影响执行效率的提升和目标的落实。如现有绿色金融地区试点和气候投融资地区试点仅有三处重合地域，且两套方案的主管单位相互交叠，其协同管理机制仍不明确。鉴于此，构建零碳金融将以碳中和为核心目标，以协同推进降碳、减污、扩绿、增长为服务方向，为具有结构性不均衡的绿色发展提供更有力的认知统领和政策指引，集中制度、资金、技术、人力等优势资源，以更大的目标兼容和更高的实施效率加快弥合零碳转型的缺口。这就意味着零碳金融将明确引导资金流向支持减少碳排放经济活动，兼容绿色金融、气候投融资、转型金融的环保、气候变化和转型风险管理，同时支持增强碳汇能力，提升生态系统多样性，扩大绿色环境容量，从而支持人与自然和谐共生的经济可持续增长。

四、零碳金融的内涵和外延

在内涵层面，一是零碳金融在概念维度上坚持统一，覆盖绿色金融和环境金融的环保，可持续金融的生态资源保护和可持续发展，气候金融的气候风险冲击和内生化金融定价，转型金融的碳密集存量金融资产转向低碳的风险管理，以及碳金融的碳相关产品交易和市场规则。二是零碳金融在时间维度上坚持统一，贯穿碳中和转型的达峰、低碳到零碳的全过程，支持不同阶段大规模科技创新的投融资新模式，引导零碳金融产品和服务更加多维化发展，综合长期和短期、高风险和低风险因素，组合主产品和衍生产品，并关联多维市场。三是零碳金融在风险管理上超越最小化气候风险，围绕"净零"核心目标，走向"成本收益＋社会福祉"模式，涵盖市场原则下公共资金、金融机构资金和私有资金的新型风险管理模式创新。四是零碳金融原则和框架是未来 40 年全球金融竞争和合作的重要方向，也必须坚持碳中和这一全人类的共同目标，推动形成以创新、开放、包容为核心特征的新的全球零碳金融治理机制，加强全球各个国家之间的协同性，在零碳金融制度框架设计中纳入绿色、开放与共享的新发展理念，努力推动国际秩序朝着更加公正合理的方向发展。

在外延层面，零碳金融宏观管理政策体系、零碳金融市场体系、零碳金融组织服务体系三者有机融合，共同构成将政府、市场、参与主体紧密结合起来的零碳金融生态和外延。其中，零碳金融宏观管理政策体系是引导和支持绿色金融向零碳金融转型的顶层保障和制度支持，具体由财政政策、货币金融政策、零碳金融风险管理、零碳金融国际治理等多目标协同的政策支持工具构成。零碳金融市场以构建并完善透明、高效的零碳融资体系、零碳投资体系和零碳交易体系为核心，在政策框架下引导实体经济等融资需求方与机构、个人等公私投资需求方有效参与零碳投融资活动，同时满足支持碳中和的增量投融资活动和支持高碳转型的存量资产管理需求。零碳金融组织服务体系则以各金融机构和中介组织提供的零碳金融产品、服务、自律活动和平台合作为主，以多样化的金融产品和服务创新，全面支持多元化零碳金融市场主体的多层次投融资需求，服务健康丰富的零碳金融市场生态。

第四节　中国发展零碳金融的逻辑和基础

一、中国金融转型零碳金融，站在世界大潮之巅

在碳中和大潮的推动下，全球面临着工业革命以来最重要的金融范式变更，需要前所未有的资金投入和全新的金融产品、风险管理系统和金融监管体系，由此形成引领时代潮流的全球零碳金融标准、规则、市场和金融治理框架。全球金融正全面而迅速地进入零碳金融时代。西方主要经济体纷纷从既有的支持环保、绿色、气候治理、可持

续发展的金融政策、制度和市场出发，致力于从金融的理论、政策、实践、国际竞合等各个层面转向零碳金融，打造和推广具有本土优势和发展潜力的新金融模式，以在未来全球零碳金融治理格局中占据先机和发展主导地位。

中国自 2015 年开始全面构建绿色金融战略体系，短短几年时间内，已取得长足的进步和亮眼的成绩，在绿色金融顶层设计和体系建设、绿色金融产品和服务创新、气候环境风险管理政策设计、地区绿色金融和气候投融资实践、绿色金融国际合作等方面走在全球前列。截至 2022 年底，中国本外币绿色贷款余额达 22 万亿元，境内绿色债券存量规模为 1.54 万亿元，分别居全球第一、二位，在政策探索和市场实践方面都为向零碳金融转型奠定了良好的基础。

2020 年，习近平主席向世界做出碳达峰碳中和的承诺，凸显了中国作为最大新兴经济体积极应对气候变化、走绿色低碳发展道路的深远考量和坚定决心。面向 2060 年实现碳中和的国家战略将在未来 40 年深刻改变整个社会的能源结构、产业结构、投资结构和生活方式，也对中国零碳金融发展提出了明确的战略方向和要求。中国金融要全面支持实现碳中和转型所要求的经济社会系统性变革，并在此过程中实现金融业转型，构建全新的零碳金融体系，打造零碳金融模式。

应对气候变化挑战是全人类的共同目标，需要发展中国家和发达国家携手努力。较早进入工业文明的西方主要经济体早已完成碳达峰的发展阶段，而以中国为代表的广大发展中国家仍在工业化进程中，实现碳中和只能走"发展与治理同步"的新路。这也意味着新的零碳金融模式必须具有不同于工业发达国家的环保金融、绿色金融、气候金融、可持续金融模式的内涵和特征，以创新实践和探索经验助力高碳排放且金融资源匮乏的发展中国家共同走向碳中和的生态文明。在迈向零碳金融的转型过程中，中国将以此为宗旨，以负责任大国的姿态，积极参与和引领全球零碳金融大潮，与全球共享金融转型方案和成果，共同实现零碳目标。

二、向零碳金融转型是中国金融"换道超车"的历史机遇

在中国，零碳金融体现了新发展理念，是中国金融"换道超车"的历史机遇。零碳金融是与中国 2060 年之前实现碳中和目标相一致的投融资活动和金融体系，聚焦支持实体经济的零碳转型，支持以经济增长和社会福祉为目标的可持续经济增长，是贯彻中国"创新、协调、绿色、开放、共享"的新发展理念的综合体现。具体而言，在创新方面，零碳金融强调支持科技创新、产业模式创新，推动低碳零碳技术及其商业模式创新，匹配产业结构的零碳转型，解决绿色发展的动力问题；在协调方面，零碳金融以系统性、全域性碳中和变革中的不均衡为出发点，内在要求协调产业、区域、生产、生活的资源配置和结构调整，促进经济社会发展和生态环境保护协同共进，解决绿色发展的不平衡问题；在开放方面，零碳金融以净零排放的全球性公共目标为准则，以更好的金融开放为路径，支持促进绿色低碳发展的资本、人才、技术和信息双向流动，解决绿色发展的内外联动问题；在共享方面，零碳金融的根本目的在于助力平衡协调转型，解决全球气候变化问题和实现可持续发展，通过金融的手段把生态优势转化为发展优势，使绿水青山产生巨大效益，全球共享绿色发展成果，解决绿

色发展的社会公平正义问题。

中国在绿色金融实践中积累了丰富的经验，构建了初具规模的绿色金融政策和市场体系。在全球实现碳达峰碳中和进程和绿色金融发展转型中，中国金融正和国际金融业处于构建零碳金融的同一起跑线上。中国金融应充分利用现有的绿色金融实践经验、市场规模和生态基础，努力发挥中国特色制度优势，先行构建领先的零碳金融理念和体系，牢牢把握"换道超车"过程中走向世界前列的历史机遇。同时，这也是中国金融为全球零碳金融体系和可持续发展所贡献的智慧和所承担的责任。

三、战略性先行构建零碳金融体系的必然性

我国现有绿色金融向零碳金融的跨越发展仍面临突破性的挑战。一是全面统筹推进零碳金融体系的构建，需要在对增长范式转变的深刻理解基础上，在当前绿色金融、气候投融资和转型金融的整体政策框架基础上持续健全金融支持低碳发展的体制机制；二是政府主导和市场结合必须在整个利益机制和方向上有很强的针对性，重要挑战在于如何价格化，要完善激励约束机制，充分发挥政府在信息披露和政策引导中的作用，帮助市场建立有效的价格机制；三是风险管理体系和模式的全面调整，要深入分析气候变化所产生的物理风险、转型风险及其相互影响，包括短期和长期、区域和全球、政策和法律、技术和创新、市场和产品、声望和责任等，在成本收益、资产负债、资本和融资等金融范畴全面完善风险管理机制；四是零碳转型要推动金融市场生态的建设和深化，金融投融资要契合并推动零碳经济的广度、

深度和结构性发展，而我国绿色金融在整体社会融资中规模占比低，金融工具结构单一，投放结构与转型要求的产业结构匹配性还不高，需要全面扩大零碳金融规模、优化零碳融资结构、推动零碳金融工具和产品开发、发展零碳资本市场；五是应对碳中和的全球性挑战需要全球协同的金融解决方案，要继续扩展和深化中国绿色金融参与国际合作竞争的行动举措，在零碳金融国际治理中提出符合发展中国家定位和作用的方案和倡议，提高中国金融机构的国际影响力。

应对以上挑战首先要从根本上理解碳中和作为新公共产品的性质及其带来的巨大转型风险，要着眼于国家治理结构调整，自上而下制定全面的战略方案和框架，以创造市场为契机探索政府与市场的新型结合关系，而非仅仅是沿用西方工业时代"市场先行 + 政府维护"的老模式。零碳金融以金融业的"范式变更"支持碳中和，将集中打造和深刻体现这种新型的政府与市场、金融与科技、产业与金融的关系，从战略上先行构建引导性的零碳金融发展框架成为必然，具体体现为如下方面。

其一，构建零碳金融体系是碳中和进程中实现政府与市场关系重置的重要抓手。绿色金融体系背后的根本逻辑是一种金融化以后的环保合规，最终体现为金融产品及服务定价中的一部分成本，形成对投融资主体的绿色约束。与之相反，以政策先行的碳中和范式变革不再局限于合规约束，更大程度上意味着广泛而规模巨大的潜在金融市场利基亟待开发。零碳金融将以增量发展和存量转型的形式推动金融与科技、与产业的结合，在这个过程中借助由上至下的政策力、由下至上的市场力，形成从微观到宏观有机聚合的零碳金融体系，实现政府与市场关系的重新定位。

其二，满足国家碳中和战略、零碳金融国际竞争与合作制高点的需求，要从构建宏观管理框架开始，充分发挥我国的制度优势和市场力量，逐步有序推动金融转型。中国已初步形成了碳达峰碳中和"1+N"政策体系，满足"N"维政策衍生出的各类金融需求，成为构建中国零碳金融体系的应有之义、责任担当。"N"维政策下的金融需求意味着"N"维的金融供给，易于引起不同金融市场间的隔离与分割，不利于真实价格的发现和要素资源最优配置，需要将"N"维需求与供给转换成相互开放、有机统一的多层次零碳金融市场。与此同时，零碳金融已成为国际金融竞争与合作的制高点，中国应发挥自身特有的制度优势，联合私人部门共同推动零碳金融体系、零碳金融市场的孕育与发展壮大，实现中国金融发展的"换道超车"。

其三，构建完善的零碳金融风险管理体系，规避和应对好转型风险，是确保我国金融系统积极稳健转型的核心要求。由物理风险、转型风险构成的气候风险正日益成为一种影响金融体系稳定的风险变量，但如何提高金融体系在遭受气候风险冲击时的韧性仍有待积极探索。相对于物理风险的高度不确定性、随机性，以碳价、碳税、碳额度为代表的政策性转型风险变量更具普遍性、系统性影响，其变动将直接带来高碳资产、棕色资产的估值变动，可能对整个金融体系的稳定造成不可忽视的影响。有鉴于此，绿色金融走向零碳金融也将是一个建立健全风险管理体系的过程，通过构建并完善一整套气候风险信息披露、资本监管制度等重要机制，保障我国金融系统积极稳健转型，对内有效支持碳中和转型，确保经济稳定增长，对外提高在零碳金融国际市场的竞争力，提升在全球零碳金融治理体系的领导地位。

其四，世界领先的重大系统性工程建设需要高度协同的宏观管理框架。从零碳金融的覆盖面、支持政府与市场激励相容、面向国家战略与行业发展前沿、优化金融供给侧结构和健全风险管理体系等方面可知，绿色金融走向零碳金融绝非一场平滑的线性升级。中国高度统一、上下一体的制度优势，四十余年改革开放的独特经验，绿色金融从无到有的实践历程，为我们提供了又一块探索非线性范式变革的基石，致力于重塑人与自然关系的经济范式变更也要求我们必须跳出西方实践与理论的固有模式，积极探索人类历史中前所未有的零碳金融发展范式，并从宏观管理框架着手推动建立起全新的零碳金融体系。

第二章

◆

跨越：
从绿色金融走向零碳金融

王　遥　任玉洁　吴祯姝　张蒡严 *

* 王　遥：中央财经大学绿色金融国际研究院院长，中央财经大学 – 北京银行双碳与
　　　金融研究中心主任，财经研究院研究员
任玉洁：中央财经大学绿色金融国际研究院绿色金融研究中心主任
吴祯姝：上海电机学院商学院讲师
张蒡严：中央财经大学绿色金融国际研究院研究员，中央财经大学金融学院博士生

第一节 中国绿色金融的发展和成效

中国绿色金融体系构建大致可以分为三个阶段：第一阶段是1981年至2006年，绿色金融呈现政策被动跟随、产品以少量信贷为主的发展特点；第二阶段是2007年至2015年（不含2015年），在国家节能减排和环境保护的相关政策要求下，金融监管部门开始在信贷、保险、碳排放等领域进行绿色金融相关的制度建设，探索通过政策工具引导金融机构更多支持环境保护工作，绿色信贷进一步推进，环境污染责任险试点运行，上市公司环保核查普及，绿色金融发展初见雏形；第三阶段为2015年至今，在生态文明战略的指引下，我国绿色金融相关基础性制度安排不断健全，"自上而下"与"自下而上"两种模式相结合推动了中国绿色金融体系的全面构建，绿色信贷、绿色债券、绿色保险、绿色基金等产品和服务规模不断扩大，绿色金融发展进入快车道。

一、1981年—2006年：绿色金融的萌芽发展

我国改革开放实现了经济社会发展举世瞩目成就的同时，也面临着在长期经济高速发展过程中资源环境压力日趋严峻的考验，气候变化和环境破坏问题愈发突出。吸取西方发达国家经济发展与环境保护的经验后，我国开启了被动跟随西方步伐的、兼顾经济与环境的政策建设路径。

（一）将"环境底线思维"纳入金融约束条件

中国绿色金融政策的雏形最早可追溯至 1981 年国务院发布的《关于在国民经济调整时期加强环境保护工作的决定》，其中严禁对产生污染或其他公害的建设项目拨款或发放贷款，该文件标志着生态环境保护工作的针对性金融政策出台。随后近二十年间，多部委陆续在金融支持环境保护领域开展政策探索。《中华人民共和国节约能源法》及《中华人民共和国可再生能源法》的颁布为绿色金融支持节能减排政策提供了重要推手，环境保护与节能减排水平逐渐成为金融领域审批放贷的条件之一。2005 年，国务院在《关于落实科学发展观加强环境保护的决定》中再次重申对不符合国家产业政策、环保标准的企业停止发放贷款。

（二）绿色信贷较早开始起步

发展绿色信贷成为前期金融体系将环境保护、污染治理领域纳入考量的重要手段之一。以 1984 年 6 月为起点，原城建部、财政部、中国人民银行等国家部门共同颁布了《关于环境保护资金渠道的规定》，规定八大资金渠道用于环境保护、污染治理，特别提出工矿企业污染治理的资金可申请优惠贷款。1995 年 2 月，中国人民银行发布了《关于贯彻信贷政策与加强环境保护工作有关问题的通知》，这是我国金融监管部门首次提出直接性的环境保护相关信贷政策文件。同年，原国家环境保护总局发布的《关于运用绿色信贷促进环保工作的通知》要求各级环保部门与金融部门在相关领域相互配合，进一步强调了金融与环保监管政策要相互协同，相关政策见表 2.1。

表 2.1　绿色信贷相关政策梳理

时间	发布机构	政策文件名称	政策内容
1995 年 2 月	中国人民银行	《关于贯彻信贷政策与加强环境保护工作有关问题的通知》	各级金融部门在信贷工作中要重视自然资源和环境保护，把支持国民经济发展和环境资源保护、改善生态环境结合起来。
1995 年 2 月	生态环境部（原国家环境保护总局）	《关于运用绿色信贷促进环保工作的通知》	要求各级环保部门与金融部门在相关领域相互配合，强调金融与环保监管政策的相互协同。
2004 年 4 月	国家发展改革委、中国人民银行、国家金融监督管理总局（原中国银行保险监督管理委员会）	《关于进一步加强产业政策和信贷政策协调配合控制信贷风险有关问题的通知》	将产业政策与信贷政策紧密地联系起来，利用产业分类目录指导信贷政策，进而引导社会投资方向。
2004 年 11 月	国家发展改革委	《节能中长期专项规划》	提出制定节能设备目录，对一些重大节能工程项目和重大节能技术开发、示范项目给予贷款贴息支持。
2006 年 12 月	中国人民银行、生态环境部（原国家环境保护总局）	《关于共享企业环保信息有关问题的通知》	在当地主要媒体上定期公布超标准排放污染物或者超过污染物排放总量规定限额的污染严重企业名单。

　　此外，1996 年国务院在《关于环境保护若干问题的决定》要求金融机构更多介入环保投融资，包括债券发行、上市融资等在内的多元融资渠道得以迅速开拓。1998 年—2001 年，财政政策以发行长期国债的方式筹集资金，其中大量资金用于城市污水、垃圾处理等环保基础设施投资建设。2001 年 3 月，证监会对首次公开发行股票申请文件的内容做出要求，规定股票发行人对其业务及募股资金拟投资项目是否符合环境保护要求进行说明。

（三）开始注重信息披露能力建设

顺应国家环境保护与节能减排的行动要求，也为方便金融领域更好地为环保与污染治理项目提供优惠服务，自 2006 年开始，中国人民银行、原国家环境保护总局在环境征信信息、上市企业环境核查与环保信息披露等方面发力，联合发布《关于共享企业环保信息有关问题的通知》，将环境执法信息纳入银行征信管理系统并初步建立共享与合作机制。环境信息披露成为商业银行贷前审查和贷后管理的重要依据，也为绿色信贷政策体系与服务框架提供了更有力的支持。

二、2007 年—2015 年（不含 2015 年）：绿色金融的主动探索

党的十一届三中全会以后，我国正式开启了改革开放的步伐，实现了在经济社会发展上举世瞩目的成就。然而，在长期经济高速发展过程中，资源环境压力也日趋严峻，气候变化和环境破坏问题十分突出。2012 年，党的十八大单篇阐述生态文明建设，并将其写入党章，为绿色金融政策实施夯实了战略基础。

（一）绿色信贷政策体系先行发力

顺应我国间接融资为主的金融供给特点，绿色信贷政策先行发力。2007 年，原国家环境保护总局、中国人民银行和原银监会为遏制"两高"产业的盲目扩张，共同出台了《关于落实环保政策法律法规防范信贷风险的意见》，成为信贷机制防范绿色金融风险的早期政策雏形。2008 年至 2009 年，国务院办公厅在《关于印发节能减排工作安排的通知》中提出支持发行并不断扩大节能减排方面的企业债

券，开展污水处理项目收益债券试点。2013 年，原银保监会在全球率先要求 21 家主要商业银行披露绿色信贷信息，《2014 年度中国银行业社会责任报告》显示，截至 2014 年末，银行业机构绿色信贷余额达到 7.59 万亿元，其中，21 家主要银行绿色信贷余额较年初增长 15.67%，达 6.01 万亿元，银行业在化解产能过剩、发展绿色信贷方面成绩显著。

表 2.2 绿色信贷相关政策

时间	发布机构	政策文件名称	政策内容
2007 年 7 月	生态环境部（原国家环境保护总局）、中国人民银行、国家金融监督管理总局（原中国银行保险监督管理委员会）	《关于落实环境保护政策法规防范信贷风险的意见》	对不符合产业政策和环境违法的企业和项目进行信贷控制，以绿色信贷机制遏制高耗能高污染产业的盲目扩张。
2011 年 11 月	国家金融监督管理总局（原中国银行保险监督管理委员会）	《节能减排授信工作指导意见》	督促银行业通过信贷政策，以"两高"、落后产能为重点，积极调整和优化信贷结构，重视和有效防范信贷风险。这是金融监管机构主导下出台的首份综合性绿色金融政策。
2012 年 2 月	国家金融监督管理总局（原中国银行保险监督管理委员会）	《绿色信贷指引》	银行业金融机构应当从战略高度推进绿色信贷，加大对绿色经济、低碳经济、循环经济的支持，防范环境和社会风险，提升自身的环境和社会表现，并以此优化信贷结构，提高服务水平，促进发展方式转变。
2012 年 6 月	国家金融监督管理总局（原中国银行保险监督管理委员会）	《关于印发银行业金融机构绩效考评监管指引的通知》	社会责任类指标用于评价银行业金融机构提供金融服务、支持节能减排和环境保护、提高社会公众金融意识，包括服务质量和公平对待消费者、绿色信贷、公众金融教育等。

时间	发布机构	政策文件名称	政策内容
2013 年 6 月	国家金融监督管理总局（原中国银行保险监督管理委员会）	《绿色信贷统计制度》（现已进行新修订）	明确要求 21 家主要银行机构统计环境安全的重大风险企业、节能环保项目以及信贷服务情况，并每半年报送原银保监会，定期进行信息披露。
2014 年 6 月	国家金融监督管理总局（原中国银行保险监督管理委员会）	《绿色信贷实施情况关键评价指标》（现已进行新修订）	基于绿色低碳经济、环境与社会风险管理和自身环境与表现三个方面，原银保监会为绿色信贷设定了关键绩效指标（KPI）。

（二）绿色债券萌芽初现

以环保核查和环境信息披露为核心的绿色证券政策开始实施，股权融资市场的企业环境污染政策取得显著进展。这一时期连续颁布的与企业环境信息披露相关的系列政策和法规，从原先由原环保部或证券监管部门等独立制定，到后来跨部门合作联合制定相关制度，实现了中央部委间跨部门进行相关政策制定的联动。同时，这一阶段制定的相应政策表现出了较强的延续性，尽管 2014 年原环保部遵循"减少行政干预、市场主体负责"原则，进行简政放权，取消了对于上市公司的环保核查，但对于上市公司的日常环保监管配套政策进行了进一步规范，部分政策沿用至今。这一阶段，绿色债券政策萌芽初现。而市场方面，少数金融机构在国家相关政策出台前已开展积极探索创新，深交所、上交所分别在 2006 年—2008 年发布鼓励上市公司履行社会责任、披露可持续发展信息的指引；兴业全球于 2011 年 5 月发行首支绿色证券类投资基金，为中国绿色证券政策出台奠定有利的微观基础。此外，2014 年 5 月 8 日，中广核风电有限公司发行了国内第一单"碳债券"，创新采用"固定利率＋浮动利率"的定价方式，与债券存续期内中广核 5 个风电场的核证自愿减排量收益挂钩，是我国绿色债券的初步尝试。由此，绿色债券发行人、发行品种、投资者类型逐渐多样化，私人投资者开始逐渐介入，绿色债券的期限、评级和发行货币也呈现多元化分布态势。

（三）环境污染责任险启动试点

环境污染责任险是以企业发生污染事故对第三者造成的损害依法应承担的赔偿责任为标的的保险，可视为我国绿色保险发展的起点。2007 年，原国家环境保护总局、原保监会发布《关于环境污染责任保险工作的指导意见》，环境污染责任保险在我国启动试点。企业因突发意外污染事件造成损失，可通过保险赔偿的方式将损失降到最低，有利于分担企业经营风险，并提高自身污染防治能力。随后十年，环境污染强制责任保险试点安排、行业标准及管理办法相继出台，绿色保险体系构建日益完善。2013 年 1 月，原国家环境保护总局、原保监会再次联合发布《关于开展环境污染强制责任保险试点工作的指导意见》，强调建立环境风险管理长效机制的重要性，将涉重金属企业纳入环境污染强制险的试点范围。

（四）推动气候投融资相关政策落地

应对气候变化作为 21 世纪的全球核心议题，在这一时期受到了更多关注。在日益升温的全球气候变暖国际议题下，开展气候相关投融资，出台相关政策成为这一时期发展迅速的领域之一。其中具备突出代表性的实践，一是基于两个国际公约——《联合国气候变化框架公约》

《京都议定书》，国家发展改革委出台一系列关于清洁能源发展机制项目在中国落地的政策；二是在 2011 年末获批的基于减缓气候变化目标而创建的七省市碳排放交易试点政策。上述气候相关投融资政策是此后全国性碳排放权交易市场构建等政策出台的基础，具有较为重要的意义。

三、2015 年及以后："自上而下"全面构建绿色金融体系

2015 年起，绿色金融政策发力空间持续打开。

（一）绿色金融顶层设计从重点领域政策到全面体系建设

在生态文明战略的总体安排下，绿色金融成为金融供给侧结构性改革的重要内容，开始通过顶层设计获得全面推进，国家战略导向下，政策体系的系统化、多样化成为驱动绿色金融发展的关键因素。

一是国家战略明确绿色金融发展方向。2015 年发布的《生态文明体制改革总体方案》首次将"建立绿色金融体系"纳入国家战略，从绿色信贷、资本市场、绿色发展基金、风险补偿、环境污染强制责任保险制度等方面提出总体指导要求。中共十九大报告明确指出要发展绿色金融，并把构建绿色金融体系上升到了国家战略的高度。双碳目标提出后，绿色金融加快发展，《关于完整准确全面贯彻新发展理念做好碳达峰碳中和工作的意见》《关于印发 2030 年前碳达峰行动方案的通知》等顶层设计中，对绿色金融制度建设、产品创新、国际合作等方面作出指引性安排，从战略层面为绿色金融发展定调。

二是系列政策引导绿色金融体系构建。2016 年 8 月，中国人民银行牵头七部委共同发布的《关于构建绿色金融体系的指导意见》（以

下简称《指导意见》）引领绿色金融体系的系统化建设，成为构建绿色金融体系"四梁八柱"的纲领性文件。《指导意见》从绿色信贷、绿色债券、绿色股票、绿色基金、绿色保险以及各类环境权益的融资工具等方面确定绿色金融发展方向。

三是绿色金融标准体系逐步建立。标准体系提供绿色金融技术保障。2018年，中国人民银行牵头开展绿色金融标准化工程，围绕绿色金融通用基础标准、绿色金融产品标准、绿色信用评级评估标准、信息披露标准、统计与共享标准、风险管理与保障标准等展开了全面研究制定工作，按照"国内统一、国际接轨、清晰可执行"的原则有序推进绿色金融标准体系构建。一是绿色金融通用基础标准取得重大突破。继中国人民银行发布《绿色金融术语》之后，2019年国家发展改革委等七部门发布《绿色产业指导目录（2019年版）》。二是绿色金融产品和统计标准取得重大进展。在产业目录基础上，原银保监会、中国人民银行对绿色信贷、绿色债券的统计和分类标准进一步完善，相继修订发布《关于修订绿色贷款专项统计制度的通知》《绿色融资统计制度》《绿色债券支持项目目录（2021年版）》《关于明确碳中和债相关机制的通知》《环境权益融资工具》《碳金融产品》等标准。三是绿色金融机构评价标准优化。2018年发布的《中国银行业绿色银行评价方案》及2021年央行印发的《银行业金融机构绿色金融评价方案》，标志着绿色金融评价面向银行业金融机构全面开展。四是绿色金融信息披露标准不断完善。2021年7月，中国人民银行正式发布《金融机构环境信息披露指南》金融行业标准，从治理结构、政策制度、产品与服务创新、风险管理、风险量化、环境影响等方面对披露内容提出建议。五是区域绿色金融标准逐渐建立与完善。

六省（自治区）九地的绿色金融改革试验区，包括浙江湖州、浙江衢州、广东广州花都区、江西赣江新区、贵州贵安新区等地近年来大力发展绿色金融，不断出台地方绿色金融标准。

（二）绿色金融产品和服务从单一向多元转变

政策驱动与标准引领推动了绿色金融产品的快速增长，一方面，使得金融市场参与主体投向更加聚焦于纳入绿色金融政策统计口径的重点产业，另一方面，绿色金融产品数据快速增长的背后是中国经济绿色发展的支撑。为此，中国绿色金融产品规模的持续扩大与种类的持续丰富，既与政策导向与激励下金融机构自主创新的主动性以及能力不断提升有关，同时也是金融市场对绿色经济快速发展需求的有效响应。

一是绿色信贷覆盖面更加多元，余额稳步增长。有别于前期"一票否决制"的底线思维，新的绿色信贷统计制度覆盖领域更加多元，从导向来讲，与国家绿色产业政策的发展目标相衔接。在同一统计口径下，2018年—2022年，我国绿色信贷余额呈现持续上升态势，与2018年相比，2022年末国内绿色信贷余额增长率高达167.68%。央行发布的金融机构贷款投向统计报告显示，2022年，我国本外币绿色贷款[①]余额达到22.03万亿元，同比增长38.5%，比上年末高出5.5个百分点，高于各项贷款增速28.1个百分点，全年增加6.01万亿元。其中，投向具有直接和间接碳减排效益项目的贷款分别为8.62万亿元和

---

① 绿色贷款是指金融机构为支持环境改善、应对气候变化和资源节约高效利用等经济活动，发放给企（事）业法人、国家规定可以作为借款人的其他组织或个人，用于投向节能环保、清洁生产、清洁能源、生态环境、基础设施绿色升级和绿色服务等领域的贷款

6.08 万亿元，共占绿色贷款的 66.7%。从用途来看，基础设施绿色升级产业、清洁能源产业和节能环保产业贷款余额分别为 9.82 万亿元、5.68 万亿元和 3.08 万亿元，同比分别增长 32.8%、34.9% 和 59.1%。在产品领域，多金融机构开展内容丰富多元的产品创新，"环保贷""节水贷""光伏贷""挥发性有机物（VOCs）减排企业专项贷""绿色工厂星级贷""碳减排普惠贷"等特色绿色信贷产品成为支持绿色发展的有力支撑。

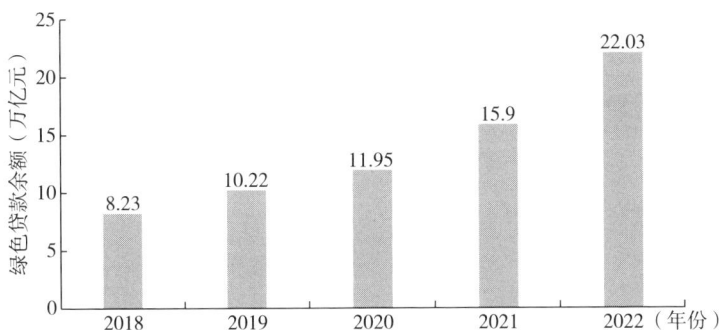

图 2.1　2018 年—2022 年中国绿色信贷余额统计

资料来源：中国人民银行统计数据。

二是绿色债券市场发展迅速，支持可持续金融发展的债券种类不断创新。近年来，中国绿色债券市场不仅在发行数量上实现飞跃式突破，还在绿色债券种类的可扩展上不断实现创新，产品丰富度显著提升。如图 2.2 所示，2022 年，我国境内绿色债券发行规模为 8 746.58 亿元，同比增长 44.04%，占中国境内外绿色债券新增发行规模的 88.90%；发行数量为 521 只，同比增长 7.46%，占中国境内外绿色债券新增发行数量的 91.73%。截至 2022 年底，中国境内绿色债券存量规模约为 2.78 万亿元，绿色债券是绿色金融直接融资的重要方式，拓宽了绿色项目的投融资渠道，有助于推动我国经济社会绿色低碳转型。

从投向领域来看，近年来支持基础设施绿色升级产业、清洁能源产业等始终是绿色债券的重点投向领域，2022 年，清洁能源产业、基础设施绿色升级产业的资金支持比例分别达到 30.34%、16.14%。此外，绿色债券特殊种类发行规模在不断扩大。如图 2.3 所示，2022 年，我国境内碳中和债券新增发行规模为 2 122.56 亿元，占中国境内普通绿色债券新增发行规模的 32.14%；发行数量为 132 只，占中国境内普通绿色债券新增发行数量的 33.25%。截至 2022 年底，中国境内碳中和债券存量规模约为 4 000 亿元。2022 年，我国境内蓝色债券新增发行规模为 111.47 亿元，占比 82.90%；发行数量为 17 只，其中境内蓝色债券新增发行数量为 15 只，占比 88.24%。截至 2022 年底，中国境内蓝色债券存量规模约为 130 亿元。特别地，为顺应高碳行业转型的经济发展需求，2022 年，我国创新推出低碳转型债券、转型债券、转型挂钩债券，扩大企业低碳转型融资渠道。2022 年，我国境内转型债券共发行 10 只，发行规模为 49.30 亿元。

从募集资金投向看，转型债券主要用于工业低碳改造类项目以及煤炭资源综合清洁利用项目。2022 年，我国境内低碳转型公司债券共发行 4 只，发行规模为 27 亿元，从募集资金投向看，低碳转型债券主要用于工业低碳改造类项目以及能源清洁利用项目。2022 年，我国境内低碳转型挂钩债券共发行 19 只，发行规模为 223.90 亿元，从关键绩效指标看，以清洁能源装机量为主，发行规模 110 亿元。2022 年，我国境内可持续发展挂钩债券共发行 33 只，发行规模 389 亿元。从关键绩效指标看，以清洁能源装机量为主，发行规模为 85 亿元，还有部分企业以绿色建筑累计竣工面积、单位钢材综合能耗、化学工业板块单位产品能耗、开采矿山尾矿年度综合利用率、瓦斯抽采利用率等等作为关键绩效指标。2022 年，我国境内外可持续发展债券共发行 10 只，发行规模约为 437.32 亿元。其中，9 只境外可持续发展债券发行规模为 422.32 亿元，1 只境内可持续发展债券发行规模为 15 亿元。截至 2022 年末，我国境内外可持续发展债券存量规模约为 770.48 亿元。

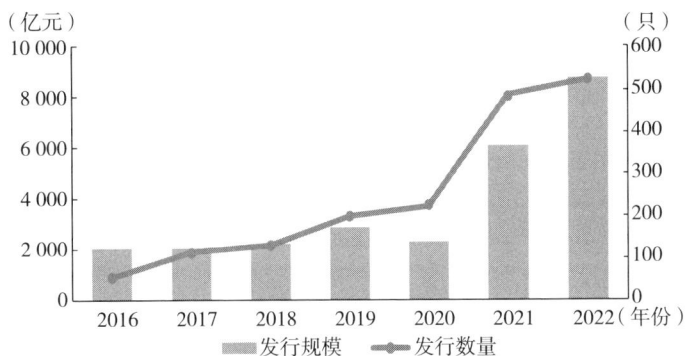

图 2.2 2016 年—2022 年境内绿色债券发行规模及数量统计

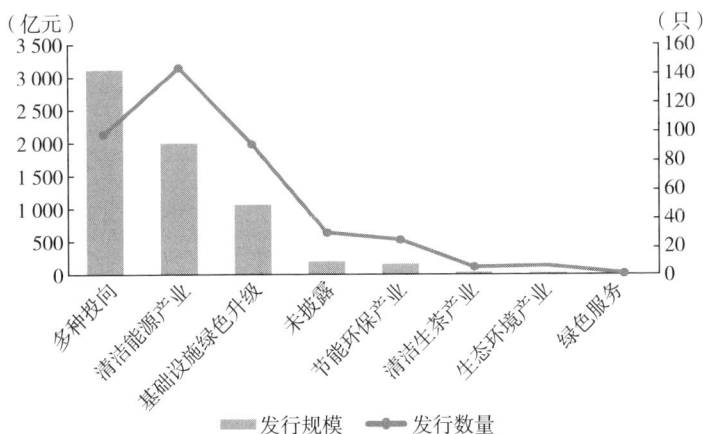

图 2.3 2022 年境内普通绿色债券募集资金投向统计

资料来源：中央财经大学绿色金融国际研究院绿色债券数据库。

三是绿色基金快速布局，数量显著增长。首先，我国绿色证券投资基金市场逐步呈现产品多样化和投资理念多元化的趋势，绿色基金正在保持自主发展的积极态势。在基金公司布局方面，自 2021 年下半年开始，根据不完全统计，目前布局绿色投资相关方向的基金公司已有 50 余家，其中，易方达基金、鹏华基金、富国基金、华夏基金、工银瑞信基金、建信基金、景顺长城基金等公司布局力度较大。根据中国证券投资基金业协会统计数据，截至 2022 年 6 月末，具有绿色、可持续、ESG 投资方向的公私募基金达到 1 178 只，规模合计8 821 亿元，与 2020 年底相比增长 34%。其中，公募基金约 242 只，管理规模超过 4 420 亿元；私募基金 936 只，管理规模超过 4 000 亿元，股权创投基金规模占比超过 90%。2022 年 7 月，我国首批 8 只碳中和交易型开放式指数基金（ETF）发行，此类产品主要投向"深度低碳"和"高碳减排"两大方向的股票池。其次，除了快速发展的绿色证券投资基金，绿色产业基金近年来也多有实践，绿色产业引导基金重在引导社会资本，投向对绿色发展有重大意义的行业、项目和技术。当前国家设立了绿色发展基金，由财政部、生态环境部、上海市共同发起设立，基金将重点投资污染治理、生态修复和国土空间绿化、能源资源节约利用、绿色交通和清洁能源等领域；2020 年 7 月15 日，国家绿色发展基金股份有限公司在上海市揭牌运营，首期募资规模 885 亿元。地方层面，各级政府陆续设立绿色发展基金，用以对地方绿色产业提供资金支持。2023 年 1 月，首期规模 100 亿元、总规模 300 亿元的四川省绿色低碳优势产业基金正式运营，采取"政府引导＋市场运作"模式，重点支持清洁能源、动力电池、晶硅光伏、钒钛、存储及环保科技、绿色材料、环境修复、资源再利用等产业。

四是绿色保险类型多样化趋势显著。由图 2.4 与图 2.5 可知，在保险方面，根据中国保险行业协会统计，2018 年至 2020 年，保险业累计为全社会提供了 45.03 万亿元保额的绿色保险保障，支付赔款 533.77 亿元，有力发挥了绿色保险的风险保障功能；2020 年绿色保险保额 18.33 万亿元，较 2018 年增加 6.30 万亿元，年均增长率为 23.43%；2020 年绿色保险赔付金额 213.57 亿元，较 2018 年增加 84.78 亿元，年均增长率为 28.77%，高于保费年均增长率 6.81 个百分点，呈现蓬勃发展的基本态势。近年来，绿色保险创新品种层出不穷，呈现增绿防灾协同、减污降碳协同的良好态势，如促进"增绿"的保险产品类型包括绿色碳汇价格指数保险、林权抵押保险、古树名木保险等；促进"防灾"的保险产品类型包括自然灾害公众责任险、高标准农田综合保险、小水利设施保险等；促进"减污"的保险产品类型包括船舶污染责任险、水质质量保险等；促进"降碳"的保险产品类型包括八大高危行业的强制安全生产责任险、赋能建筑行业绿色转型的建筑工程质量潜在缺陷保险、绿色车险等。

（亿元）

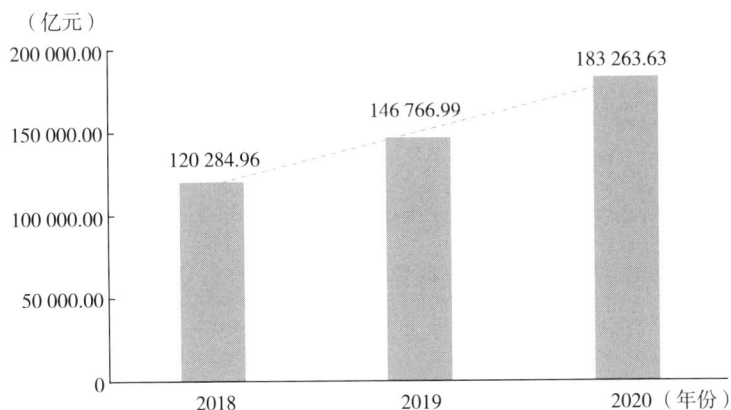

图 2.4　2018 年—2020 年中国绿色保险保额趋势图

数据来源：中国保险行业协会。

（亿元）

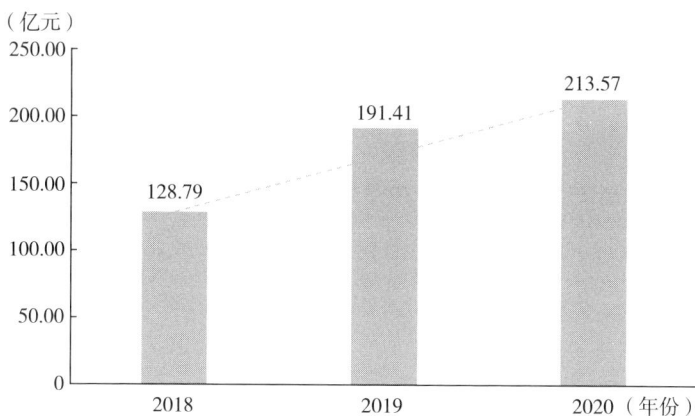

图 2.5　2018 年—2020 年中国绿色保险赔付趋势图

数据来源：中国保险行业协会。

五是绿色信托概念渐成，在震荡上行中持续发力。受信托业持续压降融资类及通道类业务的影响，我国信托业绿色类业务的发展规模在 2016 年与 2018 年经历了两次波动，但总体来看自 2013 年至 2020 年，绿色信托资产存续规模及绿色项目数量总体呈现震荡上行的趋势，2021 年，我国绿色信托的发展下滑较为明显。截至 2021 年末，绿色信托资产存续规模 3 317.05 亿元，较 2013 年增加 607.52%，同比降低 7.68%；信托业存续绿色信托项目数量 665 个，较 2013 年增加 170.33%，同比降低 25.11%。其中，2021 年度新增绿色信托项目数量为 280 个，新增绿色信托规模 1 411.00 亿元[1]，见图 2.6。

六是全国碳市场建设取得重大突破，碳市场开始规范运行。自 2011 年起，我国在北京、天津、上海、重庆、湖北、广东、深圳、福建陆续建立区域性碳排放权交易试点。2012 年至 2014 年，试点地区

---

[1]　资料来源：中国信托业协会

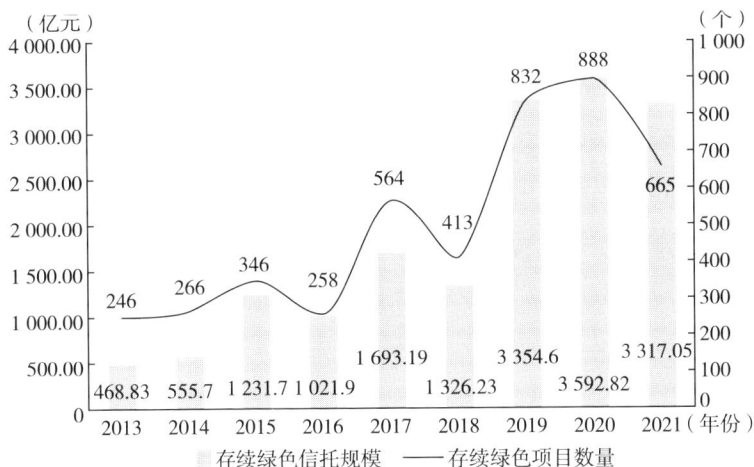

图2.6 2013年—2021年绿色信托规模与项目数量统计

数据来源：中国信托业协会。

相继针对碳交易管理办法、报告与核查（MRV）方法及规则、配额分配制度和交易相关制度等碳交易制度出台一系列政策文件，为试点碳市场建立打下基础。2013年，各试点碳市场相继启动，并在此后的发展过程中不断完善各项制度，对碳远期、碳掉期等碳金融衍生品进行了探索。碳排放权交易市场（以下简称"全国碳市场"）2021年7月16日正式开市，自2021年1月1日至12月31日为首个履约期，首批纳入发电行业重点排放单位共2 162家，覆盖二氧化碳排放量约45亿吨，成为全球覆盖排放量规模最大的碳市场。截至履约日，重点排放单位一次履约率高达99.5%，第一个履约期顺利收官。2021年中国试点碳市场总成交量降幅较大，但随着部分试点碳价继续提升，成交额仍继续增长。在全国碳市场正式启动运行后，各试点碳市场也出台相应措施避免与全国碳市场重复管控。据上海环境能源交易所统计数据，截至2022年底，全国碳市场碳排放配额累计成交量约为2.3亿吨，累计成交额约为104

亿元，超过半数的重点排放单位参与了交易，市场运行总体平稳有序。

（三）气候环境风险管理意识实现从"0"到"1"的突破

受到应对气候变化国际合作深化的驱动，以及气候问题对金融造成的现实挑战影响（譬如河南郑州"7·20"特大暴雨灾害导致的保险承压），监管层开始关注气候环境风险对金融造成的影响，并考虑应对举措，目前，整体以研究与政策设计为主，尚未全面融入当前金融宏微观行动中。

一是开始从金融系统性风险的角度考量气候环境风险管理。近年来，我国金融监管部门与世界多国金融监管机构积极关注气候风险对金融稳定性的影响。环境与气候相关风险分为物理风险与转型风险两类。物理风险即因极端天气事件造成的企业、金融机构资产严重减损的风险；转型风险则主要体现在政策、技术、市场、声誉等方面，是指在向低碳转型过程中因气候政策、技术、市场情绪等发生变化导致的资产价格变动或经济危机。物理风险与转型风险相互关联、互相影响，导致资产搁浅，进而向金融稳定性传导。基于气候与环境风险未来可能通过资产负债表顺链传导继而对金融稳定性造成负面影响，近年来我国金融监管部门高度重视气候与环境风险的防范与管理，积极发起"央行与监管机构绿色金融网络"、"G20可持续金融研究小组"（SFWG）、"中英绿色金融工作组"等国际金融监管合作部门，并广泛参与"气候相关财务信息披露工作组""可持续银行与金融网络"等气候风险与绿色金融协作组织，与其他主要国家政府或金融监管部门共同承担应对气候变化的责任，并主动承担相关活动的主办者、联席主席等重要职责。

停止为燃煤发电项目提供融资，帮助各成员国达成碳减排目标。
欧洲投资银行

呼吁各国重视并协同应对气候变化相关风险。
央行与监管机构绿色金融网络

2013年
世界银行

2013年

2017年
G20

2017年

除极少数情况外（例如该国无可替代煤炭的能源以满足基本能源需求），将不再为燃煤火电项目融资。

鼓励各国中央银行和金融监管部门开展环境风险分析。

2019年
国际货币基金组织

2019年
非洲开发银行

2019年
欧洲投资银行

2018年
亚洲开发银行

在《全球金融稳定报告》中，深入地探讨了金融稳定与气候变化之间的关系。

将不再为新建燃煤发电项目提供资金。

自2021年起，不再为包括天然气项目在内的化石能源项目提供贷款。

不再给污染性能源提供贷款组合。

2020年
国际清算银行

2020年
英格兰银行

2021年
银行监管巴塞尔委员会

2021年
金融稳定理事会气候相关财务信息披露工作组

发布报告指出，气候变化可能会引起超预期的、具有广泛或极端影响的不良事件，从而触发系统性的金融危机。

发布《气候金融风险论坛指南》。

发布《气候风险测量方法》《气候风险驱动因素和传播渠道》等文件。

发布《2021年TCFD现状报告》，主要是分析评估各企业披露情况与TCFD建议的一致程度，这是TCFD成立以来发布的第四份年度现状报告。

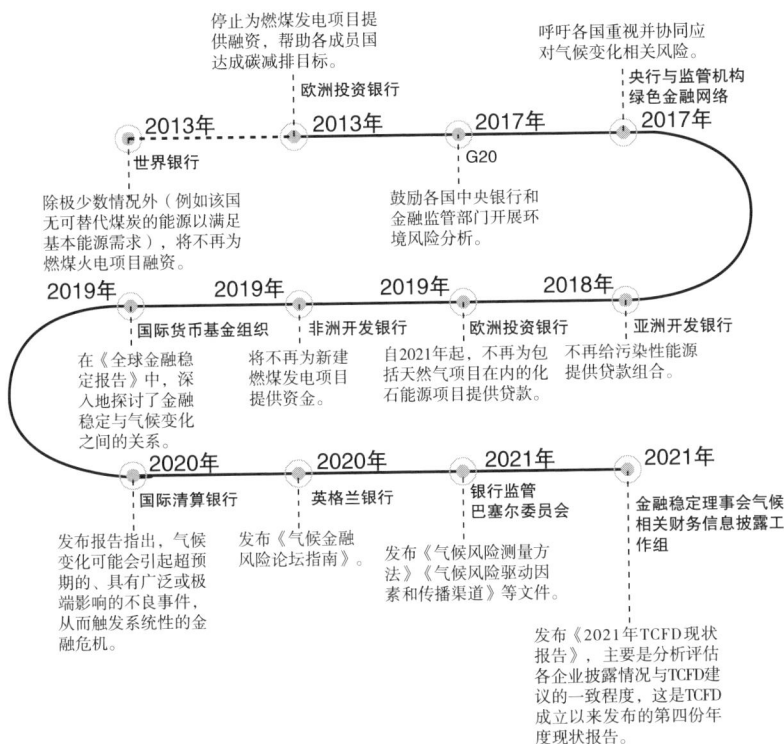

图 2.7　全球金融组织和机构与气候相关的金融风险防范政策及举措列举

二是积极探索气候环境风险管理科学路径。金融机构逐步开始通过气候、环境信息披露、环境压力测试等探索建立风险应对的科学路径。根据气候相关财务信息披露工作组的建议，气候、环境信息披露与压力测试已成为量化评估气候与环境相关金融风险的重要工具，金融机构及企业需开展环境信息披露与压力测试，基于不同情境，掌握环境与气候相关的潜在机遇与风险。我国也正在部署应对风险管理的有效举措。2021年底，中国人民银行已完成首个阶段气候风险敏感性压力测试，并组织全国23家全国性银行机构分行业开展压力测试，在试点省份开展高碳行业的压力测试。为有序防范金融风险，面向企业的环境信息披露也在不断深化，自 2021 年以来，国家部委加大环境信息披露的执行力度并扩大披露范围，先后发布《环境信息依法披露制度改革方案》《企业环境信息依法披露管理办法》等文件，强制推动企业按规定披露环境信息。2022 年，国资委以央企上市企业为切入点，着力部署 ESG 专项报告披露"全覆盖"工作。

（四）地方绿色金融实践从"试点"到"全面"推进

地方绿色金融实践是中国绿色金融发展的重要亮点，从传统金融条线推动绿色金融向融入地方政府决策中拓展，并从国家级改革创新试验区建设向各省市大力推进绿色金融纵深发展，这进一步体现了中国金融服务实体经济的首要目标，也为发展绿色金融提供了更为明确的抓手。

一是绿色金融改革创新试验区先行示范。2017 年 6 月，国务院批准设立首批五省八地绿色金融改革创新试验区，包括浙江衢州、湖州，广东广州花都区，贵州贵安新区，江西赣江新区，新疆哈密、昌吉、克拉玛依市。2019 年 12 月，甘肃兰州新区获批建设绿色金融改革创新试验区；2022 年 8 月，重庆市绿色金融改革创新试验区建设正式启动。由于绿色金融改革创新试验区的经济金融发展程度与政策制度环境存在差异，改革路径与发展侧重具有地域特色。以广东、浙江等为代表的宏观经济基础与金融生态基础较好的地区，充分发挥其经济基础好、市场主体活跃、配套设施完善度较高等优势，通过以点带面的方式率先在成熟重点领域开展绿色金融先行先试，再通过市场传导机制向更广范围发散，形成多主体参与的绿色金融实践。同时，这些地区结合国际绿色发展主题，丰富绿色金融内涵，引入生物多样性、气候投融资等项目先行先试。江西、贵州等生态基础较好、承接产业转移潜力较大的中西部地区，充分发挥经济带腹地的职能优势，将绿色金融与转型金融融合发展，更好地承接产能转移，同时调整产业结构，实现绿色升级，这些地区利用自身的生态资源禀赋，持续探索打造绿色金融，支持生态产品价值实现的新发展路径。例如，江西结合自身的发展情况，先后推出了碳排放配额质押贷款、林业碳汇质押贷款、百福碳汇贷等一系列产品，加快推动绿色金融的改革与创新实践。得益于国家绿色金融改革创新试验区建设的先行先试，贵州不断强化"政、金、企"之间的协作，积极推进绿色金融产品和服务创新。对于甘肃、新疆等"一带一路"沿线地区，它们充分依托丝绸之路经济带建设的战略机遇，促进绿色金融产品与服务跨区域合作机制建设，坚持"西部大开发""对外开放"战略，通过内育外引加大对清洁能源、绿色基础设施建设的资金支持力度，提高经验交流的频率。重庆作为"一带一路"与长江经济带的联结点，在推进长江经济带绿色发展中充分发挥示范作用，对于筑牢长江上游的重要生态屏障、加快重庆的绿色转型、引领长江经济带乃至全国生态文明建设具有现实意义。

二是气候投融资示范区建设有序推进。气候投融资作为绿色金融的重要组成部分与实现双碳目标的助推器，正在有序推进。2021年12月，生态环境部联合国家发展改革委、中国人民银行等九部委印发《关于开展气候投融资试点工作的通知》，配套发布《气候投融资试点工作方案》，正式启动了我国气候投融资地方试点的申报工作，引导市场资金投向气候领域。其中，《气候投融资试点工作方案》在2020年五部门联合印发的《关于促进应对气候变化投融资的指导意见》的基础上，更加细化了全球气候投融资体系助力双碳目标达成的具体路径和方法。2022 年 8 月，生态环境部、国家发展改革委、工业和信息化部等九部委联合发布《关于公布气候投融资试点名单的通知》，确定了 23 个气候投融资试点名单。基于试点城市和地区的范围不同，探索多种差异化实践路径。在试点城市及地区中，不仅有上海市浦东新区等金融生态较好的城区，还有内蒙古自治区包头市、甘肃省兰州市等传统工业或资源型城市，以及四川省天府新区、广东省南沙新区等各类功能新区。

三是部分地区也正在开展转型金融的相关探索，形成了对绿色金融的有效补充。从实践来看，随着高碳产业转型需求愈发旺盛，银行、信托、证券等不同类型的金融机构均围绕支持重点高碳行业的转型开展了金融创新。同时，部分地区围绕有利于转型金融发展的配套举措开展探索。2022 年 10 月，中国建设银行湖州分行创新推出《转型金融贷款业务管理规范》，以碳密集行业为重点支持对象，形成转型金融业务的操作指引。湖州分行以此为基础推出《转型金融项目库》，截至 2022 年 9 月末，湖州分行已成功支持转型金融项目 6 个，合计金额 13.2 亿元。与此同时，各地也在探索有助于转型金融应用的市场配套机制。以衢州碳账户为例，衢州碳账户体系通过构建"双碳大脑＋数智控碳"为核心的跨应用场景，收集与记录市场主体的碳排放信息，目前已为该地区 234.2 万个企业和个人建立碳账户，覆盖工业、农业（林业）、能源、建筑、交通和居民生活六大领域，通过碳账户数据建立的企业碳征信和个人碳积分信用机制，以此为基础开发碳账户金融产品，从"碳维度"重新衡量和评估经济主体价值，精准授信发放贷款，并实施差别化的约束激励机制。就我国经济社会发展阶段而言，服务实体经济是中国金融的根本要求，因此，在坚持高质量发展的行动主线下，未来转型金融也将通过以点带面，顺应产业转型的必然趋势而不断壮大，最终确保碳中和目标的顺利实现。

（五）绿色金融国际合作从独立发展到全球引领

这一阶段，基于国际绿色金融发展的丰富性，以及中国影响力的持续增强，中国积极参与重要绿色金融国际多边、双边合作，引领国际社会关注绿色发展，同时在充分的竞争与合作中，共同完善应对气候变化的金融体系。

一是持续引领国际绿色金融多边合作。自 2016 年我国担任 G20 主席国首次将"绿色金融"纳入 G20 议题以来，在多边绿色金融合作平台持续深化绿色金融国际合作，形成了良性循环。2016 年，中国人民银行推动成立"G20 绿色金融研究小组"，并一直担任研究小组（2021 年上升为工作组）的联合主席，推动可持续金融在全球发展。同年，由我国原银保监会与印度尼西亚金融服务管理局共同担任主席，十二国及地区共同发起的"可持续银行与金融网络"（SBFN）则聚焦银行业可持续发展表现。2017 年，我国携手其他七国金融监管部门联合发起"央行与监管机构绿色金融网络"，为各国政府开展绿色金融对话与国际合作提供了平台，日常工作涉及气候风险监管、宏观金融调控分析、生物多样性与金融稳定性研究等。2019 年，中国支持欧盟牵头成立可持续金融国际平台，倡导各成员国开展绿色金融标准趋同等国际合作。

二是积极参与可持续金融国际统一标准建设。支持国际标准化组织（ISO）于 2018 年设立的可持续金融技术委员会（ISO/TC322）工作，2022 年 5 月，中国提出的首项可持续金融产品和服务国际标准（ISO 32211）获批启动。中欧两大经济体 2021 年底共同发布了《可持续金融共同分类目录》初版，并在 2022 年 6 月推出了根据专家评估和市场反馈意见更新的版本。该目录基于我国《绿色债券支持项目目录》与欧盟《可持续金融分类法案》，进行了全面细致的对比，涵盖中欧绿色与可持续金融目录中共同认可的、对减缓气候变化有显著贡献的绿色经济活动，为中欧资本市场绿色项目的互认提供了标准认定参考。此外，我国还主动牵头发起了诸如《中国对外投资环境风险管理倡议》《"一带一路"绿色投资原则》等相关标准，引导周边国家及机构投资者积极达成绿色共识。

三是积极加入国际绿色金融联盟／倡议组织。我国市场主体主动参与国际多边、双边合作机制等市场主休间的国际合作，先后加入"全球绿色金融中心联盟""全球绿色金融领导力项目"等，并鼓励国内金融机构加入各类国际绿色联盟。例如，赤道原则是在世界银行与国际金融公司（IFC）的可持续发展政策与指南之上形成的自愿性金融行业基准，截至 2023 年 2 月，我国已有九家商业银行宣布采用并践行"赤道原则"，包括股份制银行、城市商业银行和农村商业银行。联合国责任投资原则组织（UNPRI）由联合国环境规划署金融倡议（UNEP FI）和联合国全球契约共同合作建立，旨在推动市场投资者及利益相关方将环境、社会与公司治理要素纳入投融资活动。截至 2023 年 2 月，我国大陆地区签约 UNPRI 的机构达 128 家，包含投资机构、服务机构与资产管理机构等类别。UNEP FI 发起的负责任银行原则（PRB）打造了落实联合国十七个可持续发展目标和履行《巴黎协定》的全球银行业标杆，为银行业实现负责任发展、推动经济可持续提供衡量标准。中国工商银行、兴业银行与华夏银行率先成为其首批签约银行，工商银行同时作为该原则的核心工作小组成员，与花旗银行、巴克莱银行等共同制定了投资原则。截至 2022 年 11 月，中国已有 27 家金融机构成为 UNEP FI 成员，23 家银行签署负责任银行原则，共同推动金融机构践行可持续发展理念。

第二节　中国绿色金融发展经验总结

　　总体来看，在 2015 年前，中国绿色金融发展呈现如下特征：一是环境问题催生绿色金融萌芽，经济与金融之间的相互影响机制进一步体现；二是政策推进领先于市场实践，这是绿色金融发展至今的一个显著特点，2007 年绿色信贷、绿色证券和绿色保险等三大绿色金融政策已经形成，这在全球范围内均处于领先地位；三是产品和服务"点状推进"，即通过具体的金融工具实现对环境问题的影响，其中国内银行业金融机构是发展绿色金融的关键力量；四是统计先行，2013 年开始的绿色信贷统计制度的确立，使得中国及其他重视统计的国家成为最早拥有绿色信贷数据的一批国家，为之后的政策制定提供了参考；五是强调"底线思维"，即注重通过"一票否决"机制对落后产能或项目进行约束。相较于 2015 年前中国绿色金融发展侧重于具体领域和具体金融工具的发力，2015 年后绿色金融作为生态文明建设的重要环节，开始通过不断完善顶层设计进行系统化推进。无论是在顶层政策的完善程度，还是金融产品的发展水平，或者配套建设的丰富情况等方面，新阶段均较上一阶段有显著的进步。这一方面与中国经济发展水平相关联，随着高质量发展的主线更加清晰，绿色金融的着力点也更加明确；另一方面与中国开始通过系统化的思路布局绿色金融有关。相关顶层设计与实践探索共同构成了中国绿色金融的发展经验，这也是下一步金融领域深化改革的重要基础。

一、建立较为系统化的绿色金融宏观管理框架

由对以上若干政策的梳理可知，中国绿色金融发展可以理解为将若干生态环保外生变量通过生态环保监管、金融监管、产业政策等工具逐步向金融体系、市场生态体系内生化的过程。尤其是 2015 年后，金融监管部门连同多部委等开始对整个绿色金融体系进行更加系统化、体系化的设计，金融政策与产业政策、金融市场与产业需求的协同开始加快推进，并基于此形成了中国绿色金融宏观管理框架，即以货币金融、绿色产业政策为主，财政政策为辅，中共中央、国务院则肩负起顶层设计、统筹协调金融与非金融政策的中间枢纽职责，见图 2.8。

2015 年，中共中央、国务院在《生态文明体制改革总体方案》中明确提出了建立绿色金融体系的任务后，主管货币金融、财政政策、绿色产业政策的主要职能部门共同出台了发展绿色金融体系的顶层框架，并为此逐渐形成了致力于构建绿色金融体系的宏观管理框架，围绕绿色发展、基于机构职能责任出台了若干政策，指导与激励金融机构的绿色金融服务及产品创新，同时运用财政、绿色产业政策与货币金融政策形成合力以弥补投融资缺口。但目前从执行层面来看，宏观管理框架的完整性、各领域的发力配合仍有进一步完善的空间，譬如绿色金融统计标准与绿色产业标准并不完全一致，财税政策与金融政策的协同仍较为有限等，因此宏观管理的协

同性有待进一步加强。

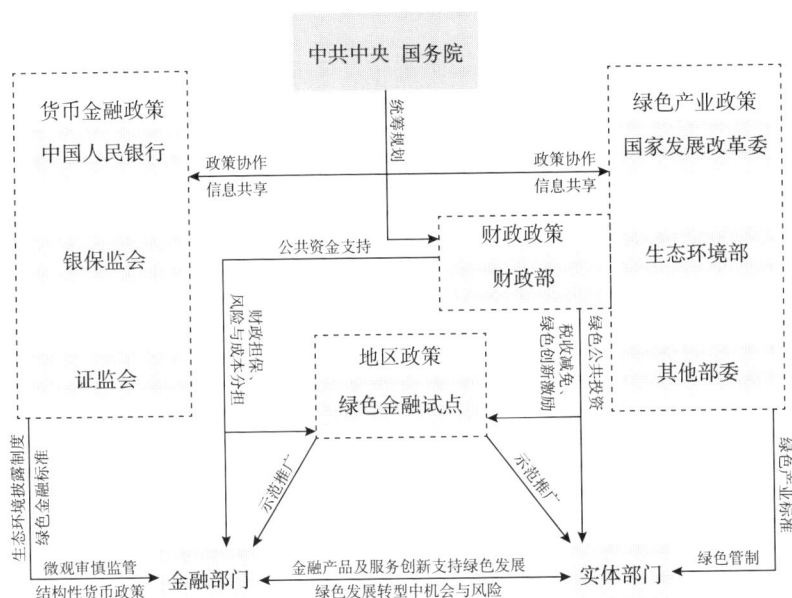

图 2.8 中国构建绿色金融体系的宏观管理框架

二、在政策与机制上强化绿色金融与绿色产业的协调

双碳目标的提出进一步推动绿色金融政策与产业政策的协同，多项产业绿色发展的相关政策提出要发挥绿色金融的引导作用。一是在政策层面加强联动。例如，生物天然气方面，2019 年 12 月 4 日，国家发展改革委发布的《关于促进生物天然气产业化发展的指导意见》明确指出，要引导银行业金融机构开展绿色金融产品创新，加大对生物天然气项目的信贷支持。在循环经济方面，2021 年 7 月 1 日，国家发展改革委发布的《关于印发"十四五"循环经济发展规划的通知》明确要加强绿色金融产品创新，加大绿色信贷、绿色债券、绿色

基金、绿色保险对循环经济有关企业和项目的支持力度。在节能减排方面，2021年10月18日，国家发展改革委发布了《关于严格能效约束推动重点领域节能降碳的若干意见》，强调要积极发展绿色金融，设立碳减排支持工具，支持金融机构在风险可控、商业可持续的前提下，向碳减排效应显著的重点项目提供高质量的金融服务；同时，拓展绿色债券市场的深度和广度，支持符合条件的节能低碳发展企业上市融资和再融资。二是在机制方面加强联动。机制联动类型既包括组织架构层面，也包括配套设施层面。在组织架构层面，部分地区已先行设立绿色金融工作小组，明晰绿色金融细化环节的分工，强化绿色金融政策的落地。除首批绿色金融改革创新试验区已设立省级或区级绿色金融改革创新工作领导小组外，其他部分地区如深圳市依据《深圳经济特区绿色金融条例》成立专门的绿色金融发展工作领导小组并发布《关于完善我市绿色金融管理体制 进一步推动绿色金融发展的建议》文件，推动细化工作。

在配套设施层面，一是加强部门之间标准趋同互认，如在由国家发展改革委、央行等颁布的《绿色产业指导目录（2019年版）》基础之上，央行、原银保监会相继对此前发布的绿色贷款统计目录、绿色债券项目目录做出更新调整，在一定程度上加强各标准的方向一致性；二是加强产品和数据共享联动机制，如浙江湖州、浙江台州等地由地方金融监管部门牵头，与各政府部门签订数据共享协议，将政府专有数据统一放置于大数据平台，根据需求申请开放端口供绿色主体认定、绿色项目识别、环境信用评级、ESG评分等业务使用，减少信息壁垒带来的绿色金融业务推进难等问题。然而，当前我国在政策和机制方面的联动仍较为初期，支持领域较为有限，整体联动和融合程度不深，仍需在不损害任何一方利益、不影响任何一方工作的前提下持续推进探索灵活的联动合作机制。

三、出台综合性的市场指导政策缓解市场失灵

从绿色金融快速发展的经验来看，政策制定是推动绿色金融发展的关键力量。从外部表现来看，无论是在生态文明视角下，将绿色金融纳入生态经济体系建设的总体框架，还是形成专项推动绿色金融的顶层政策与实施细则，以及针对绿色金融发展的外部激励政策，均发挥了对绿色金融发展的重要引导作用。如在顶层设计方面，2021年央行设立的碳减排支持工具和支持煤炭清洁高效利用专项再贷款两项货币政策工具，支持碳减排重点领域发展。截至2023年4月底，碳减排支持工具的余额近4 000亿元，支持了金融机构发放贷款大约6 700亿元，带动碳减排量超过1.5亿吨，取得了比较好的成效。在地方实践中，主要通过机构激励、产品激励、企业激励三个方向拓展绿色金融。在机构激励方面，以首批绿色金融改革创新试验区为代表的区域，为充分激活金融机构，支持地方绿色发展的潜力与积极性，推出包括财税补贴、一次性奖励、考核激励等措施吸引各类金融机构集聚并在当地设立绿色专营机构。如在广州市黄埔区和开发区发布的绿色金融政策实施细则中，对于获得银行业金融机构及6个月以上小额贷款公司绿色贷款的企业按贷款金额1%给予贴息，从而释放企业融资创业过程中的资金压力及流动性风险。并定期开展评选认定，面向绿色表现突出企业给予直接资金奖励，提升行业整体绿色水平。从内在逻辑来看，关键是在环境成本内部化的市场机制尚未健全之时，

需要政策的有效信号弥补市场失灵造成的定价偏差等缺陷，因此在发展绿色金融初期，政策对于引导市场的形成起了关键的作用。但也需要认识到，要持续、深入推动绿色金融的发展，需要具备法律强制效力或更高法律位阶的、有助于推动环境成本内部化的政策体系的持续完善，以更全面地改变逐利性的金融本质与传统发展模式。

四、创新金融产品和工具与绿色发展相适应

目前，以绿色信贷为代表的绿色金融产品创新成为我国绿色金融市场的重要产品，无论从产品规模还是产品种类来看，均尤为突出，同时绿色债券、绿色保险、绿色信托等绿色金融产品也有不同程度的发展，绿色金融产品和服务形成了激发绿色金融市场活力的关键抓手。除光伏贷、气象指数保险等典型绿色金融产品外，我国顺应绿色经济绿色性、共生性、长远性等特征，还自绿色金融细化发展出碳金融、转型金融等服务领域，并创新推出碳排放权抵质押贷款、碳中和债券、转型债券、可持续发展挂钩贷款等产品，不断调整和满足市场供给对于绿色转型需求的适应性与完善度。尤其是碳市场建立以来，关于将碳定价纳入金融定价的产品创新更加多元，我国碳金融已初步形成以碳资产抵质押贷款为引领的多元化产品体系。从功能属性来看，碳金融产品已充分覆盖融资、交易与支持类工具；从工具类别来看，碳金融产品涵盖信贷、债券、保险和基金等类别，且随着信托业等更为多元的金融行业加入碳金融探索，未来产品选择将更为多样，多元化碳金融产品体系初具雏形。目前碳资产抵质押贷款是碳金融市场最为活跃的碳金融产品，已经形成了面向控排企业与增汇企业

多元主体，围绕试点碳市场配额、全国碳市场配额、碳汇资产多元标的，开展现有资产、未来权益多元方式的金融活动，可为其他碳金融产品的进一步创新发展提供有益借鉴。与国际直接融资市场的活跃度相比，当前我国绿色金融市场产品和服务创新集中在银行体系，无论从总量规模、结构平衡、风险分散还是服务不同需求的能力来看，要服务碳达峰碳中和的目标，金融创新仍有进一步完善的空间，增强金融市场的活力是促进绿色金融服务双碳目标的重要基础。在碳金融方面，市场流动性、碳资产所有方积极性、金融机构处置管理能力等因素都限制了碳金融产品的发展。一是市场层面，由于全国碳排放权交易市场仍处于初期发展阶段，相关配套机制如碳定价、碳核算等仍不太完善，受规范标准、方法学不统一的制约，碳市场流动性较为有限，碳市场的价格发现机制未能充分完善，碳金融产品定价与交易困难。二是碳资产所有方层面，目前碳市场的政策影响较为明显，由于市场容量有限以及机制设计等因素，碳资产的金融属性尚未全面开发。三是金融机构层面，目前机构与个人投资者尚未进入全国碳市场，将削弱金融机构对碳资产的处置管理能力，从而导致金融机构对碳金融产品多持观望态度，故碳金融产品大多仅为首单创新、而无法实现规模化。

五、利用国际合作提升绿色金融发展水平

当前，在绿色金融国际合作方面，我国积极利用各类多双边平台及合作机制推动绿色金融合作和国际交流，提升了国际社会对我国绿色金融政策、标准、产品、市场的认可度和参与度，绿色金融国际

影响力和话语权逐步增强。从国际合作既有实践成效来看，国际合作一方面有助于吸引国际绿色投资者资金，丰富国内绿色资金来源，另一方面也在经验交流互鉴的过程中提升金融机构服务能力和丰富服务种类。目前，我国在绿色金融领域的国际合作主要分国家和地方上下两条主线并行，从标准互认、业务互助、学术互动三个维度深化推进。在标准互认方面，以《可持续金融共同分类目录》为代表的标准融合，在带动资金自由流动的同时，也提升了我国在相关领域的影响力。在业务互助方面，通过先后加入"央行与金融监管绿色金融网络""G20可持续金融工作组""财政部长气候行动联盟""气候相关财务信息披露工作组""自然相关财务信息披露工作组"（TNFD）等数十个国际合作平台，进一步提升我国绿色金融领域的影响力。在学术互动方面，如中国重庆与新加坡等国达成合作，连续举办多届中新金融峰会，共商双碳背景下绿色金融体系构建、全球绿色金融合作机遇与挑战等核心议题。从属性来看，气候问题本身具有公共性，需要国际社会共同参与和协力解决。这对于我国吸引国际先进经验、宣传我国绿色金融发展的积极成效和在重构国际关系的进程中凸显中国的话语权等均有显著的积极意义。

第三节　双碳目标下绿色金融迈向零碳金融的新任务和挑战

一、绿色金融迈向"零碳金融"的新任务

第一，以更加包容的金融体系助力零碳社会发展为目标。当前绿

色金融更多用于支持"纯绿"或"接近绿"的行业绿色发展，即绿色金融是为支持环境改善、应对气候变化和节约高效利用资源的经济活动，及对环保、节能、清洁能源、绿色交通、绿色建筑等领域的项目投融资、项目运营、风险管理等所提供的金融服务。为了实现双碳目标，绿色金融需要在其内涵方面进行深入拓展，并重点体现在金融支持范围的扩大。双碳目标下，无论是绿色产业壮大还是传统产业转型等，均需要金融覆盖内容由绿色领域拓展至全领域，其中不乏棕色领域及绿色、棕色属性均不明显的领域。由此可知，零碳金融是一个更加复杂、多维、丰富的金融概念。因此，仅强调发展绿色金融，难以实现多类型行业之间的协调互动，同时可能在绿色领域出现过于集中的金融竞争，反而加大了金融风险的集中度，容易导致金融配置出现失衡。

第二，壮大金融总量供给，匹配碳中和融资需求。在推进社会向"零碳"目标迈进的过程中，各领域需分阶段、分批次地依靠长期、稳定、充足的资金投入来支撑转型升级活动的实施，并最终实现产业结构的整体优化调整。近年来，随着绿色金融迈向深化发展阶段，通过绿色信贷、绿色债券等产品发放的融资规模持续递增，绿色融资比重逐年加大。但放眼全国整体融资规模及各产品资金投放规模，绿色融资占比依旧较小。截至 2022 年 12 月末，绿色信贷余额占全部贷款余额比例仅 10.05%，绿色债券余额虽有显著增长，但占比仅 1.41%，用以支持未来全面绿色化的市场需求显然仍有不足。此外，结合上文所述内涵差距导致的覆盖不足，进一步缩小了金融支持零碳目标的供给规模。

第三，调整金融供给结构，提供多层次、市场化的零碳金融产品和服务。深入理解双碳目标是一场广泛而深刻的社会变革，意味着经济发展的要素内容与要素结构等均将发生范式调整，需要在生产过程中纳入新的资本种类，对传统人力资本和物质资本进行拓展补充。生产与发展结构要素的调整，除了需要内涵更加丰富的金融理念，也需要更加多样的金融工具，以匹配不同类型与风险偏好的资产需求，包括通过金融市场的创新以支持规模大、期限长、风险高的转型活动，形成补充"碳排放"的金融定价新机制等。从当前绿色金融市场来看，我国是以间接融资为主的金融环境，加之信贷监管与标准体系更为完善，可为金融创新提供更加宽裕的探索空间与更加充足的创新动能，因此我国绿色金融市场仍以绿色信贷为主要的工具，而绿色保险、绿色基金、绿色信托等产品相关政策、标准仍处于探索阶段，开展实践的市场主体较少，产品潜力尚未得到充分激发和利用。同时，在以间接融资为主的市场结构下，创新型、研发型绿色转型需求较难被满足，风险偏好存在较大错配，针对环境效益内部化的金融定价机制尚未完全形成。因此，无论是从单一产品集中度上需要的结构调整，还是多产品多层次金融体系的结构调整，均需要加快适应创新型零碳社会的发展路径。

第四，金融风险管理要更好地应对因气候风险所带来的非线性的金融风险威胁。从绿色金融配套机制来看，当前我国主流的绿色金融风险管理措施包括通过环境压力测试、ESG 体系建设、防范环境信息披露识别"漂绿"风险等，多数更加强调对气候风险的影响分析及非绿风险导致的投资偏差，同时绿色产业发展受到转型风险的威胁相较于棕色行业较小，因此对于转型风险的跟进尚未全面纳入绿色金融的实践，而在零碳金融视角下，风险管理的内涵将得到进一步丰富与延伸，包括气候风险非线性特征和传统金融风险分析模式的差异性、如何针对气候风险进行金融定价、如何应对气候外部性导致的市场失灵等。对应在"零碳金融"的框架下，一是要处理好存量资产面临的价值重构风险。在实现气候目标的背景下，不同类型产业结构调整过程中均可能面临衍生的综合风险，如经济风险、社会风险、民生风险等，这些都将对金融体系带来潜在威胁。二是要处理好高风险的增量投资威胁。气候变化改变存量的同时，也带来投资的增量，但要构建与当前发展模式不同的新增长机制，面临增量投资的巨大不确定性，由此引发对增量高风险投资的适应与应对需求。三是要平衡好传统存量风险与气候增量风险的管理。即不仅要考虑如何利用货币政策、财政政策等更好地激励绿色产业发展，也要考虑激励手段运用过程中给市场流动性、市场货币总量等带来的其他衍生影响，防止多风险交织导致的新困局。此外，应该考虑市场问题，即不仅要考虑对绿色产业的支持与倾斜，也要考虑市场公平竞争、政府有限参与等潜在风险与争议。

第五，构建更加系统化、全面化的零碳金融宏观管理框架。要实现绿色金融内涵、规模、结构、风险的全面拓展与深化，金融的宏观管理框架也需进行相适应的调整。当前的宏观管理框架是锚定"绿色"的综合施策的架构，除了宏观管理的框架正在建立中，其可覆盖的监管范围相对较为狭隘，并导致了宏观管理架构难以实现"零碳金融"的丰富目标和应对"零碳金融"下的复杂风险。

二、绿色金融向零碳金融转型升级的挑战

（一）构建零碳金融宏观管理战略框架的挑战

碳达峰、碳中和关乎经济社会发展方式的转变，实现经济社会发

展全面绿色转型，走生态优先、绿色低碳的高质量发展道路，金融应该发挥重要的助推作用。初步测算表明，中国未来四十年达成碳中和目标需要的投资将达百万亿元级别，其融资过程具有规模大、期限长、风险高的特点。传统的金融供给模式无法满足碳中和转型的巨大需求。

第一，碳中和目标、经济发展的阶段性特征、传统金融的内在规律驱动以及零碳金融内涵的拓展等多重因素叠加，使金融宏观管理战略的确立更加复杂。零碳金融的宏观管理框架至少需要考虑三重因素：一是中国双碳目标的实现是一场根本性的变革，面临的新形势、新业态、新趋势等都存在极大的不确定性，在双碳目标约束下解决发展路径或时序的不确定性问题，本身就充满挑战；二是传统金融内在规律追求安全性、流动性、营利性，同时传统金融定价模式中既未考虑绿色发展带来的增量效益，也没有充分考虑气候风险带来的非线性影响，因此要改变当前金融发展的路线，需要做出较大改变和探索尝试；三是零碳金融内涵本身综合了多个概念的发展共性和逻辑要求，结合新经济范式和碳中和目标后产生金融领域的"范式转变"，其蕴含内涵的复杂性对宏观管理战略框架提出了挑战。

第二，碳中和约束条件下的金融宏观审慎管理面临挑战。与零碳目标的长周期相比，目前的货币政策工具可能存在阶段性、局部性的特征，无法充分覆盖低碳转型的所有领域。首先，货币政策工具有限，如果使用这些工具应对气候变化，央行可能无法实现价格稳定的目标。其次，货币政策使用的逆周期工具旨在短期内刺激或平抑经济活动，而低碳转型是一个长期过程，未来仍需要积极推行结构性货币政策，从而纠正市场的不匹配以及金融体系相对价格的扭曲。最后，将气候风险纳入宏观审慎监管面临巨大的挑战。气候变化会通过物理风险和转型风险两个渠道影响金融稳定，气候变化可能导致抵押品价值缩水，尤其是对于高碳行业，其相关资产可能由于气候冲击和政策转型而沦为搁浅资产，从而使得相关企业的信贷条件收缩，通过抵押约束机制等产生金融加速器效应，在金融摩擦的情形下放大相关的冲击影响，可能演变为系统性风险。关于巴塞尔协议三个支柱如何整合与气候有关风险的讨论已经出现，但是将与气候相关的风险纳入金融稳定性监控和审慎监管仍面临着巨大挑战。传统的风险管理方法是基于历史数据和冲击呈正态分布的假设，而气候风险具有尾部分布、深层不确定性等特征，因此，仅依靠历史趋势推断会导致对气候相关风险的错误估计。

第三，碳中和约束条件下的金融微观监管也需要调整。目前，我国现有的气候风险监测指标多为"粗放型"，缺少精细、全面的指标体系，也尚未充分利用人工智能、大数据、IoT等技术改进相关金融业务监管流程。同时，监管措施的更新滞后于绿色金融、碳金融等市场发展，弱化了监管机构对市场的调控能力，不利于市场的公平和高效运行。

（二）完善法规制度和应对政策引领面临的挑战

科学的宏观调控、有效的政府治理是我国社会主义市场经济的基本特征之一，这在具体路径中体现为包括法规制度等一系列治理机制与手段的整合。尤其在追求实现碳达峰目标的初期，市场机制对绿色经济的自我调节机制尚未全面建立，更需通过有效的政府引导进行规范性、指导性干预。要在完善绿色金融政策布局的基础上，形成与零碳金融相匹配的政策与框架，至少要突破协同性、强制性等方面的困局。

第一，绿色金融政策标准与产业碳中和路线图尚未协调统一。多项政策明确了重点产业与棕色产业转型的要求，但金融支持产业转型、实现转型目标的路线图或行动方案数量与范围仍较为有限，当前绿色金融标准多聚焦于"纯绿"产业，与高碳行业的转型目标未能形成有效匹配，且目前企业温室气体排放核算方法与报告指南覆盖的行业范围有限，金融机构构建以"降碳"为主线的服务路径也存在客观上的难点，金融与产业间标准的不协调性会增加市场主体对政策的不确定性预期，导致零碳资产的错误定价。

第二，绿色金融的政策环境强制性不足。虽然我国在《指导意见》的指引下初步构建了绿色金融体系，但该文件主要具备指导意义，我国仍然缺少在产业、金融、环境和气候等领域推动绿色金融全面发展的上位法规。与英国、德国等国家相比，我国尚未立法支持应对气候变化相关目标和措施；在环境保护领域，虽然我国已经发布《中华人民共和国环境保护法》，但是执行力度还有待加强；金融领域法规制定过程中也缺少针对气候和环境风险管理的研究和讨论，部分领域的绿色金融标准仍在制定和完善之中，对贷款人生态环境损害赔偿的认定与立法仍待完善，难以形成引导、鼓励绿色金融市场主动、持续快速发展的政策约束。

第三，不同部门间政策协同性不足。在微观产业层面，存在着失衡的金融供给偏差。以新能源产业链为例，现有的绿色金融标准因对"两高一剩"行业存在较严格的限制，对新能源上游企业发展融资供给不足，一定程度上影响整个产业链条发展。以光伏产业为例，光伏产业的上游为硅、多晶硅等原材料的提取和制造，这些原材料作为光伏发电设备的重要制造材料，属于纳入"两高一剩"的有色行业。金融机构由于监管中对其绿色业绩指标的考核要求，收缩对硅制品相关的企业和项目的融资支持，在政策限制下企业经营性融资受到限制，一定程度上影响了整个业态的发展。在宏观经济系统性发展的框架下，碳中和目标不仅涉及金融机构和监管部门，还与国家发展改革委、财政部、住建部、生态环境部等政府部门密切相关。此外，还离不开中央和地方的协调。因此，零碳金融指引政策应和监管部门政策以及各部委出台的绿色产业政策、财税政策等相协调。同时，地方政策相关部门必须做到政策对接顺畅、责权划分明确以及相互配合积极。但目前，仍缺少关于各部门具体监管职责划分的文件，也尚未建立明确的协调机制，要素间的联动仍然较为有限。

（三）增加金融市场活力面临的挑战

尽管目前我国绿色信贷、绿色债券等金融工具发展较快，但在数量和结构上与零碳转型要求之间仍存在显著差距，要适应零碳发展的新形势，需要跳脱传统融资产品及服务的发展惯性，建立起更加多元、复杂的市场服务体系。

第一，尚未建立起服务碳中和目标的多层次绿色金融市场体系。实现碳中和目标是一场深刻的社会变革，面对巨大资金需求与深刻变革，更需要不同偿还期、流动性、安全性以及收益率的金融工具，以增加金融市场主体规避风险、投资、盈利的机会和手段，在不断扩大的金融市场规模中更好地服务实体经济转型。尤其在以科技创新为驱动的发展模式下，同时具有研发实力和资金积淀的企业较少，叠加绿色低碳技术研发成本较高、周期较长的特征，在环境外部成本内部化能力不足的背景下，更需保险、融资担保、风险分担补偿基金等金融工具的多元应用。当前绿色信贷、绿色债券在我国绿色金融产品中占据主要地位，而绿色保险、绿色基金、绿色信托、绿色股票、环境权益抵质押贷款等绿色金融工具规模相对较小，创新性、标准化、规范化不足，其应用范围以及对于绿色产业发展的支持作用有限。期权、期货等对冲金融风险的绿色金融品种缺乏创新成效，还未推出诸如绿债期权、绿色股指期权、碳期权、碳期货等对冲金融风险的品种，绿色金融的风险管理作用发挥得仍较为有限。

第二，缺乏支持高碳行业转型金融工具。当前，我国绿色金融相关制度与产品设计主要聚焦于对绿色低碳属性鲜明的主体或项目提供支持，尚不能充分包容"高碳"行业的低碳转型行为，甚至带有"挤出"效应。虽然现有的绿色信贷和绿色债券标准包含一些支持转型的项目，但总体来看支持的数量和类别都很有限。当前，我国仍处于工业化发展阶段，工业是我国主要的碳排放领域，年碳排放量占70%以上，推动传统高碳行业的转型升级是落实"碳中和"目标的重要任务之一，但目前工业"两高"领域高碳排放属性与绿色金融相关工具应用领域存在明显错配。特别是自"碳中和"目标提出以来，部分地区盲目冒进提出的目标超越发展阶段，对高耗能项目搞"一刀切"关停，骤然对煤电等项目抽贷断贷，更加限制了高碳行业的转型升级。

第三，碳市场的金融属性有待加强。碳交易是推动减排的市场化手段，由碳交易衍生出的碳金融是绿色金融的一部分。碳金融是指一切与限制温室气体排放相关联的金融活动，包括碳现货、碳期货及碳期权等产品交易。当前，全国性的碳排放交易市场已正式启动，但仍处于初步摸索阶段，潜存政策框架不完善、金融化程度低、碳定价机制作用无法充分发挥的风险。一是碳市场的金融属性尚未被主管部门明确，市场交易以协议交易为主，碳期货交易也尚未推出。二是利益相关方缺乏对碳金融的认识，碳金融专业人才缺口很大。三是缺乏碳金融产品与服务创新，这方面与发达国家相比还有较大差距，碳信贷、碳债券、碳保险等碳金融产品乏善可陈。

（四）强化碳信息披露水平面临的挑战

碳排放信息披露是指企业对生产经营活动中产生的以二氧化碳为代表的温室气体排放量或减排量的信息披露。虽然当前我国碳信息披露的顶层设计正逐步完善，但是从整体上看，制度实施后的碳信息披露水平还有待提升，市场上大多数的信息披露质量不高，这在一定程度上加剧了金融市场的信息不对称性，对未来立足"碳排放"发展零碳金融构成了现实阻碍。

第一，缺乏统一的理论及政策框架指导。虽然我国顶层设计逐步完善、政策数量稳步增长、内容方案明显下沉，但是对于碳信息披露的相关政策更多以"建议"形式发布，或者是通过"试点"小范围开展，缺少硬性的、更广范围的披露条款。目前，在电力、钢铁、水泥等重点行业企业内强制要求进行温室气体排放信息披露，但这尚未覆盖所有上市公司。总体来看，相较于成熟的财务信息披露框架，我国目前尚未出台统一的碳信息披露框架，未规范碳信息披露的内容和形式，很多基本问题尚未明晰，"错披露、乱披露、假披露"的现象还时有发生，存在披露主体不明确、披露方式不明晰、披露范畴不清晰等问题。此外，企业碳信息披露缺乏完整性，表现为定性描述较多、定量信息较少、信息与决策相关性较低。要妥善解决以上问题，则需要一套系统的理论及政策框架的指导。

第二，企业披露意识不足。目前我国企业碳信息披露仍属于自愿性披露范畴，由于环境信息披露机制的建立所需成本较高，考虑到成本支出的确定性和未来收益的不确定性，以及巨大的舆论压力和来自碳成本的经济压力，无论是金融机构还是企业均存在社会责任观念水平偏低、披露意愿不足、披露比例较低等问题，需进一步加强对从业人员风险意识的培养，引导其认识碳信息披露带来的收益。

第三，数据可获得性不足。围绕环境与气候相关的数据，例如碳排放、碳减排等应做到可核查、可验证并保持信息透明公开，但目前市场上气候风险相关信息的透明度和准确度仍有待提高。首先，企业碳排放数据获取难度大、可靠性低。在数据收集方面，由于监测碳排放数据需要新增设备及更新技术，数据获取存在一定难度；在数据准确性方面，由于缺乏专业的第三方机构的核验，披露数据的可靠性较低；在信息披露方面，由于碳信息可能涉及商业活动信息，企业公开披露意愿不足。因此，如何获取准确度高、覆盖面广、可比性强的企业碳排放数据仍是一个现实挑战。其次，碳交易市场数据亦难以获得，目前我国尚未公开披露碳排放重点企业的初始配额、排放情况以及交易情况等信息。再次，碳排放权交易数据的披露也不充分，监管方和投资者均难以捕捉到该类企业的"碳表现"，无法准确评估企业的气候风险。最后，市场参与者不了解市场情况，无法形成稳定的预期，缺乏理性决策的基础。

（五）完善气候风险的评估和应对体系面临的挑战

气候风险与金融风险并不是两条平行线，气候风险可以引发金融风险。近年来，我国开始关注并重视气候风险，针对风险采取了一系列措施加以识别和防范，但气候风险识别、防范及管理实践仍相对有限，应对气候风险的金融韧性尚未形成。要真正实现从绿色金融风险体系向零碳金融风险体系的过渡，仍需要破解气候风险识别难、评估难、管理难的现实困境。

第一，气候风险识别难。气候风险具有"概率低、损失大"的特点，由于历史气候风险的推演样本及数据稀缺，国内金融机构对于气候变化可能带来的底层金融资产贬损风险的认知理念不充分与识别能力不足，从气候风险演进至资产价格重估、投融资渠道及市场流动性受阻的传导机制尚不明晰，对于典型气候风险事件的金融影响感知不敏锐，气候变化的风险筛选及预警流程难以纳入金融机构资产储备与投资决策。气候风险还具有"长期性、动态性"的特点，短期内产生金融风险的"模糊性"，阻碍金融机构优先识别风险。在动态演化中，气候风险与宏观经济影响相互交织，消费、需求、资产、信用等多因子冲击进一步加大了金融机构有序梳理风险源头、准确识别风险的难度。

第二，气候风险评估难。气候风险的非线性和非均衡性特征使得风险评估模型难以精确刻画异质性参与者在不同金融活动中所受到的不确定性影响，加大了风险评估的复杂度。一方面，气候风险评估方法学动态权衡困难，政策推动层面及各金融机构间暂未形成统一的模型假设条件，对于政治、经济、金融市场、环境气候变化的交叉影响暂未形成合理的权重评估验证；另一方面，开展气候风险评估需要环境压力测试、资产组合理论及宏观经济模型的多重组合分析，当前金融机构、行业、企业气候相关数据库构建缺乏标准指引和量化基础，各层级、各维度的数据可得性及研讨科学性成为金融机构普及气候风险评估的实质性难点。

第三，气候风险管理难。气候风险管理在产品端应用的必要性和有效性仍有待解决。由于气候风险在事前识别及评估过程中映射出的技术人才不足问题，相关涉及气候风险的金融产品存在定价过高、抵质押物估值及预期不稳定等缺陷。气候风险的金融产品普遍具有持有周期长、流动性弱的特征，进而影响投资者及机构对于气候风险持续关注的需求与意愿；此外，为应对风险溢出效应，金融机构需直面并适应更高资本充足率要求所带来的展业压力，影响金融机构将气候相关风险纳入风险审慎监管框架的动力与决心。

第三章

◆

构建具有中国特色的零碳金融
宏观管理框架

朱 民 郑重阳 李长泰 韩绍宸 巩 冰[*]

* **郑重阳：** 中国移动通信有限公司研究院（中移智库）高级研究员
李长泰： 北京科技大学经济管理学院讲师
韩绍宸： 华夏银行股份有限公司研究院博士后研究员
巩 冰： 中国社会科学院大学国际政治经济学院讲师

自 2016 年以来，绿色金融在推动中国绿色增长、绿色发展中已取得了诸多成效，初步形成了助力碳达峰的"三大功能、五大支柱"政策框架，但在支持全新、全面的碳中和范式变革中依然凸显资金流向引导与资本配置、气候相关风险识别与管理、零碳金融市场定价三大方面功能短板。这些短板难以支撑一场时间跨度长、投资规模大、转型风险突出、覆盖国民经济全领域的碳中和范式革命。因此，急需一场全面而彻底的自我革命，即金融体系的零碳转型。同时，需要统筹零碳金融体系的构建、改革和发展，以有力支持中国经济在未来展开一幅能够超越西方工业化路径与逻辑、重新诠释人与自然关系现代化的崭新篇章。

　　这种范式变更的实现——建立健全具有中国特色的零碳金融体系，将注定具有领先的理念、产品与服务、定价机制、披露与风险防范制度，大大超越绿色金融的服务和功能覆盖范围。这将必然需要建立一个能够容纳更多市场主体、政府机构以及展开多目标间高效协同合作的宏观管理框架，以支撑各方协同一致推动零碳金融体系的构建、发展与改革。

第一节　中国零碳金融宏观管理框架的蓝图设想

　　基于"换道超车"、世界领先的战略认知，依托绿色金融发展形成的良好基础及有益经验，聚焦于碳达峰碳中和"1+N"政策体系，中国可以发挥自身特有的制度优势，或可应用零碳金融分类、财政政策、货币金融政策、零碳金融风险管理、零碳金融国际治理等政策工具，构建零碳金融的宏观管理框架。致力于打造一个囊括碳金融市场、绿色信贷与债券市场、转型金融市场、气候投融资市场等于一体的零碳金融复合市场，构建世界领先的中国零碳金融体系（见图3.1）。

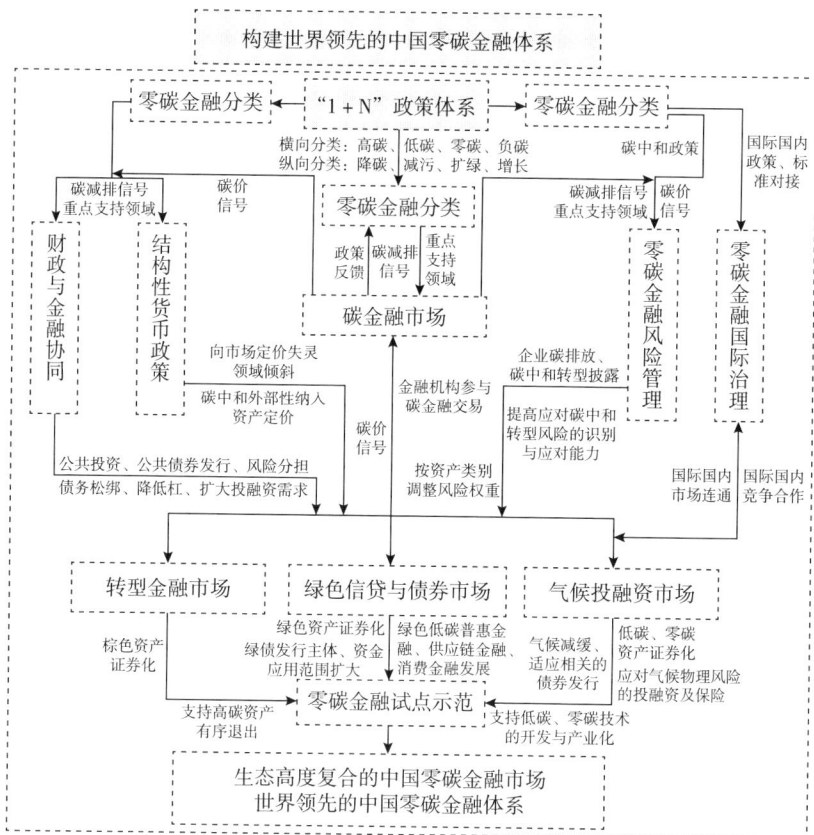

图 3.1　中国零碳金融宏观管理的整体设想及架构

首先，金融支持中国碳中和需要一个求同存异、协同共进的基准。碳中和是一个高度复杂的科学性问题、系统性改革问题，涉及诸多认知分歧、利益分歧，双碳"1+N"政策体系更是一个囊括科技、环保、产业、金融、教育、文化、社会、企业治理等各方面的综合性产业政策。开展零碳金融宏观管理需要确立一个基准，即编制零碳金融分类目录，为金融机构支持符合多维政策意图的经济活动划定范围、明确对象，有效降低信息不对称程度和信息搜寻成本，有利于将多维政策目标统筹纳入碳中和整体目标。随着科学认知、技术发展和政策要求的动态变化，依据金融支持碳中和政策、实体经济转型要求，零碳金融分类目录、技术标准的动态调整也将构成中国零碳金融宏观管理的重要内容及手段。譬如，可以基于高碳、低碳、零碳和负碳的分类，由各行业主管部门差异化设置相关经济活动的碳排放强度或碳足迹技术标准，并依据碳达峰、碳中和时间节点逐步拔高相关标准。此外，金融监管部门和金融机构应广泛参与零碳金融目录的编制与修订，更好地实现政府与市场间的激励相容。

其次，建立健全碳价形成、投融资激励约束、零碳金融风险管理和零碳金融国际治理四大机制。基于对经济活动的分类，以碳金融市场建设为抓手，建立健全碳价形成机制，有序推动各经济部门参与碳配额、碳汇及其碳衍生品市场交易，发展壮大碳金融市场，建立健全碳价发现机制，为零碳金融市场运作、宏观管理提供可信、及时的碳价格信号。财政政策与金融政策相互协同将首先通过零碳基础设施投融资扩大零碳金融需求，特别是财政对零碳融资的风险补偿能够对社会资本投资零碳领域产生可观的撬动效用。财政政策也可以利用其税费减免工具激励实体企业参与碳金融市场，同时针对排放超标、减排未达标企业可引入碳税惩罚制度，并为碳账户、碳计量、碳核算等基础设施建设提供有力的公共投资支持。货币政策与财政政策相配合，将若干适宜的碳金融产品纳入再贷款、再贴现抵押物的范围，为碳金融市场提供活跃市场的流动性保障，激励金融机构更多涉足碳金融业务、开拓零碳金融市场利基，也能依据实时碳价测算货币政策的空间、估量系统性金融风险。零碳金融风险管理机制立足于巴塞尔Ⅲ，走向巴塞尔ESG、气候相关信息披露制度，依据碳中和政策、碳价变化带来的风险敞口调整风险权重、开展压力测试、改善信息披露质量。未来，应当积极参与全球零碳金融治理，在金融低碳转型政策制定、零碳金融标准对接、金融合作与竞争中成为重要的参与者、牵头方，推动中外在零碳金融领域的经验互鉴、市场互通。

再次，推动绿色信贷与债券、气候投融资、转型金融等方面重点突破。当统一的碳价信号被应用于碳排放强度各异的经济活动时，碳排放将被纳入微观主体资产定价的流程，也将凸显不同产业部门、产业科技周期的碳价竞争力。零碳、负碳且经济回报较高的产业门类将首先成为私人投资的热点，如当前的光伏、电动汽车、储能等新兴前沿产业，显现出石化、冶金、建材等高碳行业碳价竞争力劣势。对于当前在范围1、范围2已能实现低碳、零碳的企业或产业，绿色信贷、绿色债券、气候投融资在支持现有产业不断做大做强的同时，也可依托龙头企业向上下游的拓展，探索产业链、供应链金融支持碳中和转型的有益模式。

针对400多万亿的存量金融资产映射下的高碳产业资本，转型金融应成为中国零碳金融市场不可分割的一部分。中国作为全球最大的碳排放经济体，碳价上升可能带来竞争力下滑、风险上升，既需要调整巴塞尔资本监管框架中的资本风险权重，实现充分碳中和信息披露，提高市场应对转型风险的韧性与能力，也必须清晰认识到大量高碳产业部门是中国四十余年改革开放积累的社会财富、生产资料，在当前及未来较长时间内仍将是中国经济保持中高速增长不可或缺的支柱。在这一认识的基础上，财政、货币与金融政策应给予高碳部门低碳转型充分的政策倾斜，完成更高标准的碳中和转型披露引导，推动转型金融产品及服务创新，使高碳企业减排达标、获得政策补偿后的碳排放成本，不构成影响其市场价值及遭遇融资约束的因素。与之相反，对于减排不达标、披露不充分的高碳企业，逆向的惩罚、风险披露也将带来更大幅度的碳成本上升。

最后，依托试点示范、先立后破构建生态高度复合的中国零碳金融市场。摸着石头过河、试点示范是中国改革开放四十余年探索出的成功模式及经验，绿色金融、气候投融资试点已搭建起开展零碳金融试点的前沿阵地，未来数年内也将启动以转型金融为核心的相关试点示范。当前，金融支持中国碳中和转型初步形成了各有侧重、相互交叠的"三路大军"：转型金融市场、绿色信贷与债券市场、气候投融资市场正依托试点示范相互借鉴、独立探索开辟致力于实现碳中和转型的市场利基、商业模式和宏观管理模式。从宏观管理的角度而言，应积极应用零碳分类基准、财政与货币政策、零碳金融风险管理、零碳金融国际合作与竞争等工具推动三大方向的探索，并从战略高度指导三路大军发展壮大，并最终胜利会师于生态高度复合的中国零碳金融市场、世界领先的中国零碳金融体系。

第二节　国际零碳金融宏观政策框架的探索与经验

以上关于宏观管理框架的论述是一种对未来的大胆设想，但如何从当前绿色金融的现实起点真正迈向并成功到达零碳金融的理想彼岸依然存在诸多未知，需要积极、广泛汲取各方经验和吸取各类教训。欧美经济体已成功实现碳达峰，正在探索零碳金融可行路径并走在当前国际零碳金融发展的最前沿，其绿色低碳政策演进历程、零碳金融政策的大胆创新将为中国搭建宏观管理框架、走向世界领先的零碳金融体系提供诸多可对标、可参考的对象。

一、绿色低碳金融政策的历史脉络

国际上金融支持绿色低碳发展的政策实践源于对西方工业化的反思，并随着对绿色、可持续发展的认知深入，政策目标由较早的支持污染防治逐步扩大至温室气体减排、资源节约、生态保护、维持生物多样性等，与之对应的绿色低碳金融政策的内核也逐次发生演进变化。《巴黎协定》签署发布后，美、欧为主的国际绿色低碳政策重心又进一步向碳中和目标迁移，环境金融、气候金融、绿色金融、可持续发展金融政策开启了全面向零碳金融政策收敛、迭代升级的新探索，初步在全球范围内形成了美国、欧洲支持金融体系零碳转型的两大模式。

二十世纪六七十年代，西方工业化国家的水体、大气污染已严重危及本国居民的身心健康，此起彼伏的绿色启蒙、绿色政治运动主张通过一系列生态环保立法为各类经济活动设立生态环境硬约束。随着工业化国家环境立法的日趋完善以及环保监管体系的建立健全，更多金融机构将客户是否遵守环境法规、是否履行污染物减排责任、是否存在环保监管风险作为其开展信用评级、产品定价、风险防范的重要因素，并逐步演化形成助力污染物防治、生态保护的环境金融体系，涉及金融产品、业务条线、市场交易、监管政策等若干方面。

　　至 1992 年《联合国气候变化框架公约》签署通过，以美、欧为代表的生态环境政策开始更多将应对气候变化作为其重要的政策目标之一，从而演化孕育出气候金融政策。气候金融政策多以能效提升、能源结构调整为重点，公共投资、财税支持成为引导金融机构创新开拓减缓气候危机、适应气候变化的市场利基的重要政策工具。1997年《京都议定书》确立的发达经济体强制性减排目标进一步推动了各国依托产业政策、能源政策、科技政策、财政政策、环保政策激励或倒逼微观主体重视资源高效利用、提高能源利用效率、使用可再生能源，由此带来的气候投融资需求推动了金融机构积极开拓气候金融市场利基、赋能实体经济温室气体减排目标的实现。发达国家、多边国际机构对发展中国家应对气候变化的资金支持也成为气候金融政策在国际治理层面的一种延伸，其利用公共信用、公共资金、国际援助等手段撬动私人资本以弥合发展中国家的气候投融资缺口。

　　2015 年—2016 年，联合国可持续发展目标、巴黎气候目标在全球范围内得以确立，金融支持的目标趋于多元复合，广泛覆盖污染治理、生态保护、应对气候变化、支持生物多样性等领域的 ESG 投资、绿色金融、可持续金融成为国际上金融支持绿色低碳发展的主流。2021 年 11 月，格拉斯哥净零金融联盟（GFANZ）的成立标志着在发达经济体主导下的国际绿色金融、可持续金融政策重心更多向碳中和目标迁移。除利用财税、投资、产业、环保、科技等多元政策组合以引导资金流向、降低资金成本、缓释风险外，美、欧发达经济体进一步将防范气候相关财务风险作为其国内金融政策的重要组成，欧盟、英国甚至分别发布了可持续金融、绿色金融战略，致力于在全球碳中和背景下抢占国际金融业发展的最前沿。

二、行政、财税和产业政策引导零碳金融的美国模式

美国零碳金融政策框架是对二十世纪六七十年代以来的环境金融政策、气候金融政策的继承与发展。早期的若干大气污染防治、能效管理、能源结构调整、环保政策与行动客观助力美国实现二氧化碳排放的最终达峰，这些伴随着温室气体减排目标、2050 年碳中和目标的确立而成为美国零碳政策的核心组成，凸显以财税、零碳（绿色）产业政策为主，辅以公共投资、国内国际倡议与合作等手段，激励社会资本、金融机构扩大零碳投融资，同时注重气候相关财务风险带来的新约束，间接引导美国金融体系的零碳转型。

（一）环境金融政策是美国零碳金融政策的早期原型

化石能源燃烧带来的大气污染、大气污染物与温室气体排放的高度同源性，决定了美国零碳金融政策的基本架构更多以环境金融政策为参照，包括目标导向、立法、行业管理与政策、工具手段四大方面，主要涉及大气污染防治、能效提升、能源结构调整三大支柱。

在目标与立法方面，美国早在 1955 年便制定了首部大气污染防治的法案《空气污染控制法》，此后又分别于 1960 年、1963 年、1965 年、1967 年颁布了《空气污染控制法》《清洁空气法》《机动车空气污染控制法》《空气质量法》等若干法案，为实现大气污染物减排目标提供了富有强制力的司法基础。1970 年，美国颁布了具有里程碑意义的《清洁空气法》修正案，首次赋予公众诉讼政府的权利。与大气污染防治相配套，美国以能效政策为重点颁布了若干法案，如 1975 年的《能源政策和节能法案》《能源政策保护法与机动车成本节约法》、1978 年的

《国家节能政策法案》、1982 年的《机动车辆信息与成本节约法》和 1987 年的《国家电器产品节能法》等。为调整能源结构，美国在 1978 年颁布了《公共事业管制政策法案》与《能源税法案》以支持可再生能源发展，用税收优惠鼓励企业与私人使用可再生能源，拉开了可再生能源并网发电、电力市场公开竞争的序幕。1990 年，《大气洁净法案》修订中的酸雨计划要求减排 SO_2 和 NO_X，作为二氧化硫、氮氧化物的排放大户，电力企业转而加大了对可再生能源的开发。

针对行业管理与政策制定，美国分别在 1970 年、1977 年成立了联邦环境署（EPA）、联邦能源部（DOE），将分散的行业管理部门统一起来，肩负起行业标准、法规的制定与执法职能。EPA 负责制定大气污染物排放标准、认证污染源，要求各州、企业遵照执行以达到环保标准，使美国大气污染物治理得以取得重大进展，极大改善了二十世纪七十年代以来的美国大气环境质量。联邦能源部由 40 多个联邦能源管理部门合并组建而来，肩负起能源政策制定、能源行业管理、能源技术研发等职能，环境保护、能效标准制定、能效认证、能效监管等成为其具体的职责内容。

随着后续一系列法案的颁布和修正、行业政策与管理体系完善，能效管理、能源结构调整、大气污染物减排等客观上成为美国降低经济碳排放强度的三大政策支柱，而财税支持、排放与能效标准、污染物排放交易等成为主要的政策工具，激励社会资本、金融机构进入相关领域。1980 年颁布的《综合环境响应补偿及责任法》（又称超级基金法）进一步将生态环保、能源能效同金融业务联系起来，明确了被贷款企业的环境污染责任同样需要银行承担相应的连带责任，使生态环保违规违法成为一种正式的金融风险、监管约束。超级基金法的制度设计使金融机构不得不高度重视环境相关财务成本及风险，环境规制、能源监管得以延伸至金融机构对客户环境责任风险的识别与管理。此外，EPA专门组建了环境金融顾问委员会和若干分布于各地的环境金融中心，与地方政府、私营机构建立了紧密的伙伴关系，为环境融资难、融资贵问题解决提供建议与技术方案支持。

（二）行政、财税、倡议与誓言、对外援助相结合的气候金融政策

由于美国在2001年退出《京都议定书》，其在整个联邦层面并没有明确的温室气体减排目标，相当比例的地方政府对温室气体减排政策持消极、甚至反对的态度，国家层面统一的减排目标及其立法困难重重。因此，美国联邦政府只能更多地诉诸行政措施、财税政策、倡议与誓言、对外援助相结合的方式引导、扩大气候投融资。

相较于环境金融时期的政策框架，美国气候金融政策的制定与出台囊括了更广泛的行业主管部门，如农业部、商业部、国家航空航天局、国家科学基金、国际开发署等，这些部门主要依托财政资金支持科学研究、技术发展和国际援助三大方面的气候政策实施。2005年以前，美国联邦政府主要依靠"无悔"计划以及若干效率监管措施应对气候变化问题（CRS，2021）。这些措施通常是由环境署、能源署、农业部发起的自愿减排计划，如能源之星、农业之星、企业气候领导中心计划等，通过技术援助、声誉奖励等方式激励市场主体节约资源、提高能效，实现间接、自愿的温室气体减排。另一些举措则是通过日趋严格的标准工具间接支持汽车温室气体、设施设备温室气体、建筑温室气体减排以及提高可再生能源使用比例。2007年后，由于美国最高法院对EPA的职责裁定，美国联邦政府由早期的间接温室

气体排放监管迅速转变为直接监管。2009年，EPA发布了"危害报告"，明确了六大机动车辆排放的温室气体，开启了EPA颁布若干行业的温室气体排放标准以支持减排的阶段。针对国际气候投融资，美国主要支持国际多边机构的气候资金机制构建，委托国际开发署负责提供双边气候发展援助、国际开发金融公司负责提供双边气候融资（赵行姝，2018）。美国联邦政府应对气候变化的财政基金见图3.2。

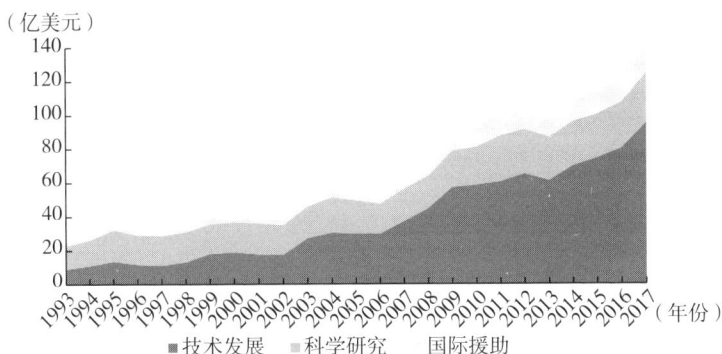

（a）应对气候变化的财政资金（亿美元）

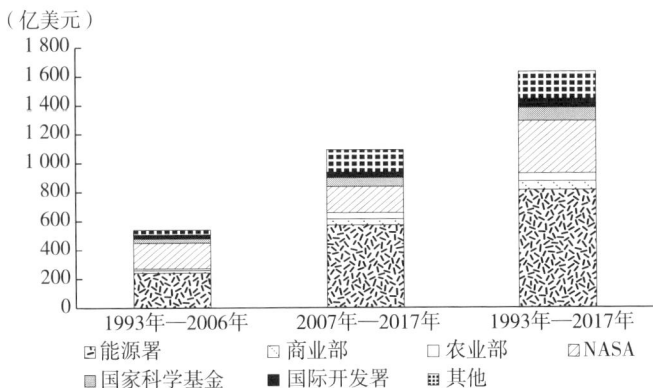

（b）联邦部门应对气候变化的累计财政资金

图3.2 美国联邦政府应对气候变化的财政资金（1993年—2017年）

资料来源：美国政府问责局（U.S. Government Accountability Office，简称为U.S. GAO）

在 2008 年全球金融危机的背景下，奥巴马政府围绕能源结构调整、能效提升出台了 2009 年《美国复苏与再投资法案》（ARRA），依托扩张性财政政策扩大对可再生能源、能源利用效率提升的研发与投资的公共资金支持。2013 年，奥巴马政府又推出了《总统气候行动计划》，勾勒出全国性应对气候变化的战略安排，成为指导美国开展应对气候变化、积极参与全球合作的纲领。2015 年 7 月，由美国白宫牵头发起，美国当时 13 家市值最大的企业共同宣布了"美国商业气候承诺誓言"运动，做出了提高能源使用效率、扩大低碳投资和让低收入家庭更容易获得太阳能三大承诺。签署这一誓言的企业已达 154 个，其分布于美国的 50 个州，雇用了近 1 100 万人，年收入超过 4.2 万亿美元，总市值超过 7 万亿美元，成为引领美国商界、金融业支持应对气候变化的重要力量。

在财政政策、能源政策、环境政策、科技政策、对外援助政策的引导以及国内国际绿色与可持续发展倡议的共同影响下，具有广泛国际影响力的美国金融机构开启了以 ESG 投资、可持续发展、负责任投资为主题的业务创新与风险防范。1999 年，道琼斯推出了道琼斯可持续发展指数，不仅考察上市公司的财务绩效，还考察上市公司的环境绩效。2003 年，花旗银行成为全球范围内第一批宣布采用"赤道原则"的国际性银行，随后 JP 摩根、美洲银行也宣布成立赤道银行。2004 年，高盛首次建立了 ESG 指标体系，用以开展对投资项目的可持续性发展评价，2005 年成为美国首批建立环境政策框架的银行之一。2006 年，纽约证券交易所启用联合国提议的"负责投资原则"（PRI），其将环境因素纳入投资决策流程并积极履行所有权，鼓励投资者通过实现社会价值、降低风险取得长期收益。2011 年，房利美推出了首款绿色抵押贷款产品，2012 年发布了其首个绿色 MBS 项目，2017 年迅速成为全球最大的绿色债券发行人，其募集资金主要用于绿色建筑、清洁能源、水资源节约等领域。2013 年，马萨诸塞州发行了美国历史上首支绿色市政债券，绿色市政债券市场迅速崛起，纽约州、加利福尼亚州、马萨诸塞州成为最主要的发行主体。

这些投融资的主体无一例外将应对气候变化作为其直接或间接的组成部分，逐渐使应对气候变化的投融资成为众多美国金融机构、实体企业履行企业社会责任的重要维度。美国的 ESG 与负责任投资、绿色债券发行规模均实现了长期扩张的趋势，其中基金经理、机构投资者管理资产时普遍将气候变化、化石能源撤资作为重要的资产管理因素。2014 年—2022 年，考虑相关因素的被管理资产规模已扩张十余倍（见图 3.3），市场与政府之间呈现较为一致的激励相容性。

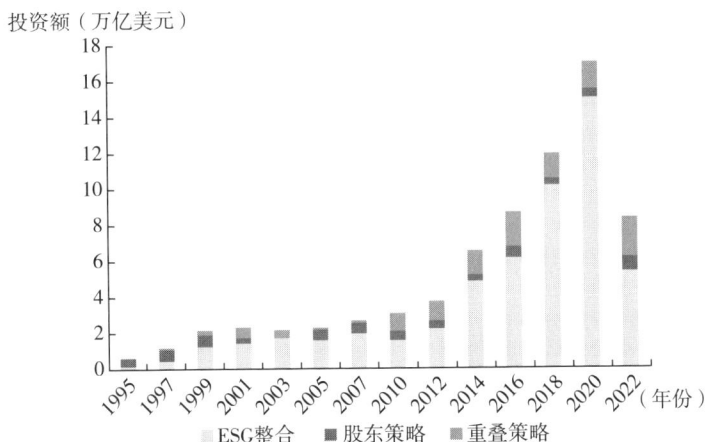

（a）美国可持续与负责任投资

资产规模（万亿美元）

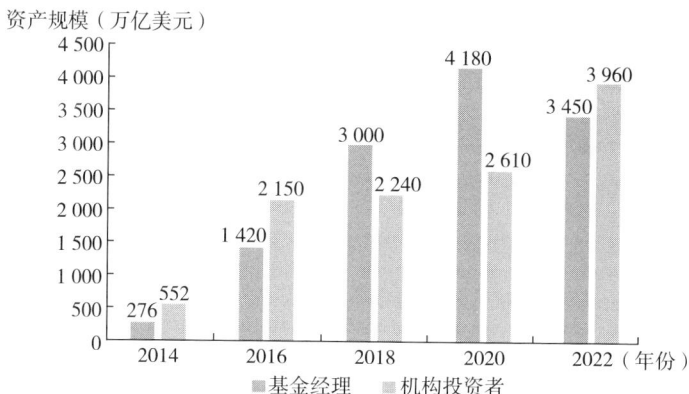

（b）气候变化／减碳涉及的管理资产

图3.3 美国可持续与负责投资、绿色债券发行

注：2022年的美国ESG可持续与负责任投资为规避"洗绿"而调整了统计口径
资料来源：US SIF Foundation（美国可持续与责任投资论坛）、气候债券倡议组织。

（三）财税政策、产业政策为主导的零碳金融政策框架正式形成

2021年1月，拜登当选美国总统后，在新发布的首批行政命令中便宣布重返巴黎气候协议，同年12月又通过签署行政命令的方式宣布2030年温室气体排放较2005年下降50%—52%，2050年最终实现整个美国的净零排放目标。

依据拜登签署的一系列行政命令，美国实现碳减排、走向净零目标的具体政策将广泛覆盖能源、制造业、生态环保、农业、科技、交通、商业等各类碳排放部门。与此相对应的能源政策、科技政策、交通政策、农业政策、环境政策等可被称为广义的零碳产业政策，致力于明确实现碳中和的产业路线、技术装备、标准要求和商业模式。与此同时，动用公共投资、税收减免、政府采购、政府担保等工具为相关产业政策的落实提供资金支持、风险缓释，撬动社会资本，金融机构依据产业政策的导向扩大零碳投融资活动。2022年9月，美

国推出了历史上最大规模的可再生能源投资法案——《通胀削减法案》，通过对部分大企业征收 15% 的所得税为未来创造 7 400 亿美元的财政收入，其中约 3 700 亿美元用于气候和清洁能源领域投资，剩余部分用于补贴电动汽车、关键矿物、清洁能源及发电设施的生产和投资。

拜登也以行政命令的方式要求联邦政府机构、金融监管机构分析并减轻气候变化给金融稳定带来的风险。目前，美联储、美国证券交易委员会（SEC）已通过内部设立专业委员会、工作组、发布研究报告等方式推动形成气候相关风险的认知与评价，落实若干披露相关工作。此外，美国联邦政府颁布了历史上首份《美国国际气候融资计划》，囊括了联邦层面各类对外援助、公共投资机构，提出终止高碳能源项目的对外援助，要求对外机构的资金流向符合巴黎温控目标、注重防范气候相关金融风险，也存在通过国际层面的金融零碳转型，示范带动国内金融系统零碳转型的潜在动机。

概言之，拜登政府的行政命令和行动可以被视为奥巴马政府气候变化政策的恢复和扩展（CRS，2021），依然延续了一直以来更多使用财政政策方式引导社会资本流向的政策框架，略有不同在于更加关注气候相关的金融风险，具有财税政策主动引导、货币金融政策被动防范气候相关风险的典型特征。

三、应用法律、货币金融手段塑造全新金融体系的欧洲模式

欧洲是应对气候变化最早与最积极的倡议者、行动方，其往往以法律先行的方式确立温室气体减排目标与战略，并积极采用财税、担

保、公共投资、碳排放交易等手段激励企业、金融机构扩大气候投融资，与美国的财税、产业政策主导的政策框架大体相似。但在《巴黎协定》签署后，整个欧洲政策框架出现了显著变化，普遍围绕具有法律强制力的减排目标、总体战略，颁布可持续金融分类、可持续性信息披露法案，同时运用央行绿色低碳再贷款、气候压力测试等货币金融手段直接推动金融体系的零碳转型。

（一）应用立法、财税、产业和碳金融政策致力于温室气体减排

欧盟早在 1991 年提出了一份关于"欧盟限制温室气体排放和提高能源效率战略"的内部磋商文件，欧盟理事会在 1992 年最终接受了提高能源效率、发展可再生能源和建立二氧化碳排放监测机制三大方面的建议，使相关具体政策得以出台或延续。2000 年、2005 年，基于《京都议定书》的减排目标，欧盟出台了两轮"欧洲气候变化计划"（ECCP、ECCP2），实施了与之配套的能源、交通、工业、科研等领域的具体行动以支持温室气体减排。欧盟排放交易体系（EU ETS）正是在这一时期上线运行，与现货交易配套的碳金融衍生品，如碳远期、碳期货、碳期权、碳互换等成为欧盟碳价发现与形成不可或缺的重要机制。2008 年，英国领先世界其他国家 10 余年，独立颁布了全球首部《气候变化法》，赋予在某一时间节点实现减排目标的法律强制力，并创设了碳预算制度进行阶段性减排目标管理。

至 2015 年《巴黎协定》签署前，欧盟围绕减排目标与战略、能源结构与能效提升、碳排放交易、土地与生物资源利用、交通减排、低碳技术、适应气候变化、为气候变化提供资金、国际合作等多个维度颁布了法案与政策，而落实相关政策、解决弥补气候投融资的资金

缺口主要采取了与财政政策、产业政策、碳金融政策相配套的方式，引导社会资本流向。其中，财政政策运用碳税、税收优惠、政府补贴、公共投资、政府采购等方式支持各类绿色低碳产业政策的落实，吸引社会资本进入；碳金融政策主要体现为碳现货及其金融衍生品为市场提供碳价形成机制、碳价格信号，同时政府碳信用出售所得也成为政府扶持绿色低碳技术研发的重要资金来源。此外，欧盟及其成员也积极向欠发达地区、发展中国家提供气候融资支持，如欧洲投资银行在2007 年发行了首支绿色债券用于资助可再生能源和能效项目建设。

（二）可持续金融战略孕育出法律先行、货币金融政策激励的全新框架

基于联合国可持续发展目标、巴黎气候目标，欧盟委员会认为弥补可持续发展、碳中和投融资巨大的缺口需要全面改变现有金融体系的运作方式，从金融的短期主义、短期稳定转变为具备长期正向影响的体系，将更多社会资本导向碳中和、可持续投资领域（EC，2018a、2018b）。

为统筹整个金融体系的重塑，欧盟专门在 2018 年 1 月成立可持续金融高级专家组，历经数轮研究与咨询发布了最终的研究报告，提出了构建以气候减缓为优先目标的可持续金融分类目录，特别强调为欧洲长期发展提供急需的资金、纳入 ESG 因子以增强金融稳定性等两大核心内容（EC，2018b）。2018 年 3 月，欧盟发布《可持续金融行动计划》作为可持续金融战略的顶层设计，确立了可持续金融的三大任务方向，即资本流向、风险管理、信息透明性与长期主义，将围绕可持续性金融分类、标准与标签，可持续性基准、市场研究与评

级，投资者责任、审慎管理、会计准则与披露、企业治理等若干支柱开展具体行动。2021 年 7 月，欧盟又对可持续金融战略进行了调整，将"转型金融"作为重要内容之一，添加了普惠性金融的相关内容，强调可持续金融体系的抗风险能力、国际共识与合作。

在减排目标、总体战略的指引下，欧盟代表性举措可划分为总体战略、公共投资、分类标准、信息披露、货币政策、国际合作六大方面（见表 3.1），其特别注重通过金融法律法规、货币政策激励的方式推动可持续金融发展。

表 3.1　欧盟可持续金融代表性举措

主要构件	代表性法案 / 政策
总体战略	《可持续金融行动计划》《更新的可持续金融战略》
公共投资	《欧洲绿色投资计划》《欧盟绿色债券标准使用指南》《欧委会关于欧洲绿色债券条例的提案》
分类标准	《分类法条例》《气候授权法》《补充气候授权法》
信息披露	《可持续金融披露条例》、《企业可持续发展报告指引》（CSDR）、《金融行业可持续发展相关信息披露法规》（SFDR）、《欧盟气候转型基准条例》《欧洲金融工具市场指令》（MiFID II）、《保险分配指令》（IDD）
货币政策	欧央行宣布在其公司债券购买、抵押品框架、披露要求和风险管理中考虑气候变化因素；对 41 家银行进行气候相关压力测试
国际合作	打造了决策者之间对话的论坛，总体目标是增加投资于环境可持续发展的私人资本的数量；加大对发展中国家的气候投融资支持

在公共投资方面，2019 年 11 月，为实现 2030 年减排目标，欧盟率先出台《可持续欧洲投资计划》，主要运用公共投资、政府担保支持大量的可持续基础设施投资建设，要求至 2030 年的总投资规模不少于 1 万亿欧元。与之配套，欧盟将打造绿色债券市场、完善绿色债券标准作为扩大可持续投资的重要手段，颁布了《欧委会关于欧洲绿

色债券条例的提案》《欧盟绿色债券标准使用指南》。在可持续经济活动分类方面，欧盟发布的《可持续金融分类法》在 2020 年 7 月正式生效，其责成欧委会委员通过授权法案为每一个环境可持续性目标确定技术筛选标准，构建环境可持续活动分类的清单。2022 年 1 月针对减缓气候危机、适应气候变化目标的《气候授权法》颁布实施，确立了减缓或适应气候变化的技术筛选标准，后又通过《补充气候授权法案》将核能、天然气纳入环境可持续分类目录。2023 年 7 月，欧委会又以制造业、运输业为重点扩大了有助于减缓气候危机、适应气候变化的经济活动范围，也颁布了首个《环境分类授权法》。在信息披露方面，可持续分类基础上的一系列信息披露的政策得以出台，如针对企业、金融机构的可持续发展报告（Corporate Sustainability Reporting Directive，简称为 CSRD）、SFDR 披露条例；为满足投资者可持续偏好适当性要求，对《金融工具市场指令Ⅱ》（MiFID Ⅱ）、《保险销售指令》（IDD）进行了修订及授权。在货币政策方面，为激励金融机构参与零碳投融资，ECB 已将气候因素纳入货币政策框架、积极开展气候压力测试，激励企业、金融中介开展可持续金融创新、防范气候风险。最后，欧盟十分注重可持续金融的国际合作，打造了用于国别交流、协作的平台，同时积极扩大对发展中国家的气候投融资支持。

目前，以零碳金融为内核的欧盟可持续金融已初步构建起"总体战略＋公共投资＋信息披露与标准制定＋货币政策＋宏微观审慎监管"为一体的宏观管理框架。其中，《可持续金融行动计划》及其更新被调整成为整体的目标与战略；大规模公共投资为金融体系的重塑创造市场需求；可持续金融分类目录成为构建可持续金融体系的地基，而企业、金融中介、投资者偏好等维度的可持续性信息披露作为矗立

在地基之上的三大支柱。在具体的政策激励中，欧盟金融监管体系
（ESFS）成为直接推动金融体系范式转变的宏观管理组织，运用囊括
气候因子的货币政策、《气候对标条例》、可持续性标准与标签、监管
职责内的可持续金融发展战略与指引等工具激励金融机构转型、约束
气候相关风险。

除欧盟外，英国也是欧洲模式的重要代表，其在脱欧后依然延续
着欧盟可持续金融的框架，甚至在诸多探索与实践中超前于欧盟，居
于世界领先地位。

在绿色债券方面，发行多样化的债券品种。2015 年 7 月，伦敦
证券交易所为绿色债券设立了专门板块"可持续债券市场"，为投资
者提供了更高的信息透明度。2021 年，英国政府为散户投资者发行
全球首支主权绿色储蓄债券，使个人能够支持可再生能源和清洁运输
等领域，将在绿色金融产品主流化、为气候和环境目标吸引专用资
金、改善基础设施以及创造绿色就业机会方面发挥核心作用。为解决
"漂绿风险"，英国政府成立了一个新的绿色技术顾问小组来推动《绿
色分类法》的制定和实施。

在气候信息披露方面，英国气候风险信息披露相对领先，并将信
息披露视为有效管理气候风险最重要的基石。2016 年起，伦敦证券
交易所对上市公司可持续信息披露进行了优化，并于 2020 年发布最
新《ESG 报告指南》。2020 年 11 月，英格兰银行制定"强制性气候
相关信息披露路线图"，要求银行、保险公司和最大的养老基金的气
候信息披露和 TCFD 的建议保持一致，并计划到 2025 年在英国实现
与 TCFD 建议一致的强制性气候信息披露机制。2022 年 1 月，EBA
发布了银行 ESG 信息进行披露的技术标准以及需披露的信息和相关

指标，并在发布的草案中规定了披露的频率和方式。

在气候风险评估方面，英格兰银行积极利用纳入气候因子的压力测试方法识别气候相关风险。2019 年，英格兰银行将气候情景纳入压力测试框架，评估气候变化带来的金融风险和金融机构的适应能力，并于 2021 年发布的情景分析纳入了碳价情景。2019 年底，英格兰银行针对英国最大的银行和保险公司，展开了气候风险压力测试，成为全球首家针对金融系统开展气候风险压力测试的监管机构。2021 年 6 月，英格兰银行又进一步启动了 19 家英国最大商业银行和保险公司的气候变化压力测试，结果表明若不及早采取行动将拖累盈利能力，至 2050 年将总计遭受 3 340 亿英镑的损失。

四、美欧零碳金融宏观管理框架的抽象及得失分析

在全球碳中和目标下，国际零碳金融的探索已悄然启动，初步形成了以美国、欧洲为代表的两大零碳金融宏观管理框架，致力于支持碳减排、碳中和目标的实现，同时实现整个金融体系的零碳转型。

美国模式可理解为过往绿色低碳政策在金融支持碳中和领域的一种线性继承和拓展，其紧紧围绕 2050 年净零发展目标，遵循着环境外部性内部化的基本原理，多采用财税、公共投资、担保等手段，依托能源、科技、农业、金融、国际援助等各行业主管部门的具体政策扩大零碳投融资的需求，吸引金融机构积极参与创新零碳金融业务、管理气候相关风险，逐步实现整个金融体系的零碳转型（见图 3.4）。在欧盟推出可持续金融战略以前，美国绿色低碳金融政策框架是发达经济体普遍采取的一般模式，将生态环保激励与规制意图传导至金融

微观主体，使资金流向、定价与风险管理同生态环保要求一致。在美国确立碳中和目标后，该政策框架最大的不同便是具有更加明确的生态环境目标及时间节点，同时将防范碳中和转型风险作为维护金融体系稳定的重要内容。

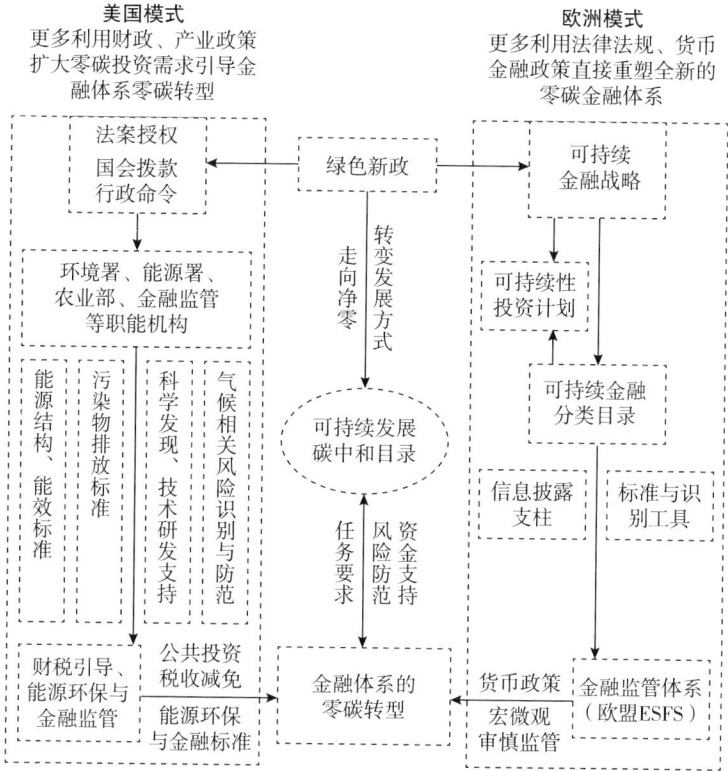

图 3.4　国际零碳金融的宏观管理框架

相较于美式政策框架，欧洲模式试图跳出财税主导、间接引导的路线与逻辑，更多利用法律法规、货币金融手段直接对整个金融体系进行改造（见图 3.4），由工业化路线下的环境金融、气候金融、绿色金融变为碳中和路径下的零碳金融。除延续以往的财税、公共投资、环境规制间接引导手段外，英国、欧盟十分注重在金融领域直接颁布法律法规、监管规则。可持续金融分类、信息披露、标准与标识成为欧洲发展零碳金融制度基础的体现，金融监管机构则直接肩负相关法律法规的执行，同时应用结构性货币政策激励金融市场主体零碳转型。

对两大国际零碳金融宏观管理框架进一步抽象可知，两者主要包括多元政策目标、零碳产业政策引导、财政与货币政策激励、零碳风险管理、零碳金融市场培育、国际合作与竞争六大方面，但也一致地表现出金融零碳转型政策的局限性、碎片化，且受限于自身制度而难以在短期内改变。

其一，体制和制度约束为主要难点。欧盟松散的政治联盟很难迅速达成长久而持续的内部共识，其可持续金融的地基——分类目录潜藏着诸多利益诉求与博弈，如天然气、核能纳入分类目录很可能是未来地基频繁变动的不确定性变量。美国的三权分立制度、州政府的相对独立性同样意味着达成利益共识的曲折性、反复性与漫长性，在既有政策框架下构建零碳金融体系也将面临诸多规则与制度障碍。譬如，美国证券交易委员会在 2022 年提出了气候风险披露提案，但该法案因美国证券交易委员会缺乏颁布相关信息披露规则的法定权力、提案超出其法定职权等而面临挑战（Vallette et al., 2022）。

其二，支持碳中和转型需要积极的财政政策和货币政策，但在欧美都难以实施。欧盟财政政策一体化受限于政治制度、财政赤字上限，财税收支主要为成员国所掌握，只能更多依赖于统一的货币金融监管系统落实金融的零碳转型政策。美国的情况正好相反，统一的联邦财税制度与高度碎片化的货币金融监管体系，较多依赖财政政策间接引导金融体系的零碳转型。CRS（2022）指出，美国金融监管由多个重叠的监管机构、州与联邦双重监管体系构成，其碎片化主要源于历次金融危机带来的监管改革。这种碎片化的监管制度可能导致监管空白、冗余，不利于形成监管合力，金融机构也可通过这些空白和重叠来逃避监管。

其三，监管和市场发展的协调在欧美难以快速落实。欧盟虽然拥有统一的金融监管框架，却监管着极其碎片化的诸多国内资本市场；美国则是一种"强市场"模式。两种模式均不利于在碳中和目标下尽快找到市场与监管间激励相容的可行空间，甚至易于出现转型过激、脱离市场基础的困境。概言之，美欧发达经济体的经济制度设计基于市场与政府间边界明确、相互独立的原则，缺乏居于中间、协调双方的制度安排，常常需要很高的协作成本才能将不同诉求转化为较为一致的目标与行动。

其四，零碳金融发展必须协调平衡好多重非此即彼的相互关系。碳中和转型必然是由单维总目标向多维子目标的延伸发散，对金融转型提出的具体要求与任务也将千头万绪、相互重叠。在这种复杂的局面下，必须依托高效、全面的宏观管理机制，协调平衡政府与市场、环境与增长、财政与货币、转型与公平等多重关系，方能稳健而高效地引导资本流向、管理资产重置风险和支持碳中和转型。

其五，中国应发挥自身体制机制优势，构建世界领先的零碳金融体系。基于对美国、欧洲宏观政策框架的总结与思考，中国构建零碳金融体系应积极发挥自身上下结合、系统完整的制度优势，同时依托国内绿色金融与气候投融资实践基础，将美国、欧洲框架有机整合成符合中国实际、有机统一的零碳金融宏观管理框架，理顺多重目标、任务、行业与区域以及政府与市场间的关系，早日构建形成世界领先的中国零碳金融体系。

第三节 中国式零碳金融宏观管理的路线、坐标与协调机制

基于对未来的蓝图设想，同时借鉴若干国际经验后，中国致力于构建零碳金融体系的宏观管理，需要进一步明确由现在走向未来的具体路线，明确具有普遍共识的零碳基准，以提供导引坐标，并搭建实现政策合力的协调平台及组织体系。

一、"1+N"政策体系对零碳金融提出了六个"1"的方针路线

金融体系的零碳转型起步于绿色金融，终于金融机构的运营、资产组合的净零化。链接起点与终点的过程是"1+N"政策体系（见图3.5）衍生出的需求，这些需求被金融化、市场化的方式所满足，也反映出当前金融供给端结构性短板、进一步深化改革的方针路线。

在政府端已全面启动双碳行动的背景下，相关政策正由上至下、从"1"到"N"延伸发散至中国经济社会发展的方方面面。"N"维政策无疑将衍生出"N"维全新的金融需求，而与需求匹配的金融产品端、方案解决端、机构组织端、中介服务端、市场运行端、监管调控端等均将呈现更加多元、交叠与复合的特征，远远超出当前中国绿色金融体系对价格信号的发现、资金流向的引导、有效信息的披露、应对风险的监管能力，在全球范围内也难觅金融支持碳中和范式变更的成功范例。换言之，中国碳中和转型下的政策发散、市场收敛间

必须经历一个再均衡的过程，通过一个"1"维度零碳金融体系实现
"N"维零碳金融需求、零碳政策的由下至上、由"N"归"1"，最终
呈现碳中和转型中的政府与金融市场激励相容、中国金融体系的"换
道超车"。

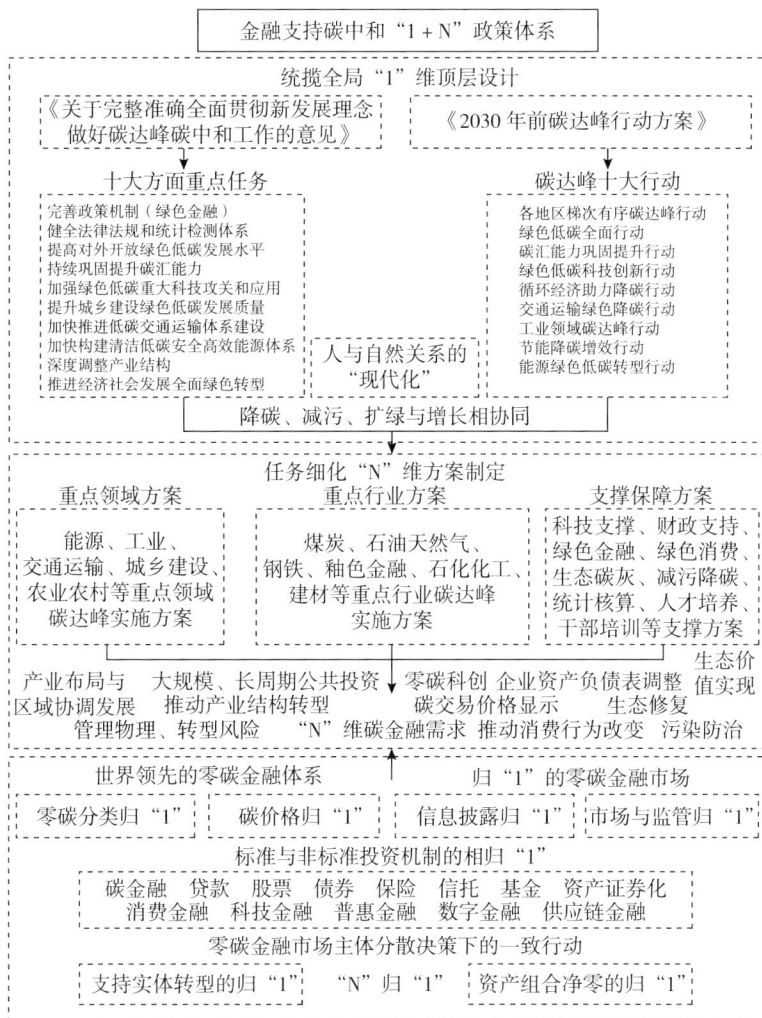

图 3.5　金融零碳转型支持双碳政策由"N"归"1"

进一步深化改革、由"N"归"1"的方针路线主要包括六个方面。

其一，零碳经济分类归"1"。塑造全新的零碳金融市场、零碳金融体系必须夯实牢固的零碳地基，即进行清楚明确的人类经济活动分类。中国已正式颁布绿色产业指导目录、绿色债券支持项目目录、中欧可持续金融共同分类目录等若干规范经济分类的标准体系，地方政府、行业协会也制定了各类适用于自身的分类标准，但各类标准划分的依据、覆盖的范围尚难以指导减碳、降污、增绿和增长之间有效协同，不同标准之间的差异也未在国家层面达成协同一致，国内国际之间的标准衔接更需广泛的国际合作。在碳中和"1+N"体系下，各部门出台的气候投融资政策、绿色产业政策、生态环保政策需要转换为类似于欧盟可持续金融分类的零碳金融分类目录，为搭建零碳金融体系形成并筑牢一个统一的分类地基。

其二，碳价格归"1"。碳价格是中国更多依靠市场力量实现碳中和目标不可或缺的价格信号，也是金融机构、ESG投资者对碳足迹及其风险进行定价，进而引导社会资本流向，以符合碳中和转型要求。一个行业覆盖广、流动性高、交易规模大且十分活跃的碳市场有利于将"N"维碳中和政策，迅速转换为可被广大金融机构、ESG投资者识别和认知的市场信号，也可成为"N"维政策间协同一致的参考标准。此外，国内、国际碳价的差异也将映射出标准的差异，关系到全球碳中和治理的成败。据World Bank（2020）的估算，实现巴黎2.0℃温控目标需要将全球碳价在2030年提高至50—100美元，欧盟碳价已达到50美元，卢森堡、瑞典、瑞士的碳价格更是达到了100美元以上，中国碳交易市场无疑尚处于初级发展阶段。

其三，信息披露归"1"。碳中和转型背景下，气候风险已悄无声息地嵌入金融机构的业务流程、宏观经济金融运行系统，转型风险甚至正在成为引发系统性金融风险的全新变量。在"N"维转型政策难以协调一致的影响下，信息披露制度的欠缺易导致"漂绿""政策套利"等问题，企业、金融机构若缺乏充分、一致的气候相关金融风险信息披露，很可能因不当的政府举措引发过度的市场波动，甚至出现难以控制的系统性金融风险。

其四，市场生态复合及其监管归"1"。零碳金融市场已完全超越传统意义上的金融市场，更多具备了市场生态高度复合的"泛金融市场"特征。一方面，以信贷为主的中国金融市场结构将在"N"维金融需求的引致作用下趋于多元化，债券、股票、基金等直接融资、权益融资将在金融支持双碳中发挥越来越大的作用，数字金融、供应链金融、消费金融、普惠金融以及资产证券化等金融模式创新也将加速传统细分金融市场融合发展，致力于运用归"1"的标准与非标准投资机制赋能实体企业的零碳转型。另一方面，数字革命与碳中和、生态文明建设正在发生历史性交汇，数字革命将赋能零碳金融，在支持减碳、降污、增绿与增长相协同的"N"维"黑箱"中曲折蔓延，演化探索出人与自然关系现代化发展的未知前路。在零碳金融、实体经济、数字革命相互奔赴、相向而行以支持碳中和范式革命的背景下，现有的市场监管格局无疑也需要进一步收敛至"1"，在更大的范围、更高的视野、更新的手段下实现协同监管、穿透监管。

其五，金融支持实体转型、资产组合走向净零归"1"。金融体系实现自身的零碳转型必须是主动作为、积极创新，为完成实体企业的碳中和转型，设计成本可负担、风险可承受、金融机构长期收益可持续的产品及服务方案，而非单纯规避气候相关风险，实现资产组合净零，进行高碳、棕色资产抛售，将部分行业划归为禁止服务的对象。换言之，零碳金融体系是将"1"维顶层设计作为指导思想，以"N"维政策衍生出的金融需求为导向，着力构建改变微观主体预期、行为惯性的市场机制，实现零碳金融市场主体分散决策下的一致行动，在支持实体经济碳中和转型中进一步实现金融自身的资产组合净零。

二、以零碳金融分类为基准助力零碳金融标准体系建立健全

零碳金融标准是创新零碳金融产品及服务，开展零碳金融业务，披露与管控零碳金融风险，实施零碳金融宏观管理的基础。零碳金融标准分歧大、难统一，意味着金融赋能对象、宏观政策激励对象、金融风险管理对象模糊；"漂绿"和政策套利问题不断，整个零碳金融体系将因地基不牢而动荡不安，甚至随时可能遭遇倒塌倾覆。尽管中国不同地区、行业和领域、部门各自制定了若干碎片化的绿色低碳标准，但找准各类标准间接口，将零散标准拼接编制成一套完善的零碳金融标准体系依然存在诸多底层障碍，主要体现为科学性、包容性、普适性和全球一致性问题的解决尚缺乏具有高度共识的基准。此外，双碳"1+N"政策体系带来政策碎片化与重叠性，争取降碳、减污、扩张和增长等多目标协同，这些均进一步加大了建立健全零碳金融标准体系的难度。

绘制具有广泛共识的零碳金融分类基准已成为构建中国零碳金融标准体系的前置条件，可从科学性、包容性、普适性和全球一致性等四大维度构建一个坐标系，为金融产品端、业务端、披露与风险端、

监管端等制定零碳金融标准，提供易于协同一致的参照物。就科学性而言，中国零碳金融分类必须基于气候科学、环境科学发现与零碳技术创新，凝聚科学认识、技术发展共识；就包容性而言，中国地域广阔、区际发展差异较大，中国零碳金融分类基准能够广泛适用于具有不同主导产业、特色产业的地域；就普适性而言，中国零碳金融分类基准能够为诸多非工业化、发展中国家所借鉴，这也能够助力中国标准成为国际标准的重要组成部分；就一致性而言，零碳金融分类基准不仅与中国双碳目标及其时间节点保持一致，还能够与诸多发达经济体的零碳标准对接，符合全球碳中和发展目标。

综合碳中和目标、金融支持"1+N"政策体系、四大分类基准属性，中国可借鉴欧盟可持续金融分类法，按照不同的可持续发展目标对经济活动进行分类，使碳中和政策由上至下的"N"维裂变被约束在一个充分凝聚共识、易于理解、便于宏观管理的基准范围内。具体的零碳金融分类基准或可采取一种对各类产业的双层分类法。其中，第一层分类即按照单位增加值的直接碳排放强度，将各类细分产业划分为高碳、低碳、零碳和负碳四大类，其内在逻辑遵循着依靠产业结构升级来降低经济碳排放强度。当高碳产业占比低于某一阈值且持续递减时，经济增长与碳排放之间将趋于脱钩并逐步走向净零。在上述第一层四大分类基础上，第二层分类又对每一大类进行纵向切分，在遵循有利于某一目标而对其他目标无重大损害的原则下，分别形成有利于降碳、减污、增绿和增长四小类。

这可用若干例子进一步说明。

其一，实现碳达峰、碳中和总目标立足于高碳部门碳排放强度降低、产业份额下降，低碳产业、零碳产业规模持续发展壮大，如高新技术制造业、有机生态农业、可再生能源产业，碳循环、碳捕捉技术逐步实现产业化突破，从而在第一层分类下实现降碳、增长目标间协同。在第一层分类条件下，高碳产业地区只要持续降低碳排放强度，就能在一定时期内实现高碳产业的经济红利、降低"碳锁定"风险，为最终的结构转型提供更大的灵活空间。

其二，在每一个大类下进一步探索四大目标间协同，这便于提前出台针对性支持措施以降低对碳中和转型整体的影响。2021年的拉闸限电正是局部政策带来的全局性动荡，后来中国人民银行的煤炭清洁高效利用专项再贷款正是为保障稳定的能源供应、支持经济增长，用金融工具支持煤炭使用改造升级、大力发展清洁煤电，通过提高能源转化效率、降低煤炭消耗与碳排放，实现降碳、减污、扩绿与增长目标间协同。

其三，低碳、零碳产业易于就共同应对气候变化、生态环境保护达成统一，但部分产业不一定能够自发地满足市场化要求，譬如农业与林业存在高风险、低回报的问题，光伏产业依然存在输配成本较高的问题，这些均需综合性政策、金融支持方案。

其四，零碳、负碳产业中潜藏着诸多未知前景，如量子计算、核聚变为代表的未知探索试验，或制氢、燃料电池制造等尚在研发和产业化阶段的绿色低碳前沿技术，普遍具有高增长、高风险、低碳绿色的特征，需要风险共担、利益共享的零碳投融资机制。针对这些高新前沿产业技术，需要逐步构建供应链、产业链绿色低碳追溯机制，依托供应链、产业链协同实现多目标间共进。

其五，零碳金融分类基准坚持了主要矛盾，兼顾了次要问题，即在宏观全局上统筹了产业碳中和与产业增长间的矛盾，也通过第二层分类将宏观全局矛盾与局部矛盾分离，以利于发挥不同地区的积极性、主动性与创造性，在不同地区实际探索降碳、减污、扩绿和增长目标间协同，走出人与自然关系现代化的多样化道路，为全球碳中和提供有益借鉴。

三、建立健全双碳跨部门政策与行动协调机制

碳中和范式转型的全面性、系统性和彻底性特征预示着，远超绿色金融、气候投融资框架下的跨部门政策与行动需要高度统筹与协调。工信部、科技部、建设部、农业农村部等部门以及若干地方政府已依据国务院碳达峰总体方案，出台了相关行业、地区的碳达峰专项规划，其涉及的行业领域、主管部门无疑已大大超出绿色金融的范围。2023 年 4 月，11 个部委在国务院标准化协调推进部际联席会议机制下共同颁布了《碳达峰碳中和标准体系建设指南》，交通运输部、气象局、能源局、林草局成为零碳产业、零碳金融政策的全新参与者。展望未来，更多的职能部门将共同参与零碳金融政策的出台，建立健全跨部门协调机制十分必要。

基于当前中央机关、国家部委在体制机制改革、产业政策、金融监管、财政与货币政策、生态环保政策、绿色金融政策、气候投融资政策等方面的职责分工，同时按照中央关于降碳、减污、扩绿和增长相协同的总要求，将构建零碳金融体系的组织协调机制重新调整为中央领导机制、零碳货币金融政策、零碳财政政策、碳账户与交易体系、零碳产业政策和零碳金融政策沟通与协调平台等六个部分（见图 3.6）。

其中，中央领导机制肩负整个零碳金融体系的顶层设计、宏观指

导，中央碳达峰碳中和领导小组作为最高的领导机构，委托中央金融委、中央财经委组织实施具体工作；国务院作为出台综合指导意见、行动方案以及开展各类政策沟通协调的平台，监督各职能部委的政策落实，并通过组建零碳金融小组、定期召开部际联席会议的方式满足决策咨询与政策沟通协调的需求；货币金融、财政、碳账户与交易、零碳产业四个部分依然按照现行的部委职能分工划分，仅生态环境部在货币金融、碳账户和产业政策中存在交叉，主要源于其特有的专业职能，以及在当前的绿色金融、碳金融和绿色产业政策框架中承担了重要任务。

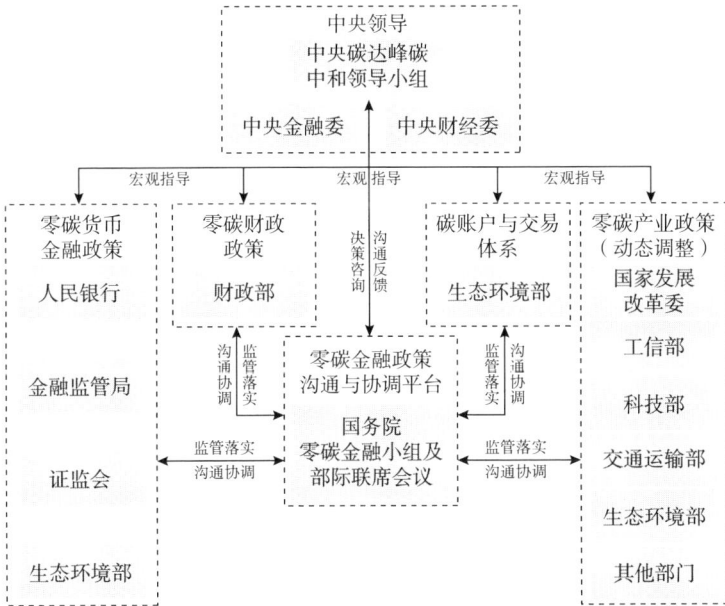

图 3.6 构建零碳金融体系的组织协调机制

在具体机制的运作中，鉴于零碳产业政策涉及的具体职能部门众多，可采取分设常任、非常任两类成员的方式，对零碳产业政策维度下的成员进行动态调整。该方式既能保证金融支持的全面覆盖，又能利于重点长期领域政策的连续性、持续性，更重要的是避免囊括职能部门过多而带来过高的协调与沟通成本。譬如，国家发展改革委、工信部、交通运输部、农业农村部、科技部等主管实现碳减排的机构，应成为零碳产业政策的常任成员，而其他若干职能部门、地区也可能在某一阶段成为零碳金融建设的关键领域，可作为非常任成员牵头完成该领域的相关工作，常任成员给予配合与支持。随着碳中和进程的深入和零碳金融的发展变化，零碳产业政策维度下的常任成员与非常任成员之间也可以相互调换，以适应金融支持碳中和重点长期任务的变化。

第四节　以财政、货币金融政策为核心构建零碳金融激励相容机制

在前景、路线、坐标和协调机制齐备后，需要利用财政、货币金融、绿色低碳评价等工具，激励金融市场主体、金融机构积极开展各类产品与服务创新，支持实体经济零碳转型，使资金流向同碳中和目标一致，也推动金融机构更加积极地进行业务运营、资产结构的零碳转型探索。

一、财政与金融相协同壮大零碳投融资活动

在走向碳中和、构建零碳金融体系的全新起点上，财政与金融相互协同的首要任务是加深政策与市场互信、引导市场预期、降低初始

成本与风险、拓宽市场利基，尤以零碳基础设施、基础产业投融资为重点，实现公共投资与融资协同，推动整个零碳投融资活动发展壮大。随着财政与金融协同程度加深、零碳基础设施不断完善，更多实体企业和居民可以基于零碳基础设施开展种类繁多的零碳经济活动，衍生出多样化的融资需求、潜在市场利基，引导更多金融机构服务零碳转型，零碳投资与融资间形成正向反馈循环、不断发展壮大。

一方面，制定财政支持零碳金融的战略与政策体系，运用税收减免、担保与贴息、风险补偿等工具出台若干专项政策，激励金融机构为重大零碳基础设施、基础零碳产业发展提供有力的融资支持，同时扩大财政对零碳标准体系、数字化平台、统计和评价考核制度、碳排放披露制度等基础设施建设的支持。各地政府可参考零碳金融分类基准建立健全绿色低碳项目库，依法依规完善各类项目的信息披露制度、收益分配与风险分担机制、项目退出机制，有序扩大公共领域的零碳投资规模，为广大社会资本、金融机构参与相关项目的一级、二级市场交易提供可信的预期和可实现的市场利基，更好地引导其开展多元化的金融产品及服务创新。此外，应该积极建立国家／地方零碳发展基金、支持零碳政府债券发行、创新融资担保机制等，引导与稳定长期的市场投资预期，形成财政支持的长效机制。

另一方面，应发挥政策性与开发性、国有商业性金融机构在开拓零碳金融红海市场中的引领与示范作用，聚焦于重大绿色零碳公共基础设施的潜在利基，积极开展金融产品及服务创新，将地方政府积累的诸多优质资产转化为具有良好流动性、收益性、投资性的金融资产，切实降低政府、银行的杠杆率，为新增绿色零碳投资腾挪出更大的空间。针对大量公共高碳产业、高碳资产，金融机构应积极

赋能公共资产有序转型，为其设计综合性、市场化解决方案，如以
ABS/ABN、不动产投资信托为代表的资产证券化产品，有力化解地
方政府因资产沉没而导致的债务风险、信用降级。

二、依托结构性货币政策加快微观基础、市场机制的培育与发展

相对于财税政策多侧重于对实体端、投资端的激励，货币政策更
易于调动金融机构的主动性，将支持薄弱环节的政策意图转换为央行
优惠资金、定价基准、流动性支持、风险管理机制，实现与金融机构
的定量、定向融资支持相挂钩。央行可以利用货币政策工具直接从融
资端引导资金流向，填补特定领域融资的资金缺口、定价缺口、流动
性缺口与风险管理敞口，并与财政政策相配合共同致力于激励金融机
构开拓全新的零碳市场利基、防范范式变革带来的系统性风险，加快
整个中国零碳金融微观基础的培育与发展壮大。

面向碳中和范式变更，产出、消费、投资、生产率、贸易等经济
变量都将受到来自经济结构转型的影响，也将对物价水平、货币政策
空间施加不确定性影响（Heinen et al., 2019；NGFS, 2020；朱民等，
2022c）。货币政策本身抗通胀、促增长、防风险的职能要求其纳入碳
中和带来的结构性影响，对碳中和转型的重点领域给予倾斜，着力解
决零碳融资端的资金缺口、风险敞口，更好地引导大规模、长周期、
成本可负担与风险可控的金融资本支持碳中和转型。2016 年以来，
中国人民银行积极探索应用货币政策工具支持绿色低碳发展，将绿色
资产纳入抵押物和再贷款框架。比如，针对银行的中期借贷便利，将
AA 及以上的绿色债券、"三农"债券纳入合格抵押品范围；设立名

为碳减排支持工具的再贷款政策，为三大碳减排重点领域的 18 个细分行业的银行贷款提供支持，同时要求再贷款接收方按季度向社会披露碳减排数据等多维度信息。

基于前期基础，中国人民银行可在宏观货币政策、金融稳定政策、市场操作政策和压力测试等工具中，建立与碳中和转型相适应的结构性预测模型，纳入气候变化参数、碳中和转型政策、能源价格以及其对消费、投资的结构性影响，并通过"零碳专项再贷款""碳中和专项贷款流动性窗口""零碳 QE"等非中性货币政策纠正市场失灵，引导广泛的金融机构、ESG 投资者参与零碳金融市场交易，促进更多资源向零碳领域配置。与此同时，货币政策可基于构建零碳金融体系的契机，与财政政策搭建全新的协作框架，塑造形成以零碳收益率曲线、零碳金融市场为衔接的财政与货币政策关系。譬如，依托碳减排支持工具、煤炭清洁高效利用再贷款为代表的结构性货币政策，在重点关键领域为基础公共投资提供市场流动性支持，撬动更多契合市场原则的社会资本融入。并逐步孕育出一个以公共信用、公共金融为基础、市场参与者广泛、流动性充足的金融市场，为结构性货币政策工具的进退提供便利的市场化通道，也为财政进行零碳债券融资、ESG 投资提供可供参考的零碳收益率曲线。

三、完善金融机构绿色低碳评价机制

优化提升金融机构支持绿色低碳发展绩效是落实财政、货币政策激励的重要一环。2021 年 6 月，中国人民银行针对 21 家由其主管的银行类金融机构出台了绿色金融评价方案，初步构建了以绿色贷款与绿色债券为主体、定性与定量相结合的评价指标体系及方法。但从金融支持碳中和所要求的全面性、全域性和范式变革的高度来看，当前的绿色金融评价机制无疑需要进一步向股票市场、资产证券化市场、碳金融市场中的非银行类金融机构延伸，使金融产品及服务的覆盖范围能够突破绿色贷款、绿色债券，逐步囊括各类标准、非标准零碳投融资细分领域。

从定量评价来看，应由当前的绿色融资占比与行业份额、风险绿色融资占比与行业份额，更多向金融机构运营、资产组合净零的目标评价转变。中国应基于自身经济社会发展实际、零碳金融分类基准，借鉴欧盟气候基准的方式方法，建立健全相关指标体系，用以准确评价金融机构的资产组合调整及业务运营减排是否符合中国双碳目标、是否契合《巴黎协定》路线图。从定性评价来看，指标应更加侧重于金融机构如何赋能客户零碳转型，而非简单侧重于抛售高碳、棕色资产，以及带来碳转移、碳泄漏风险等问题。从风险评价来看，应统筹兼顾转型风险、物理风险指标，特别是将气候相关风险维度的宏观审慎制度构建也作为重要的评价维度。综合而言，评价金融机构应该考察其是否将碳中和因素纳入其整个业务流程，对战略、管理、产品、风控、信息披露等各方面进行综合评价，为激励与约束金融机构提供科学依据。

第五节　围绕信息披露、巴塞尔三支柱筑牢气候风险防波堤

气候相关的物理风险、转型风险正日益呈现系统性特征，需要将

气候与环境信息披露、巴塞尔资本监管框架两大方面纳入整个零碳金融体系的构建，提高对气候相关风险的识别与防范能力，筑牢防范全新系统性风险的防波堤。

一、建立健全符合中国实际的气候与环境信息披露制度

在气候相关财务风险日益成为各方高度关注的重点领域时，全球关于气候与环境信息披露的制度建设已悄然成势，成为有效遏制"洗绿"、逆向激励与政策套利的重要工具，并日益向 TCFD 披露框架一致性收敛。但是，TCFD 的气候信息披露更多被发达经济体采纳，而发展任务繁重的新兴经济体、发展中国家若贸然采取这一框架与标准可能带来十分沉重的经济发展负担，甚至诱发巨大的系统性金融风险。对于尚处于工业化、碳排放未达峰的中国，实现减碳、降污、增绿和增长四者并行不悖，需要制定更加符合中国实际的气候与环境信息披露框架、披露内容、披露指标、评价评级标准，为降低零碳融资成本、反映企业声誉价值、激励绿色低碳创新、防范气候与环境相关财务风险奠定坚实的制度基础。

其一，政府与监管机构需要为金融机构、投资主体、企业等开展气候与环境相关信息披露提供可操作的指引、有效的政策激励与约束，在权衡成本、收益和风险的基础上，设计符合中国碳中和转型实际的披露内容、披露框架及其实现落地的可行路径。其二，大幅提高 ESG 数据和零碳金融的标准化、透明化和主流化，使信息披露框架能够被更快、更广泛地应用，并对披露框架的完善形成正反馈。其三，重视前沿新兴数字平台与工具的应用，推动数字金融、数字化

碳中和的交互，为金融机构运营碳排放核算、资产组合碳排放核算提供有力的技术与制度保障。其四，强化信息披露制度建设的配套措施，如实施自愿披露的激励政策或实施强制披露的法律法规；建立健全零碳金融的统计框架，解决零碳融资流量、价格信息缺失以及环境能效信息披露不足的问题，同时对披露信息的真实性、完整性、可验证性形成一套工具与制度；发挥行业组织与市场力量，推动行业公约、财务准则、评级与征信、披露渠道等信息披露基础设施建设。

二、巴塞尔Ⅲ走向巴塞尔－ESG资本监管框架

管控气候相关财务风险，提高抵御气候风险冲击的韧性、降低气候问题带来的风险是零碳金融体系不可或缺的三大功能之一。国际清算银行（BIS，2021a）指出，全球气候变化带来的物理风险、转型风险经历传导转换，将表现为信用风险、市场风险、流动性风险、操作风险、声誉风险，完全可被巴塞尔Ⅲ的三大支柱所覆盖。因此，可在现有资本监管框架下充分考虑气候风险因素，打造适应碳中和范式转变的巴塞尔–ESG资本监管框架。

根据巴塞尔协议第一支柱的规则，可以以资本充足率为核心反映气候环境风险、引导资产配置。Campiglio（2015）提出，可以根据银行机构的特点和提供的贷款类型，要求不同的资本充足率以支持绿色投资。具体可以调整绿色和棕色资产的最低资本要求，即风险权重，降低绿色资产风险权重，让更绿色的资产消耗更少的资本金，引导更多资金流向绿色部门；增加棕色资产风险权重，降低其对金融机构的吸引力。根据巴塞尔协议第二支柱的规则，监管指导、督促内部

评估，树立绿色预期。该规则要求监管部门通过内部的评估对金融机构的风险管理加强指导监督。在走向巴塞尔 ESG 的过程中，监管部门可以采用内部评估的方法引导金融机构识别气候风险敞口，评估转型风险对银行资产负债表的影响，譬如常用的内部评估方法对气候变化进行宏观情景分析和前瞻性压力测试，从而为银行资产负债规划、风险管理和监管措施制定提供重要参考依据。中国人民银行可优先在 21 家系统性重要性银行开展压力测试，测算覆盖的行业应不限于高碳行业，可能出现投融资过热的绿色低碳领域也应成为被测试对象。测算的时间维度应合理参考双碳目标的时间节点，深入评估不同场景下的碳减排政策、零碳投资政策对银行资产质量和风险管理能力的影响，并基于评估结果开展分级督导以促进各类银行更好地将与气候有关的金融风险纳入风控流程。根据《巴塞尔协议》第三支柱的规则，加强信息披露，引导社会监督和市场约束。监管机构可以要求金融机构增加关于零碳金融执行情况的信息披露，让市场更全面地了解金融机构在零碳领域的活动及利益相关信息，从而更合理地为其资产和风险定价。这需要监管部门建立统一的零碳金融标准，制定一系列绿色信贷和债券目录，提高对绿色资产的分类、认证和规范监管能力。

此外，碳中和场景下的巴塞尔资本监管应重视与结构性货币政策、宏观审慎政策间的协同配合，具备逆向约束、正向激励的双重功能，既能有效管控"绿色泡沫"带来的市场波动、碳中和政策引起的资产价值变动，又能成为支持若干碳密集行业有序转型的有力手段。

第六节　推动复合型生态的中国零碳金融市场建设

中国金融体系的零碳转型需要最终落脚于集资金供给、资金需求、市场基础设施、中介服务等于一体的复合型金融市场，为碳价格发现、涉碳风险定价、开展碳中和投融资、管理转型金融风险等提供市场化实现的平台与机制，最终体现为生态高度复合的中国零碳金融市场。

一、整体规划"复合"的零碳金融市场生态体系

相对于以工业化为指引的传统金融市场发展方向，中国建设零碳金融市场的历史背景、基础条件、任务导向、技术手段和国际环境正在发生颠覆以往的改变。我们必须以跳出历史局限、路径依赖与认知障碍的勇气与韧性，超前谋划与设计"复合"式、零碳化的金融市场架构，才能在重塑人与自然的关系、数字化革命与中国高质量发展等三大趋势发生历史性交汇的大潮中破浪前行、立于全球金融业发展的最前沿。

超前谋划中国零碳金融市场，必须深刻理解四大方面的复合式特征。

一为价值认知与风险偏好的复合。工业革命以来推崇物质至上、消费至上的单一效用偏好正在被拥有多元偏好要素的"福祉"所取

代。人类追求绿色低碳的生产、生活方式是福祉概念的重要组成部分，这与单纯追求 GDP 的价值认知与风险偏好相对，意味着追求利润最大化、风险最小化、投融资短期化的微观基础正在发生渐进式的嬗变。二为目标任务的复合。中国启动碳中和范式变更是一场由上至下的政策要求与落实，金融支持不能局限于减碳、增长，需要更多依靠市场力量由下至上探索契合降碳、减污、扩绿和增长相协同的商业可持续模式，在零碳投融资领域逼近市场与政府激励相容的均衡区间。三为知识、信息和技术手段的复合。碳中和范式变革是一场经济系统、社会系统和自然生态系统间的交互与重组，涉及海量级的跨领域知识与变量的融合创新，需要更多利用前沿新兴的数字化技术走出一条数字化赋能碳中和的全新道路。四为国际竞争与合作的复合。碳中和范式变革已成为未来数十年全球竞争与合作的制高点，这意味着金融先行支持碳中和既需要进行广泛的国内国际市场对接与连通，也必须积极主动参与国际金融业竞争最前沿的角逐，引导全球金融市场格局重塑。

中国零碳金融市场的四大复合特征在本质上是满足多样化、复合性的金融需求，又必须构建零碳金融市场的四大复合式市场组件。

一为底层资产的复合。零碳金融市场运行的基础——底层资产不应再局限于传统的物质性资产，而至少应该包括碳资产、物质资产、人力资产、自然生态资产、数据资产五大类。其中，碳资产对应着碳排放权、碳汇；物质资产、人力资产可理解为工业化发展必备的设施设备与劳动力；自然生态资产为支撑人类生产生活长期可持续的生态财富；数据资产为服务于数字化碳中和、跨领域与时空的数据集，是统筹联通其他资产类别的关键核心。二为金融产品及服务的复合。基于以上 5 类底层资产及其组合设计各类金融产品，赋能多样性实体企业的零碳转型，意味着标准化金融产品的类别必须多元且完整，能够满足非标准化产品与服务的创新，同时推动金融机构的金融资产组合走向净零。三为业务流程、信息匹配与监管范式的复合。金融机构开拓全新的零碳市场利基、防范气候相关财务风险、应用金融科技手段赋能等将带来业务条线的多线并行、交叉融合和国际国内连通，与之匹配的机构组织、人员配置也将被要求形成更高的复合型职能。参与交易的机构、投资者必须落实更加复合、全面的信息披露制度建设，监管机构也能够胜任对多重嵌套、多重复合的金融活动进行穿透式监管。四为市场基础设施与中介服务的复合。零碳金融的多目标、多任务、多线程对支撑业务开展、市场交易的金融基础设施，提出了依托数字化手段实现复合型功能的要求。准确及时追踪碳排放、碳价以及碳中和政策带来的影响也要求中介服务体系在"碳"维度信息与传统信息维度交互条件下具备复合服务能力。

基于以上四个复合特征、四个复合组件，中国零碳金融市场的蓝图应以碳资产、自然生态资产、物质资产、人力资产、数据资产为基础，依托数字化手段统筹兼顾五类资产的金融化、市场化，能够全面囊括贷款、债券、股票、基金、保险、碳权益、数据交易等国际国内标准化细分市场，同时以标准化产品及其组合为基础创新非标准零碳投融资方案以赋能企业转型。此外，应建立健全与碳中和一致的信息披露制度、风险管控机制和中介服务支撑体系，确保零碳金融混合经营的穿透式市场监管机制齐备，最终在底层资产、产品、服务方案与机构、市场交易、中介服务支撑、市场监管等多维度下形成高度复合的零碳金融市场体系。

二、优先扩大零碳融资规模、补齐金融结构性短板

绿色金融市场是打造中国零碳金融市场的基础，但绿色贷款占绿色融资的比重过高、绿色贷款在整个贷款余额中的份额有限，应将迅速扩大绿色低碳融资规模置于构建零碳金融市场的优先位置，补齐金融产品及服务供给的结构性短板，同时加快完善碳价形成机制。

以绿色、转型公债为重点迅速扩大绿色低碳融资规模，为复合式零碳金融市场奠定信用基础、定价基础和市场运行基础。中国绿色债券市场已具备规模化运行、富有国际性吸引力的特征，未来可以优先利用绿债、转型债市场支持能源、制造业、交通等主要碳排放部门的绿色低碳专项投融资。在发展壮大绿色公债、地方绿债规模的同时，为谋求零碳转型的广泛市场主体奠定发行企业/公司绿债、转型债的信用基础、定价基础和市场运行基础，吸引全球的 ESG 投资主体。针对规模巨大的存量绿色贷款、棕色贷款，应加快绿色低碳资产证券市场发展，如绿色 ABS/ABN、绿色不动产投资信托的发展，为银行进一步扩大绿色低碳贷款提供流动性、市场化出口，也为 ESG 投资者提供多样化的绿色低碳投资标的。

围绕碳排放交易市场积极推动零碳金融产品开发。碳排放交易市场是塑造碳价形成机制的中枢，更关系着零碳金融产品及服务定价。全国碳交易市场除不断扩大参与碳交易一级市场的覆盖行业与领域外，还应推动国内国际金融机构、ESG 投资者参与碳排放二级市场及其金融衍生品市场建设，尽早将碳汇纳入碳交易市场、启动碳期货市场建设，丰富碳交易及其衍生品的种类，增强碳交易市场的流动性，提高交易频率，推动交易碳价向真实碳价逼近。在碳交易、碳价

基础上，鼓励金融机构开发、推广全新的零碳金融产品，如扩展绿色贷款的合格抵押物范围，将用能权、碳排放权、碳汇等环境权益纳入抵押范围，满足企业绿色低碳贷款需求；围绕核心项目的上下游绿色低碳供应链，建立大小银行合作机制以服务于全产业链的绿色低碳信贷融资；针对拥有高森林、草原覆盖率的地区，以其生态价值、碳汇为底层资产开发全新的绿色融资、绿色保险产品。最后，注重应用数字化平台、金融科技手段赋能碳中和场景下的零碳金融产品创新。

开展零碳股权市场的探索与布局。碳中和转型充满诸多未知，大量零碳科技依然处于创新链的上游，有赖于风险共担、收益共享、穿越周期的股权市场，动员与调配风险资本支持零碳科技创新及其产业化。中国金融体系支持碳中和范式转变无疑需要补齐绿色低碳股权产品、交易市场缺位的金融供给侧短板，尤其是国际同业已在 2020 年正式开启绿色股权探索，并实现若干绿色股票的 IPO。中国金融应聚焦于零碳转型，研究与探索相关零碳股权的披露、认证与贴标、上市与交易机制，尽早在零碳股权市场实现布局与突破。

三、提前布局市场基础设施、培育零碳中介服务体系

从人类经济史的源头来看，货币金融最初级的形态是一种账本，基于账本对资产与债务的核算奠定了后来的各种金融创新与发展。由此对应，零碳金融市场的账户体系必须纳入碳排放、碳资产数据，建立广泛覆盖实体机构和个人的碳账户体系，以及与之对应的法律法规、碳计量、碳认证、碳评级、支持碳数据应用的数字化平台，共同

构成支撑零碳金融市场发展的软硬基础设施、中介服务体系。

在各地区的双碳实践探索中，依据数字化平台、数字化工具打造的碳账户体系已悄然启动，并取得了诸多积极成效。基于数字化碳账户、财务账户的交互，金融机构、中介服务机构可以对不同的企业、个人进行绿色低碳评级与分类，推出以碳资产、绿色资产为重要抵押品的诸多零碳金融产品、综合服务方案。更多碳计量与碳认证服务商也开始向绿色金融领域拓展，力求成为零碳金融市场、零碳金融中介服务体系中的重要一员。

面向构建生态高度复合的零碳金融市场目标，货币金融、生态环境主管部门应结合地区实践中的有益经验和模式，统筹规划、提前布局以碳账户、数字化平台为核心的零碳金融市场基础设施，同时注重服务零碳金融市场交易的碳计量、碳认证、碳评级服务商的培育与发展，为启动零碳金融市场的系统化建设奠定坚实的基础条件、营造良好的生态环境。

四、优化外汇管理、吸引境外绿色低碳金融资源

受制于货币不可自由兑换、资本账户管制，引导更多的境外金融机构、金融资源参与中国零碳金融市场交易、零碳金融体系建设，依然面临着显著的监管与制度障碍。从人民币国际化、实现货币自由兑换的长远角度来看，金融体系的零碳转型存在着扩大对外开放的内在要求，外资参与无疑有利于对接国际零碳金融发展前沿的最新理念与经验，激励国内金融机构的产品与服务创新，增加零碳金融市场的活跃性、流动性，加速整个中国金融体系零碳转型。基于此，中国金融

业对外开放完全可以借用全新的碳中和赛道，同时依靠债券通、沪港通、沪伦通等制度安排及通道，有序取消外资参与国内零碳金融产品交易的限制，并从资金流向、资产组合是否符合净零目标的角度创新外汇管理方式。此外，可以积极借鉴北向资金投资国内的通道、外汇管理安排，鼓励境外机构、个人投资者参与中国碳交易市场及其金融衍生品的创新与交易，助力中国碳定价机制完善，推动碳价长期上升，倒逼碳中和转型与零碳金融体系的建立健全。

第七节　参与零碳金融国际合作与竞争，推动国际零碳金融治理机制建设

零碳金融的国际合作和竞争正成为全球碳中和发展的关键领域，其核心是重建支持碳中和的全球金融治理机制。面向未来，中国深度参与零碳金融国际合作和竞争的起点是构建符合中国碳中和目标的零碳金融体系，方向是为实现全球气候目标贡献负责任发展中大国的实践和创新经验，要在零碳金融发展和合作过程中构建自身优势，在零碳金融竞争和制约应对中把握主动，推动零碳金融国际治理机制建设。

一、全面制定参与零碳金融国际竞争和合作的政策和激励机制

探索全球范围内的金融零碳转型，具有高度的未知性、不确定性以及极高的国别政策协同要求，有赖于构建兼容各国发展实际与多元诉求的国际政策框架。中国零碳金融体系作为全球零碳金融发展的有

机组成部分，必须保持适用于最大发展中国家、最大碳排放经济体的独特属性，同时为全球贡献可参考的模式与经验。在中央对零碳金融转型的统一领导和规划下，全面制定参与零碳金融国际竞争和合作的政策和激励机制，能够在政府、机构、行业、市场范围内快速形成合力，推动各方积极参与零碳金融研究和实践，共同为构建零碳金融国际治理机制贡献中国智慧，与全球共享成果。

二、以引领者的定位支持多边框架下构建全球零碳金融治理体系

以共同、可持续的零碳金融未来愿景为指引，全面参与零碳金融国际合作和规则制定，推动全球零碳金融市场体系建设和治理机制发展。碳中和的全球性和紧迫性决定了仅靠发达国家或者仅靠公共机构，都远不足以如期达成全球减排目标。中国应继续积极参加以央行、财政、贸易、金融监管和开发性金融机构等政府公共部门为主体的平台组织，鼓励金融机构加入或牵头组建符合我国和发展中国家实际的零碳金融民间联盟，提出并推动可适应我国及广大发展中国家经济产业结构的零碳金融原则和政策框架，打造建立全球零碳治理体系的统一基石。

三、推进国内外零碳金融分类标准、披露框架的对接协调

充分研判国际与国内零碳金融主流标准规则的本质、特征和差异，科学选择符合我国国情的发展方向和赛道，利用 G20 等多双边

平台，推动标准和方法的国际一致化。对内尽快推进发展能与国际接轨且符合中国国情特点的分类指标和评价体系、信息披露与报告、数据质量要求等重要零碳金融标准规范，同时对外积极参与零碳金融国际准则框架研讨制定，提高我国零碳金融标准体系的国际认可度和影响力。利用好 G20、亚太经合组织、金砖国家标准化合作部长级会议、中欧标准化合作机制等平台机制，加强国际交流合作，提高中国作为最大发展中国家在国际零碳金融标准规则制定和市场发展中的参与度和话语权。

四、继续深化与国际组织和欧美国家的气候交流合作和对话

在国际组织和各国经济机构中，继续推动宏观政策方面的全球零碳金融合作和试验，努力在非政府基金框架下承担更大的责任，推动零碳金融治理架构的国际对话和交流，参与构建公平合理、合作共赢的全球气候治理体系。同时，推动上海成为国际零碳债券中心，在规模提升、产品创新、信息披露标准制定、优惠政策出台等领域不断推动我国零碳债券市场建设。秉持"绿色""开放""共享"的新发展理念，在零碳金融制度设计和市场实践中坚持开放性和包容性，努力推动公正合理的数据衔接、市场连通和资金融通。

五、继续推动"一带一路"倡议下的零碳金融发展

发展中国家和"一带一路"共建国家的碳排放问题将成为全球的共同挑战，据测算，如果"一带一路"共建国家继续保持传统增长模

式，到 2050 年这些国家的碳排放量或将占全球碳排放量的 66%；到
2030 年，"一带一路"共建国家至少要进行 12 万亿美元的绿色投资，
才能确保与《巴黎协定》的目标路径相一致。加强与"一带一路"共
建国家和发展中国家在零碳金融领域的合作，鼓励金融机构按照零碳
金融标准在共建"一带一路"国家开展绿色转型投资，增加水电、风
电、光伏发电、智能电网等可再生能源项目的投资。加大对新兴经济
体和发展中国家零碳金融能力建设的支持，提升发展中国家和"一带
一路"共建国家在构建全球碳中和治理机制中的国际影响力和话语
权，发挥金融的作用，推进共建人类命运共同体。

第四章

◆

财政和货币政策合作支持碳中和：
财政政策视角

朱　民　潘　柳　张娓婉

第一节　引言

习近平主席在 2020 年 9 月联合国大会上郑重宣布，中国二氧化碳排放力争于 2030 年前达到峰值，努力争取 2060 年前实现碳中和[①]，宣告了负责任大国应对全球气候变化的战略选择。与此同时，中国已开启到本世纪中叶实现第二个百年奋斗目标、建成社会主义现代化强国的新征程，中国经济要在新发展理念下保持中高速高质量发展。中国 2060 碳中和承诺和第二个百年奋斗目标预示着一个全新的经济社会发展模式，将带来一场广泛而深刻的经济社会系统性变革。

碳中和承诺意味着经济结构向绿色低碳的巨大转变，需要巨量、长期、较高不确定性的金融推动和支持，意味着前所未有的投资和风险管理需求（朱民等，2023）。西方发达经济体应对气候变化的实践中，市场失灵和政府治理失效阻碍了足够的长期投资，需要政府干预和市场意愿相结合对融资结构的根本改变，这也意味着关键是要重新构建前瞻性全面性的宏观经济金融政策框架、创新政策组合工具的协同合作，探索发挥政府和市场合力的最佳模式。我国碳达峰碳中和"1+N"政策体系的构建已为双碳工作带来了良好开局，党的二十大报告强调了绿色低碳发展战略，进一步提出要完善支持绿色发展的财税、金融、投资、价格政策和标准体系，以激励和引导各类主体参与碳减排，构建有利于碳达峰碳中和的政

---

① 资料来源：http://jhsjk.people.cn/article/31871240

策机制。

财政是国家治理的基础和重要支柱，始终服从和服务于党和国家的战略大局，新时期更要抓住国家战略导向，增强服务国家重大战略任务的能力。财政承担跨政府政策协调的重要任务，拥有多样化和针对性的干预手段和政策工具，如税收、补贴、公共支出、专项支出等，被视为推动和引导转型的核心力量。货币政策也能够在支持低碳经济过渡中发挥重要作用，如利用绿色量化宽松、资产购买计划（Assets Purchase Program，简称为 APP）、绿色抵押品框架等工具引导激励低碳投资。尽管这些工具的效率和适当性、对央行独立性的影响、与财政工具的互补或替代关系等潜在问题仍存争议，但财政支持对于货币政策基本作用的发挥至关重要。在国家战略导向下，健全制度和机制，增强财政和货币政策协同，创新运用财政政策工具，激励引导社会资本，提高资源配置效率，降低经济社会系统的公共风险，成为财政助力零碳金融转型发展、支持实现碳中和目标的重要方向。

在数次历史危机和经济结构转变中，财政和货币政策的协同合作在不断完善的制度框架的引导下，都发挥了稳定经济、调节宏观经济总供给总需求失衡、减少失业等重要作用。在全球经济面临新旧挑战和气候变化问题的当下，尽管对财政和货币政策的协同作用仍未形成进一步共识（Mihaljek，2021），应对中长期挑战的最优政策组合仍在探索中，但财政和货币政策合作支持碳中和已成为全球共识，构建"财政引导＋市场主导"模式的零碳金融宏观管理框架具有现实的必然性和可行性基础。

将碳中和纳入宏观经济政策框架产生了新的政策目标，政策制定者应如何设计与其对应的政策工具以及处理与其他目标之间的相互作用问题，如何采取更加协调的财政货币政策，将应对危机的短期紧急救助扩展到解决中长期气候变化和实现碳中和转型的风险和挑战，则成为全球学术和政策研究的新议题，也对宏观经济政策部门制定战略支持方向提出了实践的挑战。

世界各国都意识到宏观经济和金融政策的协同在应对气候变化、实现碳中和过程中将成为关键力量。我国中央和地方财政在支持绿色金融的发展历程中，已在国家顶层设计和配套政策的支持下取得初步经验和成效，但仍面临诸多短板和挑战。从财政支持绿色金融走向支持零碳金融，系统性构建零碳金融政策体系，对于发挥财政货币政策组合的激励约束、协调稳定等核心作用具有重要意义。但现有相关探讨还十分有限，从财政政策支持金融的视角尚未有整体论述，对涉及内涵逻辑、路径制定和政策着力点等重要问题也缺乏清晰共识。

基于此，本文尝试从学术和政策实践的发展视角进行梳理，并提出建议。文章首先概述了财政和货币政策合作框架的历史演进，明确碳中和目标是两者协同合作的时代任务；然后总结国际上主要经济体财政和货币政策协同支持绿色低碳转型的实践经验和创新模式，提出我国要发挥社会主义市场经济的制度优势，创新"财政引导＋市场主导"的模式以支持碳中和；继而从财政政策支持金融的政策协同视角，总结了我国财政支持绿色金融所取得的成绩和面临的挑战；最后提出了加快构建财政政策框架、设计激励约束机制、统筹财政政策工具、完善财政金融协同机制等若干建议。

第二节　财政和货币政策合作：支持碳中和的核心宏观经济政策机制

一、财政和货币政策协同的理论综述

财政政策和货币政策的协调合作是宏观经济理论和政策实践中历久弥新的议题，缘起于二战后经济复苏时期，经历了二十世纪七十年代的大通胀、二十世纪九十年代的大缓和、2008 年金融危机以及 2020 年新冠疫情大流行衰退等多次历史危机及经济结构转变，不断演化并积累了丰富的学术研究成果和吸取了政策经验教训。在现代市场经济条件下，财政政策和货币政策的最终目标，都是稳定物价、保障充分就业、促进经济增长和平衡国际收支。通常货币政策侧重总量调节，财政政策侧重结构转型。作为稳定经济的独立工具，两者对经济的影响是相互关联的。当前，应对全球气候危机要求实现颠覆性的碳中和范式变更，在人类历史上尚未有先例的经济转型挑战下，保持增长和稳定仍是宏观经济政策的关注重点，再次赋予财政和货币政策协同以新的重要任务和意义。

财政和货币政策组合的理论最早兴起于二十世纪三十年代，文献主要聚焦于两者相互作用以发挥宏观经济稳定器作用的讨论。由于政府对战时经济的干预显著增加，就维持宏观经济稳定提出了通胀、就业、投资、增长、金融稳定等多个政策目标。丁伯根提出将经济变量划分为"目标"和"工具"，用一种政策工具实现一个政策目标时效

率最优，多个政策目标需要多个独立的政策工具（Klein，2004）。因为所有工具会影响所有目标，并相互影响，采用多种政策工具很容易出现政策冲突或叠加影响，从而降低效率、背离目标或产生失衡，因此要制定合理的政策组合方案以优化政策之间的相互作用。丁伯根法则成为财政和货币政策协同的最早理论基础。

在政策组合的运作方面，基于 IS–LM 基础理论框架，托宾提出财政政策和货币政策分别提供经济刺激，共同作用于该时期的总需求，在经济活动中两者之间可以相互替代，但不能独立地影响价格和产出。对于给定的宏观经济目标，可以通过宽松货币和紧缩财政、紧缩货币和宽松财政或其他政策组合来实现，但不同的组合对经济增长、对外收支平衡和财政可持续会产生不同的长期影响。通过货币政策和财政政策扩张性或收缩性的调整搭配，形成了财政和货币政策协调的四种理论结合范式，而蒙代尔提出有效的政策组合还应考虑分配问题，即将其分配给最适合的特定目标，因此需要根据短期和长期目标权衡对政策组合进行评估，以实现"增长与稳定标准"（Bartsch et al., 2020）。凯恩斯主义主张通过财政政策扩大总需求，成为当时发达国家实施政策干预、帮助经济走出"大萧条"的主要手段，而货币政策受限于金本位制度和初期的中央银行制度尚不成熟，以稳定金融和配合财政政策为主。在此阶段，协调财政政策和货币政策进行宏观经济管理的理论和实践逐步形成。

随着二十世纪七十年代的大通胀成为发达国家宏观经济管理的主要难题，早期的政策组合理论受到挑战，理论研究认为政策稳定有效的前提是具有可信度的，但可信度需要建立能够有效限制稳定政策自主裁量权的制度框架，以解决政策的分配问题（Bartsch et al.,

2020）。同时，"压制性"的金融政策也被视作经济表现不佳的原因（McKinnon，1973），由国家主导的资本分配导致了资本价格扭曲，因而产生资源的次优配置（Bezemer et al，2021）。Leeper（1991）提出货币政策和财政政策主动或被动的四种配合方式，形成国际上财政货币政策协同研究的主流，而凯恩斯主义的需求管理方案在应对"滞涨"局面时失效，货币学派和供给学派提出了差异化的宏观经济管理方案，如实施"单一规则"的货币政策，从供给端激励经济主体、降低税率、减少政府干预等主张。这些理念的发展使得社会对经济金融治理的共识发生转变，认为市场应在引导金融方面发挥更大的作用，强调央行货币政策的独立性，财政和货币政策应独立实施。由此形成了西方主要国家宏观经济管理中的自由市场经济和小政府理念，货币政策居于相对主导地位，财政政策降级为管理短期商业周期的逆周期工具（Bernanke，2003）。

在 2008 年全球金融危机之前，大多数发达经济体的宏观经济范式制度化，政策管理分离。中央银行以抑制通胀为首要目标负责价格稳定，财政政策以管理预算赤字为目标负责平衡提高效率和分配公平的关系，大缓和时期的稳定化理论使得财政和货币政策协调组合逐渐被"货币主导"取代（Sargent et al.，1981）。

应对全球金融危机期间，主要发达国家财政货币政策严格分离的实践和理论再次发生了显著变化。为走出经济衰退，西方主要国家实施了较大程度的财政刺激和激进的货币政策，提出在极低利率、流动性陷阱和高债务宏观环境下，更明确的财政和货币政策协调可作为适当但临时的应对措施（Turner，2016；Blanchard et al.，2020）。协同扩张的各国财政和货币政策在工具层面体现了凯恩斯主义的回归，也引发了对财政政策和货币政策的定位及边界的反思（冯明等，2021）。一方面，低利率环境为扩大赤字和实施积极财政政策创造了更大的空间，另一方面，央行通过量化宽松大规模购买国债，模糊了财政政策和货币政策的传统边界，对已形成的财政政策与货币政策相分离的共识带来挑战。

在2020年新冠疫情大流行危机出现后，零利率和高债务背景下传统政策空间明显受限。在宏观经济管理理念层面，更大规模的财政货币政策协调进一步产生突破和创新，央行与政府直接或间接合作，部署各种工具以实现多重目标。"开放式量化宽松"非常规货币政策稳定金融体系，保持信贷流动，更广泛地缓解了融资条件；财政政策通过大规模转移支付和贷款担保来保护企业和家庭，提高债务容忍度。两者相互配合支持，为彼此创造了政策空间（Bartsch et al.，2020）。央行大规模购买主权债务缓解了政府的融资限制，财政支持和担保杠杆化了央行的借贷能力（Mihaljek，2021）。前所未有的财政和货币协同刺激政策带来了后危机时期发达国家飙升的通货膨胀，导致货币政策迅速收紧，财政政策的退出时机面临挑战，而更多的结构性货币政策发挥了准财政政策作用，与财政政策的协调关系也更加受到关注。

国内相关文献早期大多从宏观角度出发，强调财政和货币政策搭配对于调节社会总需求和物价总水平的重要性（何代欣，2021）。在中国经济结构转型的背景下，提出财政金融协同的侧重点是实现经济增长方式的根本转变，在有效发挥货币政策作用的同时，更加注重财政的调控结构作用，优化经济结构升级。针对中国特定时期的经济形势和国家发展战略的要求，研究从宏观定性讨论转向在特定政策目标下的工具选择和影响机制分析，如财政和货币政策协调机制下支持乡村振兴、普惠小微金融、应对新冠疫情大流行（PBC，2022）等，其内在机理在于理顺政府与市场、长期与短期、效率与公平、总量与结构等重要关系。随着越来越多的社会资本进入，市场机制发挥的作用不断增大，财政正从单纯的政策支持和资金保障逐步扩展为对社会资本的积极引导和有效监督。

财政政策在新冠疫情大流行期间作为宏观经济稳定器回归，与货币政策积极配合发挥了重要作用，但并不被二十世纪七十年代以来坚持两者明确分离的主流学术理论和政策分析所支持，如 Mankiw 和 Taylor（2011）强调，大规模的税收和支出措施具有长期和不确定的滞后效应。在金融和新冠疫情大流行危机后全球经济面临新旧挑战和气候危机的当下，对财政货币政策的协同作用仍未形成进一步共识（Mihaljek，2021），这为宏观经济政策部门的战略方向提出了理论和实践的挑战。碳中和作为宏观经济政策框架中一个新增加的目标，政策制定者应如何设计与其对应的政策工具以及处理与其他目标之间的相互作用问题，如何采取更加协调的财政货币政策，将短期的紧急救助应对扩展到解决长期气候变化和实现碳中和转型的风险和挑战，则成为全球学术和政策研究的新议题（Ryan-Collins et al., 2023；Krogstrup et al., 2019)。

二、财政和货币政策合作支持碳中和的必要性和可行性

应对气候变化的碳中和转型需要在短时间内实现经济结构的颠覆性改变，面临巨大的投资缺口和风险管理需求，要求金融资产结构发

生相应转变，就意味着宏观金融政策要发挥关键作用，以充分调动、合理配置社会资源，突破低碳科技创新的融资约束和支持高碳转型的平稳过渡。如前所述，在不断完善的制度框架引导下，财政和货币政策协同对稳定经济、调节宏观经济总供求失衡、减少失业等发挥了重要作用。相对于货币政策，财政政策在直接影响总需求、结构性调节分配、跨期激励等方面更具有优势，能够在经济转型过程中发挥资源配置和促进公平的重要作用。根据新结构经济学理论，政府支持政策还能够对冲高风险新兴产业的市场不确定性，从而鼓励投资和创新。而财政政策的高度不确定性则对于企业的短期和长期投资都具有负面影响，如新能源企业由此显著减少创新投资（Kang et al.,2014; Wen et al., 2022）。

西方市场经济国家以私营部门为投资主体的绿色转型产生了市场失灵，私营部门对高风险低收益的绿色投资动力不足，投资缺口持续扩大，叠加秉持政府不干预市场经济的自由市场主义，产生的政府引导和干预缺失的制度性失灵，绿色转型整体进展缓慢（Stern，2016；龚伽萝，2022）。市场失灵问题并不能由市场机制本身或中性政策来纠正，而以创新主导为特征的绿色转型和增长需要长期的战略和公共政策来创造和塑造市场（Mazzucato，2016），重塑政府与市场关系成为必然。历史上加拿大、日本、韩国、中国等国家实现快速工业化转型的经验也表明，宏观金融政策机构在这个过程中能够发挥更为直接和协调的作用，利用货币政策、财政政策、监管和产业政策的高度协调，成功完成了快速工业化结构变革（Mikheeva et al., 2020）。而对于减缓气候变化危机目标，财政政策工具被认为占据首要的核心地位，但也需要金融和货币政策工具作为补充，政策领域之间的协调至关重要（Krogstrup et al.，2019）。

　　我国双碳目标下经济社会结构的平稳和公正转型也需要财政保障和金融体系的统筹与配合，以缓解长期目标与阶段性实际经济发展情况不一致的问题。2021年拉闸限电的举措对居民的生产生活和短期经济发展都造成了严重的负面影响，表明了全面规划统筹金融与社会保障，实现了向低碳转型平稳过渡的必要性。《"十四五"现代能源体系规划》明确强调"'十四五'时期是实现双碳目标的关键时期，必须协同推进能源低碳转型与供给保障"。这意味着财政和金融政策协调在支持能源低碳转型的长期发展战略目标下，也要明确保障能源安全和稳定供应的政策重点和阶段性目标。此外，地方性和行业性差异下的零碳公正转型也需要强化现有的财政社保和金融机制的协调制度，要重视财政在转型过程中的资源再分配和促进公平的作用，预防负面效应。如通过财政的生态转移支付解决高碳集中省份和行业在转型过程中可能会遇到的社会问题，改善社会保障水平偏低对扩大民间投资和民间消费的限制性影响。财政政策工具内在的激励引导机制可以自上而下地鼓励创新、改善融资环境、提高融资能力，最终促进金融市场的健康、可持续发展。

　　尽管应对气候变化最有效的政策组合仍在探索中，财政和货币政策合作支持碳中和已具有现实可行性基础。首先，中国特色社会主义市场经济具有有别于西方发达国家市场经济的制度优势，是在中国共产党领导下实行社会主义基本制度与市场经济的有机融合，善于协调不同政策主体的目标一致性，有利于立足现代国家的市场机制，弥补市场失灵，并建立起政策协调与市场机制互动的优化机制。中国绿色金融发展起步较早，从政府有为和市场有效两个方面努力探索并发挥政策合力，取得了显著的成效和丰富的实践经验，也为支持碳中和转型夯实了基础。其次，国家碳达峰碳中和"1+N"政策体系明确提出了实现双碳目标的工作安排和方向，围绕统领性的六大发力领域，即调整能源结构、产业结构转型、提升能源利用效率、低碳技术研发推广、健全低碳发展体制机制和生态碳汇，制定了统一的国家战略布局，为财政和货币政策的有效合作提供了共同目标和方向指引。最后，财政本身具有极大的内生激励作用，寻求与绿色金融的协同配合。在国家出台财政支持双碳工作的要求下，全社会不同行业和区域的低碳绿色转型存在个性化、差异化需求，对财政资金的精准分配和监管都提出了更高的要求。财政可以通过降低私营部门的投资风险，引导社会资本流向绿色低碳领域，从而发挥稳定器和放大器的作用，推动经济转型。此外，财政在资金保障、使用和风险管理方面的能力不足，可以在一定程度上通过金融市场机制弥补。

三、财政和货币政策合作支持绿色低碳转型的国际经验

支持碳中和的宏观经济政策框架重点在于机制创新、政策完善和政策间的权衡。要实现碳中和目标，单靠公共或私人投资都存在局限性，宏观经济和金融政策可以相互补充，以弥补市场和政府失灵的缺陷。一方面，财政支持和对金融资源配置的激励引导机制，对于金融稳定、促进投资、风险分担至关重要。财政政策工具种类繁多，可分为税收补贴、公共投资或支出、公共担保三大类，是解决长期投资水平与现实威胁或中长期政府目标不匹配问题的主导力量，但仍需要克服政府失灵的限制。另一方面，金融政策和货币政策可以利用价格

工具激励低碳投资，并通过结构性货币政策发挥准财政政策工具的作用，但其效力十分有限，需要财政政策的积极配合和支持。此外，尽管越来越多的央行开始考虑采用货币政策工具来支持实现绿色低碳转型，如提出绿色量化宽松、调整抵押品框架、在资产购买中纳入ESG标准等，但增加的气候政策目标超出了多数央行当前的核心职责范围，对央行独立性和货币政策框架产生的影响仍存争议（Krogstrup et al.，2019）。因而，以财政政策为主导、财政支持金融为方向的政策协调成为宏观经济框架中支持绿色结构转型、实现碳中和的重要组成部分。

国际经验中已有较多财政支持绿色金融和气候金融的研究和实践案例。自二十世纪九十年代起，欧洲就开始规划应对气候变化的宏观政策框架，各国尤其注重发挥财政政策在资源配置和制度安排中的重要作用（Dabla-Norris et al.，2021；Siegmeier et al.，2018）。以英国为例，尽管私营部门作为市场主体对气候变化等公共议题参与积极性高，但对绿色项目的实际投资额仍较低，而政府对投融资活动持谨慎态度，导致英国也面临低碳资金短缺、绿色转型进展迟滞等问题，为解决金融体系在资金导向公共产品时存在的制度性失灵问题，英国政府以构建市场化运作机制为目标，综合使用顶层战略设计、公共财政政策工具以及制定通用绿色标准体系等手段，对市场失灵进行系统性干预。政策和市场手段相辅相成，形成合力，共同发挥作用（龚伽萝，2022）。

从支持碳中和的宏观经济政策框架建设的角度来看，各国财政政策支持绿色金融和气候金融的主要政策经验可以归纳为以下几个方面。

一是在国家顶层战略和宏观政策框架中，通过财政支持设立公共绿色金融机构，提供政策指导并调动公共资金，同时配置市场资源，确保对气候变化和绿色领域的精准投资，同时也提升公共资金的使用效率。其中欧盟的绿色新政战略和英国政府运作公共绿色金融机构的经验最为典型。始于 2008 年的欧盟绿色新政是为应对金融危机和气候变化而提出的绿色刺激政策，2019 年推出的第二阶段"欧洲绿色新政"（European Green Deal）及路线图则进一步提出要在 2050 年前将欧盟打造成全球首个"净零排放"区域，以引领全球的零碳转型。欧洲绿色新政制定了绿色投融资、绿色财政等一系列促进政策和"欧洲可持续投资计划"，其中特别强调绿色金融和投资的"可持续"和"公正"，而可持续投资计划的实现要求提高其财政政策的灵活性以鼓励各成员国在转型过程中的投资。为应对氢能发展初期的投资挑战，2022 年欧盟成立了氢能银行来提供稳定的政策补贴和撬动私人投资。

英国政府于 2008 年出台了《英国气候变化法案》，设立了一系列绿色发展目标，致力于将绿色经济打造为具有国际比较优势的产业。2021 年，英国财政部扩大了英格兰货币政策委员会、金融政策委员会和审慎监管委员会的职权范围，将支持净零和绿色转型纳入其中。为弥补绿色投融资缺口，英国政府注资成立了绿色投资银行，引入市场商业化条款，专注于支持绿色项目和绿色金融发展。以平均 3.5 倍的资金杠杆率带动私人资本进入绿色经济发展，投资覆盖了 200 万—10 亿英镑的各类项目，并设立了专门支持小型绿色项目的基金，占英国绿色投资市场份额的 48%，投资组合的预期平均回报率达到 9%（卜永祥，2017），实现了"财政引导＋市场主导"模式下的绿色投资可持续发展。为支持 2050 年净零排放的目标，英国财政部于 2021 年再次出资 120 亿英镑，并承诺提供 100 亿英镑的担保设立首家基础设施银行，并将以政府立法的形式授予其法定地位。预计该银行将撬动至少 400 亿英镑的商业投资，公私合作共同支撑其碳中和转型和区域经济增长的长期资金需求[①]。

二是创新运用预算、税收、贴息、担保等多元财政工具，引导资金流向绿色低碳转型，充分发挥财政资金的扩杠杆和降风险作用。财政支持绿色金融的主要工具有财政绿色预算拨款、绿色专项投资、绿债税收优惠、绿贷财政贴息或公共担保等。在欧盟，财政绿色预算拨款向各成员国和各经济部门提供应对气候变化和发展低碳经济的重要资金支持，推动各成员国使用绿色预算工具并发出正确的价格信号（雷曜等，2020）。英国政府利用绿色专项优惠税率等价格手段内化外部性，有效利用市场的"税—价格—供需"传导机制释放信号，同时借助公共部门先行投资和政策性绿色专项贴息等举措的挤入效应弥补收益率差异，撬动社会资本。在 2021 年—2025 年，英国公共支出对净零和其他绿色目标的支持总额达 300 亿英镑，而利用可再生能源许可证差价合同（CfD）拍卖计划也是其成本效益补贴计划的良好实践范例（Pareliussen et al.,2022）。美国通过绿债税收优惠扩大低碳投资，通过立法授权财政部发行清洁可再生能源债券和美元节能债券等，到期不付息，但允许将债券用于税收抵免或退税，联邦政府承担有关费用。美国能源部则以贷款损失准备金的形式为新兴能源贷款提供信贷补贴资金。德国先后成立了生态银行和绿色银行，逐年增加拨款，确保绿色

[①] 资料来源：https://www.ukib.org.uk/

信贷所需的长期稳定资金来源。财政部还授权德国复兴信贷银行管理绿色贷款贴息资金，对接优质绿色项目和企业，以提高绿色金融资金的使用效率，其传统绿色金融服务可向环保项目提供仅 1%—2% 的中长期低息贷款，中央政府针对利率差额进行贴息补贴（何虹，2017）。

三是在制度安排和协调中，注重财政和金融政策协同配合，提高资源配置效率和政策效能。一方面增强政策效应和稳定投资预期，降低金融机构的投资风险，实现财政资金引导私人部门资金支持绿色发展；另一方面避免财政直接补贴、税收减免等扶持政策对民间资金的替代和挤出作用，以财政优惠引导金融工具投资创新，加大金融支持力度。例如，德国利用金融市场为环保项目融资，2020 年—2021 年先后发行 5 年期、10 年期和 30 年期的德国主权绿色债券。这些绿色债券都可与对应的同期限同票息的传统债券进行转换，降低了绿债投资的流动性风险，并由此建立起无风险的绿色债券收益率曲线，形成欧元区绿债收益率基准。美国于 2021 年新成立财政部气候中心，旨在主导气候政策的战略协同，充分发挥财政部在国内和国际决策中的力量，利用杠杆作用引导资金流向和分担金融风险，与实现净零排放的目标相一致，共同应对气候变化挑战[①]。在支持减排的财政和金融政策合作创新方面，研究提出基于公共担保来促进低碳发展的私人投资。具体而言，由政府提供一种可交易的公共担保如气候资产或证书，当投资带来的排放减少得到认证后，对担保进行支付，持有相关气候资产或证书还有资格获得央行的再融资，从而实现财政和货币政策协同促进支持碳中和的投资（Aglietta et al.，2015；Dasgupta et al.，2019）。

[①]　资料来源：https://home.treasury.gov/news/press-releases/jy0134

此外，新冠疫情大流行引发的经济衰退对财政政策和货币政策提出了更高的要求，各国货币政策和财政政策进一步紧密配合，及时创设了一系列直接影响触达实体经济的宏观经济政策工具，支持金融系统的流动性和融资需求，维护市场秩序，这也为支持零碳金融的财政货币政策合作提供了可借鉴的创新思路。通过加强财政政策和货币政策合作，协同撬动金融资源和社会资本，同时解决宏观总量和结构调控问题，防范并管理金融和社会公共风险（BIS，2022c）。据 IMF 财政监测数据，截至 2021 年 9 月，全球应对新冠疫情大流行实施的各类财政支持总额约为 17 万亿美元，超过世界 GDP 的 16%[①]。为应对新冠疫情大流行的冲击，美国最为主要和受到争议的政策合作创新是美联储承诺以无限量化宽松的形式购买国债，吸纳政府债务以扩大政策空间，支持其财政政策的扩张。美国在新冠疫情大流行期间的财政支持总额高达 5.8 万亿美元，占其 GDP 比重接近 28%。此外，财政部还对美联储的资本金进行补充，帮助其创设货币政策工具，并对融资便利工具提供信贷保护，将美联储的放贷能力平均扩大到财政实际拨付的 10 倍，极大缓解了疫情冲击带来的流动性问题，且这部分拨款由于收支基本相抵不会增加财政赤字，而美联储通过创设流动性便利，为参与财政经济刺激法案中薪资保护计划（Paycheck Protection Program，简称为 PPP）的金融机构提供贷款，政府财政对该贷款的本息提供全额担保，从中小企业端和金融机构端解决了融资难和放贷难的问题，这既体现了非常规货币政策的流动性精准输入（杨盼盼等，2021），也实现了运用少量财政资金大规模支持实体经济的效果。

---

① 资料来源：https://www.imf.org/en/Topics/imf-and-covid19/Fiscal-Policies-Database-in-Response-to-COVID-19

新冠疫情大流行改变了货币和财政政策的合作机制，财政政策和货币政策相辅相成，使经济走出危机状态，但经济仍面临着债务高企和通胀飙升的艰难环境，宏观经济政策空间不断被压缩，而更为复杂、复合的环境经济社会风险尚未被纳入财政或宏观金融风险管理框架，对宏观经济和金融稳定的威胁或将超出预期（Ryan–Collins et al.,2023）。尽管在危机后"新常态"下财政货币政策如何协同的共识短期内还不清晰（Mihaljek，2021），但国际社会越来越重视转向采取更加协调的财政货币政策合作机制来应对中长期的环境和气候问题，支持短期经济复苏和长期数字化及零碳转型发展[①]。

四、以"财政引导＋市场主导"的零碳金融模式支持碳中和目标

总体来看，在应对气候变化或经济危机的过程中，各国财政支持金融、财政和货币政策合作，创新政策工具的经验各有侧重，但共性是重视财政政策的信号明确和引导作用，积极运用全方位的政策工具激发金融市场力量，共同应对特殊时期的庞大资金需求和稳定需求。在经济走向碳中和的背景下，金融再次承担起重要且特殊的使命和任务，一是满足人类历史上前所未有的高规模、长期限和高不确定性的融资需求，二是确保巨额存量金融资产平稳过渡，三是支持高风险科技创新和产业结构转型，四是参与国际零碳金融合作和竞争，五是完成金融机构自身的零碳转型。要实现这一系列目标，单靠政府或市场

---

① 资料来源：https://www.bis.org/review/r210702a.htm

任何一方的力量都远远不够，必须充分调动双方的积极性并发挥两者的合力，以"创造和维护市场"的方式前瞻性地科学设计零碳金融宏观政策框架，并发挥其关键的政策引领作用。

实现碳中和目标的关键挑战之一涉及融资以及如何调动履行国家承诺所需的公共和私人资源。根据国际对实现碳中和所需融资规模的估测，在温度上升不超过1.5℃的排放情景下，如果要在2050年达到净零排放，未来30年的总投资额在100万亿—150万亿美元，每年能源投资将占全球GDP的2.5%—4.5%（BCG et al.，2020；IRENA，2021；IEA，2021）。在全球应对气候变化的额外投资中，国际能源署（IEA）估计来自公共资源和私人部门资金的比例为3∶7（IEA，2021）。根据不同机构的综合估测，中国实现双碳目标的投资总需求在100万亿—300万亿元，其中85%—90%将来自社会资本投资（CBI，2020）。但仅靠金融部门的社会私人投资也不足以应对实现碳中和转型的零碳金融需求。全球资本市场拥有近230万亿美元的金融资产，理论上能够支撑零碳转型的资金需求，但由于减缓气候变化的经济活动具有显著的负外部性，需要较高的前期成本，加上环境变化、技术创新、经济转型路径等的不确定性，加大了投资的风险。私人投资者面临更高的资金成本和信息不对称程度，以及注重短期经济收益而缺乏投资绿色和零碳领域的激励，致使私营部门投资动力不足。目前中国绿色投融资年均缺口近万亿元，在没有政策干预的情况下，预计缺口在2030年以后追求实现碳中和阶段会进一步迅速扩大。

以"财政引导＋市场主导"的宏观经济模式支持零碳金融发展，提高资金配置效率和政策效能，成为快步平稳推进碳中和转型的重要途径（朱民等，2022d）。国际实践表明，市场机制应对气候变化的能力不足，政府协调和治理机制不完善，市场失灵和政府失灵相互交织，使得实现碳中和的融资挑战更加复杂（Mikheeva et al.，2020）。从历史上看，金融政策机构在工业和经济发展与结构转型中发挥着更为直接和协调的作用。财政和货币政策的协同合作是宏观经济政策框架中不可或缺的重要内容。立足于市场在资源配置中起决定性作用和更好发挥政府作用，面向碳中和目标的政策协同主要涉及三个层面。一是政策主体的目标协同，优化博弈影响；二是选用的政策工具要目标兼容，例如在绿色财政工具中，绿色国债既是财政收入来源，也与央行资产负债表密切关联，具有宏观经济调控、金融市场定价、储备货币资产、利率风险管理等重要作用；三是在政策执行层面，要建立起财政管理与货币政策操作之间的沟通和协调机制。

财政支持在这个过程中将发挥核心的基础作用。一是充分利用公共支出的关键作用，特别是在提供公益物资和基本社会服务方面，成为国家发展优先事项长期最可持续的投资来源。二是确保在国家预算规划和支出框架中有效和公平地分配资源。三是涉及改革政府支出和创收的财政政策能够为支持向绿色低碳转型提供一套关键工具。通过反映价格的外部性、创造公共收入、创造财政空间以及提高公共支出的有效性和一致性，财政政策可以支持实现若干绿色可持续目标。政府还可以利用不同的金融工具、公共基金和机制来管理公共支出，促进绿色投资和支持可持续发展，如国家环境气候基金、主权财富基金和自然资源基金等①。

碳中和转型必将是政府引导和市场主导、市场和政府相互作用的

---

① 资料来源：https://www.unep.org/explore-topics/green-economy/what-we-do/economic-and-fiscal-policy/green-fiscal-policy

改革开放过程，构建领先的零碳金融系统从政策机制和市场能力两个方面保障碳中和转型的资金需求，引导社会资源分配，助力经济平稳过渡和碳中和目标实现。零碳金融包括实现碳中和的增量投融资活动和碳中和转型过程中的存量金融资产管理，都需要财政政策对金融的支持。财政政策可以有效引导资金流向，扩大投资规模，增加长期投资；财政政策也肩负分担投资和转型风险，加强金融风险防范和公共风险管理的重要职责。财政支持金融和货币政策协同发力才能形成政策的最优效应。设计得当的财政和货币政策协同举措能够降低投资成本和风险，支持创新和新技术的应用，并最大化政府与市场作用。中国在构建零碳金融系统推动实现碳中和目标的过程中，应充分利用不同于西方市场经济的制度优势，财政和货币政策协同配合解决碳中和转型中的重点、难点和弱项问题，进一步发挥财政政策的宏观直接调控、结构精准引导、资金杠杆及风险分担的重要作用，特别是重视财政支持零碳金融可持续发展的战略和政策框架搭建，在运用引导性财政工具、完善政策合作协调机制等方面探索新的方案和模式。

第三节　财政金融协同的成绩与挑战：从支持绿色金融走向支持零碳金融

一、中央和地方财政支持绿色金融的政策创新初见成效

中国历来重视财政对经济转型的支持和指导作用。财政部早在2001 年就制定了《中央财政资金贴息管理暂行办法》（财预〔2001〕388 号），建立内部约束机制，并在此基础上先后出台了一系列专项

政策文件[①]，针对性地制定了关于支持节能环保的财政贴息和补助条款。自巴黎气候大会以来，我国加快了完善支持绿色金融发展的政策架构的步伐，密集推出一系列相关政策和工具，逐步构建一个利于"降碳、减污、扩绿、增长"协同共赢的长效机制（见表4.1）。2016年，中国人民银行等七部委联合发布《关于构建绿色金融体系的指导意见》（银发〔2016〕228号），从顶层设计的角度提出中国绿色金融政策框架，并设立了财政专项资金、绿色基金和财政贴息等支持工具，以大力推进绿色金融的发展。2019年，财政部颁布了《碳排放权交易有关会计处理暂行规定》（财会〔2019〕22号），以配合我国碳排放权交易的开展，规范碳排放权交易相关的会计处理。2021年初，财政部更新了《商业银行绩效评价办法》（财金〔2020〕124号），新增"服务生态文明战略情况"的指标，权重为6%，具体考察绿色信贷占比情况。这与中国人民银行同年发布的《银行业金融机构绿色金融评价方案》和关于绿色信贷"两个不低于"的指导目标共同构建了对商业银行的绿色金融管理体系，激励其在市场机制的作用下更好地支持绿色转型的目标。2021年11月，财政部发布了《重点生态保护修复治理资金管理办法》（财资环〔2021〕100号），以加强重点生态保护修复治理资金的使用与管理。2022年5月，财政部印发《财政支持做好碳达峰碳中和工作的意见》，自此，财政领域有了正式且完整的纲领性文件，与《关于构建绿色金融体系的指导意见》相配合，协同发力。财政政策与绿色金融不断探索协同路径，提升效率，

---

① 《技术更新改造项目贷款贴息资金管理办法》（财政部〔2002〕第26号令）、《国家机关办公建筑和大型公共建筑节能专项资金管理暂行办法》（财建〔2007〕558号）、《再生节能建筑材料财政补助资金管理暂行办法》（财建〔2008〕677号）等

共同推进经济结构转型，尽管如此，系统性的财政支持绿色金融的政策文件尚未成型。

表 4.1　财政部已出台支持绿色发展和碳中和的政策

时间	印发部委	政策文件
2016 年 2 月	国家发展改革委、中宣部、科技部、财政部、原环境保护部、住房城乡建设部、商务部、原质检总局、原旅游局、国管局十部委	《关于促进绿色消费的指导意见》（发改环资〔2016〕353 号）
2016 年 8 月	中国人民银行、财政部、国家发展改革委、原环境保护部、原银保监会、证监会、原保监会七部委	《关于构建绿色金融体系的指导意见》（银发〔2016〕228 号）
2018 年 6 月	农业农村部、财政部	《关于实施绿色循环优质高效特色农业促进项目的通知》（农财发〔2018〕22 号）
2019 年 12 月	财政部	《碳排放权交易有关会计处理暂行规定》（财会〔2019〕22 号）
2020 年 10 月	财政部、住房和城乡建设部	《关于政府采购支持绿色建材促进建筑品质提升试点工作的通知》（财库〔2020〕31 号）
2020 年 12 月	财政部	《商业银行绩效评价办法》（财金〔2020〕124 号）
2021 年 11 月	财政部	《重点生态保护修复治理资金管理办法》（财资环〔2021〕100 号）
2022 年 5 月	财政部	《财政支持做好碳达峰碳中和工作的意见》（财资环〔2022〕53 号）
2022 年 6 月	国家发展改革委、国家能源局、财政部、自然资源部、生态环境部、住房城乡建设部、农业农村部、中国气象局、国家林业和草原局	《"十四五"可再生能源发展规划》（发改能源〔2021〕1445 号）
2022 年 7 月	财政部、生态环境部、国家发展改革委、外交部、科技部、农业农村部、气象局	《中国清洁发展机制基金管理办法》（财政部令第 59 号）

续表

时间	印发部委	政策文件
2022 年 8 月	中国人民银行、国家发展改革委、财政部、生态环境部、原银监会、原保监会、中国证监会	《重庆市建设绿色金融改革创新试验区总体方案》（银发〔2022〕180 号）
2022 年 12 月	国家发展改革委、科技部	《关于进一步完善市场导向的绿色技术创新体系实施方案（2023 年—2025 年）》（发改环资〔2022〕1885 号）
2023 年 8 月	国家发展改革委、科技部、工业和信息化部、财政部、自然资源部、住房城乡建设部、交通运输部、国务院国资委、国家能源局、中国民航局	《绿色低碳先进技术示范工程实施方案》（发改环资〔2023〕1093 号）

从财政的职能作用来看，国家运用财政政策促进金融支持零碳经济转型的基本思路包括两方面：一是引导绿色金融服务实体经济；二是加强金融风险防范。主要通过财政贴息、风险担保、再贷款、产业投资基金、PPP 等模式，从加大绿色信贷支持力度、发挥政府性融资担保机构作用、努力拓展绿色直接融资渠道等方面支持和推动绿色投融资。从具体的金融工具选择来看，财政政策的支持领域涉及发展绿色信贷、绿色债券、绿色证券、绿色发展基金、绿色保险和各类碳金融产品。现阶段，绿色投融资工具以债务型产品为主，债务来源过度依赖银行，债务偿还过度依赖财政资金，这加大了金融风险和财政风险。融资渠道单一也会导致期限错配问题难以解决、融资资金不足等问题。财政与货币协同政策下的机制设计核心是加强政府引导的市场机制，创造以市场为导向的投融资格局。这可以在一定程度上同时解决风险过大和资金不足的问题，减缓商业性金融机构等市场主体追

求安全性与营利性的经营目标与绿色融资的高风险与低收益性之间的矛盾。为促进市场化融资格局的建立和可持续发展，财政支持政策的发力点一方面在于降低绿色融资成本，提高投资回报率；另一方面在于拓宽融资渠道和创新工具，降低社会投资风险。如果仅仅采取行政命令摊派的方式让国有金融机构作为市场化融资的实施主体，则难以引导社会资金流入并产生实质性的撬动作用。此外，依赖行政手段压缩成本容易造成市场的扭曲，很难保证其持续性（孙玉栋等，2021）。

为解决资金不足问题，财政融资模式要与绿色融资需求相适配。财政融资主要包括债务性融资、债券性融资和信用担保类融资等模式。实践证明，绿色产业在萌芽期、成长期可以通过财政的补贴支出满足其最低的保本微利需求，在一定程度上提高绿色融资项目的收益。理论上，财政贴息对绿色信贷有促进作用，可以实现政府、银行、企业三方共赢。从政策支持到实践的过程中需建立财政贴息政策对绿色信贷的激励机制，保证贴息标准和贴息期限满足绿色项目的资金需求。研究表明，绿色债券是否可持续主要取决于偿债机制的设计，难点在于如何在较长的发行期内保证偿还来源，而将碳税收入作为绿色债券资金来源的实施阻力较大。对于负债率很高、抵押品不足的企业和涉及高风险技术的投资项目来说，发展股权类的金融工具更加合适。与传统的财政补贴、财政贴息、直接投入等方式为主的专项支出不同，产业投资基金的核心是"市场运营，股权投资"。

2020年7月，由财政部、生态环境部、上海市共同发起设立的国家绿色发展基金，首期募资规模为885亿元。此次募集资金中，财政部和长江沿线11个省市出资286亿元，各大金融机构出资575亿元，部分国有企业和民营企业出资24亿元，充分体现了政府引导市场化运作的特色。中央财政也不断鼓励有条件的地方政府和社会资本共同发起区域性绿色发展基金，支持社会资本和国际资本设立各类民间绿色投资基金。在绿色 PPP 模式框架下，政府与社会资本开展合作，财政出资增信，吸引更多社会资本参与绿色低碳项目投资、建设、运营中。截至 2022 年 6 月末，全国有 1 215 个生态建设和环境保护 PPP 项目入库，投资额达 1.3 万亿元，占全国 PPP 项目总投资额的比重为 6.5%（见图 4.1）。

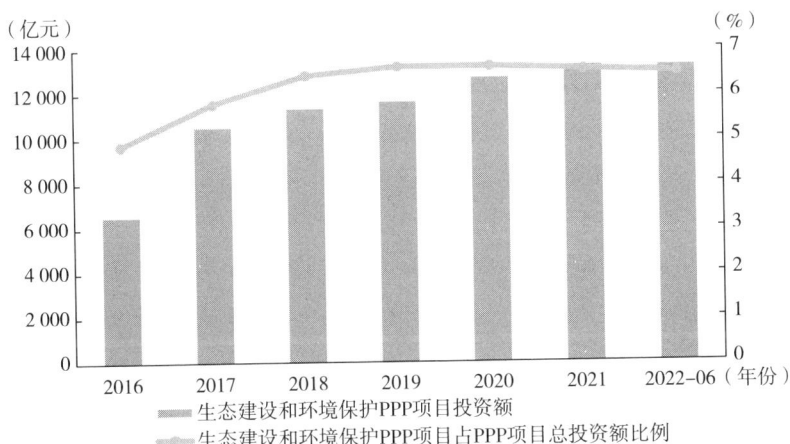

图 4.1　生态建设和环境保护 PPP 项目投资情况（累计值）

资料来源：Wind。

我国低碳环保的绿色财政支出总体规模不高，对绿色金融的支持仍有很大发展空间。2020 年全国财政共安排了节能环保支出 6 317 亿元，占全国公共财政总支出的比重为 2.6%。其中地方财政节能环保支出 5 972.7 亿元，占比达到 94.5%（见图 4.2）。目前在节能环保领域的财政支出中，多是针对企业的"点对点"直接补贴和奖励，而财政贴息支出所占比重很小，贴息政策虽然存在但具体运用有限。国家

PPP 项目也主要是采取直接补贴方式，容易导致社会资本产生财政依赖性，给政府带来较大的财政压力。在财政支持与绿色金融相结合推动企业技术创新方面，政府间接投入不仅可以影响企业技术创新，还能间接影响绿色金融对技术创新的促进作用，而政府直接投入和政府环境治理效果并不明显。微观实证研究表明当前的绿色财政政策困囿于预算绩效和支出规模偏低的局面，难以有效提高绿色金融治理水平（王韧，2021）。

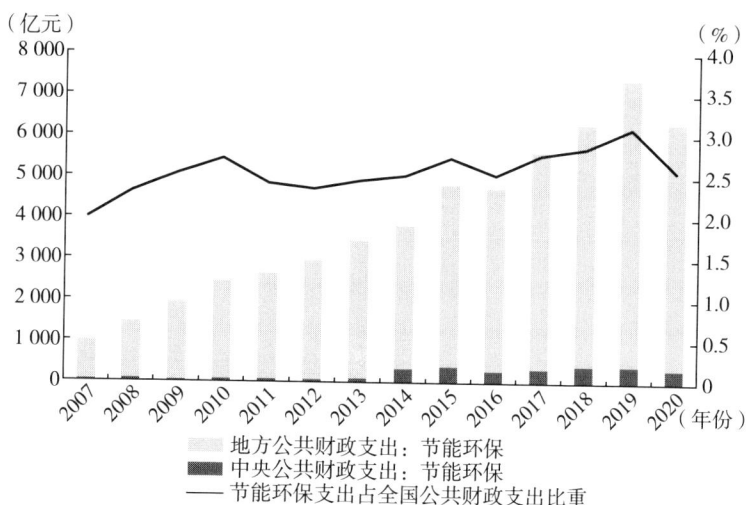

图 4.2 中国公共财政节能环保支出

资料来源：Wind。

　　我国节能环保财政支出以地方政府承担为主，这意味着地方财政政策的制定和落实对支持绿色金融发展发挥着重要作用。在中央顶层设计的引领下，各地积极出台建设绿色金融的总体方案和实施细则，建立健全激励约束机制，着力落实完善多层级绿色金融政策支撑体系。比较领先的是 2017 年国务院常务会议决定设立的绿色金融改革创新试验区政策经验，其中，财政支持绿色金融的实施探索主要包括提供财政专项资金、设置金融机构发展奖励、绿贷贴息补助、绿债补贴、绿金产品风险补偿等创新方式（见表4.2）。到2020年末，创新试验区绿贷余额占其全部贷款余额的15.1%，比全国平均水平高4.3个百分点[①]。

表4.2 财政支持绿色金融的政策工具——绿色金融改革创新试验区

绿色金融产品和服务	试点区	具体措施内容
提供财政专项资金	浙江省湖州市、浙江省衢州市	2018年—2021年，明确每年分别安排绿色金融改革创新试验区建设专项资金10亿元和5亿元。
	甘肃省	安排10亿元财政专项资金，通过贷款贴息、风险补偿、费用补贴、创新奖励等措施，引导金融资源向绿色产业、绿色项目集聚。
设置金融机构发展相关奖励	浙江省湖州市	奖励新增融资规模超过一定数值的金融机构100万—200万元。按照其实现的地方贡献额，自开业或迁入当年起以前三年100%、后两年50%的标准予以奖励。
	广东省广州市	对新设立或迁入花都区的法人金融机构，前三年按照其对花都区地方经济发展贡献的100%给予奖励，后两年按其对花都区地方经济发展贡献的70%给予奖励。
	贵州省贵安新区	在贵安新区新设立（或迁入）的支持新区绿色金融发展的各类机构，在落户新区并开展绿色业务一年后均有奖励。国有大型银行按等级给予落户奖励100万—2 000万元；证券公司、保险公司按照其实缴注册资本的1%给予落户奖励，每户最高不超过500万元。
	江西省赣江新区	支持金融机构总部进驻，分别给予500万—1 500万元的奖励；支持省级金融机构入驻，奖励200万元；支持金融机构业务总部设立，奖励200万元。

[①] 资料来源：http://www.gov.cn/xinwen/ 2021–04/02/content_5597402.htm

157

续表

绿色金融产品和服务	试点区	具体措施内容
设置绿色贷款贴息补助	浙江省湖州市	按照贷款同期基准利率的12%给予贴息，最高可享受50万元补贴。工业绿色贷款贴息补助最高可达500万元。
	广东省广州市	对注册地在花都区的企业以商业贷款方式获得绿色贷款的，按其贷款金额的1%给予补贴，每家企业每年最高补贴100万元。对注册地在花都区外、广东省内的企业按其贷款金额的0.5%给予补贴，每家企业每年最高补贴50万元。
	新疆维吾尔自治区克拉玛依市	建立差别化贴息机制，给予绿色信贷1.5—2个百分点的补助。
对绿色债券发放补贴	浙江省湖州市	按照贴标绿色债券实际募集金额的1‰给予补助，每单债券补助不超过50万元。
	广东省广州市	对在花都区发行绿色债券的机构或企业按其实际发行债券金额的1%给予补贴，每家机构或企业每年最高补贴100万元。
设置风险补偿	浙江省衢州市	最高按照净损失的5%给予风险补偿，单家金融机构补偿金额每年不超过200万元。
	广东省广州市	针对向花都区企业开展绿色信贷、绿色债券等绿色金融业务的本区金融机构，按其损失金额的20%给予风险补偿，最高100万元。
	广东省广州市黄埔区、广州开发区	设立2 000万元的绿色金融风险补偿资金池，为开展绿色信贷的银行业金融机构提供风险担保，按其本金损失金额的50%给予风险补偿；对为绿色债券提供担保的融资担保机构，出现代偿后按照实际发生损失金额的30%给予风险补偿。
	江西省赣江新区	创新畜禽洁养贷、惠农信贷通等多种方式，通过政府平台进行风险分担。

尽管受地域经济发展和产业差别影响，各试验区的财政支持力度和侧重有所不同，但总体来看，加大财政扶持力度，配合金融政策创

新引导，有利于发挥政策"组合拳"效用，更好地提高绿色金融质量与当地经济发展水平。此外，非绿色金融改革试验区的江苏省不断创新绿色财政金融政策，在全国率先建立财政支持绿色金融发展政策体系，出台了一揽子"财政＋金融"的政策措施，综合运用财政奖补、专项引导、贴息、风险补偿等手段，在绿色信贷、绿色保险、绿色担保、绿色债券、绿色基金等方面发挥财政资金撬动作用，加强财政政策和金融政策协同配合，在探索中也取得可推广借鉴的初步成效。

在非改革试验区中，江苏省在省市层级出台了一揽子"财政＋金融"的政策措施支持绿色发展，成为全国范围内第一个正式建立起完整的财政支持绿色金融发展政策体系的省份。

2018 年 10 月，江苏省九部门联合发布《关于深入推进绿色金融服务生态环境高质量发展的实施意见》，在全国率先建立财政支持绿色金融发展政策体系，在六大方面提供体系发展建设支持。

一是支持发展绿色信贷。运用市场手段，通过建立风险分担机制、财政贴息等方式，引导银行金融机构加大绿色信贷投放规模。

二是支持发展绿色债券。对符合条件的绿色产业企业上市和再融资进行奖励，对环境基础设施资产证券化和非金融企业发行绿色债券给予贴息。

三是支持发展绿色担保。对为中小企业绿色信贷、绿色集合债提供担保的第三方担保机构进行风险补偿，对为非金融企业发行绿色债券提供担保的第三方担保机构给予奖励。

四是支持设立绿色发展基金。通过鼓励有条件的地方政府和社会资本联合设立绿色发展基金，以政府出资部分不通过社会资本优先分红或放弃部分收益等方式，向社会资本让利；对省生态环保发展基金投资省内成长期科技型绿色企业出现损失后给予损失金额 30% 的风险补偿，单个项目最高补偿 200 万元。

五是支持发展绿色 PPP。优先将黑臭水体整治、矿区生态修复和休闲旅游、养老等与稳定收益相结合的项目选为省级试点 PPP 项目，并对符合奖补条件项目的奖补标准在现有基础上提高 10%。

六是支持发展绿色保险。支持建立参加环境污染责任保险的激励约束机制，对符合条件的投保企业给予一定比例的保费补贴。

2019 年，江苏省生态环境厅、财政厅等七部门联合印发了《江苏省绿色债券贴息政策实施细则（试行）》等四项实施细则（见表4.3），在全国率先研究出台绿色金融专项奖补政策。实施细则的出台，进一步明确了绿色债券贴息、绿色产业企业上市奖励、环境污染责任险保费补贴、绿色担保奖补等政策的支持对象、奖补金额及申请程序，标志着财政支持绿色金融发展进入了全面实施阶段。

表 4.3　江苏省绿色金融专项奖补政策实施细则

实施细则	支持对象	奖补金额
《江苏省绿色债券贴息政策实施细则（试行）》	省内非金融企业自 2018 年 9 月 30 日起首次成功付息且募投项目位于省内的绿色债券。	对成功发行绿色债券的非金融企业年度实际支付利息的 30% 进行贴息，贴息持续时间为 2 年，单只债券每年最高不超过 200 万元
《江苏省绿色产业企业发行上市奖励政策实施细则（试行）》	自 2018 年 9 月 30 日起进入上市流程的省内企业，主营业务符合国家发展改革委《绿色产业指导目录（2019 年版）》中明确的节能环保产业、清洁生产产业、清洁能源产业、生态环境产业、基础设施绿色升级、绿色服务等方向。	取得江苏证监局辅导备案确认日期通知的，一次性奖励 20 万元；取得中国证监会首次公开发行股票并上市行政许可申请受理通知书的，一次性奖励 40 万元；公司成功在上海证券交易所或深圳证券交易所上市的，一次性奖励 200 万元；在境外成功上市的，一次性奖励 200 万元

续表

实施细则	支持对象	奖补金额
《江苏省环境污染责任保险保费补贴政策实施细则（试行）》	自 2018 年 9 月 30 日起投保环境污染责任保险且保险标的位于省内的企业（单位）。	对符合条件的投保企业（单位）按不超过年度实缴保费的 40% 给予补贴
《江苏省绿色担保奖补政策实施细则（试行）》	自 2018 年 9 月 30 日起为非金融企业发行长江生态修复债券等绿色债券及为我省中小企业绿色集合债提供担保的省内融资性担保公司、再担保公司。	担保机构为非金融企业发行长江生态修复债券等绿色债券发行提供担保增信的，每只债券给予 30 万元奖励，同一担保机构每年奖励金额不超过 600 万元；担保机构开展中小企业绿色集合债担保业务，对出现代偿后实际损失金额的 30% 进行补偿，单只债券最高不超过 300 万元

在一系列财政和金融政策联合支持之下，江苏省绿色金融发展取得初步成效。

一是截至 2021 年末，江苏省绿色信贷融资余额达 1.65 万亿元，较上年末增加了 3 757 亿元，增速高达 29.53%[1]。

二是 2021 年全年，江苏省发行绿色债券总数为 90 只，发行总额达 448.9 亿元；新增绿色产业上市企业 11 家，总市值超过 536 亿元；符合绿色保险补贴政策企业 3 812 家，保险金额超过 9.1 亿元；省绿色基金相关企业注册量共 16 家，4 个绿色项目获得了总计 1 800 万元的奖补[2]。

三是江苏省财政与生态环境厅设立了生态环保项目风险补偿资金

[1]　资料来源：《2021 年度江苏省绿色金融年度报告》
[2]　同 [1]

池，并与金融机构合作开展"环保贷"业务，引导金融资本加大对生态环境领域的支持力度。截至 2021 年 10 月，已有 385 个项目实现贷款投放，累计贷款金额 240.16 亿元，为企业节约融资成本 2.04 亿元[①]。

四是 2019 年—2021 年，绿色金融奖补金额累计达 1.45 亿元，支持了企业通过绿色债券募集的资金总额为 82.8 亿元；助力了 29 家企业登陆资本市场发展；并通过补贴方式为企业提供了 1 204 亿元的环境风险保障，积极引导经济绿色转型发展[②]。

二、我国财政从支持绿色金融到支持零碳金融仍面临深层次挑战

绿色金融政策框架涵盖政策协调、激励约束和政策稳定等主要内容，我国在财政支持绿色金融发展政策体系、绿色金融改革创新的建立和实践过程中已经取得一定成效，但在财政支持绿色金融走向零碳金融过程中，进一步充分发挥政策引导、激励约束、协调稳定作用方面还面临一系列挑战。

一是从直接宏观调控来看，尚未建立起支持绿色金融可持续发展的系统性宏观财政整体战略，现有绿色财政政策呈现区域化、碎片化特征，难以从整体上系统提高绿色金融的治理水平，需要在零碳金融体系的整体框架设计中予以重视和完善。在财政支出结构上，公共财政支出以经济事务性支出为主，在节能减排、生态保护等公共服务领

---

① 资料来源：2021 年 11 月 4 日，江苏省人民政府召开"大力发展绿色金融新闻发布会"

② 同③

域的支出比重低，与生产性项目相比，节能环保领域的绿色财政支出总体规模小、增速慢，难以匹配碳中和转型的巨量资金需求。在财政支出效率上，国家财政尚未将绿色预算编制制度纳入其中，各国绿色公共财政管理实践仍处于萌芽阶段（IMF，2021），没有将气候风险和成本纳入宏观财政框架，没有明确的绿色金融支持项目预算配置，在预算审查中未引入"棕色""绿色"奖惩激励措施等。

二是从结构性精准引导来看，尚未建立起引导资金流向绿色金融的有效机制。2020 年我国绿色信贷和绿色债券存量规模分别仅占社会融资人民币贷款和债券存量规模比重的 6.97% 和 2.93%，难以匹配碳中和目标的战略地位。绿色金融改革创新试验区和先进地区在先行先试的探索中积累了一定的规划经验，但局限于政策覆盖地域少、周期短，且以环保治污节能为主，实施效果参差不齐，有待加强政策协同力度和方向调整。预算绩效和支出规模占比偏低，财政对于绿色金融支持实体经济的促进作用尚未得到最大限度发挥，需要继续深入探索"财政引导＋市场主导"的精准模式。

三是从提高资金杠杆作用来看，一方面财政对国有金融机构资本金注资不足，限制了金融机构提供信贷和承担风险的能力，另一方面对于绿色金融的财政支持以直接补贴为主，容易导致社会资本产生财政依赖，应通过财政贴息等方式逐渐提高间接补贴比例，提高财政资金杠杆能力。财政贴息等间接支出在节能环保领域的财政支出中占比很小，这说明制定的贴息政策在实际运用中仍受到条件性局限而落地困难。财政支持绿色金融的工具相对单一，难以充分利用金融创新成果，绿色财政资金配置效率和使用效益较低，金融机构的绿色放贷能力也受到限制。

四是从发挥风险分担功能来看，我国现有绿色金融体系中风险过度集中在以银行为主的金融机构内部，2020 年绿色信贷在绿色融资总量中占比 90% 以上，远大于银行贷款在中国社会融资总额中约58% 的比重①，且低风险偏好的银行资金与绿色项目的高风险并不匹配。此外，银行的存量高碳资产也面临巨大的转型风险，对金融系统稳定和财政收入都有潜在影响。因此，财政在支持转型金融的风险分担方面应承担起更大的责任，积极探索和运用如绿色金融产品风险补偿、财政信用担保、绿色融资担保体系创新、地方政府债务信息透明度提高等降风险手段，助力分担绿色项目的投资风险和碳排放密集行业的转型风险，发挥财政政策在金融风险处置中的重要作用。

此外，在碳中和目标下财政支持零碳金融发展，还需意识到当前我国的财政政策框架中尚未纳入实现碳中和的目标因素，财政政策在支持碳中和转型上的定位和职能不清晰，财政政策目标不明确且缺乏连续性，降低了财政政策工具之间以及与金融、货币政策工具间的协同效率和创新动力，难以有效约束、指导和激励社会主体和市场主体行为。亟须对现有财政政策体系机制进行整体性、系统性的改革和完善，重新建立与碳达峰碳中和 "1+N" 政策体系一致的财政和货币政策协同模式。

三、把握战略机遇，发挥财政政策优势支持碳中和

尽管面临一系列复杂挑战，我国在财政支持零碳金融方面仍具有

① 资料来源：原始数值由笔者计算，数据来源为中国人民银行、wind 资讯和中央财经大学绿色金融国际研究院

宽松的政策空间和优势。第一，中国政府债务水平较低。2022年底，中国政府债务余额占GDP比重为50%，远低于发达国家和其他新兴经济体的负债率。第二，我国在防范化解地方政府债务风险方面取得积极进展，为地方财政政策支持绿色低碳转型奠定了稳定基础并积累了丰富经验。第三，我国存量财政资金空间较充足，政府拥有的金融净资产规模为财政支持绿色金融提供了开源潜力。这些都为我国财政和金融政策进一步合作支持碳中和提供了良好的战略保障。

在世界范围内，碳中和是工业革命以来人类发展方式和治理规则的颠覆性变革，是全球竞争的新的制高点。至COP27结束时，189个国家做出了净零排放承诺，承诺国家GDP占全球GDP的90%，覆盖全球2019年排放量的94.9%。发达经济体意识到金融在碳中和转型中的重要作用，在格拉斯哥气候峰会后推动金融体系加速向零碳模式转化，并积极布局财政、金融、产业、监管等宏观政策制度框架予以保障，以充分利用转型带来的经济发展和竞争机遇，而财政部作为跨政策协调的重要部门，被视为推动和引导转型的核心力量。美国制定《通货膨胀削减法案》，协调产业、财政和金融政策，制定了对清洁能源和技术的高额政府补贴。英国开创性地将气候因素纳入金融部门，将监管和补贴作为具有成本效益的优势政策组合的重要内容，并大力推动精心设计的法规和标准来帮助克服协调失灵。

当前，在全球零碳金融竞争处于同一起跑线的初期阶段，我国应尽早构建支持零碳金融和碳中和的财政政策框架，为实现碳中和及参与国际竞争合作打下坚实的基础。领先的科技、金融和制度的力量是打造核心竞争力的主要抓手，必须把金融转型与财政制度支持和改革安排结合起来，通过系统、协同的政策体系架构来保障实现碳中和、经济增长和金融稳定的中长期战略目标，这也对以服务国家重大战略为导向的财政政策改革提出了创新方向。

在国家碳中和目标指引下，从绿色金融迈向零碳金融，构建支持碳中和与零碳金融的配套政策框架，对财政和货币政策合作的战略方向和重点提出了更为聚焦的要求。与侧重总量调控的货币政策相比，财政政策更强调结构调整，具备更直接的传导机制和更广泛的政策工具。财政政策可以发挥更积极的基础作用，在利用支出、财税、价格政策工具支持碳中和转型和投资的同时，应更多地利用政策工具和政府信用加强对市场化金融供给的激励。如何在现有绿色金融政策框架和实践基础上，激发政府和市场的最优合力，创新规划、标准、政策、产品和落地路径，引导绿色金融向零碳金融可持续发展有效转化，支持构建全球领先的中国零碳金融系统，是现阶段财政政策发展和改革的重要议题。

第四节　调整和创新：支持零碳金融发展的财政政策思路

发挥制度优势，战略性地先行构建我国零碳金融系统，是确保我国经济和金融零碳转型成功的首要条件。坚持党的领导，确立以碳达峰碳中和为核心导向的配套零碳金融政策框架，是发挥金融核心作用、推动我国碳中和转型成功的关键所在。零碳金融系统的构建需要一系列机制创新和政策支持，涉及财政和货币政策制定、监管政策改革、零碳金融市场生态设计、零碳金融国际竞争和合作等宏观和微观领域，其中对金融资源配置的激励机制将发挥核心作用。借鉴国际经验并结合我国财政支持绿色金融的既有实践，在绿色金融向零碳金融跨越阶段，从财政和货币政策合作支持构建领先的中国零碳金融系统角度，首要应明确财政在零碳金融系统的配套政策框架中的地位和作用，从激励、约束、统筹协调和政策稳定四个方面发力，加快构建有力有效的财政政策制度和激励机制。总体框架上要立足新发展阶段，贯彻新发展理念，构建新发展格局，以高质量发展为目标，运用系统性思维、资金保障、调控引导、长效激励，以支撑覆盖全国的多层次、多元化零碳金融产品供给体系，帮助提升金融服务促进全社会减排和零碳经济发展的能力和水平，深度参与全球零碳竞争和合作。针对我国现有支持绿色发展和气候变化的财政政策和工具，提出以下建议。

一、尽早建立与碳中和目标相协同的财政政策框架，提供长期清晰的投资预期

在应对气候变化和支持绿色金融发展的过程中，我国财政政策架构已取得与之相适应的初步进展，基本构建了以节能减排为目标的绿色财税体系、生态转移支付体系、支持绿色发展的财政筹资机制等子系统，但在整个政策体系完整连贯、举措落实明确有效等方面都还存在较多欠缺（陈诗一等，2022）。为加快构建碳达峰碳中和"1+N"政策体系，应将搭建与碳中和目标相协同的财政政策框架作为优先选项，主动协调与金融政策、货币政策、环境政策、产业政策等其他公共政策体系的关系，充分发挥财政作为国家治理基础和重要支柱的作用，为"降碳、减污、扩绿、增长"协同共赢提供保障机制。

在构建零碳金融系统的过程中，财政支持零碳金融的职责要通过

系统性制度予以保障，明确财政政策的职能和定位。从总量调控的角度制定战略、政策支持框架、资金供给制度，为市场提供清晰、长期、稳定的预期和投资信心，是引导社会资本长期可持续支持零碳转型的资金需求的核心前提。政策调整应明确双碳战略重点，设置减排降碳优先原则；引导成立政策性零碳金融机构或部门，保障稳定的专项资金供给；财政在制定支出、预算绩效、总体方案和实施细则等政策文件时，应构建支持零碳金融的支出结构，优化投资框架和对减排降碳项目金融支持的预算配置，健全面向绿色零碳贷款的高效财政贴息机制，把零碳转型的相关风险纳入财政政策框架。通过可落地可执行的举措，清晰地体现政府在碳中和转型过程中提供金融支持的长期性和稳定性，切实消除市场资金的顾虑，从战略上充分发挥政策支持的长效机制。

二、设计有力有效的激励约束机制，提高政策组合效能

尽管近年来我国支持绿色低碳的财政投入已呈现规模增加、覆盖范围扩大和结构优化的转变趋势，但现有绿色财政政策存在区域化碎片化、绿色财政支出比重小且增速慢、绿色预算制度缺位、公共政策主体的目标和工具不兼容等问题，这些都从运行机制上制约了财政对绿色金融的支持范围和力度，更难以满足碳中和转型的巨额、长期的零碳金融资金支持需求。因此，应当利用设计良好的激励约束、法规和标准，推动发挥公共政策组合的最优效能。

财政支持零碳金融发展，要从机制设计上畅通政策实施的传导过程，提高效率，发挥财政激励、约束、兼容的治理功能，以充分激发

市场的内生动能，提高资源配置效率和风险管理能力。这既包括支持现有绿色金融产品体系向零碳转化，也包括鼓励市场创造多元化的零碳金融产品体系。我国前期各绿色金融改革创新试验区初步建立了多层级绿色金融政策支撑体系，财政在支持绿色信贷、推动证券市场支持绿色投资、支持发展绿色担保、设立绿色专项发展基金、推动政府和社会资本合作等方面发挥了重要作用，积累了政策激励约束和规划经验，如绿色财税政策。下一阶段，一方面要针对存在的问题和挑战调整和完善方案，进行经验总结，并向全国因地制宜地推广；另一方面要践行从"绿色"向"零碳"转化，普及零碳金融理念，以碳中和目标为指引，创新丰富财政支持金融的政策工具，激励引导金融机构加快推出多元化的零碳金融产品和创新服务模式，以满足市场的零碳投资需求。同时，要发挥财政的风险分担能力，加强零碳转型过程中的金融风险防范和处置。

三、统筹财政政策工具的创新应用，优先支持零碳金融基础设施建设

以绿色低碳政策目标为导向，我国已探索出一系列有针对性的绿色财政政策工具，如财政专项资金、绿色贷款贴息补助、绿色债券补贴、绿色金融风险补偿等，并在各地进行了运用实践。但与国际经验相比，我国财政政策工具在支持力度、创新设计和工具间的联动性等方面有待加强，例如，可以大力发展适合我国国情的绿色政府采购、绿色产业投资、绿色国债、公私合作的绿色和新能源基金，充分发挥政策性银行的作用等。同时，也应注重统筹提高各类财政政策工具之

间的协同性，避免低效重复和利益冲突。

为了发挥财政支持在零碳金融系统中的统筹协调能力，需要相应的零碳金融基础设施作为支撑。这有助于解决地方财政贴息等政策工具面临的"精准施策"和"力度适中"等落地难题，畅通财政政策工具支持零碳金融的路径。尽管地区经济和碳排放产业各有侧重，也面临不同程度的零碳转型压力和金融需求，但随着绿色和零碳产品加速深化应用，试验区的通用经验能否在全国复制推广，取决于是否有统一权威的底层金融基础设施。如缺乏零碳金融信息披露等相关标准体系，不利于金融机构开展促进碳中和转型的投融资业务，也会影响财政引导和激励机制的有效实施。此外，根据经济学理论，增加基础设施等固定资产投资有助于消除政策不确定性，从而稳定社会投资预期。现阶段从财政支持的角度出发，要加快推进建设零碳金融标准化体系、零碳金融统计和评价考核制度、碳排放信息披露机制、零碳金融信息共享数字化平台、碳交易市场建设标准等金融基础设施，解决政银企信息不对称和供需对接问题，更好地发挥中央和地方政策在零碳金融支持和风险补偿中的统筹协同作用。

四、财政金融协同建立风险分担的零碳投融资机制，引导社会资本投资

在碳中和目标下，创新财政金融协同的投融资机制，是实现政府与市场风险共担、引导撬动社会资本的重要举措，具有多重意义。既能够扩大财政绿色融资来源，弥补财政绿色直接投资的缺口，降低公共支出压力，也能够增强金融市场的绿色低碳融资能力，支持创新。

研究表明，政策协同能在更大程度上促进企业绿色发明专利创新，绿色信贷政策和财政补贴政策产生了"1+1>2"的协同而非替代效应，因此应当重视和打好有针对性的绿色信贷和财政补贴"组合拳"（许艺煊等，2023）。

在当前的机会窗口，探索建立以经济增长和零碳并重的财政货币政策配合机制，推动财政金融深度融合，是构建领先零碳金融系统的重要基础。发达经济体在新冠疫情大流行期间通过货币和财政政策的合作机制创新，联合出台了拨付转移、救助贷款担保等巨额财政举措，有效抵御了新冠疫情大流行冲击带来的流动性和偿付风险，引领经济快速走出危机。但全球复苏总投资中仅有不到 20% 有助于减少温室气体排放，实现碳中和的资金缺口不断扩大，延缓了各国对零碳转型的资金投入。我国在应对新冠疫情大流行和发展绿色金融方面已经走在了全球前列，要争取在零碳金融领域的世界领先地位，就要积极完善财政货币政策有效合作机制，探索建立国家零碳发展基金、支持零碳债券发行、创新融资担保机制、建立健全零碳转型风险评估机制等创新举措，以最大限度地支撑我国零碳金融转型的需求。同时，发挥财政在风险分担和处置中的重要作用，防范和管理融资风险，保障金融系统的稳定。在这一过程中，财政支持构建的领先零碳金融系统将为实现我国远期零碳转型和经济高质量发展目标打下稳定的基础。

第五章

◆

创新内含碳中和目标的
结构性货币政策

朱　民　　彭道菊

* **彭道菊**：首都经济贸易大学金融学院副教授

第一节 气候变化和低碳转型：宏观金融的系统性风险

一、气候变化与碳中和转型：概念的厘清

气候变化对金融市场的风险可划分为物理风险和转型风险（Carney，2015）。物理风险关注气候的物理变化对经济部门资产负债表、融资活动以及流动性等的系统性影响。例如，极端天气（如飓风、洪水、高温等）会造成受影响地区居民和企业的资产受损以及抵押物价值的贬值，增加金融中介的贷款违约概率和银行损失，贷款违约概率的上升进一步恶化了金融机构的资产负债表。极端灾害增大了保险部门的支付比例，恶化保险业的资产负债表和现金流。在极端事件中，家庭、企业和金融机构对流动性的需求会大幅增加，如果金融系统的流动性不能满足需求，随之而来的流动性枯竭会对整个金融系统造成冲击并影响实体经济。

转型风险指的是政府为应对气候变化而制定的低碳转型政策所带来的风险。例如政府出台更加严格的减排政策（碳排放交易体系、提高碳税）对高碳行业的资产价格带来的影响。在低碳转型过程中，清洁技术的发展对传统技术和产业造成冲击，例如太阳能、风能和电动汽车生产成本的下降会削弱煤电和传统燃油汽车的市场竞争力。这些高碳资产的搁置或冲销会对相关企业和持有这些资产的金融机构的资产负债表造成冲击。

气候风险有着区别于一般金融风险的特征。首先，气候风险是前瞻性的，缺乏可用于资产定价的历史数据。气候变化风险是一个累积和渐进的未来事件，尽管我们有部分气候变化的历史事件数据，但对于未来气温持续升高带来的一系列后果，没有历史事件可以作为参考和对照，我们也缺乏评估气候变化对金融系统影响的成熟模型。其次，气候风险是系统性和非线性的（Battiston et al., 2017；Monasterolo，2020；Battiston et al., 2021）。气候风险呈现极强的厚尾特征。与正态分布不同，气候风险的厚尾特征意味着极端气候事件的发生概率远大于正态分布。气候风险的非线性还体现在当气候风险跨越了某个引爆点（Tipping point），将造成难以估计、巨大且不可逆转的经济损失（Weitzman，2009）。再次，金融系统难以对此风险进行完全对冲。低碳转型涉及整体经济社会的生活方式、经济运行模式以及各经济主体之间的协调，是一系列复杂经济因素甚至经济和物理世界互动的综合。这意味着在评估气候风险尤其是转型风险时，存在极其复杂的数量繁多的可能路径以及概率组合，而金融系统本身可能无法对如此多的可能路径和概率进行准确定价。最后，与一般外生风险不同，气候变化风险尤其是转型风险，内生于经济发展和政府的政策选择，这种内生性也意味着气候变化风险具有极强的路径依赖（Path dependence），而一旦被路径锁定，气候变化的风险可能呈现非线性上升。

二、气候变化对金融稳定的影响

碳中和转型是对经济结构的重塑，伴随的是高碳产业的退出以及新兴低碳产业的崛起。碳中和转型中气候风险对金融市场的影响主要由政策、技术变更、社会偏好、气候的物理变化引起（Semieniuk et al., 2021），并从存量和增量两个维度对金融系统产生影响。

从存量来看，碳中和转型对宏观金融的系统性影响主要体现在对高碳或棕色存量资产的价值上。为了达到巴黎协定 2.0℃的升温限制目标，大量的化石能源消费将被抑制，这些效应将通过投入产出网络扩散到所有上下游产业，导致化石能源资产贬值或搁浅。如果资产贬值和搁浅大面积发生，则将威胁到整个金融系统的稳定（Monasterolo，2020）。不同学者和政策报告对碳中和转型的资产贬值或搁浅效应进行了系统估算。据 Carbon Tracker 以及联合国的负责任投资原则机构（UNPRI）估算，为了达到巴黎协定目标，三分之一价值约 1.6 万亿美元的常规投资（Business as usual investment）将在 2018 年—2025 年成为搁浅资产。更长期来看，据 IRENA 估计，取决于转型政策的实施情况，2015 年—2050 年整个经济系统将有 10 万—20 万亿美元的资产成为搁浅资产。《金融时报》于 2020 年估计，在《巴黎协定》目标下，全球煤炭开采等能源生产商二分之一的化石燃料储备将成为搁浅资产，全球大型石油和天然气企业将损失约三分之一的资产价值，金额高达 9 000 亿美元。在 1.5℃的升温限制目标下，全球 80% 的化石燃料等高碳资产将被搁置。

除了对存量高碳资产价值的直接效应，碳中和转型也间接影响了与高碳产业密切相关的就业收入和政府收入（Semieniuk et al.,2021）。高碳产业的退出使得高碳产业工人大量失业，劳动者和高碳产业依赖型政府的收入锐减，支出也相应减少，而这可能进一步降低了收入，使得整体经济更进一步陷入"下降通道"。

从增量来看，碳中和转型中对宏观金融系统的系统性影响主要来自对绿色资产的估值泡沫。增量资产指的是新兴的低碳技术应用和低碳产业的发展。在碳中和转型中，新技术的使用使增量资产价值处于"上涨通道"，产生类似于熊彼特的"创造性毁灭"中的金融危机（Semieniuk et al.，2021）。增量资产价值的过高溢价，银行和其他金融中介的过度借贷，新兴产业的过度投资可能产生资产泡沫，当技术的不确定性造成资产泡沫的破灭，则有可能孕育一场金融危机。虽然新兴低碳产业的现有规模仍较小，远未达到造成系统性影响的程度，个别新兴低碳企业的失败也可能不足以引起金融市场的系统性反应，但随着碳中和转型中增量的低碳资产增加，其特有的风险和波动特征也会逐渐发展成系统性风险，对金融市场造成系统性影响。

存量资产的搁浅和增量资产价值的泡沫从三方面影响金融市场及其稳定。第一，通过直接的预期效应影响金融市场及其稳定。例如，更加严格的环境保护措施可以导致投资者预期高碳资产的价值将下降，从而抛售高碳资产，造成预期的自我实现。第二，通过间接的信用风险影响金融市场及其稳定。高碳资产价值和收入的损失可能造成资产持有者的债务违约，加大了金融中介（如银行、保险等）坏账增加的风险。系统性金融风险的产生则取决于金融中介对高碳资产的风险暴露程度，当暴露程度过高时，可能导致银行挤兑风险和金融中介的大量违约。第三，通过间接的市场风险和流动性风险影响金融市场及其稳定。资产价值的重估使得投资者或金融中介的资产价值大幅减少，限制了其在金融市场融资的能力，市场和流动性风险加剧。各渠道互相影响、相互增强，叠加金融机构之间资产的相互持有，则有可能将局部风险传递给整个金融市场，从而造成金融市场的系统性危机。

三、气候变化对宏观经济的影响

货币政策的目标之一是维持价格稳定，而向碳中和的转型可能在宏观层面和结构层面对央行实现该政策目标造成影响。一方面，在宏观上，碳中和转型直接影响通货膨胀水平。能源价格作为通货膨胀的重要组成部分，在碳中和转型中，减少化石能源的供应在短期内可能会导致能源价格大幅上升和波动，进而威胁到价格稳定（Heinen et al.，2019）。如果货币政策没有充分考虑转型政策对通货膨胀的影响，产出则有可能下降（Mckibbin et al.，2017）。

碳中和转型也影响货币政策应对通胀的操作空间。在实践中，利率水平通常作为货币政策应对通胀的政策中介变量，而碳中和转型对利率水平和货币政策空间产生了不确定性的影响（NGFS，2020）。理论上，碳中和转型可能通过技术进步、储蓄、风险溢价等影响自然利率水平。例如，在短期内，碳中和转型可能降低劳动生产率，从而导致利率下降，但从长期来看，碳中和转型所需的技术创新可能会提高劳动生产率，进而提高自然利率水平。碳中和转型过程中存在不确定性，这可能降低了风险偏好，鼓励更多储蓄，从而对自然利率造成下行压力。利率的最终变化取决于碳中和转型对这些因素的综合影响，因此存在较大的不确定性。

在结构上，碳中和转型通过经济结构变化影响产出、消费、投资、生产率、贸易等经济主要变量（NGFS，2020），需要货币政策将碳中和转型的结构性影响纳入其中。例如，新兴的高生产率的低碳产业发展将抵消高碳产业退出对产出所带来的负面影响，并通过组合效应提高整体劳动生产率。碳中和转型过程中的高碳产品消费将受到抑制，绿色产品消费将得到提升。碳中和转型需要大量投资，投资率可能会上升，但其最终影响取决于转型过程中的结构变化以及碳中和转型对不同经济部门的综合影响。转型过程中的不确定性可能使央行的经济预测变得更加困难，从而使货币政策的立场变得复杂，这内在地要求央行纳入碳中和目标以稳定货币政策立场。

第二节　低碳转型中的央行：争议和顾虑

中央银行（以下简称央行）是否应在其政策框架内考虑气候风险？或者更进一步，中央银行是否有责任主动促进低碳转型？这一问题在政界和学界引起大量争论。我们总结了央行在低碳转型中面临的四个方面的讨论和争议。

- 央行应该评估或更进一步管理气候风险吗？
- 央行应该更为积极地引导低碳转型吗？
- 央行以何种方式评估、管理气候风险或引导低碳转型？
- 央行在低碳转型中扮演何种角色？

关于央行是否应该积极管理气候风险的问题，过去五年多，学界、政策界以及各国央行开始逐步达成共识。鉴于气候变化可能带来的系统性金融风险，央行普遍认为应当管理气候风险（Campiglio et al.，2018；Lagarde，2021；Schnabel，2020、2021；易纲，2020；

Bolton et al.，2020a），至少对于央行自身的资产负债表所暴露的气候风险应进行评估，并酌情采取风险管理措施，保护资产负债表免受气候变化带来的风险。2019 年成立的央行与监管机构绿色金融网络是该共识的具体体现方式之一。截至 2021 年，该机构已有 90 多个成员国。

然而，最大的争议在于央行应对气候风险或低碳转型的具体方式。部分专家和学者认为央行应在其自身政策框架内管理气候风险，而不应偏离其维护宏观价格和金融稳定的核心职责。因此，他们对于央行是否应该采取更为积极的货币政策以主动促进低碳转型持否定态度。这部分学者认为过多干涉低碳转型会对市场和相对价格造成干扰，造成不必要的扭曲（Weidmann，2020）。同时，他们认为低碳转型是政府的目标，过多干预政府目标会使得货币政策易受到政治因素的影响，从而丧失独立性。碳中和或低碳转型应主要由市场或政府推动，更多是财政政策的职责，这也导致目前发达国家在实施与低碳转型相关的积极货币政策时面临很大的争议（Dikau et al.，2021）。

即便是在中央银行对气候风险的具体管理方面，由于当前全世界中央银行运营框架的多样性，目前尚未就气候相关调整管理方式达成统一共识。在当前形势下，确定相关措施、评估和量化气候相关的金融风险对于中央银行来说是一项挑战。这些挑战包括气候信息披露标准、气候相关风险量化、金融机构以及企业对气候风险的暴露程度测量、金融系统的压力测试，以及如何避免在有限信息下的决策失误。

本节中我们介绍了央行在低碳转型中面临的具体争议。我们将争议聚焦在货币政策上，而未对宏观审慎和风险管理方面的争议进行梳理。这并不意味着宏观审慎和风险管理不重要。相反，这是目前各国央行，尤其是发达国家央行考虑低碳转型的主要内容。

一、资产购买中的"市场中性"

金融危机后，发达经济体央行的重要政策工具之一是量化宽松。量化宽松的核心策略是央行购买政府债券或其他金融资产市场上流通的证券，以增加市场上的货币供应量。这种购买通常是大规模且长期的，以便提高市场上的资金供应，降低长期借贷利率。在量化宽松中，最重要的原则是"市场中性"。例如欧洲央行认为资产购买计划应遵循"市场中性"原则，其理论出发点是为了避免央行资产购买计划及其他干预措施对金融市场形成扭曲，保证金融市场价格信号的有效性。欧洲央行实施资产购买计划时，以不改变私人部门金融产品的相对价格为原则，要求各央行购买资产的行业构成应与市场可观测的同类资产的行业构成相一致。例如，欧洲央行在资产购买计划中购买公司债的行业构成以及被购买公司债占整个公司债市场存量的比例大体一致。

然而，在 2020 年新冠疫情大流行暴发后，欧洲央行的资产购买计划也迅速拓展至"疫情紧急资产购买计划"（PEPP），并偏离了"市场中性"原则。与欧洲央行 2007 年金融危机之后实施的资产购买计划不同，PEPP 扩大了可购买资产的条件。欧洲央行不仅购买政府债券、成员国发行的国债，同时积极购买私人部门的债券。与严格的"市场中性"计划不同，PEPP 将按照市场条件以更为灵活的方式实施，任何不利于抵消新冠疫情大流行负面影响的金融市场变化都将在该计划下被阻止。该计划更为灵活，更有针对性和偏向性，与 APP

计划下资产购买严格遵循"市场中性"的原则有显著区别。

在新冠疫情大流行期间，美联储也实施了更有偏向性的资产购买计划，这些计划支持了一级市场和二级市场的某些特定的企业债券。例如，美国于2020年3月23号公布的一级市场和二级市场信贷工具（PMCCF和SMCCCF）中，美联储在一定限额内购买满足一定信贷评级和久期的一级市场和二级市场的投资级公司债券。尽管美联储没有公布具体的限额，但这些政策工具使得美国部分满足条件的企业可以重新在证券市场获得融资。PMCCF和SMCCF同样没有严格按照"市场中性"原则来确定美联储购买的公司债券组合。

偏离"市场中性"原则的资产购买计划是否具有积极效果？研究表明，这些偏离"市场中性"原则的资产购买计划对于债券市场具有显著的效果（Boyarchenko，et al.，2020）。在PMCCF和SMCCF中，满足条件的公司债券收益率显著下降，降低了企业的融资成本。在一级和二级市场上，交易商更愿意去交易符合条件的公司债券并持有证券，因此政策的引入增加了公司债券市场的流动性（O'Hara et al.，2021；Kargar et al.，2021）。政策工具同时降低了满足条件的公司债券的信用风险溢价，并降低了公司债券收益率与国债利率的息差（Bordo et al.，2021），因此降低了债券的信用风险。美联储被视作事实上的"最后做市商"（O'Hara et al.，2021）。在一定程度上，这些积极的效果至少在危机当时为偏离"市场中性"原则提供了辩护。

在低碳转型方向，"市场中性"的资产购买计划被普遍认为并非"环境中性"。事实上，资产购买计划存在着显著的"碳偏好"（Matikainen et al.，2017；Dafermos et al.，2020），因此，"市场中性"

的资产购买计划可能会加剧气候风险，不利于低碳转型。以欧洲央行在资产购买计划中购买的公司债的行业构成以及各行业碳排放占全社会碳排放的比重为例，欧洲央行购买的债券中有 62% 属于制造业和电力企业，占欧元区碳排放总量的 50%—65%，而占经济总量高达 80% 的服务业，其碳排放占比仅为 10%—15%，但在欧洲央行的资产购买比例中只有 20%。

一些观点认为，资产购买计划中的"市场中性"原则所带来的"碳偏好"根源于债券市场本身对碳排放定价的不完全。碳排放是一种典型的具有负外部性的公共物品，而目前的碳市场以及碳价并不能很好地对气候风险进行定价。世界银行的研究表明，全球碳市场的发展存在企业参与程度和标准不统一，碳价分割等诸多问题。即使是相对成熟的欧盟碳市场，也仅涵盖了大约 50% 的行业企业。此外，碳排放信息披露制度不完善加剧了碳市场信息不对称的问题。外部性叠加信息不对称导致了市场失灵，在此基础上形成的碳价无法准确地反映碳排放的社会成本。碳定价的不完全导致与低碳或绿色有关的债券定价的资产定价不能完全反映低碳投资的风险和收益。已有的实证研究表明，与低碳投资相关的固定收益证券的表现与非绿色的证券收益相当。当债券市场整体存在碳偏好的前提下，自然无法保证按照"市场中性"原则购买的资产不存在"碳偏好"。

此外，"碳偏好"的产生也有其结构性的因素。证据表明，具有更高抵押物价值的高碳企业更容易在债券市场获得融资，而无形资产占比更多的低碳产业，如服务业，由于抵押物价值较少，更难以在债券市场上获得融资。

　　然而，对于如何纠正"碳偏好"，或者更进一步，是否需要在资产购买中偏向绿色资产，目前学者以及央行的经济学家存在分歧。一个典型的观点是，"碳偏好"根植于私人部门的债券市场本身对高碳资产的偏好，因此，纠正"碳偏好"的重点应放在以下几个方面，即提供资产气候风险的信息披露、完善碳定价、将抵押品的价值评估纳入气候风险因素以及纳入 ESG 投资标准等，以促进债券以及其他市场的绿色化，而无须央行进行额外纠正。

　　一些反对者同样担忧偏离"市场中性"原则对央行贯彻执行货币政策职能的损害。他们认为央行的首要职责是维护宏观意义上的价格稳定，过多干涉低碳结构转型会对市场和相对价格造成干扰和扭曲（Weidmann，2019）。尤其是目前绿色金融市场规模较小、绿色资产相对稀缺，绿色资产购买政策可能会引起市场混乱，并导致绿色债券估值过高，形成"绿色泡沫"。同时，由于缺乏明确的分类标准和公认的市场标准，央行对于"绿色"、污染性投资等缺乏客观定义，可能也缺乏法律基础来支持其绿色政策。如果某些机构因为气候因素被排除在量宽政策之外，货币政策传导可能会受到阻碍（Boneva et al.，2021）。另外，绿色资产的不确定性较高、风险大，往往评级较低，达不到央行资产购买计划的"投资级"要求，无法被纳入央行合格资产购买清单。购买风险较高的绿色债券，或将降低央行资产组合的质量，滋生道德风险。

　　但另一些观点认为，"碳偏好"是"气候变化的市场失灵"。在市场失灵的情况下，坚持市场中性原则可能会强化先前存在的低效率，导致资源的次优配置，应该根据资产发行人或资产的气候风险向低碳资产倾斜（tilt purchase），限定不符合气候相关标准的资产在购买范围之外（negative screening），实行"绿色央行"（Greenham，2013；Anderson，2015；Olovsson，2018；Dafermos et al.，2020）。在保障实施货币政策能力的前提下，启动"绿色量化宽松"计划，重点购买低碳相关金融资产，为低碳转型提供额外支持。同时引导金融机构减少购买高碳公司发行的债券。这实际上有助于降低金融风险，在更长期内实现市场中性（van Lerven et al.，2017）。此外，绿色资产购买政策可以提高市场对绿色金融相关标准与实践的接受度，促进市场更快发展。Monasterolo 和 Raberto（2017）使用存量流量一致模型发现，大规模购买绿色主权债券可为绿色债券市场的发展提供动力，且对绿色投资和就业具有积极的溢出效应。De Grauwe 等（2019）和 Matikainen 等（2017）提出了另一种做法，即购买欧洲投资银行（EIB）或国家开发银行等超国家机构发行的债券。央行将具体资金分配的决定权交给一个独立机构，由该机构将资金分配给促进可持续性的项目，但这可能引发关于产业政策的争议。

二、绿色信贷政策中的市场扭曲

低碳转型中的一大类货币政策是使用数量型的绿色信贷政策，尤其是在发展中国家。绿色信贷政策大致分为两类，第一类是进行信贷干预。例如巴西将可持续发展目标和可持续发展议程融入了其农村信贷干预政策，禁止金融机构向对环境有害的经济活动提供融资。2008 年，巴西央行出台第 3545 号决议，规定亚马孙流域的借贷者需出示遵守环境法规的证明才能获取贷款。第二类是直接促进对低碳部门的信贷。这类信贷刺激通常配套一些激励措施，例如利率优惠或减

免、央行对金融机构的准备金优惠等。例如，日本于 2010 年 6 月推
出的贷款支持计划（Loan Support Program，简称为 LSP），鼓励银行
向环境能源、技术投资、医疗、旅游等 18 个经济重点领域发放贷款。
日本于 2021 年 7 月的议息会议上进一步推出了应对气候变化的定向
再贷款工具（Climate Response Financing Operations，简称为 CRFO）。
CRFO 对符合要求并提供抵押品的金融机构现有的应对气候变化的投
融资规模进行零息贷款。CRFO 工具提供的贷款资金以两倍额度计入
金融机构在央行的"宏观附加余额"账户。印度央行（印度储备银
行）则通过优先部门贷款计划（Priority Sector Lending，简称为 PSL）
要求所有商业银行均需将银行净信贷或表外信贷等价头寸规模的 40%
（以较高者为准）提供给可再生能源、农业、基础设施、教育和中小
微企业等难以从正式渠道获得金融支持的部门，即"优先部门"。马
来西亚央行则于 2010 年与能源、绿色科技与水务部合作建立了绿色
技术融资计划（GTFS），对符合要求的项目提供 2% 的利率优惠，并
对资金的 60% 提供政府担保。2022 年，马来西亚央行新设"低碳转
型融资工具"（Low Carbon Transition Facility，简称为 LCTF），资金
总额为 10 亿令吉（约 2.4 亿美元），纳入 LCTF 的金融机构将提供 10
亿令吉配套资金。所有致力于向低碳可持续模式转型的中小企业均可
申请，无须提供抵押品。符合条件的中小企业最高可获得 1 000 万令
吉贷款，年利率最高为 5%，最长期限为 10 年。

　　对于绿色信贷政策，争论的焦点在于绿色信贷政策是否造成了市
场扭曲。一种观点认为，政府直接进行信贷干预降低了信贷资源分配
的效率，造成信贷市场的扭曲（Wolf，1979；Krueger，1990）。给予
低碳企业以利息优惠，将不可避免地吸引一些效率较为低下的低碳企

业，从而无益于低碳行业的发展，破坏了整个信贷市场的生态环境。历史上信贷分配的政策曾被广泛使用。不仅在发展中国家，发达国家在早期同样实行了很多信贷分配政策。但在多数情况下，信贷分配政策都对储蓄和价格产生了不必要的影响，导致金融系统的严重扭曲。绿色信贷政策也受到了其可能引起市场扭曲的质疑。

另外一种观点认为，低碳投资具有外部性，因而天然存在着投资不足的问题。对于金融机构信贷分配的碳偏好所产生的负外部性，央行可发挥积极的市场纠正作用，引导资金远离碳密集型活动并投资于更绿色的活动。研究表明，当前银行仍对化石能源投资兴趣浓厚（Pinchot et al.，2019）。自由市场不一定产生帕累托有效的分配，为实现利益最大化，银行和其他金融机构将资源分配给对环境和社会有害的活动，如碳密集型或污染型活动，从而导致银行收益高于社会收益。Stiglitz（1994）提出，在商业银行贷款所获回报与社会收益可能不一致、而政府拥有必要的信息来干预市场失灵并纠正这些失灵的情况下，定向信贷、限制对某些活动的贷款等信贷政策是合理的。

对于绿色信贷，发达国家通常认为虽然绿色信贷效果比较直接，但因为不可避免地扭曲了市场，通常较少地被利用在发达国家的货币政策中。绿色信贷政策也通常与干预产业政策的争议绑定在一起。目前学界并没有明确的经济学理论指向产业政策的经济正当性。此外，绿色信贷政策也面临一定风险。当低碳活动的收益低于高碳活动时，申请绿色信贷的私营部门可能具有"贴标""洗绿"的不当激励，如通过获得绿色企业资质，获得低廉绿色信贷的资格。这样的激励可能导致一定的寻租行为，并滋生腐败。对于金融机构，虽然央行可以对金融机构的低碳贷款进行贴补和再贷款，但这种再贷款的优惠可能并未将优惠转移给最后贷款人，无法起到鼓励绿色投资的作用。绿色信贷政策的实施效果还受整个金融市场融资约束松紧程度的影响。当整个金融市场的融资约束极为宽松时，绿色信贷政策的利率优惠可能并不能弥补低碳投资本身的高额成本，尤其是当低碳投资面临着较大物理和转型风险时，利率优惠可能无法弥补这部分的风险溢价，因此对投资者缺乏吸引力。

信贷分配无疑需要经过充分的信息披露、严格的事前审查，按照生产率水平进行最优信贷分配，并避免违约。为了促进绿色信贷的占比，金融机构需要充分掌握企业的低碳经营的风险和收益信息，这反过来要求对低碳绩效信息的披露。至于绿色信贷政策，无论是直接的信贷干预或信贷激励政策，都人为造成了扭曲。在此基础上，评价绿色信贷政策不应该从单一的政策本身出发，而应衡量其对负外部性改善的程度以及扭曲程度两方面，进行综合评价并考量。只有当对负外部性改善的程度高于其人为引入的扭曲程度时，绿色信贷政策才具有正的社会收益。然而具有正的社会收益仅仅保证了政策引入的前提，要建设公平的信贷市场，央行政策同样需要在总量政策中考虑激励和分配政策。这对央行的绿色信贷政策提出了挑战。第一，需要确定定量指标来评判何时外部性的改善已经大于绿色信贷政策的扭曲。第二，需要确立合适的分配机制，纠正绿色信贷政策带来的扭曲。

三、货币政策和财政政策的协调与配合

促进低碳转型需要货币政策与财政政策协调配合。普遍观点认

为，财政政策是减缓气候变化的关键，财政部门应发挥核心作用，倡导和实施应对气候变化的财政政策，鼓励低碳技术研发、投资，而货币政策、审慎工具可作为补充（Krogstrup et al.，2019）。Abiry 等（2022）研究发现，绿色量化宽松有抑制气温上升的作用，虽然与碳税相比效果较弱，但仍可成为财政政策的有效补充工具，特别是在全球范围内碳税协调不足的情况下。

另有一种观点认为，由于央行促进低碳转型与政府职能部分重叠，央行在气候议题上应承担部门协调职责，发挥"财政货币宏观审慎"作用（Bolton et al.，2020b）。Bolton 等人提出，央行最适合的定位可以用"5C"来概括，即为应对气候变化的协调做出贡献（Contribute to Coordination to Combat Climate Change）。一方面，考虑到应对气候变化既不是央行的主要职能，也不是央行的擅长领域，以及相关货币政策可能引发的争议，央行并不适合作为应对气候变化的牵头部门。另一方面，央行不能寄希望于通过评估风险、压力测试等措施促进各方采取行动，等待其他政府部门加入应对气候变化的行列，这可能会使中央银行面临无法实现价格稳定及金融稳定的真正风险，甚至最终可能不得不作为最后贷款人进行干预。因此，在不以取代决策者和其他机构作用为目标的情况下，央行应积极呼吁并协调各方应对气候变化，以便长期继续履行维持价格和金融稳定的职责。

具体来说，央行可在五个方面发挥作用。一是与财政政策协调配合。公共部门通常更有条件为具有不确定性和长期回报的早期技术研发投资提供资金，财政部门可通过政府债务为转型融资，带动低碳技术研发投资、可持续公共设施建设投资等，而货币政策可通过将利率维持在低位为财政部门提供财政空间。二是将气候风险纳入审慎监管，避免气候风险引发系统性风险，确保金融机构战略和风险管理充分考虑气候风险，监测金融机构风险与脆弱性。三是推动金融部门采用环境、社会和治理标准，特别是在养老基金和其他资产管理公司中，甚至将可持续因素纳入央行自身资产组合管理。四是呼吁国际金融货币合作。气候稳定是全球公共品，减缓气候变化需各国通力协作。考虑到各个国家的发展阶段不同，发达国家应向发展中国家提供技术支持和官方援助。可设立新的国际机构，联合治理气候与金融稳定，既有助于在国家之间建立金融支持机制，也有助于监督各国气候政策，避免损害公共利益的行为。五是推动在企业和国家层面建立包含可持续因素的核算体系，例如要求企业披露环境保护表现，将自然资本纳入国民账户统计等。

四、纳入气候因素的宏观审慎监管

如前所述，绿色结构性货币政策可能引发一定的金融风险，例如"绿色资产泡沫"、绿色资产质量较低所致的央行资产组合风险上升等，叠加低碳转型过程中存在的转型风险等，应加强宏观审慎监管，维护金融稳定，保障结构性货币政策的政策效果。

部分国家央行已在审慎监管过程中纳入气候风险考量，探索引导金融体系积极应对气候变化风险。代表性监管措施总体分为四类（Feridun et al.，2020）。一是公布相关原则和指引，引导金融机构将气候变化风险纳入自身风险管理框架。例如，欧洲央行要求银行进行气候变化风险自评估并据此制订行动计划；澳大利亚审慎监管局鼓励经济实体开展气候变化风险评估、管理和披露，并计划推出气候风险审慎实践指南；巴西央行要求商业银行在公司治理框架考虑气候变化风险，并阐明计算资本需求时如何评估该类风险。二是强化金融机构气候风险信息披露，以便识别潜在金融风险。金融稳定理事会气候相关财务信息披露工作组制定了气候风险披露框架，已成为全球统一基准，多国央行、监管机构均支持使用 TCFD 框架建议，包括日本、英国、瑞士等。三是开展气候压力测试，评估气候变化风险对金融稳定的影响。为适应低碳转型需要，需不断完善金融风险分析框架，纳入气候风险因素，充分评估金融系统脆弱性及气候风险可能带来的冲击与影响。荷兰、英国央行率先开展气候压力测试；2022 年，欧洲央行对 104 家重要银行开展气候风险压力测试，发现约 60% 的银行尚未建立气候风险评估框架；多国也已开展或宣布计划开展气候压力测试。四是以审慎政策工具支持绿色转型。研究和讨论较多的审慎监管工具主要包括①资本充足率，例如，欧盟可持续融资高级专家组建议，对金融机构绿色资产与棕色资产给予差异化监管要求，资本充足率引入"棕色资产惩罚""绿色资产支持"，引导金融机构和实体经济低碳转型；②逆周期资本缓冲，针对银行对高碳行业的信贷扩张，施加更高的资本缓冲，抑制高碳行业信贷增长，加快低碳转型，同时维护金融稳定；③流动性监管要求，欧洲银行业联合会建议，为鼓励银行增持绿色资产，应在流动性覆盖比率和净稳定资金比率计算中，降低对覆盖银行绿色资产的流动性资金要求，以鼓励银行配置绿色资产；④差异化存款准备金率，降低绿色贷款存款准备金要求，鼓励银行投放绿色信贷；⑤信贷限制，包括银行对高碳行业的信贷投放总量或信贷占比的限制。

关于将气候变化因素纳入审慎监管的争议较多集中于审慎政策

工具，较多央行和监管当局已对在审慎监管工具中纳入气候变化因素开展研究，但实践进展较为缓慢。一是政策工具效果存疑。一方面，政策激励存在不确定性。例如，在资本充足率中引入"绿色支持因子"（GSF），在设计上借鉴了欧洲央行2014年推出的"中小企业支持因子"。但实证研究发现，"中小企业支持因子"未能显著增加银行对中小企业的信贷投放。一个重要原因在于，资本充足率并不构成银行对中小企业投放信贷的约束，对中小企业信贷放松资本充足率的激励效果不足。"绿色支持因子"对绿色信贷的激励效果也存在较大不确定性。另一方面，政策效果也存在不确定性。如果没有国际统一的监管规则，高碳企业可通过国际市场融资，规避国内绿色审慎监管政策（Campiglio et al., 2018），预期政策目标可能无法实现。二是存在潜在副作用。一方面，可能与维护金融稳定的目标存在冲突。另一方面，对绿色资产放松监管约束，可能导致绿色资产供不应求甚至产生资产泡沫，此外，低碳项目往往流动性更低、持有期限更长，绿色资产风险是否真的低于棕色资产仍有待检验，放松绿色资产监管可能对金融稳定产生负面影响；对棕色资产收紧监管约束，传统行业可能无法获取低碳转型必要的资金支持，存在破产进而引发金融风险的可能。三是执行层面存在挑战。例如，当前资产分类标准尚不完善，绿色与棕色资产划分、识别存在难度，相关数据信息可能无法准确统计和报告。同时，为执行适应新的监管规则，监管机构、金融机构均需付出调整成本。

第三节　低碳转型下的结构性货币政策框架：
原则、实践和经验

一、再论低碳转型中的"市场中性"原则

在第二章中，我们讨论了资产购买中的"市场中性"原则。为了厘清低碳转型下的原则，在本章中，我们将进一步阐述"市场中性"原则。"市场中性"原则在狭义上指的是不影响金融系统的相对价格，希望通过金融市场的有效价格信号来指导资源在实体经济中的有效配置。

在概念上，"市场中性"原则与 Treaty principle 一脉相承。二者都认为自由竞争的开放市场可以使资源得到最有效配置。因此，"市场中性"原则极力避免政策对市场造成的扭曲。不同的是，Treaty Principle 被写入了欧洲央行的法律，而"市场中性"原则并不具备法律效力。"市场中性"原则对资源配置起作用需要满足三个前提条件。第一，市场是有效的，不存在市场失灵。第二，价格传导机制是有效的。第三，经济主体的行为是理性的，价格信号起决定性的引导作用。在低碳转型中，这三个条件可能在很大程度上均不成立。原因如下。

首先，气候变化或碳排放是典型的具有负外部性的公共品，而目前的碳市场以及碳价并不能很好地对气候风险进行定价，依靠市场价格信号进行的资源配置是次优的。其次，即使碳价准确反映了碳排放

的社会成本，目前的碳价也没有被纳入金融市场的资产定价，导致低碳投资风险和收益不匹配。低碳投资规模大、期限长以及风险高。绿色投资回报并不能完全弥补低碳投资高风险。最后，在理想的情况下，如果碳价和与之相关的资产定价都可以准确地反映碳排放的社会成本以及低碳投资的高风险性，投资者也不一定对低碳项目进行投资，这取决于投资者的风险偏好、行为习惯以及其他宏观条件。例如，作为低碳投资的关键投资主体，银行更愿意持有安全资产而非追求更高的投资回报率（Zengheils，2012）。在跨国投资中，安全资产的缺失使得发展中国家的资金流向收益回报率更低的发达国家，形成资金的"逆流而上"。

任何一个条件不成立，均会影响到"市场中性"原则的有效性。例如，当碳价不能反映社会成本甚至没有碳价时，高碳投资的收益被高估，经济中的行业构成必然更偏向高碳产业，此时实施"市场中性"原则会放大市场失灵的影响。

更为重要的是，全球金融危机后货币经济学日益认识到货币本身的内生性（Mcleay et al.，2014；Jakab et al.，2019）和非中性（Curdia et al.，2011）。这些非中性的影响不仅体现在央行政策对实体经济在总量上的影响（Curdia et al.，2011），也在结构上影响收入的分配（Coibion et al.，2017；Colciago et al.，2019）。

货币对实体经济的影响取决于货币是否具有非中性是货币经济学中的一个经典理论问题。传统的货币经济学通常认为货币是笼罩在实际经济生活中的一层面纱（Pigou，1949），对实体经济的资源分配毫无影响，货币是中性甚至是超中性的。二十世纪七十年代，由萨金特和卢卡斯兴起的理性预期革命以及随后的新凯恩主义均秉承着货币长期中性的观点。然而这些理论忽视了货币、流动性以及金融中介在资源配置中的重要性。金融危机后的最新研究表明货币是内生性的（Jakab et al.，2019）和非中性的，当实体经济运行存在流动性约束、安全资产缺失或者搜寻匹配成本时，货币作为安全的一般等价物将放松这些约束，促进了资源在实体经济中的分配。当这种约束出现在生产率更高的部门时，资源分配的改善将促进总体生产率的提高以及经济增长，货币在长期内将是非中性的。

货币政策的传导机制并非中性。常规的利率政策或数量型政策通过影响利率和融资成本，进而影响实体经济。在此过程中，相较于股票等产品，利率敏感性更强的债券会产生更大的影响。更加依赖外部融资的部门，如房地产行业等资本密集型产业，也会受到更大的冲击。因此，即使是仅关注总量的货币政策，对于金融系统和实体经济内的相对价格也并非绝对的中性，这取决于经济的结构性特征以及各部门的反应程度。更进一步地说，央行进行干预通常发生在金融市场或者实体经济已经出现了严重失衡的情况下。这种失衡可能来自市场失灵，也可能是来自金融系统的内部不稳定性。遵循"市场中性"原则无益于纠正金融系统或者实体经济中出现的失衡。

既然在低碳转型中，货币政策的"市场中性"原则不再适用，那么央行应采取何种新原则来适应气候变化并主动寻求低碳转型？目前学术界和政策界的讨论并不多，有一些零星的讨论。例如欧洲央行的执行董事会成员 Schnabel（2021）认为，在应对气候变化方面，欧洲央行的货币政策应从"市场中性"原则转向"市场效率"原则，即央行的货币政策原则应以促进经济资源的有效配置为目标。但对于低碳转型而言，"市场效率"原则可能仍不足以解决问题。

首先，"市场效率"原则仍建立在古典经济学中市场有效的假说之上。然而，低碳转型不仅涉及市场在资源配置中的作用，还在微观上涉及个人行为习惯以及组织特征。低碳转型困难的原因之一在于激励的缺失、个体和社会对高碳社会的习惯和偏好。古典经济学中的市场有效性假设给定了外生的固定偏好，同时假设不存在交易成本，也不存在契约和激励的缺失。因此，即使是"市场效率"原则，也无法解决上述微观机制缺失的问题。

其次，"市场效率"原则无法确保低碳转型的成功。低碳转型取决于可再生能源的规模化发展。可再生能源的经济收益不仅依赖于市场培育以及能源系统的结构，还取决于能源的相对价格或者碳价。其成本取决于市场和能源系统如何分配风险和奖励（Aflaki et al.，2017）。例如，在创新进入市场化阶段时，除了价格，还需要协调制造商、用户以及无数中间环节之间的关系，以快速扩张市场。这需要一系列结构性和机制性的改革，以及与战略性工业政策的相互配合，而这只有通过社会变革才能实现。新的清洁技术的发展规模也受限于与化石能源时代基础设施的相关性。市场在进行与低碳经济相适应的基础设施战略性投资方面是不充分的。

总体来看，要促进低碳转型，货币政策应采取更为积极的政策框架。该框架需要满足市场效率原则。这是由碳排放的外部性以及市场失灵决定。在给定偏好和市场结构的假设前提下，货币政策的主要目的是纠正市场在分配资源中的扭曲，提高市场分配资源的有效性。该框架还需要克服低碳经济转型过程中遇到的结构性问题，包括改变市场参与主体的偏好，提供市场无法提供的必要基础设施，战略性地引导投资向低碳转型以及结构化管理等方面转变。这使得低碳转型中的货币政策具有天然的结构性特征。

二、国际实践中的结构性货币政策

结构性货币政策已经在实践中得到应用。不仅在发展中国家，而且在发达国家，越来越多的结构性货币政策工具也被用于特定时期。我们以新冠疫情大流行期间的美国和欧洲央行为例，简要说明发达国家的结构性货币政策工具使用情况。

（一）发达国家结构性货币政策

美联储为提供中小企业贷款的银行机构提供了流动性工具。在新冠疫情大流行期间，美国小企业管理局发起了员工薪资保护计划。员工薪资保护计划由银行向小型企业（雇员人数不超过 500 人）发放由联邦政府 100% 支持的贷款，用于支付员工工资等开支。该计划涵盖了美国约 51% 的员工（Decker et al., 2020）。为了应对银行对贷款融资能力的担忧，美联储在 2020 年 4 月公布了员工薪资保护计划流动性工具（PPPLF），该工具向银行的 PPP 贷款提供免息的贴息贷款，并使用由联邦政策完全担保的 PPP 贷款按面值作为抵押物。美联储和财政部共同发起的主街贷款项目则为中小型企业贷款提供支持。通过由美联储和财政部共同成立的 SPV，从符合条件的贷款人（经保险的银行和存款机构）处购买 95% 份额的贷款。

这些政策措施体现了美联储在新冠疫情大流行期间有针对性地使用货币政策对特定经济部门提供支持。通过这些工具，美联储的两项偏离市场中性原则的结构性货币政策对促进中小型企业的融资起到了一定作用。使用 PPPLF 的银行发放的员工薪资保护计划贷款是未使用 PPPLF 的两倍，同时加入员工薪资保护计划的银行占比从 5% 提高到了 10%（Anbil et al.，2021）。研究证据也表明 PPPLF 促进了小银行对小企业的借贷（Beauregard et al.，2021）。

欧洲央行则通过定向长期再融资操作（TLTROs）为银行提供了极为低廉的长期贷款（利率为 –0.5%），以鼓励银行进行放贷。对于商业贷款满足条件的银行，利率甚至低至 –1%。欧洲央行同时放松了 TLTROs 的抵押品要求。低级别贷款、小企业贷款以及低于投资级别的"堕落天使"债券均可被纳入抵押品范围。

美国结构性货币政策的实际效应取决于财政当局的配合程度。对非金融部门的救助事实上也并非新冠疫情大流行时期的首创。这一历史甚至可以追溯到 1932 年大萧条时期对私人部门的救助，二战时期对军工行业的支持，1970 年宾夕法尼亚中央铁路破产时纽约央行对企业债券市场的援助，二十世纪九十年代央行对投资银行崩溃的救助，直到 2007 年金融危机期间对货币市场共同基金、证券交易商以及最优评级的企业部门的救助（Bordo et al.，2021）。新冠疫情大流行期间的美联储货币政策是其向二十世纪三十年代后信贷政策支持非金融企业的一次回归（Bordo et al.，2021）。

然而，我们不能忽略发达国家结构性货币政策与低碳转型时期结构性货币政策的一些不同之处。发达国家的结构性货币政策工具通常是特定时期的临时救助措施，并非常态化的货币政策安排。即使追溯历史，美联储的信贷政策也多是为了救助特定部分以避免系统性风险。随着货币政策操作越来越规范，这些结构性货币政策工具也逐渐退出历史舞台，而低碳转型中的结构性货币政策的时间窗口则可能持续数十年甚至百年。

在发达国家中，日本是少有的通过信贷政策来支持特定经济重点领域的经济发展的国家。日本推出的银行借贷便利（Stimulating Bank Lending Facility，简称为 SBLF）以及促经济增长融资便利（Growth-Supporting Funding Facility，简称为 GSFF），向银行提供低利率（0.1%）的一年期低息贷款，并于 2012 年 12 月将 GSFF 和 SBLF 合并，建立贷款支持计划。最初，贷款支持计划被作为一项临时措施，有效期至 2014 年 3 月，后经过多次延期，目前有效期至 2024 年 6 月。通过贷款支持计划，日本在环境与能源领域获得了有力支持。2010 年 4 月至 2019 年 6 月，29.6% 的资金流向环境与能源领域，远高于其他领域。日本央行于 2021 年 7 月的议息会议上推出专门应对气候变化的定向再贷款工具。新工具对符合要求、提供抵押品的金融机构提供零息贷款，期限 1 年，可无限延期至 2031 年 3 月。

（二）发展中国家的结构性货币政策

如第二章简短介绍，发展中国家的结构性货币政策通常以信贷干预和信贷刺激政策为主，通常遭受扭曲市场的指责。在目前将低碳纳入考虑的发展中国家中，巴西央行一直将可持续发展目标和可持续发展议程全面融入农村信贷干预政策。作为世界上最大的农业生产国之一，巴西农业部门占 GDP 比例长期维持在 20% 左右，农村信贷在经济中发挥着重要作用。2019 年—2020 年，农村信贷总量为 6 310 亿雷亚尔，约相当于巴西 2019 年农业总产量的 30%（Souza et al.，2020）。因此，农村信贷政策是有力抓手，以推动巴西的可持续发展。自 2008 年起，巴西央行出台多项绿色农村信贷政策，禁止金融机构向有害环境的经济活动提供融资。如 2008 年巴西央行出台的第 3545 号决议，规定亚马孙流域的借贷者需出示遵守环境法规的证明才能获取贷款。据估计，受 3545 号决议限制，2008 年—2011 年，农村信贷约减少 14 亿美元，超 2 700 平方公里的森林面积免于砍伐，森林砍伐量减少了 15%（Souza et al.，2020）。2010 年，巴西央行在巴西发展银行框架内设立减少温室气体排放计划，向符合条件的农业活动提供贷款，以减少农业活动温室气体排放。2020 年，为了进一步激励农村信贷绿色化，对于进行了农村环境登记（Rural Environmental Registry）并经过认证的贷款人，其营运资本贷款额度上限可提高 10%。

印度央行则通过优先部门贷款计划引导金融机构增加绿色投融资。这项贷款计划是印度历史上与产业政策相关的贷款计划的延续。二十世纪七十年代，印度央行要求所有商业银行，无论国有还是私有，均需将银行净信贷或表外信贷等价头寸规模的 40%（以较高者为准）提供给农业、基础设施、教育和中小微企业等难以从正式渠道获得金融支持的部门，即"优先部门"。该计划为特定行业设定了信贷额度，其中 18% 用于农业部门，10% 专用于薄弱部门，7.5% 用于微型企业。2012 年，印度储备银行将可再生能源（包括太阳能和其他清洁能源）纳入 PSL 支持范围，以支持经济的可持续发展。2015 年，PSL 支持范围进一步扩大，增加了优先对社会基础设施和小型可再生能源项目的贷款，以推动可持续发展。可再生能源领域的贷款不得超过 1.5 亿卢比。2020 年，PSL 支持范围进一步扩大，为农民安装太阳能水泵提供贷款，且提高了可再生能源领域的贷款上限，由 1.5 亿卢比上升为 3 亿卢比。

马来西亚央行的信贷政策与印度类似，通过信贷政策支持特定的绿色技术发展和中小企业低碳转型。2010 年，马来西亚央行与能源、绿色科技与水务部合作建立了绿色技术融资计划，以支持绿色技术发展。该计划为符合要求的项目提供 2% 的利率优惠，并对资金的 60% 提供政府担保。第一轮绿色技术融资计划于 2017 年到期，共有 28 家金融机构参与，支持了 319 个项目，发放了总计 36 亿令吉的贷款，其中能源部门获得贷款最多，约占 85%。经多次延期，第二轮绿色技术融资计划（GTFS 2.0）于 2019 年经财政部批准正式重启。GTFS 3.0 预计将于 2022 年底启动。2022 年，马来西亚央行新设"低碳转型融资工具"，资金总额 10 亿令吉（约 2.4 亿美元），旨在鼓励并支持中小企业采用可持续的运营模式，以提升其应对气候变化的适应力，进而推动马来西亚 2050 年净零目标的实现。将低碳转型融资工具纳入使用范围的金融机构将获得 10 亿令吉的配套资金。该工具从 2022 年 2 月 3 日起启动，直至资金用尽。所有致力于向低碳可持续模式转型的中小企业均可申请，无须提供抵押品，具体将由使用低碳转型融资工具的金融机构进行审核和处理。贷款可用于低碳转型相关活动，包括获取可持续性认证、提高生产使用的可再生材料比例、提升建筑和设施的能源效率、安装可再生能源发电设备，等等。符合条件的中小企业最高可获得 1 000 万令吉的贷款，年利率最高为 5%，最长期限为 10 年。

　　总而言之，发达国家和发展中国家的结构性货币政策的最大不同体现在政策工具选择上。发达国家多使用价格型工具，在特定时期提供流动性支持，而发展中国家多使用直接的信贷政策。发达国家多配套信息披露政策，而发展中国家多与其产业目标相适应。表 5.1 总结梳理了发达经济体和发展中经济体在低碳结构性货币政策方面的对比情况。

表 5.1 发达经济体和发展中经济体低碳结构性货币政策对比

支持领域	发达经济体	发展中经济体
货币政策工具	多为价格型政策工具，例如资产购买计划（欧洲央行）、抵押品框架规则政策（欧洲央行）。部分发达经济体国家采用了数量型的货币政策工具，如日本的定向再贷款工具。多数发达国家对实行低碳货币政策有疑虑，重心仍是构建低碳信息披露基础设施以及气候风险的宏观和微观审慎管理框架。	多实行信贷干预措施来直接影响商业银行的信贷发放额度以及方向。例如对气候变化和碳减排贷款进行再贷款（中国）。进行信贷干预，设定流向可再生能源部门信贷比例（斐济）、在银行借款中将可持续因素纳入考量（巴西）、与其他部门合作成立绿色技术融资平台（马来西亚）、与发展银行合作成立资金平台以促进可持续投资（卡塔尔）、成立面向制造业或出口导向部门的绿色转型基金（孟加拉）、在可持续项目投资领域优先借贷（印度）、成立面向绿色部门的有补贴的贷款（黎巴嫩）、发展绿色银行（越南）。
货币政策目标	在不影响金融市场相对价格的前提下，通过资产购买计划的信号作用影响市场投资的偏向。或较小幅度地影响市场的相对价格，刺激金融市场对绿色部门的投资。	通过制定信贷等一系列货币政策促进可再生部门的发展，通常这样的目标和一个国家的经济发展目标和环境目标相适应。
政策效果	资产购买计划：根据 NGFS（2021），有偏向性的资产购买计划（偏向于绿色部门）可以较强有力地减弱气候变化，但并不能作为一个很好的气候风险防范措施。抵押品框架管理：根据 NGFS（2021），扩大抵押品资产池中的绿色资产以及抵押品框架管理中的正向审核均对减弱气候变化有较强作用。抵押品头寸管理效果稍弱。抵押品政策可在一定程度上防范气候风险。	定向再融资操作中的部门偏向型严重影响了货币政策传导机制的通畅性，在减弱气候变化上则有一定的积极影响。而信贷政策中调整贷款利率则可以有效地减弱气候变化的影响，对货币政策的传导机制有一定程度的负面影响。

资料来源：NGFS（2021）、作者总结

三、低碳结构性货币政策的国际经验总结

（一）资产购买计划的经验总结

宏观上，资产购买计划实质上并未成功地将资金从传统投资转移到急需资金的绿色投资上。仍以欧洲央行为例，自《巴黎协定》签署以来，欧元区银行对碳密集型行业的信贷（包括扩大化石燃料储备的公司的信贷）仍然在持续增加，即使是在气候政策最雄心勃勃的国家也是如此（ECB，2020）。

造成宏观上投资并未向绿色行业倾斜的原因是多方面的。首先，资产购买计划并不是针对特定行业的价格或资本数量，以使这些行业的投资与特定的脱碳路径保持一致。政策干预的目的只是通过信号和需求效应，提高（降低）银行资产负债表或资产市场上产生的棕色（绿色）信贷的相对价格来激励对绿色行业的投资。2021年之后，虽然欧洲央行将资产购买组合和抵押品框架与气候转型计划结合起来，利用中央银行的资产负债表，作为主权债券和公司债券的重要买家和做市商，间接影响信贷市场价格，但是纳入央行的公司债券和抵押品组合数量占全球金融机构持有资产的比例很小。以英格兰银行为例，作为最早启动绿色资产购买的央行之一，英格兰银行的公司债券购买计划（CBPS）价值200亿英镑，仅占英镑计价的公司债券市场的6.5%，占所有英镑交易资产的0.5%，占全球金融机构持有资产的0.01%（Hauser，2021）。欧洲央行的CSPP规模是英国的10倍多（Hauser，2021），但也仅占全球金融机构持有资产的0.11%。这种需求效应与整个金融系统相比微乎其微。

其次，央行资产购买计划只允许一部分评级较高的金融资产进

入，例如主权债券、公司债券、有担保债券和资产支持证券，以及银行贷款证券化的最高评级部分的投资组合。这部分资产类别主要为成熟的、资本充足的、能够获得大规模资本市场融资的公司提供融资。然而，绿色转型目标的实现需要其他金融机构采用与绿色投资一致的投资框架，并寻找其他可投资的绿色资产类别，而当前可投资的绿色资产类别仍十分稀缺。

基于上述原因，中央银行通常强调资产购买计划的信号效应的重要性。资产购买计划作为一个信号，沟通市场和央行对绿色资产与棕色资产的看法（Weidmann，2021）。然而，当前的一些金融创新实践可能减弱了信号效应所能起到的作用，这些金融创新包含近十多年来的私募股权、回购协议等新的金融方式。这些金融实践和创新在规模和范围上与银行业不相上下，却不受监管制度的约束。即使市场和央行已经对绿色资产和棕色资产形成一致性的看法，这些资产购买计划可能也并不能阻止高碳资产通过金融创新转移到不透明的资产负债表上，使得高碳行业仍有可能继续获得融资。例如 Seidman 等（2022）显示，美国前 10 大私募股权公司越来越多地吸收大型化石燃料公司和投资者剥离的化石资产。当通过回购市场投放现金时，机构资本还可以通过接受这些债券作为抵押品，为棕色债券的持有人提供间接融资（从而弱化棕色债券发行人的融资条件）。虽然像养老基金这样的大型投资者可能表面上正在剥离化石资产，但同样通过私募股权配置继续间接支持高碳活动，包括化石燃料的开采。这对央行资产负债表在多大程度上可以有效减少银行、影子银行乃至整个资本市场对碳密集型投资的市场融资提出了挑战。

（二）绿色信贷货币政策的经验总结

绿色信贷政策一般在新兴经济体以及发展中国家央行实行。实行绿色信贷政策的央行包括孟加拉国央行、巴西央行、印度央行以及印度尼西亚央行。如前文总结，这些绿色信贷政策包括直接对绿色部门或可持续能源公司的贷款比例要求（如孟加拉央行、印度央行），对环境敏感部门的贷款抑制（如巴西央行）。受限于这些新兴经济体的数据可得性和完备性，对国际绿色信贷货币政策的研究为数不多，且多以定性为主。本文以孟加拉央行为例，总结绿色信贷政策的经验。

绿色信贷货币政策可能和历史上其他信贷政策一样，在长期内造成了金融系统扭曲，如在部分国家实行的针对性再融资操作（针对特定部门的授信）和贷款定价工具，使得绿色部门可用更优惠的利率获得贷款。在这样的操作过程中，银行可能会失去对现金基础的控制，并造成金融系统扭曲。

绿色信贷政策也直接增加了银行对绿色部门的贷款。更加优惠的贷款利率可以扩大银行的信贷资产。但该好处的前提是商业银行需要完全独立地承担这些优惠贷款的违约风险。以孟加拉央行为例，2009年，孟加拉国央行推出了绿色再融资，允许商业银行对6种特定产品的贷款以优惠利率进行贴现。再融资操作最初的重点是太阳能、沼气和废物处理项目，但后来得到扩大，涵盖了47个项目，并进一步地再扩大。

通过再融资操作获得的资金逐年增加，并在2016年引入新的项目类别后，大幅增加，从2015年的3.935亿孟加拉塔卡（489万美元）增加了4亿孟加拉塔卡（500万美元）的再融资资金，增长率超过

130%，达到了 9.197 亿孟加拉塔卡（1 140 万美元）。2013 年 56 家商业银行中有 46 家参与了再融资计划，到 2015 年几乎所有商业银行都参与了计划，并设立了专门的绿色信贷部门。2016 年孟加拉央行宣布，其所有商业银行对贷款均进行了环境风险评级。联合国环境规划署于 2015 年正式宣布和承认孟加拉央行绿色融资的"成功"，并强调到 2014 年底，已有 1 550 万人或约占人口 10% 的民众通过再融资太阳能家庭系统的计划受益。

　　总体而言，对绿色信贷货币政策需要审慎地评估其对金融系统带来的扭曲以及对特定部门融资的促进作用，综合考虑短期和长期的成本和收益，并在评估中纳入其对环境的影响。

（三）信息披露的经验总结

　　各国在实施支持低碳金融的结构性货币政策时，一般都对相关信息披露提出要求，例如欧洲央行的资产购买和抵押品政策、日本的再贷款政策等。信息披露要求带来的隐性约束，通常将促进企业积极实行低碳转型，增强结构性货币政策对低碳转型的支持效果。

　　研究发现，信息披露等信息基础设施的建设在三方面支持了低碳转型。第一，信息披露有助于提高气候相关信息的清晰度，降低信息不对称，有助于债券和股票市场对气候风险更全面和更一致地进行定价（NGFS，2021）。对于债券市场，近年来，绿色债券市场快速增长，2020 年总发行量达 2 695 亿美元，较 2018 年的 1 673 亿美元增长近一倍（Climate Bonds Initiative，2021）。其中信息披露政策从两方面影响了绿色债券市场。一方面，投资者尤其是机构投资者对气候风险披露具有较强需求，进而可能促进针对相关信息披露较多的绿色债券的需求提升。Ilhan 等人（2023）发现对气候更为敏感的机构投资者与被投资公司的气候风险披露有显著的正向关系。气候风险披露越多的公司越容易吸引机构投资者的投资。另一方面，气候风险披露显著影响债券收益率。Shah（2022）研究了气候风险对主权债券的影响。他们发现气候的转移风险对主权债券具有较大程度的影响。例如，在 2050 净零目标的场景下，美国 5 年期的国债利率在短期内可能提高 100 个基点。Cevik 和 Jalles（2020）利用 98 个发达国家和发展中国家的数据，同样发现面对气候变化时金融系统的脆弱性以及弹性显著影响了主权债务的借贷成本。更具有弹性的国家借贷成本更低，与不遭受气候风险国家的信贷利差更小。这些研究表明气候风险已经成为主权债券市场投资者的一个重要影响因素。对于公司债券，气候风险增大则会降低债券评级，并提高信用价差（Seltzer et al.，2022）。

对于股票市场，风险披露及其监管影响了气候风险敏感型公司的股价。Boubaker、Gounopoulos 和 Nguyen（2021）研究考察了欧洲中央银行的碳披露监管对欧元区公司股价的影响。研究发现，披露规定对环境绩效较高的公司的股价以及碳风险敞口较低的公司的股价都有积极影响。然而，披露规定对碳风险较高的公司的股票价格产生了负面影响。强制性碳披露要求提高了公司在碳排放方面的透明度并强化了问责制。强制性碳披露通过以下几种方式影响股票市场。首先，强制性披露可以增加投资者可获得的信息量，从而可以更准确地对公司进行估值。其次，强制性披露可以提高公司在碳排放方面的透明度和强化问责制，这可以为碳排放量较低的公司带来声誉利益，还会增强投资者的信心并提高这些公司的股价。最后，强制性披露会导致对公司环境实践的更多审查，这会激励公司提高其环境绩效以避免声誉受损，从而增强投资者信心并推高股价。其他研究也有类似发现。

第二，信息披露有助于企业获得银行信贷，有利于结构性货币政策的传导。信息披露可促进私人资金流向低碳领域，有助于实现结构性货币政策目标。私人部门在其资本分配决策中会根据气候相关信息披露采取行动，从而有序地重新分配私人资金。研究发现，环境信息披露水平对企业借款期限结构有显著的正向影响（舒利敏等，2014）；企业积极进行环境信息披露可在一定程度上降低银企之间的信息不对称程度，有利于获取更多的银行贷款并降低其债务融资成本（倪娟等，2016）。

第三，信息披露有助于技术投资和企业绿色转型。多项研究表明，强制性碳排放披露对企业的低碳技术投资和碳减排有显著的积极影响（Hoepner et al.，2016；Downar et al.，2021）。绿色信息披露可以促进低碳转型的一种方式是促进市场创新和吸引清洁技术投资。环境信息披露可能增多了高污染企业的绿色专利申请活动（Ding et al.，2022）。除了绿色技术投资，披露也可通过促进利益相关者的参与和问责来促进低碳转型。那些披露更多环境信息的公司更有可能与利益相关者（如客户和非政府组织）接触，并对他们的环境绩效负责（Kolk et al.，2008）。

但遗憾的是，即使微观证据显示披露提高了金融市场定价的有效性，并可能促进微观企业进行绿色转型，但在宏观层面上，自从2017年推出 TCFD 后，与气候相关的财务披露尚未显著改变大多数金融机构的投资分配。部分原因在于气候信息披露框架和评级提供者的动机。风险披露框架几乎完全由非营利实体的跨国公司开发（Abbott et al.，2016）。同样，ESG 评级提供商大多属于私营部门主导，几乎没有中央银行或金融监管机构正式参与这些评级的建设和持续监督。这些私营部门参与者已经获得了"事实上的"监管和制定标准的权利（Petry et al.，2021）。一些经验证据也表明 ESG 标准等以市场为导向的分类法存在系统性"漂绿"行为（In et al.，2021）。在融资活动中，允许私人部门自行决定"绿色贷款"的定义会导致通过贷款获得的资金收益被用于"绿色"活动，但实质上仍是棕色证券融资行为。在实践中，通过市场为棕色债券提供信贷融资的工具常常可以被贴上绿色标签。

监管捕获可能带来额外的"漂绿"风险，这可能会破坏市场机制的有效性。私营部门主导的标准建设受到错误的激励，并可能存在与自身财务信息的利益冲突（Smolenska et al.，2022）。例如，一些跨国公司建立了与自然相关的财务信息披露特别工作组，但同时这些公司与森林砍伐相关产品的生产和贸易有很大程度牵连，例如雀巢、奥兰和邦吉，其中邦吉已被确定为在巴西与大豆相关的森林砍伐中牵涉最深的全球公司。

目前的结构性货币政策或多或少有一定的作用，但在宏观层面上对推动社会和经济整体向低碳转型而言仍然微不足道。货币政策在其中究竟扮演何种角色，低碳结构性货币政策面临哪些挑战？这仍是亟须解决的问题。

第四节　低碳转型下的结构性货币政策：
挑战和初步框架

一、理论挑战

与碳中和目标一致的战略性结构性货币政策面临着诸多理论和实践上的挑战。例如，结构性货币政策最优结构化程度是什么？结构化货币政策下央行持有的高碳和低碳资产的最优比例是多少？资产购买计划基于怎样的原则？结构性目标是否和常规货币政策目标存在冲突，是否损害了市场效率？应如何协调？在战略性结构性货币政策框架内，央行的常规货币政策操作和宏观审慎框架如何将气候风险纳入其中？这一系列的问题涉及对战略性结构性货币政策内涵的理解。

二、结构性货币政策理论

全球金融危机后，尤其是在新冠疫情大流行后，美联储和其他央行开始实施具有部门偏向性的货币政策，以提高某些部门的流动性并改善融资条件。例如，美联储在新冠疫情大流行期间实行的主街贷款计划以及欧洲央行实行的紧急抗疫购债计划等。这些计划具有鲜明的结构性特征，旨在为中小企业提供流动性和融资支持。

直接针对结构性货币政策的研究和理论十分稀少，更多的研究关注点是金融危机之后央行非常规货币政策（如量化宽松）的实际效应。量化宽松政策对实体经济的影响取决于一系列条件。理论上，在完全竞争市场中，理性的市场主体认为政府或者央行所持有的资产与自己持有的资产是等价可替代的，那么无论资产购买是以购买政府债券的形式进行的"量化宽松"，还是以购买私人部门证券的形式进行的"信贷宽松"都不会对实体经济产生任何影响（Eggertsson et al.，2003）。这是李嘉图等价在资产购买情景中的具体表现。

代表性的个体和资产可替代是非常强的假设，尤其是在金融危机时期，货币作为流动性最好的一般等价物，享有"流动性溢价"，与私人部门发行的证券通常不可完全替代。金融市场中存在的信贷摩擦、有限的金融市场参与也表明个体存在异质性。在这种情况下，央行的信贷宽松政策（如购买私人部门证券）将会产生实际效应，影响总需求和总产出（Curdia et al.，2011）。

在大多数模型中，量化宽松政策发挥作用的主要渠道是资产组合渠道。这些模型通常包含多个异质性的个体，不同的个体持有流动性和久期不同的资产组合，各资产间存在着不完全替代。央行通过改变不同资产的供给来改变不同资产组合的回报率，进而影响实际投资。在 Kiyotaki 和 Moore 于 2019 年发表的经典文章中，不同资产具有不同的流动性，企业家进行投资只能通过发行一部分证券进行融资，因此这些企业家会储存流动性资产。在流动性冲击来临时，企业更难发行证券进行融资，导致企业的投资减少。央行的量化宽松通过将私人部门的证券和货币进行互换，缓解了企业家部门的流动性约束，进而扩大投资和产出。这也为量化宽松模型提供了合理的微观基础。

对于信贷宽松和量化宽松的研究，并没有直接关注结构性货币政策。这些研究关注的重点通常是总量指标：总产出、总投资和总消费。而结构性货币政策关注的是经济总量和结构转型两个维度。我们无法得知非常规信贷宽松和量化宽松是否在长期促进了流动性或信贷约束部门的发展，使经济向受约束部门转型，还是这些政策促进了所有部门的发展，甚至使非约束部门的发展超过了受约束部门的发展，导致经济反过来向受约束更小的部门转型。鉴于各部门的发展相互联结，信贷或量化宽松的政策效果完全有可能从目标部门向其他部门进行外溢，使得最终对经济结构的影响变得不确定。在溢出效应较小时，央行的信贷宽松同时促进了总产出和经济转型，这将在理论上为结构性货币政策提供支撑。

央行面临几方面的挑战，对结构性货币政策的学理逻辑需要进一步探讨。其中包含的问题很多，例如央行的最优结构化程度在哪里？结构化原则是什么？最优化结构程度以什么指标来度量？如前文所述，从经济学的角度来看，结构化的货币政策通常包含市场失灵和协调失灵。如何在一个典型的货币经济学框架中纳入这两种失灵是理论上的首要挑战。

首先，货币政策的实施还依赖于稳定的预期。在实际政策执行中，央行通常具有清晰、简单、一致性的规则，以稳定市场对央行操作的预期，例如利率中的泰勒规则。但是，结构化货币政策可能在不同的政策工具中造成随意性，不利于市场预期的形成。

其次，结构化货币政策的目标与央行的传统职能可能会造成冲突。例如促进某部分产业发展可能会造成该部分产业通胀和资产产生泡沫的压力，与央行的传统职能目标中控制通货膨胀以及维持金融稳定产生冲突。因此，这部分的挑战在于如何建立货币政策结构化目标和其他目标的平衡机制，如何让市场理解这种平衡机制，以及如何实施该平衡机制。

最后，在结构化货币政策中，央行和财政之间要具有更深入的合作，如何理解在低碳转型中的央行与政府（财政）之间的关系，是界定央行货币政策的结构化边界的重要考量因素之一。同时，在结构化货币政策中，央行与金融市场的关系也可能发生变化。在传统的货币政策中，央行和金融机构之间的关系是"放任自流"或"监管与被监管"。在结构化货币政策中，为了促进某一个部门和行业的发展，央行和金融机构的关系可能会朝向"合作协调"发展，但金融机构和央行的利益可能并不一致，因此如何在结构性货币政策框架中达到激励相容也是非常重要的。

三、政策框架初探

尽管存在理论挑战，但低碳转型对价格稳定和金融稳定都有着重大影响，结构性货币政策可以从政策层面对低碳转型以及相关规划目标提供支持，促进低碳转型，降低转型风险。

（一）结构化的"最后借款人"

在结构性货币政策中，央行可以采取较为积极和主动的政策来促进低碳转型。但需要强调的是，央行承担"最后借款人"角色的前提是公共品供给存在失灵。央行的主动程度应取决于私人经济体中的激励扭曲程度或市场失灵程度。

央行可以引导社会资本对低碳经济进行投资；央行可以成为市场主体，直接对低碳经济进行投资；央行也可成为低碳规则的制定者，例如对低碳资产标准的认定，制定绿色风险和棕色风险的差异化监管规则等；央行还可以成为政府和市场的协调者，促进碳中和目标的达成。但在承担多重角色时，央行可能同时成为低碳转型中的"运动员"和"裁判员"，这可能会损害央行政策的独立性和一致性，甚至可能牺牲其他政策目标。因此，对于央行充当结构化的"最后借款人"的职能要慎之又慎。

央行作为"最后借款人"可以为进行低碳融资的金融机构提供再融资。在低碳经济融资中，目前的共识是低碳转型需要巨额投资，而私人部门投资将超过80%。然而，由于私人部门激励不足，要求低碳经济创设出新型的政府市场合作模式以及构建金融部门和非金融部门的新型合作关系，也相应地要求央行在引导社会资本时要进行适应性的改变。例如，对于金融机构和低碳经济来说，金融机构尤其是银行可能会从传统的金融机构到企业点对点地提供抵押担保贷款，发展为金融机构、地方政府基金和企业的多方共同信用担保贷款。例如，工商银行作为国内绿色信贷占比最大的非政策性银行，其在2020年公布的绿色专题报告中的一些典型绿色投资案例有一半以上都与地方政府及其发展规划密切相关，而广东分行对中广核阳江南鹏岛海上风电场项目则完全实行信用方式，仅以项目投入运营后的电费收费权为质押担保。地方政府的担保或对低碳经济的补贴无疑会降低低碳经济的融资成本，激励金融机构对低碳经济融资。

融资中另一个重要的方面是支持低碳创新。中国科学院团队在《自然》期刊中发表论文的预测表明，负的碳排放技术（碳捕获、碳储存等）是达到巴黎协定1.5℃目标的必要之路，并贡献了至少20%的碳排放减少量。全链条的低碳创新无疑是最重要的。在创新的前期阶段，政府可能会通过各种形式介入，例如税收减免和补贴、政策研发、公私伙伴关系（如英国的碳信托）、绿色融资市场（如英国建立了专门为中小企业、高科技企业和未上市企业提供融资服务的 OFEX 市场）。在创新的后期阶段，政府可能培育市场、识别和扶持有力的能源市场和产业战略布局。通过领先于市场给予技术补贴、降低成本，提供公共资金完成技术学习。

央行应如何支持这些低碳融资？首先，央行可以对低碳转型过程中的私人投资主体进行融资，例如为低碳贷款提供再贷款支持、设立低碳贷款计划、创建碳中和专项贷款流动性窗口等，支持私人部门的低碳投资。央行还可以在创新链条的各阶段提供支持。重点支持新科技、新商业模式的建设和发展。利用"窗口指引"对这些新兴产业进行融资支持，也可以考虑将低碳融资、低碳创新的融资纳入银行考核指标体系，并对低碳创新企业实施优惠贷款利率。

需要强调的是，加上央行作为最后贷款人可能带来的扭曲。央行作为最后贷款人可能会鼓励商业银行在风险较高的领域或行业增加贷款，以满足政策目标。这可能导致风险扩大，因为金融机构可能会在追求政策目标的同时放松对借款人信用质量的审查。央行的定向降准政策也可能导致金融资源不均匀地分配到特定领域或行业，而忽视了其他部门的需求。这可能导致资源配置不合理，影响市场的效率和公平性。央行作为最后贷款人还可能会对市场产生干预作用，而不是依靠市场力量来决定资金流向，这可能会干扰市场定价和资源配置，使市场失去一定程度的自由。如果金融机构习惯性地依赖央行的最后贷款，最终也会导致其不再积极寻找其他融资渠道，或者不努力改善自身的风险管理和贷款决策能力。央行的最后贷款人角色可能缺乏透明度，难以监督和评估。这可能引发对决策过程和资源分配的质疑，增加了市场不确定性。

（二）差异化的利率体系

中国人民银行已经建立差异化的政策利率体系。央行目前已经建立了以 7 天回购利率为代表的短期政策利率，以 MLF 利率为代表的中期政策利率，以超额准备金利率为下限以及 SLF 利率为上限的利率走廊模式（易纲，2021），同时建立了基于中期贷款便利利率的贷款市场利率的报价方式（LPR），以促进政策利率向市场利率的传导，一个可能的政策是为低碳转型制定更适宜的差异化市场利率，以引导资金流向低碳产业。该利率与当前的政策利率之间的差异应足以纠正经济中低碳投资的负外部性。通过设定较低的差异化市场利率，政府可以鼓励投资者和企业将资金投入到低碳产业中，例如可再生能源、清洁技术、节能项目等。这有助于推动低碳产业发展，减少对高碳产业的投资。低碳投资可以带来正外部性，如减少空气污染、减缓气候变化等。然而，市场通常无法充分反映这些正外部性，因此政府可以通过降低低碳产业的融资成本来纠正这种市场失灵，使得社会和环境效益能够更好地反映在投资决策中。

然而，政府需要谨慎权衡，以确保这种结构性货币政策不会导致不必要的市场扭曲或资源分配不当，同时还需要建立透明和有效的监管框架来监督这一政策的实施。这包括确保利率差异不会导致产业过度投资或不稳定的市场波动。政府需要确保政策不会导致资源分配不当，即不应该过于偏向某些低碳产业，而忽视其他可能同样重要的领域。这需要在政策设计中考虑到各种低碳领域的不同需求和潜力。政府在设定差异化市场利率时应确保公平竞争原则得到遵守，以防止垄断或不正当竞争的发生。这可能需要建立透明的招标和融资机制，以确保所有符合条件的项目都有平等的融资机会。政府需要建立透明和有效的监管框架，以监督差异化市场利率政策的实施。这包括确保政策目标得以实现、合规性审查和资源使用的追踪。监管机构应具备足够的能力来有效管理和监督市场利率差异化政策。同时，政府应向市场参与者和公众提供关于政策的透明信息，包括政策制定的依据、目标和预期效果。这有助于建立市场信心，降低不确定性。除此之外，政府应定期评估差异化市场利率政策的效果，并根据评估结果进行必要的调整。这有助于确保政策与市场需求和经济环境的变化保持一致。

（三）宏观审慎管理

低碳转型可能会引起金融系统的转型风险。当前，中国人民银行的宏观审慎管理框架由差别准备金动态调整和合意贷款管理机制升级为包含七大类16项指标的"宏观审慎评估体系"（MPA）。这个体系从资本、杠杆、资产质量、流动性、负债、定价行为和信贷政策执行情况对银行进行全面考核，并根据考核成绩差异化地约束银行下一年的放贷和流动性，实际上遵循的是"事后管理，差别对待"的原则。

就转型风险而言，低碳转型对金融系统的稳定性提出了两大挑战。第一，金融系统内的资产估值风险，其中棕色存量资产面临贬值风险，而新增的低碳资产可能面临着资产泡沫的风险；第二，风险的传导模式可能发生改变。低碳转型是对经济范式的重塑，对所有部门的生产方式和生产关系均将产生影响。我们可以预见各部门间的风险相关性将大大加强，系统性风险发生的频率和概率可能会显著增大，这要求央行建立更为灵活的前瞻性宏观审慎管理。

目前中国央行实行的宏观审慎框架的思路，延续了旧有的对银行业的监管体系。央行需要将低碳转型加入目前的宏观审慎框架。首先，央行应对金融系统内所有资产进行系统性、前瞻性的再估值（情景测试和压力测试等），这是对现有资产（多数为棕色资产）的系统性摸底，找准金融系统内部的压力点。估值应保持常态化，以动态反映资产价值。其次，要求金融系统上报短期、中期、长期的低碳资产规模、回报率和波动性的预测值，这些预测值将是未来低碳宏观审慎管理的参考依据。利用这些金融机构的知识体系，对未来低碳资产的发展情况进行评估。可以肯定，央行和金融机构作为监管的实施者和被实施者，将存在激励不相容的情况，即金融机构可能会瞒报、低报或者高报资产信息。因此，独立的第三方审计或在监管措施中纳入激励相容计划显得尤为重要。

在对现有棕色资产和未来低碳资产价值摸底的基础上，央行评估各金融机构的风险敞口，并制定低碳宏观审慎管理框架。从金融机构的角度来说，它们通常有几种方式来处理棕色资产的贬值问题：一是将棕色资产（贷款占大多数）打包出售（棕色资产证券化 ABS 等）；二是购买低碳资产进行对冲；三是金融机构可以更积极地直接参与棕色资产部门的低碳转型（通过将贷款转成股权的方式），以推动高碳企业向低碳企业转型。金融机构的资产负债表将发生显著变化。如果棕色资产证券化失败、低碳资产的对冲策略失败，以及债权转换成股权的举措失败，这些情况均可能对银行带来流动性危机。为了防范这类系统性危机的发生，央行需要定期监测金融机构的棕色资产敞口，并对其进行评估。

央行应该对金融机构的杠杆率、流动性、负债等指标进行结构性分解，并分别制定基于低碳资产敞口和高碳资产敞口的差异化宏观审慎监管指标体系。差异化的程度取决于两类资产在系统性风险中的重要程度。这是因为低碳资产和高碳资产存在一定程度的对冲，当两类资产的规模相当时，系统性风险的可能性会降低。因此，在低碳资产的发展初期，央行应重点规避来自高碳资产的风险，对高碳资产实行更严格的宏观审慎监管措施，同时放松对低碳资产的监管。随着低碳资产规模的扩大，央行应逐步放松对高碳资产的监管，并以较慢的速度增加对低碳资产的监管力度，直至二者形成完全对冲时，二者的差异性消失，同时金融监管也会相应地放松。

这种宏观审慎监管的逻辑在宏观层面上可能会保证系统性金融风险的可能性降低，但不一定能在微观层面保证单个金融机构不会发生金融风险。因此，央行还应延续目前对系统性重要银行的从严监管。

在逻辑上，无论是哪一种政策都需要具有与低碳经济相配套的金融基础设施。这些金融基础设施包括：①相适应性的新会计准则（以评估资产负债表中的碳足迹和气候风险，并定义低碳、低碳资产和高碳资产）；②相适应的新信息披露准则（以披露各类资产的风险权重）；③相适应的新的前瞻性资产定价和压力测试模型（以在模糊条件下对搁浅资产、棕色资产、绿色资产价值和风险敞口进行估值）；④相适应的长期机构投资者为主的金融市场结构以及绿色金融产品（债券、股票、衍生品等）。这些金融基础设施能向市场提供必要的透明性和风险价格信号。央行应积极与其他部门合作，快速推进上述金融基础设施的建设。

　　金融基础设施建设虽然是低碳货币政策的基础，但仍远远不够。央行在促进低碳转型之外，对于货币政策应积极管理低碳转型对价格稳定和货币供应量的影响。低碳转型可能会影响自然利率、价格波动性以及流动性的不确定性，从而对货币政策的稳定性造成冲击。低碳转型（可能的）短期经济损失会促使央行采取过度宽松的货币政策，在金融系统内部积累系统性风险。此外，低碳转型还会对实体经济产生很强的分配效应。这些影响要求货币政策对低碳转型的影响有针对性地进行结构性识别，以避免宏观政策工具的错配。这些识别工作包括对能源价格（石油价格、煤炭价格、新能源价格、农产品价格等）、碳价的监测，开发包含新能源的能源价格变动对总体价格变动的新预测模型，监测货币供应的结构，研究低碳转型对流动性的影响，以及探讨低碳转型对利率期限的影响。

第六章

◆

监管革命：
从"BIS-Ⅲ"走向"巴塞尔 ESG"披露

王　遥　巩　冰　潘冬阳　王瑾喆[*]

＊潘冬阳：中国人民大学应用经济学院助理教授
　王瑾喆：中央财经大学金融学院博士生

零碳金融需要辅之以完善的监管和披露管理机制。可在《巴塞尔协议Ⅲ》(以下简称"巴塞尔Ⅲ")的基础上，突破性构建基于"新巴塞尔零碳资本管理原则"(以下简称"巴塞尔 ESG")的监管框架（朱民等，2023）。本章将在第一节介绍金融监管的"巴塞尔Ⅲ"体系，包括其形成历史与现行框架。在第二节将介绍全球在碳目标下的监管革新，包括巴塞尔委员会最新发布的关于气候风险监管的"18 条原则"与其开展的系列相关工作，以及中国的相关实践进展。在第三节，将给出构建"巴塞尔 ESG"监管框架的中国建议。

第一节　金融监管的"巴塞尔Ⅲ"体系：形成历史与现行框架

一、"巴塞尔Ⅲ"体系的形成历史

《巴塞尔协议》是全球范围内主要的银行资本和风险监管标准之一，经历了从第一版（巴塞尔Ⅰ）到第三版（巴塞尔Ⅲ）的演变过程，形成了如今普遍适用的"巴塞尔Ⅲ"体系。本部分首先对该演变过程加以介绍，说明现行"巴塞尔Ⅲ"体系的形成历史。

这样的历史反映了一个基本事实：国际金融监管体系为不断适应经济社会新需求，处在持续的革新变化之中。"碳中和"是当今人类社会的最新重大需求，历史事实的存在，为我们将"巴塞尔Ⅲ"革新为"巴塞尔 ESG"体系，提供了基础性支撑。

（一）"巴塞尔 I"：金融监管国际统一标准的创立

二十世纪七十年代，银行业国际化程度逐渐加深，对国际性的银行监管的需求日益凸显。随着金融创新的发展，很多商业银行大量进行风险经营，出现了风险资产远远高于其资本的局面。1974 年，联邦德国赫斯塔特银行（Bankhaus Herstatt）和美国富兰克林国民银行（Franklin National Bank）两家大型国际性银行相继倒闭，巴塞尔银行监管委员会成立，并在此后颁布了一系列监管协议。

二十世纪八十年代，墨西哥、阿根廷、巴西爆发了债务危机，使得美国银行业遭遇较大损失，美国各大银行的不良贷款余额大幅增加。债务危机过后，十国集团（包括美国、英国、德国、法国、日本、比利时、意大利、荷兰、加拿大和瑞典）于 1988 年达成《巴塞尔协议》第一版（以下简称"巴塞尔 I"），提出了银行资本充足率管理的理念，限制银行在资本不足的情况下过度扩张。"巴塞尔 I"规定银行资本充足率不得低于 8%，核心资本充足率不得低于 4%，建立了统一的国际金融监管标准。

虽然"巴塞尔 I"建立了统一的国际标准，但由于各国仍存在实施差异。这引发了人们对资本监管有效性的怀疑。同时，这也带来了监管套利行为。

（二）"巴塞尔 II"：三大支柱的提出与全面风险监管

随着金融工具的创新和银行业的发展，大型国际金融集团成为金融市场的主导力量，金融产品及金融结构急剧复杂化，全球金融一体化程度不断加深，因此"巴塞尔Ⅰ"的约束逐渐不能满足金融监管的需求。

1995 年巴林银行倒闭事件和 1997 年东南亚金融危机的爆发，促使巴塞尔委员会把修订新的全球资本监管协议提上议程。2004 年，《巴塞尔协议》第二版（以下简称"巴塞尔Ⅱ"）正式出台。新协议建立了资本监管三大支柱体系——资本充足率、外部监管、市场约束，对银行的制度、设备、数据和人才等各个方面都提出了严格要求，进一步深化了全面风险监管的理念。

第一支柱"资本充足率"是要求银行的最低资本充足率达到 8%。同时，将市场风险、运营风险纳入资本充足率的计算，提出了内部评级法。第二支柱"外部监管"引入外部监管以减少银行利用信息不对称而出现的违规行为。第三支柱"市场约束"引入市场约束以使银行合理分配资金、有效控制风险，并要求银行进行全面的信息披露。

"巴塞尔Ⅱ"从信用风险监管转向全面风险监管，但未能解决监管框架的顺周期性问题，缺乏复杂风险的有效应对措施。其鼓励金融机构使用内部模型来完善风险度量与管理，实现金融机构自我约束与监管约束的平衡，但银行激励约束机制的有效性有待商榷。由于国家之间的经济条件和发展程度不同，规模不同的银行以及金融集团在资本监管方面的难易程度也不同，因此资本监管中仍存在大量的套利行为。

（三）"巴塞尔Ⅲ"：多层次监管框架的建立

2008 年，美国爆发次贷危机，雷曼兄弟宣布破产，随之而来的金融危机迅速席卷全球，打乱了各国对"巴塞尔Ⅱ"的实施步伐，同时引发了理论界对金融监督有效性的质疑和反思。随后，监管当局开始重视"巴塞尔Ⅱ"的不足，出台更有效的新监管法规的呼声越来越高。

2010年9月，巴塞尔委员会通过了《巴塞尔协议》第三版（以下简称"巴塞尔Ⅲ"）。新协议沿用了"三大支柱"框架，同时对原有监管要求进行了优化和完善，并新增了必要的监管内容。

在第一支柱中，通过引入杠杆率监管指标、提高监管资本的要求、改进风险衡量模型、设置资本底线等，带来了资本要求的提高和模型的改进。在第二支柱中，通过加入宏观审慎监管、改进微观审慎监管，提高了监管水平、扩展了监管范围并完善了激励机制。在第三支柱中，通过明确信息披露框架的三个阶段审查、增加信息披露的要求，强化了信息披露的作用。

二、现行巴塞尔监管体系的基本框架

《巴塞尔协议》的历次革新，使得现行巴塞尔体系已成为针对历史既有金融风险的较为完善的监管体系。该体系以银行资本充足率监管为核心，设计了包含"三大支柱"的基本框架。三大支柱层层递进，通过银行自身、外部监管机构、市场力量各方的参与，对金融风险形成全面的管理与防范。以下对现行巴塞尔监管体系的基本框架进行介绍。

巴塞尔监管体系的核心是针对银行资本充足率的监管。现行银行资本充足率的计算公式是：

$$资本充足率 = \frac{资本-扣除项}{\frac{信用风险}{加权资产}+12.5\times\frac{市场风险}{监管资本}+12.5\times\frac{运营风险}{监管资本}}$$

在该公式的基础上，现行巴塞尔监管体系包含"三大支柱"。

第一支柱：资本充足率。资本充足率为国际银行业监管的核心部分，即要求银行资本金不低于风险敞口的特定比例，以避免银行盲目扩张高风险业务，并为风险资产提供一定的资金保障。"巴塞尔Ⅲ"规定，总资本充足率不低于8%。核心资本充足率由原本规定的4%上调到6%，同时计提2.5%的防护缓冲资本和不高于2.5%的反周期准备资本。这样核心资本充足率的要求可达到8.5%—11%。"巴塞尔Ⅲ"还将"普通股权益/风险资产"比率的要求由原来的2%提高到4.5%，提出了3%的最低杠杆比率以及100%的流动覆盖率和净稳定融资比率的要求。

第一支柱应对的风险敞口是信用风险、市场风险和运营风险。实际上，这三大风险已较完整地覆盖所涉全部"风险"（如图6.1所示）。

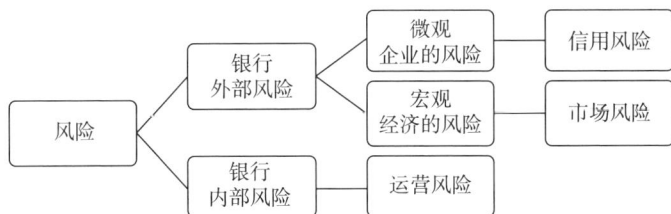

图6.1　第一支柱所覆盖的三大风险——信用风险、市场风险和运营风险

针对这些风险，"巴塞尔Ⅱ"中已提出一套完整的风险度量与加权资产计量方法。这些计量方法构成了巴塞尔风险管理体系的核心技术。

第二大支柱：外部监管。外部监管是指金融监管机构应通过监管行为来控制银行风险管理的有效性，并促进其应对未被第一支柱完全覆盖的其他风险，如银行账户利率风险、流动性风险、集中度风险等。监管行为包括对银行的自身风险评估采取现场检查、非现场监管和银行管理部门座谈等。检查监督要覆盖银行风险管理手段中定量和定性两方面的内容，应确保银行建立可靠的流程以维持最低资本要求。对第一支柱下最低资本要求不足以抵御风险的银行，监管机构可以通过第二支柱要求这些银行维持高于最低资本要求的资本金。第二支柱强调监管部门在问题发生时要尽早介入，且监管工作不能局限于资本的最低要求，还应鼓励银行开发和采用更好的风险管理手段，并对这些手段进行评估。

第三支柱：市场约束。市场约束是第一支柱和第二支柱的补充，指利用市场的力量对银行加以约束，也就是通过市场的作用，使经营良好的、发展稳健的银行能在市场中占有更多有利地位，使风险较高的银行更容易被市场淘汰。为实现市场约束，最重要的是要促使银行提高信息披露水平和透明度，并要求各国监管机构对银行信息披露的内容、方法等进行全面有效监管。"巴塞尔Ⅱ"即已开始要求银行披露资本、风险敞口、风险评估程序以及银行资本充足率等重要信息。通过银行披露的信息，股东或潜在的股东能够获得更多有关风险的决策信息，这种透明度的增加会使银行做决策时更加严谨，也有助于缓解投资者与被投资机构之间的信息不对称问题。信息披露的强制要求也加强了对监管机构的约束，防止监管宽纵。在这些基础上，信息披露最终能够使符合监管标准条件的银行获得更多客户，从而获得更丰厚利润、实现更好发展。

由于气候环境问题在过去尚未引起金融界足够重视，截至"巴塞尔Ⅲ"体系发布，国际银行监管框架尚未将气候环境风险纳入考虑。

然而，近几年，源于自然界的风险（特别是气候变化与疫情）凸显，这提醒人类，新型金融风险已再次出现。为应对新型风险、维护金融体系稳定并促进碳中和这一人类新目标的实现，巴塞尔框架应当且必须考虑以气候变化为代表的 ESG 问题，构建基于"新巴塞尔零碳资本管理原则"（巴塞尔 ESG）的监管框架。

第二节 碳目标下的监管革新：巴塞尔"18 条原则"与中国实践

气候相关金融风险通过微观或宏观经济渠道传导，最终可归结为如信用风险、市场风险、流动性风险等传统风险类别。然而，相对于传统金融风险，气候风险呈现风险周期长、演变复杂性高、系统性和结构性并存等新特征，难以被现行以《巴塞尔协议Ⅲ》为基础的现行资本监管体系完全覆盖。因此，需要对现行体系中的资本充足率、外部监管和市场约束等"三大支柱"进行完善，纳入环境和气候风险要素，突破性构建"新巴塞尔零碳资本管理原则"（以下简称巴塞尔 ESG）。为此，巴塞尔委员会发布了气候风险监管的"18 条原则"，并已启动相关监管革新工作。

我国在绿色金融领域起步较早，已发展出以绿色信贷和绿色债券为主导，辅以绿色基金、绿色保险和碳排放权交易等协同发展的绿色金融市场。截至 2022 年末，我国本外币绿色贷款余额达 22.03 万亿元，规模居世界第一。我国银行资本监管体系将环境与气候风险纳入的重要性日益凸显。目前，我国已开始在金融机构气候风险压力测试和信息披露等方面进行相关尝试。

本节从巴塞尔委员会发布的针对气候相关金融风险进行监管的重要原则性文件出发，梳理和总结巴塞尔委员会的系列革新工作，以及我国商业银行和监管机构的相关实践经验。通过对碳目标下风险管理及监管革新实践的综述，力求为我国及全球未来进一步完善气候风险管理政策提供研究基础。

一、巴塞尔委员会的气候风险监管"18 条原则"

为应对银行业内与气候相关的金融风险，自 2020 年开始，巴塞尔银行监管委员会（以下简称巴塞尔委员会）在加强金融稳定的目标下，开展了一系列的气候相关金融风险研究。经过相关讨论，巴塞尔委员会认为，气候相关金融风险对银行的影响可以通过巴塞尔框架已有的风险类别进行区分；同时，巴塞尔框架下现有的银行监管核心原则和监督审查程序足够灵活和广泛，可以涵盖针对气候相关金融风险的监督（BIS，2022a）。

基于对以上工作的重要共识，巴塞尔委员会在现行的巴塞尔框架下，于 2022 年 6 月发布了《有效管理和监督与气候风险有关的金融风险原则》（以下简称"18 条原则"），以促进对气候相关金融风险的管理和监督。

"18 条原则"的重要性体现在以下两个方面。一方面，其在考虑到异质性及实践发展性的基础上，力求为国际商业银行及监管者提供一个共同的基准。不同的银行系统和监管部门都能从其对气候相关金融风险的结构性框架思考中受益，可以根据自身规模、复杂性及风险情况按需适用。另一方面，"18 条原则"可能是未来全球商业银行进行风险管理和监管机构进行监管的"绿色化准则"的雏形。"18 条原则"是巴塞尔委员会在气候相关金融风险管理方面发布的第一份原则性文件。在"18 条原则"发布之前，巴塞尔委员会展开了多项工作以加深对气候风险的认知和对管理气候风险路径的理解；在"18 条原则"发布之后，巴塞尔委员会发布的后续文件中也强调新文件的发布是为了提高"18 条原则"在现有巴塞尔框架下的适配性。未来随着气候风险管理和监管的理论方法不断涌现，以及实践不断发展，"18 条原则"有望升级和完善为"新巴塞尔 ESG 资本管理原则"。

　　本小节接下来对"18 条原则"进行具体阐释。该文件涵盖公司治理、内部控制，风险评估、管理、报告和监管要求。原则 1 到原则 12 为商业银行提供了管理气候相关金融风险的有效指导，原则 13 到原则 18 为监管机构进行审慎监管提供了指导。

（一）商业银行气候风险管理原则

1. 公司治理

　　原则 1：银行应制定和实施健全的程序，以了解和评估与气候有关的风险驱动因素对其业务和经营环境的潜在影响。银行应考虑在不同时间期限中可能出现的与气候有关的重大金融风险，并将这些风险纳入其整体业务战略和风险管理框架。

　　原则 2：董事会和高级管理层应将气候相关责任明确分配给成员或委员会，并对气候相关金融风险进行有效监督。此外，董事会和高级管理层应在整个组织架构中明确界定气候相关风险的管理责任归属。

原则 3：银行应在整个组织内实施适当的政策、程序和控制措施，以确保有效管理与气候相关的金融风险。

2. 内部控制框架

原则 4：银行应将气候相关金融风险纳入其内部控制框架的三道防线，以确保合理、全面和有效地识别、衡量和缓解气候相关重大金融风险。

3. 资本充足率和流动性充足率

原则 5：银行应识别和量化气候相关金融风险，并将那些在规定时间范围内被评估为重大风险的气候相关风险，纳入其内部资本充足率和流动性充足率评估过程，包括酌情纳入压力测试过程。

4. 风险管理过程

原则 6：银行应识别、检测和管理所有可能严重损害其财务状况及流动性状况的气候相关金融风险。银行应确保其风险偏好和风险管理框架考虑到所有气候相关重大金融风险，并建立可靠的方法来识别、衡量、监测和管理这些风险。

5. 检测和报告

原则 7：风险数据汇总和内部风险汇报工作应当覆盖气候相关金融风险。银行应确保其内部报告系统能够监测气候相关金融风险，并及时提供信息，以确保董事会和高级管理层人员能做出有效决策。

6. 全面管理信用风险

原则 8：银行应了解气候风险驱动因素对其信用风险的影响，并确保信用风险管理体系和流程考虑到重大气候风险。

7. 市场风险、流动性风险、运营风险和其他风险的全面管理

原则 9：银行应了解气候风险驱动因素对其市场风险状况的影响，并确保市场风险管理体系和流程将重大气候风险纳入考虑范围。

原则 10：银行应了解气候风险驱动因素对其流动性风险状况的影响，并确保流动性风险管理体系和流程将重大气候风险考虑在内。

原则 11：银行应了解气候风险驱动因素对其运营风险[①]状况的影响，并确保运营风险管理体系和流程充分考虑重大气候风险。银行还应了解气候风险驱动因素对其他风险[②]的影响，并采取适当的措施以反映这些风险的重要性。这可能包括气候风险驱动因素导致的战略、声誉和合规风险，以及与气候投资、气候业务相关的责任成本。

8. 情景分析

原则 12：在适当情况下，银行应利用情景分析来评估其业务模式和战略对一系列可能的气候风险传导渠道的韧性，并确定气候风险驱动因素对其整体风险状况的影响。情景分析应兼顾物理风险以及转

---

① 运营风险（operational risk）是指由于内部流程、人员和系统的不完善或外部事件导致损失的风险。该定义包括法律风险但是不包括战略和声誉风险

② 其他风险如战略、声誉、监管和诉讼或责任风险

型风险作为驱动因素带来的市场风险、流动性风险、运营风险和其他风险。

（二）监管机构气候风险监管原则

1. 对银行的审慎监管和监督要求

原则 13：监管机构应确定银行将气候相关重大金融风险纳入其业务战略、公司治理和内部控制框架的做法是否合理、全面。

原则 14：监管机构应确保银行能够充分识别、监测和管理所有与气候相关重大金融风险，并将其作为对商业银行风险偏好和风险管理框架评估的一部分。

原则 15：监管机构应确保商业银行能定期对风险驱动因素影响其风险状况的情况进行识别和评估，并确保在管理信用风险、市场风险、流动性风险、运营风险和其他类型的风险时充分考虑气候相关重大金融风险。监管机构应确定银行何时采用气候情景分析技术。

2. 监管机构的责任、权力和职能

原则 16：在对银行管理气候相关金融风险进行监督评估时，监管机构应适当利用多种技术和工具，并在与监管预期严重不符的情况下采用适当的后续措施。

原则 17：监管机构应确保有足够的资源和能力来对银行的气候相关金融风险管理进行有效评估。

原则 18：监管机构应考虑使用气候风险情景分析来识别相关的风险因素，确定投资组合的风险敞口和数据的差距，以及为风险管理

方法的完整性提供信息参考。监管机构也可以考虑使用环境压力测试，从而评估公司在极端情况下的财务状况。

巴塞尔委员会发布的"18条原则"表明全球商业银行和监管机构已经或正在将气候变化给银行系统带来的风险纳入考虑，同时该文件也为金融机构和监管者处理气候变化问题带来的金融风险提供了参考标准。虽然该文件作为巴塞尔委员会发布的原则性文件不具有规则和条例的法律效力，但仍值得认真对待。商业银行可以依据相关原则，结合自身面临的气候相关风险以及对气候风险的判断来考虑风险管理过程的薄弱环节。监管机构可以借鉴原则内容，提出更健全、更符合本国实际的气候相关金融风险管理和监督原则。

二、巴塞尔委员会应对气候风险的系列革新工作

除发布原则性文件"18条原则"外，巴塞尔委员会还为应对气候风险进行了一系列革新工作。革新工作主要包括下述两方面。一方面，巴塞尔委员通过建立绿债基金、组建特别工作组等早期工作，逐步深化参与应对气候风险、加深对气候变化风险的认知。另一方面，巴塞尔委员会有计划、分阶段地进行调查研究，并发布气候风险相关文件，对其管理和监管路径进行积极探索。本小节介绍巴塞尔委员会应对气候风险的革新工作，旨在体现巴塞尔委员会气候风险相关工作的循序渐进过程以及丰富的工作展开角度。这一系列革新工作的前期开展，为"18条原则"这一原则性文件的推广打下坚实基础。同时，后续的革新工作也密切围绕"18条原则"展开，为将来"18条原则"升级为"新巴塞尔零碳资本管理原则"进行铺垫。

（一）初步认知气候环境风险

从 2019 年起，国际清算银行（BIS）就开始重视气候环境相关的金融风险。通过成立绿色债券基金、组建"气候相关金融风险工作组"（Task Force on Climate-related Risks，简称为 TFCR）等早期工作，逐步深化参与气候相关金融风险的管理与监督环节，并加深对气候环境风险的认知。巴塞尔委员会作为 BIS 下的常设监督机构，在此过程中承担了相应的工作并发挥了重要作用。

2019 年 9 月，BIS 为中央银行的绿色债券投资推出了一项开放式基金。这一举措旨在促进各国央行将环境可持续性目标纳入其储备管理中。该基金汇集了 BIS 的客户资产，通过大规模的气候友好型投资来促进绿色金融的发展，并支持市场操作以深化绿色债券市场。绿债基金以美元计价，根据瑞士法律构建，属于 BIS 资产池系列之一。所投资的债券要求最低评级为 A-，并且必须符合国际资本市场协会的绿色债券准则或气候债券倡议组织发布的气候债券标准。通过汇集中央银行的投资权力、影响市场参与者的行为，国际清算银行通过绿色债券基金的成立，不仅对绿色投资的发展产生了影响，也使之能够更深入地参与应对气候变化的过程。

2020 年 2 月，巴塞尔银行监管委员会成立气候相关金融风险工作组。TFCR 承担气候相关金融风险的工作，旨在通过针对气候相关金融风险采取多项举措，为委员会加强全球金融稳定的使命做出贡献。

（二）积极探索气候环境风险管理和监管的科学路径

1. 起始阶段：盘点成员现有举措

巴塞尔委员会对现有成员的气候相关金融风险监管举措进行了盘点，并于 2020 年 4 月发布了盘点结果——《气候相关金融风险：对现有举措的调查》（ *Climate–related financial risks*: *a survey on current initiatives*，以下简称"对现有举措的调查"）。

通过对 27 个成员发放问卷并对其回复进行分析，巴塞尔委员会就成员对气候风险在管理和监督框架中截至 2020 年 2 月的作用、气候风险度量的相关研究、提高利益相关者气候风险意识水平的措施、银行管理和披露气候风险的方法、气候风险的监管措施及其他建议等问题进行了梳理。盘点结果发现，大多数委员会成员正在巴塞尔框架下针对气候风险采取监管和监督举措。虽然各个成员机构在这一领域的具体举措类型和推进程度不同，但大多数委员会成员正在开展以下工作：衡量与气候有关的金融风险、提高利益相关者对此类风险的认识、要求或鼓励银行披露与气候相关的金融风险信息、对此类风险进行压力测试。同时，委员会也发现成员在评估气候风险时面临困难，如数据的可获得性较低、方法上的挑战以及确定传输渠道等问题；此外，大多数成员尚未考虑将气候风险管理纳入审慎的资本框架下。

在完成盘点工作后，巴塞尔委员会基于对调查结果的基本认知，针对调查结果中机构面临的挑战，计划了两项主要具体工作举措：第一，编写一套关于气候风险的分析报告，内容主要包括气候风险向银行传导的渠道和衡量方法；第二，制定有效的监管措施。

2. 分析阶段：风险传播渠道与度量方法分析

在"对现有举措的调查"报告发布后，巴塞尔委员开展了与气候相关金融风险向银行业的传输渠道和此类风险的衡量方法相关的分析工作。于2021年4月发布了《气候相关风险驱动因素和传播渠道》《气候相关金融风险测量方法》。

（1）《气候相关风险驱动因素和传播渠道》报告的主要内容

《气候相关风险驱动因素和传播渠道》报告综合相关文献，创建了描绘气候风险驱动因素如何通过关键的传输渠道转化为银行的金融风险的框架（见图6.2）。

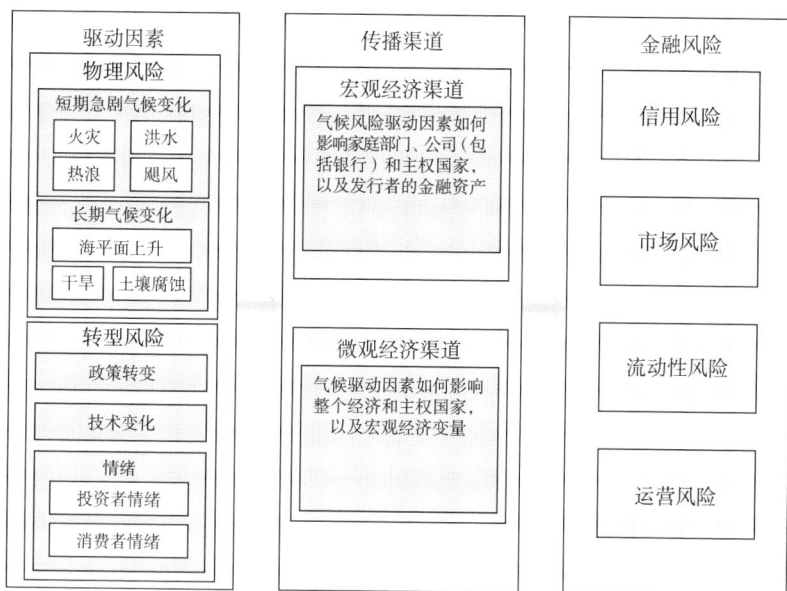

图 6.2　气候风险驱动因素和传播渠道

一是气候风险驱动因素。

气候风险主要包括两大类，即由气候变化和转型导致的物理风险和转型风险。其中，物理风险指由短期急剧或长期渐进的气候变化引发的对经济造成的冲击进而传导至金融领域造成的风险；转型风险指在经济从依赖高碳化石能源转型到低碳经济过程中，由于经济结构性的变化传导至金融领域造成的风险。气候风险主要呈现"概率低、损失大""同源性、非线性""全球性"等特点。这些特点的结合使气候变化既能对实体经济产生结构性冲击，并影响金融市场稳定，又呈现不同领域和不同地区风险关联性强，较其他类型的金融风险影响范围更广，且影响更加深远的特征。

二是气候风险传播渠道。

传播渠道类型划分。传播渠道是指将气候风险驱动因素与银行部门连接起来的因果链，它们也可以被视为气候变化如何成为金融风险来源的方式（NGFS，2020a）。传播渠道可以分为微观经济渠道和宏观经济渠道。微观经济传播渠道包括气候风险驱动因素影响银行的具体交易对手方的因果链，由此可能导致对银行和整个金融系统的气候相关风险。该渠道对银行的影响包括直接影响和间接影响。其中，对银行的直接影响指对银行业务的影响和对银行自身融资能力的影响；间接影响指对银行所持有的针对某一特定借款人的金融资产［如债券、单名信用违约互换（CDs）[①]和股票］的影响。宏观经济传播

---

① 信用违约互换（Credit Default Swap，简称CDs），CDs属于一种合约类信用风险缓释工具。CDs是将参照资产的信用风险从信用保障买方转移给信用卖方的交易。信用保障的买方向愿意承担风险保护的保障卖方在合同期限内支付一笔固定的费用；信用保障卖方在接受费用的同时，则承诺在合同期限内，当对应信用违约时，向信用保障的买方赔付违约的损失。单名CDs（Single-name CDs）是针对某一特定借款人的CDs

渠道是指气候风险驱动因素影响宏观经济变量（如劳动生产率和经济增长），以及这些变量反过来通过对银行经营所在的经济环境产生影响而对银行产生影响。宏观经济传播渠道还包括对某些宏观市场变量的影响，如无风险利率、通货膨胀、大宗商品和外汇等。微观经济传播渠道和宏观经济传播渠道的划分有助于银行分析其在相关具体领域的金融风险，如银行受到的直接影响；银行的具体交易对手方及其金融资产风险敞口受到的微观影响；银行受到的间接宏观经济影响。

微观经济传播渠道。气候风险的微观经济传播渠道主要总结了气候风险驱动因素是如何通过银行的交易对手方影响银行的信用风险，通过金融资产的价值影响银行的市场风险，以及通过存款、融资成本和信用额度的变动影响银行的流动性风险和经营风险。

气候风险驱动因素通过微观经济传播渠道增加信用风险。在微观经济传播渠道中，物理风险和转型风险通过对借款人的还款能力、偿债能力产生负面影响（收入效应），或对银行在违约情况下完全收回贷款的能力产生影响（财富效应），最终增加银行的信用风险。物理风险主要通过银行交易对手方的间接影响来提升银行的信用风险。家庭、企业和主权国家的有形资产遭受灾害的破坏或摧毁，资产价值降低，交易对手方的财富减少。同时，由于实物资本受损，产生的收入变少，物理风险也对家庭、企业和主权国家的现金流产生负面影响。在转型风险方面，虽然社会关于转型风险的认知不断加深，但是银行系统目前还没有因转型风险而遭受巨大损失。目前关于转型风险的经验数据十分有限，研究人员和监管机构主要依靠情景分析来确定气候风险传播渠道路径对经济的影响范围。转型风险的影响渠道主要分为三类：政府政策转变、技术变革与消费者和市场情绪转变。

气候风险驱动因素通过微观经济传播渠道增加市场风险。在微观经济传播渠道中，气候风险驱动因素通过对金融资产价格产生影响来加大市场风险。具体而言，物理风险和转型风险可以改变或揭示关于未来经济状况、实物或金融资产的新信息，带来的是对资产价格的冲击或市场波动性的增加。气候风险还可能导致资产之间的相关性改变，降低银行积极管理风险的操作（如对冲操作）的有效性，挑战银行管理风险的能力。物理风险（如未来恶劣天气事件和其他自然灾害）的时间、强度和地点的不确定性可能会加剧金融市场的波动。转型风险的传播渠道主要通过官方政策、技术进步和投资者情绪变化导致的借贷成本变化和金融资产重新定价而体现。金融市场的投资者可能会倾向于给在经济转型中有足够弹性的借款人借款，或者给可能从转型中获得收益的借款人借款。同时，投资者提高了对碳密集借款人的风险补偿要求。

气候风险驱动因素通过微观经济传播渠道增加流动性风险。在微观经济传播渠道中，气候风险驱动因素通过银行筹措资金或变现资产的能力直接影响银行的流动性风险，或通过客户对流动性的需求间接影响银行的流动性。自然灾害即气候风险的物理驱动因素，可以作为运营风险直接影响银行。例如，倘若自然灾害破坏了交通设施和通信基础设施，银行的运营能力会下降。同时，银行也可能面临越来越高的法律和合规风险，以及气候敏感投资及业务相关的诉讼和责任成本。

宏观经济传播渠道。气候风险的宏观经济传播渠道分析主要集中在信用风险。物理风险及转型风险的宏观经济传播渠道主要是通过政府债务、国内生产总值、劳动力变化及社会经济变化来影响银行信用风险。物理风险反映在与气候变化相关的人口死亡率增加和劳动生产率下降将成为国内生产减少的关键因素，进一步导致银行信用风险增加。转型风险则主要通过影响银行的交易对手方收入借助宏观经济渠道发挥影响，如受到碳排放税、碳密集型供应链的价格上涨或消费者的偏好改变影响，某些企业生产成本提高，利润率降低，从而导致投资削减和股票价格降低，企业为应对上涨的生产成本提高产品价格，这反过来又抑制了家庭的可支配收入，降低了消费水平。低迷的消费和投资组合会降低 GDP，最终减少家庭收入。在这种情况下，家庭财富和收入的萎缩可能导致偿还债务的能力恶化，进而增加银行的信用风险。

无论是物理风险还是转型风险驱动的气候风险，都可以通过金融市场中的传统风险类别进行归类和衡量，包括信用风险、市场风险、流动性风险、操作风险和声誉风险等。这为完善传统金融风险监管体系以管理气候风险提供了可能。

（2）《气候相关金融风险测量方法》报告的主要内容

为了有效防范和管理气候相关的金融风险，必须首先识别和定量分析这些风险。《气候相关金融风险测量方法》报告概述了气候相关金融风险的测量方法，包括如何度量气候相关风险敞口以及如何将气候风险转化为可度量的金融风险指标（见图 6.3）。

巴塞尔委员会绘制的气候风险评估概念框架图中的"经济影响建模"和"前瞻性估计"步骤中涉及气候风险建模的方法和工具。这些方法和工具主要用来判断和估算在一定的环境和气候因素的影响下，银行和监管机构所面临的各种风险敞口和这些风险的变化幅度。由于银行和监管部门的环境分析还处于起步阶段，新的方法和工具正在不断涌现，对方法的分类也缺乏共识。本节并不旨在提供方法论上的全面综述，而是主要通过阐述应用较广的方法和工具，为未来该领域的深入研究提供基础。

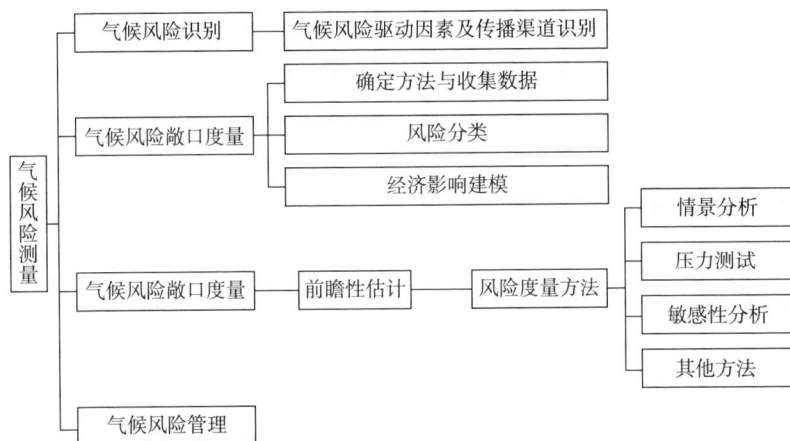

图6.3　银行和监管机构的气候风险测量概念框架

一是经济影响建模：评估气候变化带来的经济影响。

为了量化与气候相关的金融风险，银行和监管机构应当首先明确主要经济变量影响资产表现的路径，即采用模型评估气候变化带来的经济影响。常用的模型包括下述几种类型。

综合评估模型（Integrated assessment models，简称为IAMs）将能源、环境建模与经济增长建模方法进行结合。该方法常用于将转型风险驱动因素、温室气体排放及其对经济增长的影响联系起来。同时，对经济增长带来的影响反过来为碳的社会成本①的政策目的估计

————————

①　碳的社会成本：额外多释放一吨碳的现值成本

提供信息（Nordhaus，2017）。IAMs 的输出机制易于理解，因此高度适用于政策问题。虽然 IAMs 一直并将持续作为气候经济问题预测的主力模型而发挥作用，但其缺陷也是明显的。第一，IAMs 模型不能捕捉到气候变化引发的极端事件（急性物理风险）及其对经济的影响和适应性。第二，由于只考虑到部分物理风险（主要是慢性物理风险），IAMs 可能无法对气候变化带来的 GDP 损失进行切合现实的预测。第三，使用 IAMs 方法可能由于没有捕捉到某些尚未被研究或测量的物理风险而低估未来情况的严重性。正是由于这些事件大多没有先例，难以被纳入经济模型中。在进行损失评估时，其发生概率只能被设定为零，这意味着风险被严重低估。

敏感性分析。敏感性分析能够根据各种尾部事件发生的概率，对气候变化带来的损害和温度升高造成福利损失的程度进行说明。其缺陷在于对尾部事件的低估，可能对银行的抗风险能力产生巨大影响。同时，监管机构很难对尾部风险被低估的程度进行量化。

投入产出模型。投入产出模型对静态下各部门和地理区域之间的经济联系进行量化，以追溯某一个行业或地区的冲击对上下游的影响。在气候经济学研究中，投入产出模型往往被用于追踪政策（如碳排放税政策）转变的影响，或用来估计极端气候变化事件对供应链的影响。

可计算的一般均衡模型（Computable General Equilibrium，简称为 CGE）。CGE 模型被广泛应用于结构性政策研究中，在经济中 CGE 模型允许部门和代理人之间进行复杂行为互动的政策实验，这些政策实验往往过于复杂，无法用分析法进行解决。尽管在 CGE 模型下，一些影响机制可以被阐明，但由于复杂程度过高，许多嵌入式的决策规则和参数值对经济的重要性无法被评估，从而导致其成为黑箱。

动态随机一般均衡模型（Dynamic Stochastic General Equilibrium，简称为 DSGE）。DSGE 模型的引入进一步增加了宏观经济建模的复杂性，特别是在代理人决策的不确定性和技术的内生性方面。虽然 DSGE 模型在计算和求解上存在很大困难，但是学术界和各国中央银行都在致力于改进 DSGE 宏观建模。将来 DSGE 在评估气候影响方面可能会发挥更大的作用。

世代重叠模型（Overlapping Generation Model，简称为 OLG）。OLG 模型主要用于分析长期宏观经济演变。相对于其他建模方法，OLG 模型对于消费的代际分布的关注能解决独特的问题，如估计碳的社会成本时关注到贴现率的巨大作用。

基于代理人的模型（Agent–Based Models，简称为 ABMs）。一些学者主要使用 ABMs 模型来衡量气候有关的影响，因为该方法能够更好地反映不确定性和复杂性。ABMs 是对经济中个体间以及个体与机构间基于建模者施加的一套决策规则进行互动的模拟。ABMs 的优点在于其灵活性。它可以将 IAMs 这样的方法所无法捕捉的经济不同结构特征在应对环境变化时的变化等，纳入一个气候经济模型。其潜在缺点在于 ABMs 对计算和数据的要求较高，以及模拟过程中内部机制的不透明性。

上述模型的输出可以作为后续风险度量方法的输入变量。已有银行或监管机构将上述建模方法所确定的潜在的未来气候路径和由此产生的经济损失与银行资产组合的风险联系起来（ACPR，2019；ESRB，2020）。这些压力测试利用了上述模型产生的经济变量预测，并将其作为部门或区域模型的输入。在实践中，往往是通过上述经济影响建模模型输出碳税，被用于估计某区域的能源需求的价格弹性。或上述模型输出能源替代品之间的价格差异，被用于评估可再生能源或低碳创新技术冲击的影响。

二是前瞻性估计：气候风险测度。

度量气候风险可以运用传统方法，也可以结合气候风险的特征开发、采用新方法。在银行和监管机构现有的风险测度中，常规做法包括风险评级、情景分析、压力测试和敏感性分析。原则上，传统风险测度方法适用于对气候相关金融风险的评估。因为在微观和宏观层面上，对气候影响的分析与标准的情景分析和压力测试没有根本区别。然而在实践中，影响范围的不确定性和时间范围的不一致性，以及气候与传统金融风险历史数据的稀缺性，再加上历史对未来指导的有限性，使得气候风险的测度变得复杂。常用的方法和工具有下述几种类型。

气候风险评分或评级。气候风险评分是指对资产、公司、投资组合甚至是对国家的气候风险敞口进行评级。该方法将气候风险分类与一套评级／评分标准结合起来，根据其分类给对应的风险敞口一个相应的评级／评分。值得注意的是，所用到的评级／评分标准可以是基于定性的，也可以是基于定量因素的。银行和监管机构在制定气候风险评级的标准时，需要用到高度细化的数据来开发，这往往涉及地点、供应链和公司的具体信息。然而，与其他方法相比，气候评级还可能存在较大偏差。

情景分析。气候情景分析是对风险结果的前瞻性预测。基本流程有四个步骤：第一，识别物理风险情景或转型风险情景；第二，将情境的分析与金融风险联系起来；第三，评估交易对手 / 内部部门对这些风险的敏感性；第四，推断敏感度的影响，计算出总的风险敞口和潜在损失。在不同的细化区分程度下，情景分析可以用来确定对具体风险敞口或投资组合的影响。通过设置不同的情景，情景分析也可以用来量化尾部风险，并有助于对气候风险所固有的不确定性的阐明。在适用的时间范围上，情景分析往往被用以分析较长时间内气候风险驱动因素对金融风险的潜在影响。

压力测试。压力测试是情景分析下的一部分，通常以资本充足率为目标，用于评估近期金融机构对经济冲击的抗风险能力。在考虑偿付能力时，压力测试可被分为两类：一类是宏观审慎的，衡量金融冲击如何影响金融体系和引发系统性风险；另一类是微观审慎的，评估单个金融机构在当前投资组合风险下的偿付能力。

敏感性分析。敏感性分析是情景分析下的一部分，通常用于评估一个特定变量对经济结果的影响。敏感性分析多被用于转型风险评估中，以评估特定的气候相关政策对经济结果的潜在影响，特别是在环境研究中来评估实施碳税的经济影响范围。

除了较为常规的做法，一些第三方机构也开发了新的风险评估方法。下面列出有代表性的评估方法。

环境资本分析。环境资本分析将环境视为一种资本存量，并据此评估自然退化对金融机构的负面影响。该方法以投资组合级别分析的方式帮助金融机构识别其资产对自然资本的依赖性。其基本步骤分为四步：第一步，识别相关的地域、部门、借款人和资产；第二步，识别相关的环境资本（如水、空气、森林等）；第三步，识别潜在的自然干扰；第四步，确认风险最大的地域、部门、借款人和资产。

气候风险值（Climate Value-at-Risk，简称为 cVaR）。气候风险值将传统的 VaR 框架应用在衡量气候变化对金融机构资产负债表的影响中。具体而言，这些投资组合层面的指标量化了在特定的气候情境、一定的时间范围内、特定的概率下，气候变化对金融资产价值的影响。

巴塞尔委员会通过对气候风险驱动因素、传播渠道以及气候风险经济影响建模，对前瞻性估计方法进行梳理、总结，明确了银行和监管机构在将气候风险转化为量化的金融风险方面仍处于早期阶段，但相关工作仍在持续推进。未来，在风险分类以及度量方法上都需要进行更深一步探索。

3. 制定措施阶段：将气候风险纳入现有巴塞尔框架

在完成气候风险驱动因素、传播渠道以及相关测量方法的总结后，巴塞尔委员会开始考虑气候相关金融风险能在多大程度上被纳入现有的巴塞尔框架，并确定有效的监管措施来减轻此类风险。

巴塞尔委员会于 2022 年 6 月发布了"18 条原则"，并于 2022 年 12 月发布了《与气候有关的金融风险的常见问题说明》(以下简称"问题说明")，作为对将气候风险纳入现有巴塞尔框架下这一领域的探索。"问题说明"报告的目的在于，依据"18 条原则"，完善在现有巴塞尔框架下对气候相关金融风险的解释和计量。其主要内容涉及气候相关的信用、运营和市场风险这三大类风险的风险加权资产计算。

（1）计算信用风险的风险加权资产

风险参数在估计值上增加与误差范围有关的保守幅度。当银行的信贷组合暴露于气候相关金融风险时，应直接对气候风险进行考虑。这种直接对气候风险的度量体现在对违约概率、违约损失和风险暴露这些风险参数的估计中。此外，考虑到气候相关数据的缺陷，如数据质量差、数据量稀少，为了避免过度乐观，银行必须在其估计值上增加一个与误差范围有关的保守幅度。如果用于估计的方法和数据不太令人满意，可能导致估计的误差较大，则应当采用较大的保守幅度。

违约概率估计对外部信用评级机构方法和数据进行审查。银行在对不同评级债务人的违约概率进行确定时，可以使用的方法有：一是使用内部违约经验数据；二是内部等级与外部信用评级机构的尺度进行联系，将观察到的外部机构不同等级的违约概率归结为银行对应等级的违约概率；三是将某一等级部分借款人违约概率估计值的简单平均作为该等级的违约概率，其中部分借款人的违约概率估计值来自统计违约预测模型。

当银行使用将银行内部等级与外部信用评估机构等级进行映射的方法对违约概率进行估计时，应考虑外部机构使用的信用评估等级是否反映重大气候相关风险。考虑到数据来源、历史数据准确性等方面的挑战，如果外部机构使用的数量表格包含对气候相关金融风险的考虑，银行应严格审查外部信用评级机构用于判断气候相关金融风险的模型和方法。如果外部机构使用的量表尺度没有考虑到气候相关金融风险，银行应考虑是否针对这一问题进行调整。

（2）计算运营风险的风险加权资产

损失数据的识别、收集和处理。出于对运营风险管理以及协助监管的目的，监管机构一般要求银行将历史内部损失数据对应到巴塞尔委员会制定的事件表格①的一级类别中，并且银行要向监管机构提供相关数据。同时银行需要记录将损失分配到该事件类型的标准。

银行为计量运营风险需确保气候相关金融风险带来的损失可以被识别分类。自然灾害造成的损失对应到巴塞尔委员会制定的事件表格中为"实物资产损害"的一级事件类型。然而，气候风险也可能造成其他事件类别的运营风险损失。例如，一家银行被认为歪曲了其产品的可持续性相关特征或歪曲了与可持续相关的具体做法，就可能导致产生诉讼案件，则其一级事件类型类别被划归为"客户、产品和业务"。气候风险导致的断电可能会导致银行的服务和通信中断，则其一级事件类型类别被划归为"业务中断和系统故障"。银行应在能力范围内，对损失的根本原因进行区分，将由气候风险驱动因素带来损失的一级事件类型进行正确划归，见表6.1。

表6.1　详细的损失事件类型分类表

事件类型类别（一级）	定义	类别（二级）	实例（三级）
实物资产损害	因自然灾害或其他事件造成的实物资产损失或损坏而产生的损失	灾害和其他事件	自然灾害损失
			来自外部的人员损失（恐怖主义、破坏行为）

（3）计算市场风险的风险加权资产

压力测试方案的使用。银行应在其压力测试方案中考虑与气候有关的风险驱动因素，评估其对市场风险头寸的潜在影响，对市场风险的风险加权资产进行更准确的计量。压力测试中应涵盖的气候风险驱

① 该表格见巴塞尔协会关于运营风险相关要求OPE25.17（2023版）

动因素的特征为可以在交易组合中产生巨大损失 / 收益，或者使交易组合的风险控制变得困难。通过压力测试，除了对市场风险敞口进行确定，还应对气候风险因素可能对金融工具产生的突然冲击、气候风险因素之间的关联性以及对冲工具的定价和可用性进行评估。同时，随着用于分析的方法和数据逐渐成熟，气候相关金融风险不仅应在压力测试方案中得到考虑，而且可以逐步被纳入内部资本评估程序。

三、中国相关实践进展

我国绿色和零碳金融领域近年来蓬勃发展，已建成世界领先的绿色信贷和绿色债券市场，同时发展出绿色保险、绿色基金、碳排放权交易等创新型绿色金融领域，已成为全球绿色金融的"先行者"。该领域的高速发展也对我国监管体系，尤其是银行资本监管体系的变革带来了挑战。

我国正尝试将气候风险变化纳入宏观审慎政策框架，监管政策在环境气候相关信息披露（第三支柱）和金融机构气候风险压力测试（第二支柱）等方面进行了探索。不过，目前我国和世界其他国家地区均尚未出台将气候风险纳入银行资本充足率（第一支柱）监管的相关政策。

（一）气候风险情景分析与压力测试的开发及应用

气候风险具有长期性、系统性、复杂性与结构性等特征，传统的通过历史数据回溯和统计分析进行的金融风险分析方法在气候风险领域难以适用；具有前瞻性和预测性的压力测试和情景分析成为评估和分析气候风险的主要工具。

近年来，我国多家商业银行对气候相关压力测试进行了探索，例如，工商银行于 2016 年开展了针对煤炭行业的气候风险压力测试，并持续推进环境风险压力测试及其标准制定；中国银行伦敦分行于 2020 年对其金融业务开展了气候风险压力测试；建设银行在 2020 年开展了化工和火电行业专项环境压力测试；兴业银行湖州分行也于 2020 年对湖州地区绿色建筑行业信贷资产开展了环境压力测试等。同时，中国人民银行与金融监管部门也多次提出气候风险对金融稳定的影响，并组织多家银行进行气候风险压力测试。

本节选取我国已有的环境压力测试实践中完成度高、具有代表性的三个例子进行介绍。

1. 工商银行对银行信用风险的环境压力测试：火电和水泥行业案例

在我国的商业银行中，中国工商银行是最早开展环境风险压力测试的金融机构。工商银行的研究组针对火电行业的 437 家公司和水泥行业的 80 家公司开展了压力测试。

（1）识别环境压力

研究组为识别环境压力，首先对火电和水泥行业的环境因素影响传递进行了确认。研究发现，未来火电行业的环境压力主要来自两点。一是烟尘的排放限值逐渐提升。火电行业的除硫、除硝设备安装率已经较高，但是除尘设备的使用才刚刚开始，已接受除尘改造的机组占现役火电机组的 20%，未来节能改造有较大的空间。二是排污费收费标准提高。未来针对重点污染企业和重点污染地区，将执行较高的征收标准。按照新出台的污染物收费标准，企业排污费总额可能增加 2—3 倍。

针对水泥行业的环保相关政策标准进行梳理，其环境压力主要来自三点。一是大气污染物排放标准限值提高。颗粒物、氮氧化物的排放限值比原标准提升 40%—60%。二是水泥窑协同处置成为企业平衡环保压力和增长压力的新途径。海外水泥巨头燃料替代率均在 10% 以上，而国内由于垃圾分拣机制不健全、水泥协处技术不成熟且投资压力大，龙头企业平均燃料替代率仅在 4.5%，与国际同业相比差距较大。三是排污费收费／税收标准提高。综合考虑环保标准和企业环境成本的变化，估计未来企业排污费总额可能增加 2—3 倍。

（2）构建压力情景

对火电行业进行压力测试的情景分为轻、中、重三种情况。对于火电行业按不同的烟尘排放限值标准，可将火电企业节能减排分为轻度、中度、重度三种压力情景：全国执行原环保部标准（2014 年底）、全国执行国务院标准（2015 年底）和全国执行国务院对东部地区特别限值标准（2020 年底）。在三种情景的基础上，再分别考虑排污费提高 2 倍、3 倍、4 倍对企业成本的影响。

水泥行业的压力测试情景设置主要考虑两大因素。其一，根据 2013 年环保部水泥行业环保标准以及国家发展改革委最新下发的排污费征收标准等有关政策，主要选取治污、协处和排污三大政策变化因素。其二，企业环保成本的估算。考虑工商银行水泥客户的绝大部分是行业中上游企业，在估算过程中相应的参数值依照"良好企业"等级设定。

（3）压力测试流程

提高环境标准要求对银行信贷产生的影响的历史数据在国内较为缺乏，故在压力测试中多数采用自下而上的方法来分析环境政策变化对企业财务状况的影响。研究组通过财务报表之间的勾稽关系对压力测试不同情境下的财务报表进行了估计，并利用工商银行的评级模型对压力测试情景下的企业信用评级和违约概率的变化进行了计算。步骤分为以下四步。

第一步，建立环境保护标准变化对企业财务指标影响的函数。在对压力测试下的样本公司的财务状况进行估计时，主要关注利润表中的两个指标：营业收入和主营业务成本。

第二步，根据主营业务成本的变化和财务报表的勾稽关系，计算资产负债表和利润表上的主要指标。

第三步，将上述计算得到的压力情景下的财务指标输入评分表，从企业评分表的变化中可以得到对应信用等级及违约概率的变化。所使用的企业评分表是工商银行针对火电企业和水泥企业开发的信用等级和评价模型。根据该表格发现：提高企业的环境保护标准会导致利润减少，偿付能力降低，并导致信用等级下降和违约概率上升。

第四步，通过总结企业的信用评价变化，构建企业所在行业的信用评级转型矩阵，进一步根据违约概率和不良贷款比率的关系，分析相关行业的贷款质量变化。

（4）压力测试主要结果

压力测试对火电行业和水泥行业的未来发展和财务压力进行了分析。环保标准趋严对火电行业产生较大的成本压力，但受益于宏观经济平稳发展，以及中国工业化进程产生的巨大电力需求，未来火电行业整体仍将保持稳定发展。环保标准的提高对火电行业产生了结构性影响，尤其是对中小型企业形成较为明显的财务压力。水泥行业进入低速增长阶段，去产能压力仍然存在。环保标准提高对水泥行业形成较为明显的财务压力。轻度、中度、重度压力情景下 AA 级（含）以上的客户信用等级向下迁移率分别为 48%、62% 和 81%。

通过压力测试分析，工商银行在环境风险影响的最前沿进行了探索。关于本次对银行信用风险的环境压力测试，工商银行在情境构建和传导渠道分析上纳入了一系列政策和标准，考虑了多种复杂因素。从环境保护政策到对公司影响再到对银行影响这一传导机制的开发具有创新性。

在未来的环境风险影响探索中，工商银行计划逐步展开工作。第一，将压力测试覆盖到其他污染行业，包括钢铁、有色金属、化工行业及其细分的造纸业等。第二，提高企业环境成本变化估算的准确性，包括建议相关部委对企业实施强制披露环境数据的要求，以及加强与生态环境部的合作以获得可用数据。

2. 清华大学对银行信用风险的情景分析：台风对沿海城市房贷违约率影响案例

气候相关的物理风险较少被纳入金融机构的风险敞口进行量化。清华大学绿色金融发展研究中心为填补这一领域的相对空白，以台风对我国沿海城市房贷损失影响为例，构建了物理风险对金融资产风险影响的分析框架。

（1）物理风险分析框架

气候物理风险分析框架旨在分析各种气候情景下气候物理风险所导致的金融风险，可用于的对象可以是具体金融机构（如银行、资管/投资和保险等），也可以是金融系统整体。该分析框架适用的气候灾害种类包括台风、洪水、热浪、干旱等，分析的资产类别可以涵盖各种类型的有形资产，特别是那些易受自然灾害影响的行业，如住房、农业、能源和运输等。

气候物理风险分析框架主要由两个部分组成：巨灾损失模型和金融风险分析模型（见图6.4）。巨灾模型主要用于估计自然灾害带来的经济损失，其输出变量作为金融风险分析损失的输入变量。金融风险分析模型可分为信用风险评估模型、估值模型和保险精算模型，具体的模型选取依据分析的业务类型和底层资产类别。

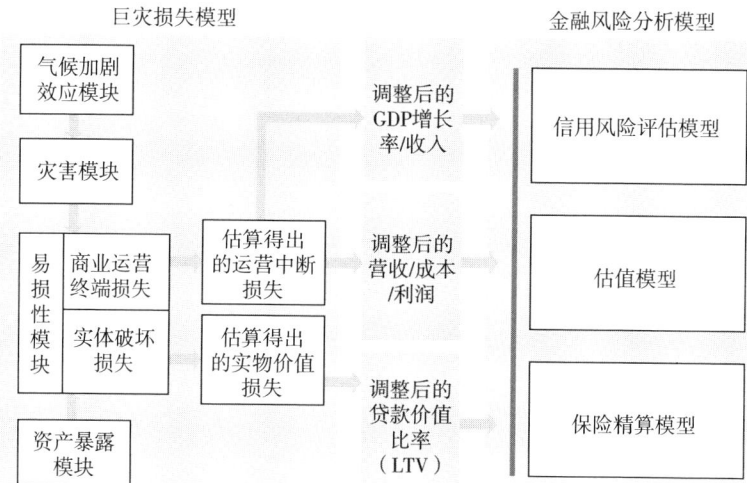

图6.4　气候物理风险分析框架

资料来源：NGFS（2020b）。

本案例中为估计银行的信用风险采用了预期损失（EL）模型。预期损失是违约概率（PD）、违约损失率（LGD）和违约风险敞口（EAD）的乘积（Hull，2012）。

$$\sum EL_i = \sum PD_i * LGD_i * EAD_i$$

假设沿海地区房地产价值保持不变，即银行未来的风险敞口保持不变，要量化预期损失的变动，只需评估违约概率和违约损失率的变动：

$$\Delta EL_i = \Delta PD_i * \Delta LGD_i$$

（2）情景分析流程

利用前文所述的分析框架和量化方法，估算台风强度和频率增加对我国沿海城市房地产按揭贷款预期损失影响，主要流程分为以下四个步骤。

第一步，明确细化分析对象。首先，选择要进行分析的城市。要根据地理位置和历史台风登陆的记录选择易遭受台风袭击的城市。其次，对沿海城市房贷余额存量进行估计。目前我国按揭贷款数据还未细化到城市层面，需要结合全国的按揭贷款数据和地区 GDP 占全国比例数据，对要进行分析城市的房贷余额存量进行估计。最后，对房产的地理位置进行细化。为精准分析房产受台风影响，需要确定目标城市房产中心位置的经纬度。

第二步，在各种气候情境下生成台风的未来特征。运用台风历史轨迹数据、构成的历史灾害数据及气候学方法模拟得出未来我国沿海发生台风的轨迹和强度预测。

第三步，确定各区域财产的易损性曲线。本案例采用自下而上的方法分析，需要对易损性曲线模型的参数进行调整，以匹配台风对我国部分城市的历史经济损失影响数据。

第四步，计算不同气候情景下房产价值和居民收入损失。作者结合两种 IPCC 气候情景和三种程度的气候变化加剧效应，使用巨灾模型来估算未来房产和经济增长的潜在年度价值损失（对应按揭贷款抵押品价值下降）和对 GDP 的影响（对应家庭收入下降）。两种 IPCC 气候情景是指 RCP6.0（到 2050 年上升 1.3℃）和 RCP8.5（到 2050 年上升 2.0℃）。三种程度的气候加剧效应指 50% 分位数的加剧效应（"轻度"）、90% 分位数的加剧效应（"中度"）和 99% 分位数的加剧效应（"重度"）。作为对照，基准情景假设历史台风发生模式在未来保持不变。

第五步，估计台风导致的违约率、违约损失率和预期损失的变化。

（3）情景分析结果

初步结果显示，在 RCP8.5 气候情景下（约等于 2100 年升温 4.0℃ 的情景），考虑较严重的温度上升（气候变化）对台风发生频率和强度的加剧效应，到 2050 年我国主要沿海地区城市的按揭贷款违约率可能会上升 2.5 倍，这对银行来说是个值得高度关注的变化量。针对进一步的情景分析及压力测试模型构建，未来可以建议一个更复杂的灾害对经济影响的模型，以便更全面地捕捉宏观经济指标可能受灾害的影响。

3. 中央财经大学对银行市场风险的环境压力测试：碳价变动对沪深 300 股票影响案例

2017 年，中央财经大学绿色金融国际研究院开发了市场风险压力测试的方法学。本案例根据该方法学，以沪深 300 为投资样本，模拟了投资沪深 300 股票的环境和气候风险。由于数据可得性与市场效率性，主要就碳价变动带来的市场风险进行了压力测试。

（1）碳价变动的市场风险分析框架

碳价风险的作用机理是：当环境保护标准、碳排放标准变得严格，碳价上升，企业购买碳排放权的成本会上升，造成企业利润减少，碳风险的上升。碳风险系数越大、碳价越高，碳排放权所要求的风险溢价会越高，从而导致股价下跌，实际回报率下跌，见图 6.5。通过计算各股票的收益率和碳风险系数，再根据其在投资组合中的市值权重，得出投资组合的平均收益率、标准差和碳风险系数，以及碳价风险带来的投资组合市值损失。

图 6.5　碳价风险分析框架

（2）压力测试流程

厘清碳价风险分析框架后，还需要对碳价风险带来的投资组合市值损失进行确定。步骤为以下四步。

第一步，计算各股票碳风险系数。

第二步，将各股票构造为投资组合并计算投资组合的碳风险系数。

第三步，计算投资组合的平均收益率与波动率。

第四步，计算碳价上升导致的风险值（VaR）。

本案例中，使用的数据时间区间为 2013 年 8 月到 2016 年 6 月。其中，股票的月收益率数据来自 Wind 数据库，碳价数据来自全国七个碳交易所的交易价格。

（3）压力测试结果

实证结果显示，碳价格风险上升会对沪深 300 指数的收益率和市值产生显著影响。一方面，碳价格风险的上升会导致收益率的下降。如果碳价格上涨 1 倍、2 倍或 3 倍，收益率分别下跌 0.9%、1.8% 和 2.5%。另一方面，若碳价格上涨 1 倍，在出现 5% 的极端风险情境下，沪深 300 的市值可能下跌 2.6 万亿元，约占其当前总市值的 10.8%，如表 6.2 所示。

表 6.2 碳价格上升对沪深 300 指数的影响

沪深 300 指数平均收益率变化			碳价增 1 倍，5% 风险值，沪深 300 指数市值下跌数（亿元）及占总市值百分比	碳价增 2 倍，5% 风险值，沪深 300 指数市值下跌数（亿元）及占总市值百分比	碳价增 3 倍，5% 风险值，沪深 300 指数市值下跌数（亿元）及占总市值百分比
碳价增 1 倍平均收益率的变化	碳价增 2 倍平均收益率的变化	碳价增 3 倍平均收益率的变化			
−0.88%	−1.76%	−2.53%	26 381（10.8%）	28 540（16.0%）	30 700（24.8%）

然而，要完成《巴黎协议》的 2.0℃的减排目标，碳价上涨幅度有极大概率会超过前述中提到的 3 倍。根据 2016 年世界银行的预测，2030 年碳价格达到每吨 80—120 美元才能达到 2.0℃的减排目标。根据这种预测，我国碳价格可能会从 20 元上升到 200 元（10 倍）。表 6.3 给出了在碳价上升 10 倍的情境下沪深 300 指数市值下跌值与下跌幅度的预测。

表 6.3　碳价格上升 10 倍对沪深 300 指数的影响

碳价增 10 倍，20% 风险值，沪深 300 指数市值下跌值（亿元）与市值下跌的百分比	碳价增 10 倍，30% 风险值，沪深 300 指数市值下跌值（亿元）与市值下跌的百分比	碳价增 10 倍，40% 风险值，沪深 300 指数市值下跌值（亿元）与市值下跌的百分比
31 228（12.7%）	25 467（10.35%）	20 544（8.35%）

可以发现，在以上例子中，目前我国已有的气候风险情景分析与压力测试主要集中在针对信用风险、市场风险进行分析，且切入点往往是信用风险参数（如违约率、违约损失）等。未来，我国的金融监管部门和商业银行都将进一步丰富压力测试的环境风险种类、完善气候风险压力测试的模型方法、拓宽测试覆盖行业范围，并探索气候风险宏观情景压力测试，更系统性地评估绿色低碳转型带来的结构性、交叉性影响。

（二）信息披露相关工作

市场纪律作为巴塞尔新资本协议第三支柱，主要通过信息披露的手段实现市场对银行机构的有效约束。第三支柱作为第一支柱、第二支柱内容的补充，其有效性直接取决于信息披露的健全程度及统一的披露框架。

近年来，我国监管部门也颁布了一系列针对金融机构和企业气候信息披露相关的制度和标准，我国气候信息披露呈现逐渐从地区试点走向全国、从自愿性走向强制性的趋势，披露范围和主体也日趋广泛，监管部门也正尝试打通金融行业气候披露上下游的信息通道。

1. 金融机构的环境信息披露探索

自 2013 年起，我国不断出台相关政策鼓励和指导金融机构进行环境信息披露。

- 2013 年至 2015 年，国家发展改革委办公厅分三批发布了《企业温室气体排放核算方法与报告指南》，涉及水泥、化工、民航、发电和钢铁等 24 个行业的温室气体排放的科学核算体系和披露标准，为企业提供了碳核算和报告的依据。
- 2016 年 8 月，七部委联合发布的《关于构建绿色金融体系的指导意见》提出，要逐步建立和完善上市公司和发债企业强制性环境信息披露制度。同年 9 月，在杭州 G20 峰会上，中国倡导的绿色金融研究小组提出了五方面的挑战和一系列绿色金融政策建议，其中包括通过强化环境信息披露来解决资本市场中投融资所需的环境信息不对称问题。
- 2017 年 7 月，中国人民银行牵头印发《落实〈关于构建绿色金融体系的指导意见〉的分工方案》，提出分步骤建立强制性上市公司披露环境信息制度，要求 2018 年重点排污单位未披露需解释，并且要求 2020 年所有上市企业强制披露。

在中国宣布"力争 2030 年前实现碳达峰、2060 年前实现碳中和"的目标后，各部委加快了披露政策的发布。金融机构相关的环境信息披露也得以快速推进，具体包括以下方面。

· 2020 年 10 月，生态环境部等五部委联合印发《关于促进应对气候变化投融资的指导意见》，提出要完善气候信息披露标准，推动建立企业公开承诺、信息依法公示、社会广泛监督的气候信息披露制度，鼓励建立气候投融资统计监测平台，集中管理和使用相关信息。

· 2021 年初，中国人民银行发布《金融机构环境信息披露指南（试行)》，正式启动环境信息披露试点工作，并率先在贵州、重庆、大湾区中八市等地开展。

· 2021 年 6 月，生态环境部发布《环境信息依法披露制度改革方案》，进一步明确了未来 5 年环境信息依法披露制度建设的时间表，要求中国证监会进一步对上市企业信息披露有关文件格式进行修订，将环境信息强制性要求加入上市企业申报规则，并在招股书等申报文件中予以落实。

· 2021 年 6 月，中国人民银行出台《银行业金融机构绿色金融评价方案》，对银行业金融机构开展绿色金融评价，根据评价结果实行激励约束机制，以着力提升银行业金融机构绿色金融绩效。

· 2021 年 7 月，中国人民银行正式发布《金融机构环境信息披露指南》，对金融机构环境信息披露的形式、频次、应披露的定性及定量信息等方面提出了要求，对商业银行、资产管理、保险、信托等金融子行业的定量信息测算及依据提出了指导意见。

各地也积极开展行动，如下述地区。

- 贵州：率先全面推动金融机构环境信息披露全覆盖。2021年2月，中国人民银行贵阳中心支行印发《关于开展2021年金融机构环境信息披露试点工作的通知》，在贵州省范围内分阶段、全覆盖、有侧重地引导118家金融机构开展环境信息披露工作，率先实现了辖内银行业、证券业、保险业、信托业、财务公司等行业金融机构环境信息披露全覆盖。

- 重庆：所有银行机构按统一披露标准开展气候环境信息披露。2021年，重庆绿金委组织辖区金融机构积极签署《重庆地区金融机构气候与环境信息披露倡议（暂行）》，明确金融机构于2021年5月底前按照统一标准对2020年气候与环境信息进行披露。重庆市成为全国首个基本覆盖所辖银行机构（法人及非法人）并按统一披露标准开展气候与环境信息披露的城市。

- 大湾区：13家法人银行试点机构发布环境信息披露报告。中国人民银行广州分行于2021年初正式启动大湾区金融机构环境信息披露试点工作。首批试点对象涵盖了大湾区内地8市13家法人银行机构。2021年7月，13家试点机构提交环境信息披露报告，并通过粤信融平台挂网发布。这是国内首个由区域统一组织、集中公开展示的金融机构环境信息披露模式。

2. 监管部门计划推动强制信息披露

目前，我国环境与气候风险信息披露主要依托于企业社会责任报告（也称可持续发展报告）。虽然一些以工商银行为例的大型金融机构也在近年陆续发布环境与气候风险报告、绿色金融报告等，央行在 2021 年 7 月首次发布作为环境与气候风险相关信息披露建议形式的《金融机构环境信息披露指南（试行）》进行指引，但国内监管部门尚未就强制披露出台明确要求。目前，环境与气候风险数据披露的质量参差不齐，且指标体系尚未有统一的框架。以气候信息披露和气候相关财务信息披露工作组为代表的国际机构正在逐步搭建环境与气候风险信息披露的标准体系，我国需要结合双碳战略、经济发展节奏、企业具体情况等因素建立自己的环境与气候风险披露标准、指标模板及高质量的环境与气候风险数据库。为了配合巴塞尔委员会应对气候变化的相关行动，监管机构急需树立强化环境与气候风险信息全面完整高质量披露的埋念，逐步实现环境与气候风险信息的强制化披露，针对信息披露的内容、模板、格式、频率等出具明确规则及要求细则文件，将环境与气候风险信息合理纳入巴塞尔协议第三支柱披露范围。

金融机构开展环境信息披露是建设绿色金融体系的重要一步。以上实践中我们发现：政策顶层设计的引导以及各大金融监管机构对环境信息披露的相关法规指引体系的逐渐完善，使金融机构的环境信息披露工作在操作上有了具体指导并在原则上有了体系指引。同时，区域化环境信息披露也在各绿色金融改革创新试验区稳步推进。未来，在体系化、相关制度规范化、配套措施完善化的情况下，金融机构的环境信息披露势将逐步全面化、常态化。

第三节　构建"巴塞尔 ESG"监管框架的中国建议

一、将气候相关金融风险纳入现行框架的总体建议

第一，明确将气候相关风险纳入现行巴塞尔资本监管框架的核心目的，即为了应对和降低此类风险对全球银行和金融体系的负面影响、冲击及引发系统性金融危机的概率。这是构建"巴塞尔 ESG"监管框架的国际通用基石。

第二，制定将气候风险纳入三大支柱的优先级、顺序、路线图及实施策略。采用"由下至上"的改进方案，优先建立统一的、覆盖全面的、以量化指标为核心的、可随技术发展进行拓展和改进的气候和环境信息披露框架（第三支柱）以及气候风险压力测试体系，最后再推出将气候风险纳入资本充足率监管（第一支柱）的实施框架与方法。将气候风险纳入银行资本监管的核心前提是能够有衡量每一类资产的稳健和准确的测度，而得到这些测度的前提是建立健全的信息披露框架以及风险情景分析和压力测试体系。此外，诸如中国和欧盟等经济体已率先推出信息披露和压力测试框架并付诸实践，可供参考。

二、将环境与气候信息披露纳入第三支柱

第一，整合全球现有的主流信息披露原则、框架、政策实践，结合全球银行体系特征，尽快制定并推出统一的、强制性的全球银行气候和环境信息披露框架。目前全球虽已基本形成以 2017 年《TCFD 气候财务信息披露建议》（以下简称为《TCFD 披露协议》）为主要框架，以《SASB 披露标准》《CDSB 披露框架》《GRI 披露标准》《CDP 披露问卷》《IIRC 披露框架》等标准为辅助和拓展的气候信息披露体系，但这些披露框架多为国际组织和监管机构发布，以原则性和自愿性为主，且并非专门针对银行系统。另一方面，尽管中国、欧盟等已推出针对银行和金融机构的强制性信息披露法规，如中国深圳市 2020 年推出的《深圳绿色金融条例》以及欧盟推出的《可持续金融披露条例》（SFDR）等，但上述法规更多是针对当地银行和金融系统条件和特征制定，有一定差异性。因此，这种情况下，建议巴塞尔委员会尽快总结中国、欧盟等的现行披露法规政策，并将它们与《TCFD 披露协议》等较为广泛接受的披露原则结合，制定针对全球银行业通用的、强制性信息披露框架。

第二，在建立统一的强制性信息披露框架后，进一步推出细化的、一致性的、连贯的披露指引，对金融机构信息披露的形式、频率以及具体需披露的定性和定量指标进行明确要求。其中，披露指标的设定以可比性的定量指标为主，例如金融机构的绿色资产比例（GAR）和范畴 1、2、3 二氧化碳排放量等。

第三，针对不同的量化指标、不同类型的银行、不同类型国家或地区的银行制定差异化的信息披露时间线和"过渡期"，以确保整体

披露框架及指引的可实施性和协调性。举例而言，可要求潜在气候风险敞口大的金融机构（如对化石能源公司信贷敞口较大的银行）以及发达经济体的金融机构，较其他类型金融机构提前披露相关信息；或是可要求金融机构先披露范畴 1 和 2 的碳排放量等。

三、将气候风险情景分析与压力测试纳入第二支柱

第一，总结归纳已实施气候风险压力测试的商业银行或不同国家地区的金融监管部门的经验，推出标准化、可改进的情景分析和压力测试流程和模型。目前诸如中国工商银行等部分大型金融机构，或是诸如荷兰、法国、英国、中国、欧盟、巴西等国家和国际组织的金融监管机构已实施气候相关风险的压力测试，并制定出相关流程。但全球尚无相对统一的、标准化的情景分析和压力测试流程。因此，巴塞尔委员会通过对比上述主体的压力测试方法经验，整理出初步的、全面性、标准化的、并可改进的相关流程，推出全球气候风险压力测试框架基准。

第二，建立针对不同类型国家、地区、行业的可量化的气候与环境信息数据库，以及集合面向上述不同类别主体的气候风险情景。一方面，建立全球性的跨区域、跨国家类别和跨行业的数据库有助于更好地识别和测量气候相关金融风险；另一方面，建立上述数据库在未来可帮助降低情景分析和压力测试的成本，并使相关流程更容易纳入第二支柱。

四、将气候相关金融风险纳入第一支柱

（一）维持银行对金融相关气候风险的韧性以及维护金融稳定

审慎考量将气候相关金融风险纳入第一支柱中资本充足率监管的方式，全面评估不同方式对全球银行系统风险的影响，选取最优方式。气候相关金融风险已被证明可通过信用、市场、运营等渠道传导至银行体系，而现行巴塞尔Ⅲ中第一支柱资本充足率的监管中并未包含气候风险。因此，为维护全球银行系统稳定，需将气候风险加入银行加权风险资本的计算中。目前有以下几种可能的计算方式：添加"绿色支持因子"，添加"棕色惩罚因子"（BPF），同时添加 GSF 和 BPF，添加"绿色加权因子"（GWF）。

在风险加权资本计算中只添加 GSF 或 BPF 均可能对银行体系韧性和金融系统稳定造成负面影响。例如只添加 GSF 可能会降低对银行绿色资产的风险资本要求，可能导致金融市场中"绿色泡沫"的出现，泡沫破裂会影响金融稳定；而只添加 BPF 会对经济中不同部门造成不平衡的影响，可能导致部分家庭、公司的结构性贷款违约概率上升，从而影响金融稳定。

在风险加权资本计算中同时添加 GSF 和 BPF，或者添加 GWF 的两种方式可能有助于保持银行体系的"资本中性"，与维护银行和金融体系稳定的目标一致。但上述第一种方式可能激励银行为降低"棕色资产"的加权成本寻求绕开监管的方式，并且由于全球金融监管体系的不一致，可导致银行进行跨国间的"监管套利"，并最终威胁全球金融稳定；而上述第二种方式则需要对银行所有资产建立更加细化且精确的绿色分类图谱，计算方式复杂，对银行内部不同系统的整合

要求很高。

综上，在维持全球银行和金融体系稳定的核心目标下，同时将"绿色支持因子"和"棕色惩罚因子"添加到银行加权资本的计算中，或是在计算中添加一个"绿色加权因子"是将气候风险纳入第一支柱资本充足率监管的可能方式。但这两种方式均有各自的优缺点，且目前尚无国家或地区进行过实践。因此，建议巴塞尔委员会就这两种方式对全球银行和金融体系的影响进行全面评估，在可能的情况下组织小规模的试验，根据监管目标选取最优方式并将其纳入第一支柱。

（二）推动建立统一和完善的全球"绿色"和"棕色"资产分类标准

首先，把气候相关金融风险纳入第一支柱资本充足率监管的前提条件是，对"绿色""棕色"资产以及不同资产的"绿色"程度有明确的分类标准。然而，目前全球仅有中国、欧盟、日本等少数国家地区和国际组织推出了绿色分类标准，且它们对"绿色"的定义以及采取的分类方式也有所不同，全球尚未形成统一的绿色分类标准。

其次，全球主要金融监管部门在制定分类标准时仍仅采用绿色和非绿色的"二分法"模式，并未针对不同程度的"绿色"和"棕色"资产制定更精确和详细的分类标准体系。这将可能导致在风险加权资产计算中添加"绿色支持"和"棕色惩罚"的结合因子或"绿色加权因子"时，无法充分反映不同类型资产的气候风险，导致资本充足率计算出现偏误，并可能对银行和金融体系稳定造成负面影响。

巴塞尔委员会可参考中国和欧盟等制定绿色分类标准的方法论和经验，推动建立一套统一的分类标准体系，并进一步细化资产的"绿色"和"棕色"分类。

第七章

◆

面向碳中和构建生态高度复合的
中国零碳金融市场体系

朱　民　　郑重阳　　李长泰　　韩绍宸

第一节　引言

一、构建零碳金融市场是金融支持碳中和的必然要求

2016 年巴黎气候协议的达成标志着全球碳中和目标在世界范围达成共识，由下至上的"自主贡献"制度得以确立，进一步增强了各国实施绿色低碳转型的意愿与主动性。然而，如何引导规模巨大的资金流向符合全球碳中和目标的路线图却难觅成熟先例。巨大的低碳零碳投融资需求、棕色存量资产转型需求以及防范气候相关风险对现有金融体系提出了全面转型的具体要求。

欧美发达国家早在二十世纪七十年代即开始了金融支持绿色可持续发展的探索，并随着环境治理重心的转移，陆续演化迭代出环境金融、绿色金融、气候金融、可持续金融等概念、政策与市场实践，逐步形成了以欧洲、美国为主要模式的国际零碳金融转型探索。其中，美国模式注重发挥其资本市场发达、成熟、统一的优势，以公共投资、财税政策为主间接引导私人资本流向，激励金融机构在支持碳中和转型中实现金融体系自身的零碳转型；欧洲模式以欧盟可持续金融战略为主导，试图跳出财税主导、间接引导的路线与逻辑，更多利用法律法规、货币金融手段直接对整个金融体系进行改造。

以欧美为代表的国际零碳金融的探索实质上是政策先行，应用顶层设计、制度变革和若干政策激励工具，试图构造一个集产品及服务、市场主体、定价、信息披露、交易机制、监管等于一体的全

新金融市场，使微观主体的分散投融资决策能够在宏观层面契合碳中和目标所要求的资金流向，并能够有效避免、防范转型带来的系统性风险。

二、构建零碳金融市场是金融零碳转型的重要构成与抓手

时至今日，金融体系的零碳转型已成为当前与未来全球金融行业竞逐的最前沿、制高点，而应用市场机制满足多层次零碳金融需求、管控多样化气候转型风险，构建全新的零碳金融市场成为金融体系零碳转型的重要构成、根本着力点。

金融的零碳转型最核心、最基础的表现为资产组合的零碳化，包括新增零碳投资扩大、存量高碳资产/棕色资产的有序退出两大方面。在实现以上两大方面的资产组合零碳化进程中，衍生出多样化、多层次的零碳金融需求。为满足这种多层次绿色低碳金融需求，除更为成熟的绿色贷款与绿色保险外，欧美经济体高度重视多层次零碳金融市场的建设和发展。以欧盟排放交易体系、美国芝加哥气候交易所为代表的碳价形成机制稳步成长。欧盟绿色债券市场及其标准不断完善，信息披露标准的制定有序进行。规模居于全球首位的美国绿色债券市场日益成熟，服务于绿色大型基础设施的投融资保持发展。可持续发展基金是权益性绿色低碳融资的核心代表，截至 2022 年全球共有 7 012 只可持续发展基金，其中欧洲超过 5 300 只，占比约为 76%，美国以 9% 位居全球第二。2021 年全球首只绿色股票在荷兰阿姆斯特丹实现 IPO，正式开启了绿色权益融资支持零碳科技、零碳产业的进程。

三、联合市场主体构建生态复合的中国零碳金融市场

相较于欧美发达经济体，中国在金融支持国民经济绿色低碳发展中起步较晚但发展较快。自 2016 年以来，中国已迅速构建形成系统化的绿色金融体系，覆盖环境改善、应对气候变化和资源节约高效利用等三大领域。截至 2020 年末，我国绿色信贷余额已位居世界第一，绿色债券存量居全球第二，并且至今已连续数年保持这一地位。在碳达峰碳中和目标确立后，我国绿色金融的重心又进一步向低碳零碳转移，"三大功能""六大支柱"成为中国进一步发展绿色金融以支持双碳目标的重要方向。与此同时，直接聚焦气候变化问题的气候投融资机制建设意见、试点方案相继推出。

中国金融支持双碳目标的发展，正式形成了绿色金融、气候投融资两大支柱，共同致力于弥补绿色低碳发展的投融资缺口、努力展开防范气候相关财务风险的探索实践。然而，现有绿色融资结构中高达 90% 的绿色信贷却潜藏着巨大的期限错配风险，直接融资、权益融资的不足也将带来进一步动员零碳投融资能力的不足、金融效率的低下，难以弥补巨大的零碳投融资缺口。相较于零碳新增投资，现有中国绿色金融体系尚难有效应对超过 400 万亿元的高碳存量金融资产 / 棕色存量金融资产的减值和沉没风险，并尚不足以防范可能由此引发的系统性风险。

更大的困难与挑战在于我国尚处于工业化进程中、尚未达峰以及实现净零的时间窗口短，同时需要协同推进增长、降碳、减污和扩绿等四大目标。这对金融支持碳中和范式变更提出了更高的要求，也为市场端超前谋划资金供需机制——构建中国零碳金融市场赋予了更

加复合的特征与色彩，主要表现为下述四个方面。一为价值认知与风险偏好的复合。工业革命以来推崇物质至上、消费至上的单一效用偏好正在被拥有多元偏好要素的"福祉"所取代。人类追求绿色低碳的生产、生活方式正是福祉概念的重要组成部分，与单纯追求 GDP 的价值认知与风险偏好相对应，这意味着追求利润最大化、风险最小化、投融资短期化的微观基础正在发生渐进式嬗变。二为目标任务的复合。中国启动碳中和范式变更是一场由上至下的政策要求与落实行动，金融支持不能局限于减碳、增长，需要更多依靠市场力量由下至上探索契合降碳、减污、扩绿和增长相协同的商业可持续模式，在零碳投融资领域逼近市场与政府激励相容的均衡区。三为知识、信息和技术手段的复合。碳中和范式变革是一场经济系统、社会系统和自然生态系统间的交互与重组，涉及天量级的跨领域知识与变量的融合创新。这需要更多利用前沿新兴的数字化技术走出一条数字化赋能碳中和的全新道路。四为国际竞争与合作的复合。碳中和范式变革已成为未来数十年全球竞争与合作的制高点，意味着金融先行支持碳中和既要进行广泛的国内国际市场对接，也必须积极参与国际金融业最前沿的竞争，引导全球金融市场格局的重塑。

第二节　构建零碳金融市场的五个基本要素

鉴于以上对复合型特征的概括，中国打造生态高度复合的零碳金融市场至少应包括零碳底层资产、零碳账户体系、零碳金融产品及服务、零碳市场参与者、零碳标准与信息披露五大基本的复合要素。

一、构筑零碳金融的复合式底层资产

金融市场运行的底层逻辑源于金融底层资产的未来是否拥有可观的现金流，以支持对当前金融产品的估值与交易。相较于工业革命以来的金融产品创新、金融市场交易，零碳金融市场的最大不同在于如何利用市场机制将全球有限的碳排放容量转换为一种可被市场价格反映的碳排放资源稀缺性，同时可被转变为金融产品级服务定价中的一部分，从而改变市场主体的价值认知、财富观与投融资行为，最终使社会资金流向符合碳中和要求的方向。

以此出发，激励或约束碳减排、碳中和的零碳金融市场最底层的资产应为碳排放权、碳汇、碳循环和碳抵消等为代表的碳资产。随着碳中和进程深入，日益稀缺的碳排放空间意味着一系列碳资产价格、碳资产收益将持续上升，为依托碳资产进行的一系列碳金融活动提供了有力的支撑。不仅如此，在 21 世纪中叶实现碳中和目标后，保持或者进一步降低大气环境中的温室气体浓度，仍然需要若干碳汇、碳循环和碳抵消等活动产生的碳资产，进而也意味着相关金融活动不会因碳中和目标的实现而中止。

除碳资产外，金融支持碳中和范式变更也离不开物质资产、人力资产、自然生态资产、数据资产等五大构筑市场基座的基础资产。

首先，物质资产和人力资产可理解为工业化发展必备的设施设备与劳动力，是人类工业革命以来积累的最主要、最丰厚的社会财富，也是高碳资产／棕色资产最集中的领域。零碳金融市场不仅是动员新增低碳零碳投融资的机制，更需要具备支持高碳资产／棕色资产的一系列转型金融功能，特别是对于尚处于工业化进程中的中国而言，四十余年的改革开放积累了大量的工业化财富，这是我们进一步迈向碳中和转型的物质基础。强烈的经济增长诉求、尚未达峰的现实情况更突出了转型金融在中国零碳体系中的重要性。

其次，自然生态资产为支撑人类生产生活长期可持续的生态财富。自然生态系统为人类实现生产生活提供最基础的原料与环境，但在物质至上、利润最大化的工业化导向下，自然生态系统并未得到应有的保护与补偿。除人类经济活动带来的温室气体排放、全球变暖引起的生态退化外，对植被与生物系统的破坏也进一步降低了自然生态系统的固碳、碳循环能力，最终形成了碳循环、生态环境退化之间的恶性循环。中国碳中和转型突出强调了增长、减碳、降污和增绿之间的协同推进，意味着自然生态资产也必然作为支撑中国零碳金融市场运行的底层资产的一部分，同时运用市场化机制助力自然生态资产的保值增值。

最后，数据资产为服务于数字化碳中和、跨领域与跨时空的数据集，是统筹联通其他零碳资产类别的一个关键核心。在全球碳中和范式变革、数字化革命发生历史性交汇的时点，数字经济可沿着数据的脉络延伸至碳中和范式变革的每一个节点，发挥新兴数字化手段跨领域、跨专业整合与应用非结构化数据的潜力及功能，走出一条数字化碳中和的全新路径。我国已将数据作为第五大生产要素，全国范围已先后成立超过四十家数据交易所，头部数据交易所交易规模已达到亿元至十亿元级别，数据的资产化、数据资产的规模化正在深入发展。鉴于多维数据在不同场景下的广泛适用性，碳资产、物质资产、人力资产、自然生态资产将可能成为不同维度下的一种数据资产，资产价值可通过数据要素市场得以进一步实现。换言之，数据资产可作为其他零碳资产的一种聚合物、结晶体，有利于从底层资产端为零碳金融市场支持增长、减碳、降污与增绿等四大目标构筑基础。

二、将碳账户与数据账户的建立置于优先位置

碳账户是准确衡量微观主体碳资产、碳负债的一种手段，也是落实主体责任的重要客观基准。目前，市场对于碳账户并没有明确的定义，中财绿金院将"碳账户"定义为个人或企业主体依据国家碳排放计量标准，对自身生产和生活中产生的碳排放进行计算，从而得到特定时间或空间范围内的碳排放量。

从金融市场层面来看，碳账户的建立有利于准确衡量、显示零碳投融资主体的碳排放、碳足迹，为判定微观主体的碳减排、零碳转型绩效以及最终的碳资产价值提供可被市场各方普遍接受的客观依据。换言之，构建个人碳账户、企业碳账户是构建零碳金融市场的基础与前提条件，类似于个人资产账户、企业会计账户之于现代金融市场体系建立与运行的重要性。与此同时，应建立健全相配套的统计核算制度，注重应用数字化手段赋能碳账户的建设。目前，深圳、湖州、衢州、广州等地区以及中信银行、平安银行、建设银行等正在数字化工具的赋能下探索个人账户、企业账户的建设。各类实践旨在打造可靠、可信、可追溯的碳中和登记体系，同时支持各类参与主体开展组织、产品、活动、政府、金融机构、个人等六大场景的碳排放核算、碳排放抵消。

除碳账户外，有序推动政府、行业协会、企业与个人的数据账户建设也将是构筑零碳资产的重要前置条件。北京、上海、深圳、浙江

等地政府已建立起若干数据共享平台，可在此基础上进一步推动行业协会、企业与个人的数据账户建设，使相关数据能够赋能绿色低碳、节能环保、产业转型等领域的投融资、消费信贷，同时依托数据账户为不同类型零碳资产间的联动、融合提供有效的账户基础。

三、推动复合式零碳金融产品和工具创新

基于碳账户、数据账户以及前沿新兴数字技术的应用，对微观主体在碳资产、物质资产、人力资产、自然资产、数据资产等方面的信息评价与披露，使各类金融机构、投融资机构以五大底层资产为基础，开展多样化、个性化、复合式的零碳金融产品创新活动。不同细分金融行业的产品及服务创新至少应包括以下方面。

第一，中国银行体系在扩大零碳贷款规模的同时，需要构建新的零碳风险管理系统，处理存量规模巨大的高碳与棕色贷款资产，开发新型的零碳资产、负债和中间业务产品。银行要鼓励绿色零碳消费、赋能企业净零转型，推动一系列普惠化、个性化、定制化、非标准化的绿色金融产品及服务创新。第二，大力发展资本市场。风险与监管约束下的新增绿色贷款空间有限，要积极发展零碳债券市场，开发零碳 ABS/ABN、零碳不动产投资信托等多样化的直接投融资工具，引入来源广泛的 ESG 投资主体为资本市场提供流动性，释放更大的零碳融资空间。零碳债券发行更多以非金融、非国有企业为主体，债券周期重点转向中长期，资金募集均衡覆盖多元产业部门，同时超大规模、高成长性市场也将吸引更大规模的国际资本投资。第三，零碳股权将为处于试验或探索阶段的零碳技术创新提供多层次、多元化的投

资激励与风险分担，零碳技术的股权转化成为金融机构、ESG 投资者竞相追逐的核心资产，零碳股权融资占零碳金融市场的份额要大幅提高。第四，开发零碳金融衍生产品市场。碳期货成为碳金融市场的核心，广泛的市场主体参与碳价形成交易，碳价格成为政府与市场协同引导资本流向、配置金融资源的重要工具。第五，依托数字化技术手段，鼓励金融科技发展向产业链上下游、跨行业、跨领域横向延伸渗透，整合碳核算、碳权益、污染减排、能耗节约、生物碳汇等若干交叉领域的数据与信息，积极探索创新以多元零碳资产及其相关信息为重要基础的特色性、复合性零碳金融产品及服务，为金融支持增长、降碳、减污和增绿等四大目标间协同奠定可行的技术路线、商业模式和微观市场基础。

四、覆盖来源广泛的零碳金融市场参与者

中国碳中和将是一场全面覆盖经济社会全域、彻底超越工业文明的人类发展范式变更，更意味着利用市场机制弥补碳中和投融资缺口、管理碳中和转型风险需要国际国内广泛的主体共同参与市场机制建设、产品及服务创新、市场交易运行、信息披露与评级、金融基础设施运营、市场风险防范等。主要涉及以下方面。

第一，金融机构是生态复合的零碳金融市场最重要的市场主体之一，肩负着衔接净储蓄及净投资双方的重要职能，同时依托金融产品及服务创新推动实体企业生产经营转型、资产组合净零，使大规模、长周期的资金流向符合中国碳中和转型的目标与要求。第二，新兴金融市场机制的构建、全新市场生态的孕育不仅仅是市场主体的自发行

为，更需要政府部门联合广泛的国际国内市场主体进行顶层设计、探索试验，同时出台若干具体政策激励市场主体的探索实践，并有效规范市场行为、防范金融风险。第三，大量非金融实体企业是整个零碳金融市场需求的主要构成，满足其多样性、复合性的零碳投融资需求无疑需要金融与非金融部门之间的紧密对接与合作，使相关市场活动从主要依靠银行的间接债务融资方式，更多转变为广泛非金融企业深度参与的多元化投融资方式并存的新阶段。第四，零碳金融市场相较于工业化路径下传统金融市场的最大不同在于，碳排放、碳计量、碳认证、碳交易、碳评级成为整个零碳金融复合市场生态不可或缺的重要组成部分。目前，国际国内涉碳服务商正在积极向相关金融服务领域拓展，尝试开拓全新的市场利基，也成为零碳金融市场生态塑造的重要参与者。第五，在碳达峰碳中和顶层设计下，上述四大目标间的协同、五大底层资产的复合也要求零碳金融的中间服务容纳广泛的绿色低碳与数据要素领域的服务商、金融基础设施运营商，如法律、咨询、评级、数据平台等方面的市场参与机构。

这些来源广泛和类型多元的金融机构、企业实体、投资者、消费者、市场中间服务商及其共同的碳中和转型目标、相互交织的利益与协作关系成为零碳金融市场生态高度复合的微观基础。

五、建立健全气候与环境信息披露制度

气候与环境信息披露制度是零碳金融市场有效运行的重要基石。截至 2022 年 12 月，全球声明支持 G20 金融稳定局设立的气候相关财务信息披露工作组建议的披露框架的公司超过 4 000 家，支持建议

的公司涵盖 101 个国家和地区，总市值超过 26 万亿美元。金融市场的信息披露服务于金融资产定价，但气候变化的巨大不确定性对原有的信息披露体系形成较大的挑战。在气候相关财务风险日益成为各方高度关注的重点领域时，全球关于气候与环境信息披露的制度建设已悄然成势，成为有效遏制"洗绿"、逆向激励与政策套利的重要工具，并日益向 TCFD 披露框架一致性收敛。但 TCFD 的气候信息披露更多被发达经济体采纳，而发展任务繁重的新兴经济体、发展中国家若贸然采取这一框架与标准，可能会带来十分沉重的经济发展负担，甚至诱发巨大的系统性金融风险。

对中国而言，建立健全气候与环境信息披露制度和相关规范可以从以下几个方面入手。其一，政府与监管机构需要为金融机构、投资主体、企业等开展气候与环境相关信息披露提供可操作的指引、有效的政策激励与约束，在权衡成本、收益和风险的基础上，设计符合中国碳中和转型实际的披露内容、披露框架及其落地的可行路径。其二，大幅提高 ESG 数据和零碳金融的标准化、透明化和主流化，使信息披露框架能够被更快、更广泛地应用，并对披露框架的完善形成正反馈。其三，重视前沿新兴数字平台与工具的应用，推动数字金融、数字化碳中和的交互，为金融机构运营碳排放核算、资产组合碳排放核算提供有力的技术与制度保障。其四，强化信息披露制度建设的配套措施，如实施自愿披露的激励政策或实施强制披露的法律法规；建立健全零碳金融的统计框架，解决零碳融资流量、价格信息缺失以及环境能效信息披露不足的问题，同时对披露信息的真实性、完整性、可验证性形成一套工具与制度；发挥行业组织与市场力量，推动行业公约、财务准则、评级与征信、披露渠道等信息披露基础设施建设。

零碳金融市场的五个要素相互支持，共同推动中国的零碳金融市场的发展并保持可持续性。底层资产提供基础，账户体系和标准确保透明度和质量，市场参与者驱动需求，金融产品和服务满足需求，促进资金流动，从而构建一个有活力的零碳金融市场。

第三节　构建零碳金融市场的三个运行机制

零碳金融的基本要素构成了零碳金融市场的坚实基础，而这个新兴市场的运行和组织涵盖了三种核心机制，分别是基于碳核算的资产定价机制、基于零碳资产和产品的资金流动机制和基于多种风险类型的复合管理机制。它们相互作用，推动着零碳金融市场的发展，为实现碳中和的目标提供有力的资金支持。

一、基于碳核算的资产定价机制

（一）碳核算为碳定价提供基础

碳核算是零碳金融市场的支柱，通过测量和报告机构、企业或项目的碳排放量，为资产定价提供了不可或缺的依据。企业依据历史碳排放数据，确定基准值，并结合未来发展计划如产量和投资等因素，预测未来的碳排放路径，以进行成本效益分析。这些数据的准确性对企业的碳交易活动、所持碳资产的价值，甚至整体企业价值都产生着直接重大影响。同时，碳排放核算构成了一切与碳减排策略有关的基础。在零碳金融市场中，企业可以借助历史数据来识别其生产经营过程中的主要碳排放来源，评估和分析减排潜力，预测未来的碳排放走势，从而更加明智地制定减排目标和策略。此外，碳排放数据的准确性直接影响企业的碳交易行为以及相关碳资产的价值。因此，准确的碳核算不仅关系到企业的经营管理，还对其长期竞争力和可持续发展产生深远的影响。在碳交易机制中，建立监测、报告、核查体系被视为至关重要的一环。该体系遵循"可测量、可报告、可核查"的原则和技术体系进行管理、报送和核验，以确保碳配额的发放和清缴是合理而有效的。基于精确的碳排放数据，企业能够预测碳市场的履约和碳资产交易需求，以更好地制定减排目标，并提高碳资产管理的质量。这为企业的低碳转型决策提供了坚实的依据，有助于构建零碳金融市场。

碳排放数据是碳核算的关键组成部分，根据国际能源署的数据，2022 年全球与能源相关的二氧化碳排放量达到了 368 亿吨。这些数据不仅用于监测碳排放趋势，还为资产定价提供了重要的参考依据。碳核算不仅涵盖碳排放数据，还包括温室气体排放的种类，如二氧化碳、甲烷和氮氧化物等。这些数据有助于确定不同行业和企业的碳足迹，从而更准确地估算其对气候变化的影响。例如，能源生产和运输部门通常是碳排放的主要来源之一，因此对这些行业的碳核算尤为关键。通过对这些核算数据的监测和报告，投资者和金融机构可以更好地理解企业的碳风险和机会，从而影响资产的估值和投资决策。

双碳目标提出后，我国更加重视碳核算体系建设。2021 年，中国人民银行发布《金融机构碳核算技术指南（试行）》，帮助金融机构核算自身及其投融资业务相关的碳排放量及碳减排量。2021 年 12 月，生态环境部修订了 2020 年 12 月发布的《企业温室气体排放核算方法与报告指南 发电设施（征求意见稿）》，并于 2022 年 12 月正式发布《企业温室气体排放核算与报告指南 发电设施》，解决了我国此前的碳核算技术参数链条过长等问题，规范了全国碳排放权交易市场发电行业重点排放单位的温室气体排放核算与报告工作。2022 年 8 月，国家发展改革委、统计局和生态环境部联合印发《关于加快建立统一规范的碳排放统计核算体系实施方案》，明确建立全国及地方碳排放统计核算制度，完善行业企业碳排放核算机制，建立健全重点产品碳排放核算方法。

（二）碳税和碳市场的设计与运作

完成碳排放和碳核算后，还需要对碳进行定价。碳定价机制的兴起最早可以追溯到《京都议定书》，其对减排义务的划定及提出的清洁发展机制（CDM）催生了碳排放权交易。2015 年的《巴黎协定》提出了国家自主贡献（NDCs），加速了碳定价机制的建设进程。国际上流行的碳定价机制包括碳税和碳市场机制。这两种因素在零碳金融市场中扮演着至关重要的角色，它们影响着企业的成本、盈利能力以及资产的估值。碳定价不仅要依据碳核算，还要考虑碳成本，即"社会碳成本"，指的是对碳排放的各期社会影响进行折现计算后得出的价值。2010 年，奥巴马政府曾对碳成本进行过测算，当时的结果折算到 2020 年为每吨 26 美元。政府在 2016 年进行了更新，结果显示每吨碳成本为 42 美元。然而，2017 年特朗普政府再次进行了碳成本的更新计算，得出的结论是每吨碳成本不足 7 美元。这表明在这一重要的基础性数据上，不仅政府决策层存在分歧，就连学者之间也存在较大的争议。举例来说，著名的气候经济学家诺德豪斯测算的碳成本大约为每吨 37 美元（截至 2020 年），而另一位经济学家斯特恩的方法所得出的碳成本则高达每吨 266 美元。基于绿色溢价的估算，中国的平价碳成本约为每吨 377 元，折合约为每吨 58 美元。这再次凸显了碳成本估算领域存在的多样性和不一致性。

基于碳成本的计算，我们可以进行碳定价。碳税和碳市场是两种基本的碳定价机制，它们的理论渊源可以追溯到庇古和科斯的经济思想。虽然二者都从社会净成本的角度思考外部性问题，但它们在如何内部化这些社会净成本方面存在差异。庇古提出了采用庇古税的方式，而科斯认为这是一个难以实现的设想，因为确定适当的税率颇具挑战性。相反，科斯主张通过建立明晰的产权制度，利用自由市场交易来实现外部性问题的定价。无论是碳税还是碳市场，它们都有助于减少碳排放，因为它们都增加了碳排放的成本。然而，从机制运行的内在逻辑来看，碳税和碳交易仍存在一些不同之处。碳税本质上是一个预先确定的固定碳价格，因此企业可以形成相对稳定的减排技术研发和投资回报的预期，这有助于刺激创新。碳税政策会增加企业的运营成本，为企业提供了减排的经济激励，从而影响了企业的市值和投资者的预期回报，却留下了能否有效减少排放的不确定性。与碳税的总量约束相比，碳交易的总量控制机制更好地解决了这个问题。因为碳排放总量是提前设定的，所以即使在经济过热的情况下，最终的碳排放也难以显著超越预先确定的上限。因此，碳市场相对于碳税给出了一个更为确定的碳排放量下降路线。作为一种数量型碳定价机制，碳市场引入了碳价格的不确定性。尽管如此，这种市场机制为企业提供了一种灵活的方式来管理碳成本，并鼓励更多的低碳投资。例如，当碳市场中的碳价格上涨时，企业可能会采取更多的低碳措施，以降低碳成本并提高市场竞争力。因此，碳市场的设计和运行会对资产定价和投资决策产生深远影响。

（三）碳资产评估和碳抵消机制

零碳金融市场还包括碳资产评估和碳抵消机制（CCER），这些机制有助于企业和机构评估其碳资产的价值，并采取措施来减少碳排放。碳资产评估是一项关键的分析方法，用于确定企业和项目的碳资产价值，通常涉及对碳排放成本的评估，即企业因碳排放而支付的费用，以及碳市场中碳排放权的市场价值。这些数据为企业提供了更全面的资产估值，有助于投资者更好地理解其投资组合的碳风险。

与碳资产评估相关的是碳抵消机制，它允许企业通过减少碳排放或投资于碳汇项目来抵消其排放。碳抵消信用额度是由减排项目自身排放相对于其基准线排放的差额认证后获得的，是实现低成本减排的一种方式。不同的排放交易体系碳抵消机制可以根据减排活动的地理范围和减排机制的管理方式分为国内抵消机制和国际抵消机制。国内抵消机制仅限于司法管辖区内的碳减排或封存活动，可以提高辖区内减排水平，降低履约、监测和执法负担；而国际抵消机制包括排放交易体系在司法管辖区外产生的抵消，可以极大程度扩充潜在供给量并获得更多低成本减排机会。在管理机制上，减排项目本身可能由排放交易体系政策制定者设计和管理，也可能在不同程度上依赖已有的减排机制。不同的抵消机制适用于不同的政策目标和成本效益控制，政策制定者可以根据需要选择适合的机制来实现其减排目标。CCER 在实现双碳目标中能起到推动作用，但由于交易量小、个别项目不够规范等原因在 2017 年被关停。随着重启 CCER 的呼声越来越高，生态环境部组织修订的《温室气体自愿减排交易管理暂行办法（试行）》已于 2023 年 9 月审议通过，确立了自愿减排交易市场的基本管理制度和参与各方权责，统筹碳排放权交易市场和自愿减排交易市场。

二、基于碳资产和零碳产品的资金流动机制

（一）碳交易市场的资金流动

碳交易市场为企业提供了减少碳排放并支持可持续项目的途径。根据路孚特 2022 年全球碳市场报告，2022 年全球碳排放权交易市场的总交易额达到了约 9 289 亿美元，显示出碳交易市场的规模和活跃度。国际碳行动伙伴组织的数据显示，自 2014 年以来，全球实际运行的碳市场数量从 13 个增加到了 28 个，控制排放规模从 40 亿吨增加到了 90 亿吨，占全球碳排放总量的比例从 8% 增加到了 17%。这表明碳市场的数量和控排规模正在持续增长。

随着越来越多的国家和地区制定自身的减排目标，并在"世界银行市场准备伙伴计划"的资金支持下，预计全球碳市场的数量将继续增加，控排规模也将持续扩大。随着碳市场规模的不断扩大，全球资金也将流入碳市场。碳排放权交易市场为投资者提供了投资碳市场的途径，碳市场碳价的波动也吸引了大量资本的流动。就 2022 年全球碳市场的碳价格而言，英国和欧盟碳市场的碳价最高，而中国全国碳市场的价格相对较低。全球一些主要碳市场出现了碳价波动的情况（见图 7.1）。欧盟和英国碳市场的碳价呈高位震荡趋势，这受到多种因素的影响，包括天然气供需关系的变化导致能源价格波动，俄乌冲

突导致气价和碳价脱钩，以及欧盟政策的激进性导致碳配额供需关系的变化等。新西兰碳市场的碳价波动幅度较大，整体呈下降趋势，这与该市场政策较为宽松以及受突发能源事件影响较大有关。两个亚洲碳市场的价格均呈下滑趋势，这与持续影响供需平衡的"潮汐"现象有关。

（美元）

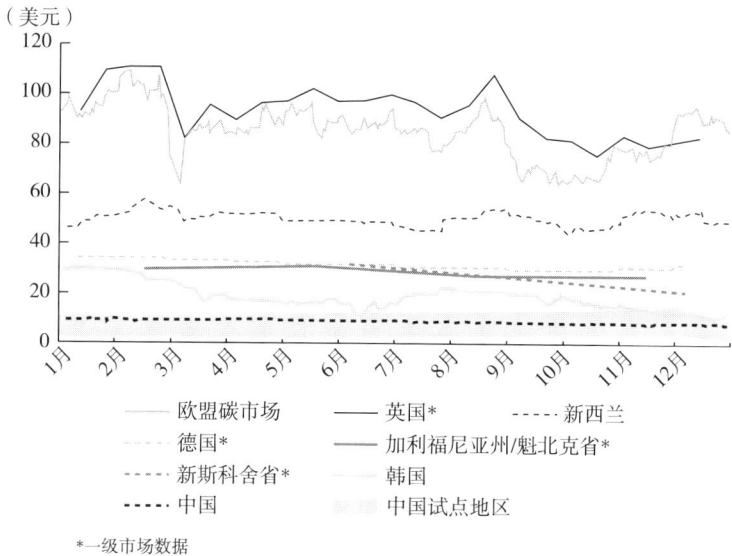

图 7.1　2022 年全球碳市场配额价格动态变化情况

资料来源：ICAP 2023 年进展报告。

（二）零碳金融产品与资金的流动

除了企业之间的碳配额交易，还有碳资产和零碳金融产品的投资和交易，这些也将引入大量资金流动。零碳金融产品的不断发展推动着资金流向可持续项目。绿色债券是一个显著的例子，它们为投资者提供了投资绿色项目的机会。气候债券倡议组织的数据显示，截至2022 年上半年，绿色债券的累计发行量已达 1.9 万亿美元，为绿色和可持续发展项目提供了大量的资金支持。这些债券的发行有助于企业筹集资金，将资金引导到清洁能源、污染治理、碳排放削减等领域，为全球碳中和目标提供了重要的资金支持。

此外，零碳金融市场还涉及其他类型的金融产品，如碳市场衍生品、碳指数、碳基金等。碳市场衍生品允许投资者对碳市场价格波动进行投机和套期保值，为市场提供了流动性。碳交易基金则专注于投资低碳和零碳行业，为投资者提供了多元化的投资选择。这些金融产品的发展有助于将资金引导到零碳金融市场，积极推动零碳金融市场的活跃发展。

三、基于多种风险类型的复合管理机制

（一）物理风险和转型风险管理

根据英格兰银行、金融稳定委员会等的研究，金融体系所面临的气候相关风险主要包括物理风险、转型风险和责任风险，尤其以前两者为主要关切点。物理风险包括海平面上升、极端气象事件和生态系统崩溃等，这些风险对企业和资产构成了潜在威胁。根据国际能源署的数据，极端气象事件对全球能源供应链的影响已引起广泛关注。极端气象事件可能导致供应链中断、能源生产中断和资产损害，这对零碳金融市场的稳定性构成了威胁。为了有效应对物理风险，企业和投资者需要采取措施来评估其资产和投资组合的暴露程度，并制定风险管理策略。这包括对资产的地理位置进行风险评估，以确定其是否容易受到物理风险的影响。此外，企业还可以考虑采取适当的保险措施来减轻风险。物理风险管理的关键在于预测和准备，以降低风险对资

产和投资组合的不利影响。

与物理风险相关的是转型风险，这涉及企业不适应低碳经济的风险。随着全球对碳排放的限制日益加强，高碳行业面临着转型的压力，包括石油和煤炭行业。这些行业可能面临资产贬值、资产成本上升以及市场需求下降等风险，这将对它们的财务状况和市值产生负面影响。这些影响可能传导至金融市场，造成更大的市场波动。例如，碳排放价格上升可能导致高碳产业的股票价格下跌，从而引发金融市场的连锁反应，包括大量抛售高碳资产和引发流动性风险。高碳资产的流动性下降可能导致金融机构在市场环境变化时难以获得稳定的资金来源，最终可能引发无法估计的损失。为了应对转型风险，企业需要制定可持续的经营战略，以适应零碳经济。这可能包括投资清洁技术、多样化业务模式以及减少碳排放。此外，金融监管机构也需要采取措施来评估和监督金融体系对转型风险的敞口，并确保金融机构具备足够的准备和能力来应对这些风险。

（二）金融系统和银行风险管理

金融系统的稳定对于零碳金融市场至关重要。金融监管机构应建立气候风险监测框架，以全面评估银行和金融机构面临的风险程度。总体而言，碳中和、碳减排等强制性政策将以多重方式影响中央银行的运作和金融稳定性。目前，气候变化风险已对中央银行的金融稳定和货币政策产生重大挑战。这一挑战可通过以下三个方面的机制来理解。首先，在金融市场中，气候风险的市场信号可能会放大其严重性，将其从个别金融机构的冲击演化为系统性金融风险，尤其是在存在金融加速器和抵押品约束机制的情况下。其次，气候变化是一个长期的、充满不确定性的过程，而金融机构通常更多地关注气候变化的平均预期损失，未充分准备应对极端情况，这在路径依赖下会增加转型风险，对金融机构的整体经营管理带来全方位挑战，进而危及整个金融体系。再次，气候变化风险具有与社会、经济和金融体系相互作用的"循环反馈"特性，其系统性影响和连锁反应巨大，加剧了系统性金融风险。气候变化风险也对中央银行的货币政策运作产生了挑战。举例来说，气候变化通过多个渠道对价格稳定产生影响，尤其是极端天气事件和政策转型可能对经济增长和通货膨胀产生短、中、长期的影响，进而影响货币政策目标的稳定性。最后，气候变化还会影响中央银行资产负债表，包括对表内资产和担保品的估值，从而影响货币政策工具的选择和使用；气候变化还可能加剧短期经济波动，导致经济结构性不平衡，从而损害中央银行对中期通胀目标和工具的评估能力，使确定合适的货币政策方向更加困难。

为了应对银行系统的这些风险，央行需要强化对气候相关风险的监测、评估和分析，建立气候风险监测框架，以确保金融系统充分认识和准备应对气候相关风险。这一框架包括对银行的气候风险暴露程度进行评估，以及确保金融机构在应对气候风险方面具备足够的能力和资源。同时，监管机构还应引导和推动金融机构加强气候变化风险管理，提高气候风险披露水平，制定应对气候风险的计划，以确保金融系统的稳定性。

（三）零碳金融市场风险管理

零碳金融市场在维护其稳定性方面需要建立强有力的风险管理体系，市场风险的管理体系要能够应对碳价格波动和碳市场不稳定性。风险管理机制要着重于市场监管、信息透明度和风险评估，这些要素是确保零碳金融市场稳健运行的关键因素。首先，市场监管在零碳金融市场中具有至关重要的地位。监管机构必须确保市场参与者严格遵循规定，以减少市场操纵和不当行为的风险。亚洲开发银行的研究表明，有效的监管可以提高市场的透明度和公平性，从而增强投资者的信心，同时促进资金流向零碳项目。其次，监管还能确保市场合规性，降低潜在风险。信息透明度在零碳金融市场中的风险管理中扮演着关键角色。投资者需要获得准确和全面的信息，以评估投资的风险和机遇。国际金融协会的指导强调，企业和发行人应提供有关碳排放、碳抵消项目以及可持续实践的详细信息。这种信息披露有助于投资者更好地了解其投资的碳足迹和潜在风险，从而能够做出更加理智的投资决策。最后，信息披露还能提高市场的透明度，防范不当行为。另外，风险评估是零碳金融市场风险管理中的核心组成部分。投资者和金融机构需要评估碳价格波动对其投资组合的潜在影响，并采取相应的对冲策略。碳价格波动可能导致投资组合价值的波动，因此投资者需要谨慎评估风险，并采取适当的措施来管理不确定性。在碳金融市场，可以利用碳期货和期权等金融工具来对冲碳价格波动。有效的风险评估和管理有助于确保投资者和金融机构能够在零碳金融市场中更加稳健地运作。

　　零碳金融市场的三大运行机制相互交织，推动了零碳经济的发展。碳资产定价机制确保了资产的准确估值，碳交易和零碳金融产品为可持续项目提供了资金支持，而多重风险管理机制确保了市场的稳定性。这些机制将五大基本要素连接起来，共同构建生态高度复合的零碳金融市场体系。

第四节 构建中国零碳金融的三个市场体系

在零碳金融市场体系构建、发展过程中，通过统筹推进各类基本要素协同发展、三大相关机制平稳运行，促进各类金融市场结构改善，对于我国实现碳达峰、碳中和战略起到至关重要的作用。复合型零碳金融市场体系包括三个重要的市场，即信贷市场、债券市场和投融资市场。构建金融市场生态的理论基础在于市场有效假说，提升效率通常是构建生态的核心，关键在于通过提升资源有效配置、降低信息不对称性、引导资金进入零碳市场，降低零碳融资约束、助力零碳金融发展。零碳金融市场生态解决的是分配和约束相互促进、相互制约的问题，重点在于通过碳定价、金融服务定价从而将外部性内部化，因此，现阶段的关键是发展碳金融交易市场和零碳信贷市场，完善零碳金融市场的价格发现机制。同时，通过提升绿债发行标准、改善绿债融资结构，提高股权融资占比，完善零碳金融市场的信息披露制度和金融服务体系，降低信息不对称性从而提升市场化程度、市场活跃度和参与度。此外，以零碳PPP与基金市场、零碳不动产投资信托与资产证券化市场作为零碳金融市场的有力补充，着力满足双碳战略的资金缺口。构建面向碳中和的零碳金融体系，三大市场必须由绿色走向零碳，解决效率与激励的问题。

一、绿色银行向零碳银行过渡

银行在实现碳中和和经济绿色转型融资中发挥着至关重要的作

用。绿色银行是指通过绿色信贷等金融产品向绿色以及节能环保技术提供融资支持的金融机构，是绿色金融的重要组成部分。实现绿色金融向零碳金融的跨越，第一步就是推动绿色银行向零碳银行过渡（朱民等，2022）。2021 年 4 月，联合国主导成立了格拉斯哥净零碳金融联盟（GFANZ），聚集了 450 多家金融机构，致力于到 2030 年实现全球温室气体排放量减半，不晚于 2050 年实现碳净零排放。同时，来自 23 个国家的 43 个银行组成了净零银行业联盟（NZBA），致力于为"奔向零碳"提供资金支持。越来越多的国家、组织、机构等在实现零碳发展上达成一致意见，也积极构建面向零碳未来的金融体系。中国承诺 2060 年实现碳中和，也必须加快构建零碳金融市场生态体系，首要应该完成绿色银行向零碳银行过渡。在此过程中，银行面临诸多问题和巨大挑战。

（一）绿色贷款规模仍不足以满足碳中和的需求

金融推动经济从绿色向低碳和零碳转型中，银行应当发挥主导作用。银行为碳中和提供金融支持的主要工具是绿色贷款，我国绿色贷款规模在全球已经处于领先地位。根据中国人民银行统计，截至 2021 年末，我国本外币绿色贷款余额达 15.9 万亿元，2021 年全年增加 3.95 万亿元，存量规模居全球第一。由于绿色贷款的统计口径比较广，如果按照支持碳中和的目标来看，投向具有碳减排效益项目的贷款达到 10.66 万亿，占绿色贷款的 67%。从行业来看，电力、热力、燃气及水生产和供应业绿色贷款的占比约 27.7%，交通、仓储和邮政业绿色贷款的占比约 26%。绿色贷款总体规模依然有限，截至 2021 年末，我国绿色贷款存量规模仅占社会融资人民币贷款存量规模的

8.3%。绿色贷款作为现阶段支持零碳转型的主要工具，年平均增量刚刚达到 2 万亿元（见图 7.2），其现存规模和增长速度不足以满足碳中和的需求。

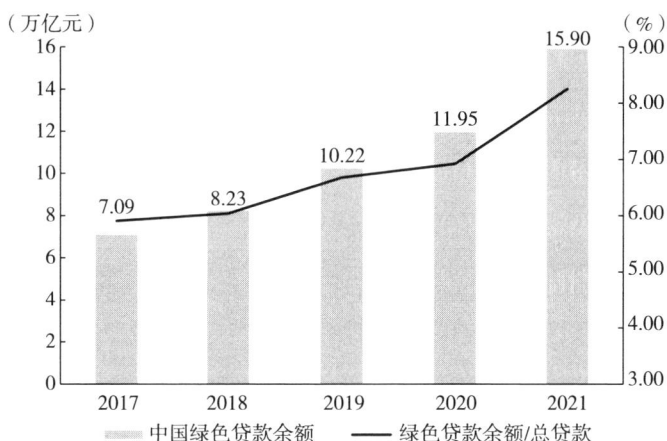

图 7.2　2017 年—2021 年中国主要金融机构绿色贷款余额

资料来源：CEIC。

其中，根据清华大学气候变化与可持续发展研究院发布的《中国长期低碳发展战略与转型路径研究》报告预测，为实现 1.5℃目标导向转型路径，需累计新增投资约 138 万亿元，即年度新增投资约 4.6 万亿元，每年投入超过 GDP 的 2.5%。随着零碳目标推进，零碳投资规模将十分庞大，绿色贷款并不足以填补巨大的资金缺口。

（二）绿色贷款增长迅速，但发展很不平衡

中国的绿色贷款虽然增速很快，但是发展很不平衡。首先，国有银行和政策性银行作为绿色贷款发放主体的占比很大，中小型商业银行绿色贷款占比低。2021 年"中农工建"四大行绿色信贷余额在绿色

信贷市场占比接近 50%（如图 7.3 所示）。其次，绿色贷款投放行业多集中在清洁能源开发和交通、仓储运输等行业，这几个行业的信贷余额比重超过了 50%，而其他投资回收期长但资金缺口大的项目，例如绿色农业林业开发、建筑节能及绿色建筑、节能环保服务等绿色"公共物品"项目，得到的贷款资金支持却十分有限。同时，绿色贷款对高耗能行业的转型金融支持不足，简单粗暴地断供减贷不利于能源结构转型（殷书炉等，2022）。再次，绿色信贷项目大多集中在央企、大型国企、上市公司等绿色行业的头部企业，在贷款期限、利率定价等方面的优惠力度较大，而绿色贷款对中小企业的支持却十分有限，苛刻的准入条件和贷款标准难以满足这些企业的融资需求（安国俊，2021）。最后，绿色信贷的区域发展不平衡，东部地区和中部地区的绿色贷款余额增速和比重较高。截至 2020 年末，东部和中部地区绿色贷款增速分别达到 23.5% 和 26.6%，仅东部地区绿色贷款比重即达到 51.8%，而西部和东北地区绿色贷款增速分别为 14.5% 和 12.4%。

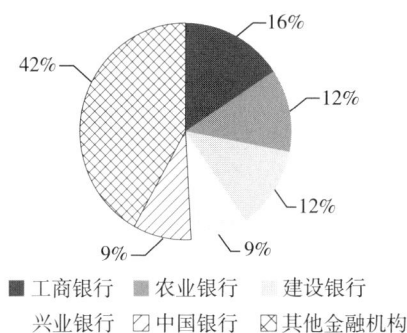

图 7.3　2021 年银行绿色信贷市场份额

资料来源：Wind。

（三）绿色信贷向零碳信贷过渡，需解决错配、风险和激励的问题

要有效发挥绿色信贷对零碳转型的推动作用，需要解决其固有的短板问题。第一个问题是贷款期限与项目严重错配（成琼文等，2021）。绿色转型和零碳技术的开发往往时间比较长，而商业银行往往倾向于发放短期流动资金贷款，这种现状给公司治理机制带来了挑战，并引发资金流动性压力，无法满足零碳转型融资在期限上的要求。第二个问题是风险管理（Cui et al.，2018）。传统的以市场为导向的授信定价模型无法适用于绿色信贷，加之绿色投资的回报率不稳定，大部分绿色信贷的还款方式依赖于政府补助，而全面信贷风险防控体系尚未建立。第三个问题是激励（龙卫洋等，2013）。我国缺乏完善的约束和激励机制，推行绿色信贷多以政府政策引导为主，动机大多停留在履行社会责任的阶段，容易出现"漂绿"的现象。由于绿色行业的平均盈利水平较低，商业银行的盈利空间有限，业务可持续性难以保障，导致绿色贷款的连续性较差。从绿色向零碳过渡，必须同时解决这三个主要问题。解决项目周期错配的问题，可以通过针对重点项目、企业放宽融资期限限制，逐步增加零碳债券和零碳权益类投资的比例；解决风险问题可以通过引入第三方担保、创新环境金融衍生品、运用环境风险保险等措施来分散商业银行承担的环境和社会风险，并建立长效预警机制；解决激励问题可以通过货币政策设立专门的减排支持工具，通过财政政策为绿色信贷提供贴息支持，降低绿色项目融资成本，充分发挥碳交易市场在价格信号、行为激励和资金配置方面的作用。同时，银行应当积极开展气候和环境风险压力测试，以增强零碳转型的动力。中国人民银行和监管部门应牵头组织宏观层面的环境和气候风险分析，并将气候变化因素纳入中国金融机构的压力测试范畴。

（四）绿色银行向零碳银行过渡，需拓展零碳业务

绿色银行向零碳银行过渡，需进一步丰富零碳业务。目前银行的绿色业务主要集中在绿色信贷，其他业务特别是零售业务依然未能向零碳转变。中国银行业向零碳银行的转变需致力于拓展零碳业务，可聚焦于资产业务、负债业务以及中间业务方面的零碳产品、服务创新。资产业务方面，积极探索碳排放权质押贷款、碳收益支持票据、零碳经营贷款等；为个人客户提供零碳消费信贷、新能源汽车贷款、绿色住房贷款，发行零碳信用卡。负债业务方面，发行零碳投资债券、碳项目收益债券，发行零碳结构性存款、碳中和借记卡等。中间业务方面，创新零碳理财产品和零碳私行服务，开展碳交易财务顾问等新型投行类产品创新（见图 7.4）。

资产业务	负债业务	中间业务
·碳排放权质押贷款 ·零碳经营贷款 ·零碳消费信贷 ·零碳节能贷款 ·新能源汽车贷款 ·绿色住房贷款 ·零碳信用卡	·零碳投资债券 ·碳项目收益 ·零碳结构性存款 ·零碳储蓄卡	·零碳理财产品 ·零碳私行服务 ·碳交易顾问

图 7.4　银行零碳业务

二、绿色债券助力零碳金融生态构建

绿色债券是以债券形式筹集资金、发展绿色产业的一种金融形式（陈骁等，2022）。相比于绿色信贷，绿色债券发行主体更加丰富，资金投向更加明确，融资难度更低，可以对绿色信贷形成有益补充。同时，绿色债券市场发展也面临着诸多挑战。大力发展绿色债券

市场有助于构建完善的零碳金融体系。

（一）中国绿色债券发展迅速，总量已居世界前列

2016 年被认为是中国绿色债券市场的元年，绿色债券一经启动，发行量就跃居全球之首。截至 2021 年底，我国绿色债券累计发行量已达 2.4 万亿元，绿色债券余额达到 1.8 万亿元。中国绿色债券市场增长十分迅速，年均发行近 4 000 亿元，市场规模年均增长超过 30%。从绿色债券发行总量来看，2021 年绿色债券发行期数和发行规模占债券市场总发行期数和发行规模的比例超过 1%（见图 7.5），绿色债券的市场占有率还有较大提升空间。预计未来绿色债券将有较大的市场需求，随着新冠疫情大流行后经济的全面恢复，绿色项目建设将持续快速推进，项目资金需求将持续增加。此外，未来五年内，中国有 60% 的绿色债券（10 539 亿元）将到期，绿色债券市场到期的再融资需求将会有所增加。

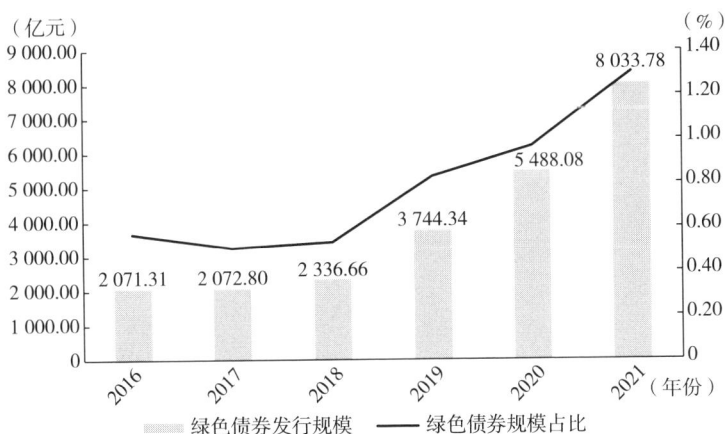

图 7.5 中国绿色债券年发行规模

资料来源：Wind。

中国发行的绿债规模虽然体量巨大、增速迅猛，但大量国标绿债难以纳入国际标准，是亟须解决的问题。截至 2020 年底，同时符合国内绿色债券标准和气候债券倡议组织（CBI）标准的绿色债券市场余额为 4 686 亿元人民币，仅占绿色债券总余额的 51%。此外，只符合国内标准的绿色债券规模为 4 488 亿元人民币，说明国内外绿色债券标准差异较大，统一标准及纳入国际化认证是亟须解决的问题。

（二）绿色向零碳过渡，绿色债券应当更加多元化

目前，绿色债券的规模正在不断扩大，种类更应该走向多元化，以支持碳中和与零碳转型过程中的各种资金需求。从募集资金的使用情况来看，中国绿色债券的 70% 左右投向了清洁能源、清洁交通、污染防治、资源节约和生态保护，而对于工业转型等领域的投资十分有限（见图 7.6）。

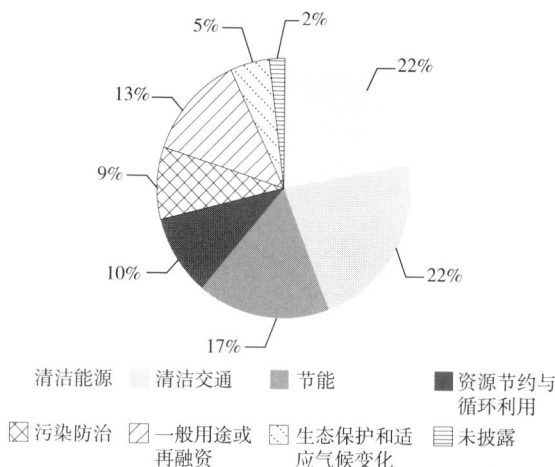

图 7.6　绿色债券募集资金使用情况

资料来源：Wind。

从发行主体来看，绿色债券的发行主体过于单一。2021年，我国绿色债券发行主体主要集中于国有企业（270家），所发绿色债券期数为591期，发行规模达5 844.9亿元，占比为72.8%；有16个地方政府发行绿色债券129期，发行规模为2 011.1亿元；有14家民营企业发行绿色债券28期，发行规模为106.8亿元；有3家公众企业发行绿色债券5期，发行规模为65.0亿元。此外，分别有1期中外合资企业和外商独资企业发行绿色债券，发行规模均为3亿元（见图7.7）。

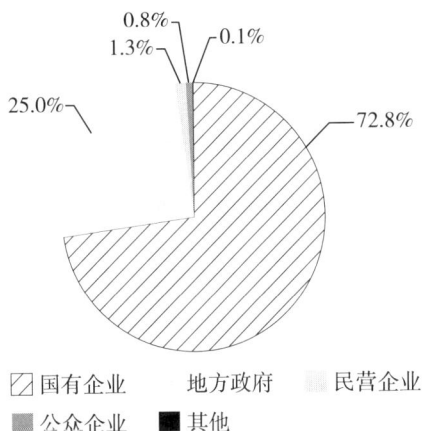

图7.7　2021年绿色债券发行主体性质统计

资料来源：Wind。

同时，我国新发绿色债券品种也在不断扩大。2021年，新发绿色债券涵盖债券市场大多数信用债品种，包括但不限于金融债、企业债、公司债、中期票据、资产支持证券、私募债、PPN、超短期融资券、地方政府债与项目收益票据，绿色债券品种进一步丰富（见表7.1）。

表 7.1　2017 年—2021 年国内绿色债券发行品种

债券品种	2017 年		2018 年		2019 年		2020 年		2021 年	
	数量（只）	规模（亿元）	数量（只）	规模（亿元）	数量（只）	规模（亿元）	数量（只）	规模（亿元）	数量（只）	规模（亿元）
金融债	44	1 234	38	1 289	31	834	11	252	31	1 131
企业债	22	317	21	214	39	480	46	477	38	396
公司债	27	2	33	376	65	606	91	732	108	853
中期票据	7	79	17	173	22	296	30	339	157	1 676
绿色ABS	67	146	96	141	177	510	90	337	222	1 182
地方政府债	0	0	13	132	73	788	196	3 286	128	2 001
PPN	5	38	2	15	4	27	3	16	8	30
超短期融资券	1	2	0	0	1	5	6	37	61	755

资料来源：Wind。

　　为更好地助力实现碳达峰、碳中和目标，我国应该促进绿色债券模式创新，形成多元化产品体系，调动市场积极性。在绿色债券品种上，除对公司债、金融债、定向工具等多种绿色债券进行完善外，还应持续开发绿色债券新品种，碳中和债就是其中一个重要的探索方向（鲁政委等，2022）。截至 2021 年底，碳中和债约占绿色债券发行总量的 23%，充分说明创新型债券有利于激发市场活力，增强投资者的投资热情。在绿色债券实施上，应与传统债券协同互补、共同进步，形成良性循环体系（Reboredo et al.，2020）。在绿色债券经济后果上，加强绿色债券改革创新，进一步规范和修订相关政策和标准。

（三）从绿色向零碳过渡，绿色债券应当更多支持零碳转型

要想实现碳中和，实现绿色向零碳的过渡，不仅要支持纯绿色项目（如清洁能源、新建的绿色交通和绿色建筑项目等），还要支持高碳企业以及化石能源企业向清洁能源转型、对老旧建筑进行低碳零碳改造、对高碳生产进行零碳转型等（陈诗一等，2022）。经济转型活动往往需要有效的激励、补偿、引导和协调机制，在现阶段的绿色金融支持中，对转型经济活动的金融支持力度还远远不够。国际上，欧洲已经开始建立直达的转型基金，推出转型债券、保险等金融工具，支持传统能源行业引入新能源项目，从而向低碳和零碳转型。我国应参考国际经验，结合中国的绿色转型存在中央政府、地方政府与企业三重综合委托代理结构的特点，建立央地零碳转型的响应和联动机制，实现转型过程中各利益主体成本与收益的平衡，扩大对企业绿色转型的支持范围并提高支持强度。

（四）绿色债券与国际接轨需尽快完成标准统一

中国绿色债券的发行规模已位居世界前列，但是能够达到国际标准的比例仅占 50% 左右。国内绿色债券未能达到国际标准的原因主要有三个（见图 7.8）。第一，债券募集资金用于绿色项目的比例未达标，国际标准（CBI 和 ICMA3）要求全部募集资金 100% 投入绿色项目，而国内要求募集资金的 70%—80% 投向绿色项目即可[①]。第二，募集资金投向的项目类别未纳入 CBI 等国际标准，例如中国 2021 年之前的《绿色债券支持项目目录》仍然包括煤炭等化石能源

[①]　沪深交易所的绿色公司债要求70%以上，国家发展改革委管辖的绿色公司债要求80% 以上

项目。第三，中国绿色债券信息披露机制尚不完备，难以确定募集资金的投向。目前，我国绿色金融债、绿色债务融资工具分别按照季度、半年披露募集资金使用情况，不同品种的绿色债券信息披露频率、内容存在差异，且仅有绿色金融债的存续期信息披露模板，其他绿色债券品种信息披露有待进一步明确、细化。

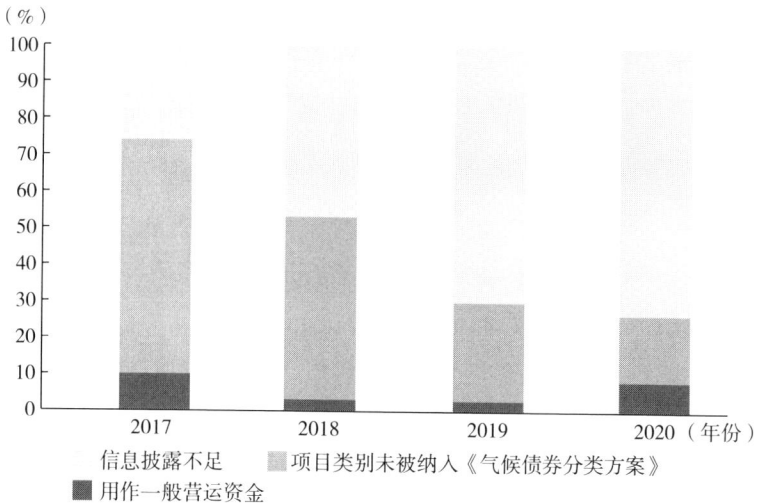

图 7.8　2017 年—2020 年中国绿色债券不符合 CBI 绿色债券标准的原因

资料来源：气候债券倡议组织。

　　中国的绿色债券市场与国际接轨需尽快完成标准统一。绿色债券的定义分为国际标准和国内标准，其中国际标准参照国际资本市场协会制定的《绿色债券原则》（Green Bond Principles，简称为 GBP）和气候债券倡议组织制定的《气候债券标准》（CBS）；而国内绿色债券标准目前主要参照央行等多部门联合发布的《绿色债券支持项目目录（2021 年版）》。国内标准虽然与国际标准逐渐趋同，但是细节仍存在较大差异，这不仅导致国内外绿色债券的相互认定存在困难，也加大了绿色债券跨境投资和交易的成本。同时，绿色债券监管机制尚待完善（巴曙松等，2019）。绿色债券第三方认证的规模逐渐扩大，2020年共有 97 期绿色债券进行第三方评估认证，其中专业咨询机构、信用评级机构在第三方认证总期数中占比高达 92.78%，共为 90 期绿色债券提供第三方认证。但是对于绿色债券的第三方认证业务缺乏统一标准，各个机构的认证质量参差不齐，完善认证流程和统一认证标准的问题亟待解决。

三、构建零碳投融资市场体系

绿色产业和零碳转型融资中的三个痛点问题是资金需求巨大、投资周期长、投资风险高，建立绿色资本市场和完善投融资体系可以很好地解决以上三个问题。首先，绿色资本市场能够发挥资本供给和直接融资的功能，引导社会资本投向绿色产业可以解决绿色资本供给不足的问题。其次，资本市场具有风险分散的功能，能够有效地分摊风险。最后，资本市场可以发挥价格和市场优势，发挥资源配置的作用。同时，支持绿色企业上市融资，引导更多中长期资金进入绿色和零碳产业行业，可以获取产业发展资金，分散企业发展风险，缓解绿色企业的融资难问题，更好地支持经济的零碳转型。

（一）加大股权投资比例，构建多元化的投融资体系

中国目前的绿色投资结构过于单一化。90% 以上的绿色资金来源于绿色信贷，而绿色债券和股权融资的比重很低，社会资本融资严重不足。截至 2020 年末，A 股共有生态保护和环境治理业上市公司 53

家，合计首次公开发行募资总额为 327.44 亿元。其中，仅 2020 年就
有 13 家登陆 A 股，IPO 募资合计 116.33 亿元，占比分别为 24.53% 和
35.53%。2020 年，沪深交易所发行 99 只绿色公司债券（债券名称中
含"绿色"），发行规模合计 779.5 亿元，较 2019 年增长 24.49%。但
从绿色产业的特点可以看出，绿色投资领域具有一定的公益性与外部
性，在投资周期、投资回报、投资风险方面与社会资本的属性不完全
匹配，社会资本投资仍不足。

（二）构建多层次的碳中和产业基金，大力发展零碳 PPP

我国绿色基金虽然起步相对较晚，但发展迅速。近年来，随着绿
色发展战略的推进，我国的绿色金融市场加快建设，绿色基金也应运
而生。2016 年，央行等七部委联合发布的《指导意见》明确提出，通
过政府和社会资本合作（Public–Private Partnerships，简称为 PPP）模
式动员社会资本，支持设立各类绿色发展基金，并实行市场化运作。

目前的绿色产业基金包括绿色产业投资基金、绿色产业并购基金、
PPP 环保产业基金等多种形式。中国现有的绿色产业基金以政府引导
的绿色基金为主。其中，最具成效的是采用 PPP 模式的产业基金，即
以产业基金形式直接或间接投资 PPP 项目的一种基金，实现了 PPP 产
业基金在绿色行业的外延。近年来，绿色 PPP 项目数量和投资规模不
断增长，且落地项目持续增加。如图 7.9 所示，截至 2020 年末，累计
绿色 PPP 项目数量已达 5 826 个，占比超过 58%。绿色产业项目适合
发展 PPP 模式，但是绿色 PPP 当前对于财政补贴的过度依赖性、国有
企业市场份额过高、融资方式单一等问题限制了其发展。从绿色产业
基金向零碳产业基金发展，一方面保留着 PPP 模式的项目运营特征，

使各级政府可以直接或间接参与零碳 PPP 项目中，以达到补充资金缺口的目的；另一方面通过政府牵头，丰富零碳 PPP 参与主体，鼓励民间资本、养老金、金融机构、国外资本等参与 PPP 融资，增加民营企业的参与度，以促进资金更多地流向碳中和急需的技术和部门。同时，零碳 PPP 要建立对项目方案科学有效的评价体系和"零碳"标准，还需要通过增强监督和建立法律约束来降低政府违约风险。

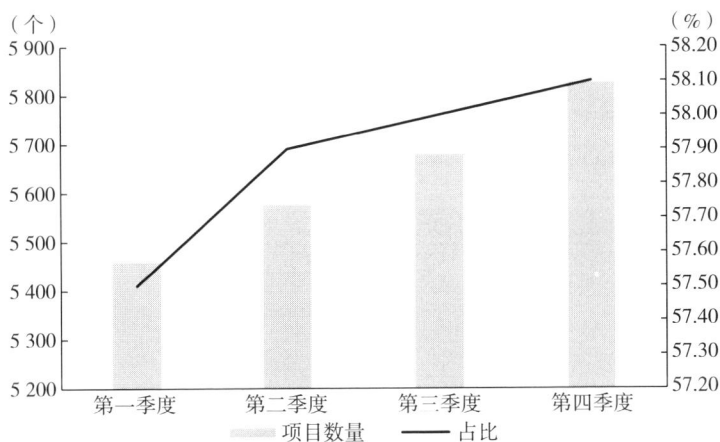

图 7.9　2020 年绿色 PPP 项目数量及占比

资料来源：财政部政府和社会资本合作中心。

（三）指引绿色企业上市，推动零碳资产证券化

近年来，资本市场对绿色产业的扶持力度不断提高，但由于"绿色"概念较为抽象，各部门对"绿色产业"的边界界定不一，导致各类扶持政策无法聚焦，存在泛绿化的现象，不利于绿色产业的发展，因此，政府各部门对绿色产业标准进行了规范，2019 年 3 月国家发展改革委等七部委联合印发的《绿色产业指导目录（2019 年版）》。首次从产业的角度全面界定了全产业链的绿色标准与范围，是目前我

国关于界定绿色产业和项目最全面、最详细的指引，在债券、信贷、股票、基金和保险等领域具有普遍适用性，能有效减少因多重标准引起的绿色识别成本增加。2016 年央行等七部委联合印发《关于构建绿色金融体系的指导意见》，明确了证券市场支持绿色投资的重要作用，要求积极支持符合条件的绿色企业上市融资和再融资。

在指引绿色企业上市的过程中，政府应该着力解决以下三个问题。第一，打通股权市场的绿色划分与绿色产业目录。股权市场对企业的划分通常采用国民经济行业分类以及中国证监会行业分类，目前普遍将中国证监会的二级分类生态保护和环境治理作为绿色企业，与《绿色产业指导目录（2019 版）》相比，范围明显较小。因此，打通股权市场的绿色划分与绿色产业目录至关重要。第二，要加快制定股权市场绿色企业认证标准。支持绿色企业上市融资，首先要对绿色企业进行认证。由于绿色企业认定缺乏标准，政府应该尽快出台股权市场绿色企业认定标准，加快企业绿色认证步伐。第三，要完善绿色企业技术价值评估体系。绿色产业大部分属于高技术产业，技术作为知识产权的价值评估应当引起足够重视。建立权威的价值评估机构，完善绿色产业技术价值评估体系，提高绿色产业证券化无形资产现产权交易比例，使绿色产业资产核算更加合理，提高企业上市能力。同时，在操作层面可以支持绿色企业优先上市。在明确绿色产业和企业认定标准的基础上，优先对绿色企业进行 IPO 审核或备案，缩短审核时间；此外，适度放宽募集资金用于补充绿色企业流动资金或偿还银行贷款的金额和比例限制，加快绿色企业上市及再融资步伐。健全多层次绿色资本市场。鉴于现阶段 IPO 进程比较缓慢，绿色企业短期内在场内市场上市融资仍较为困难，全国中小企业股份转让系统（新三板市场）可采取有效措施鼓励绿色企业挂牌转让股份，对符合条件的挂牌企业开展转板试点，并对绿色企业制定相应的优先政策，发挥新成立的北京证券交易所对中小企业的上市支持优势，鼓励更多的绿色中小企业进行上市融资。

在指引绿色企业上市的同时，也要推动零碳资产的证券化。零碳资产证券化以未来的现金流作为基础资产进行结构化融资，利用SPV、破产隔离等措施独立于原始权益人的整体资质，具有增强资产的流动性、降低融资成本、优化资产负债管理的优势。绿色资产证券化的基础资产从信贷资产逐步向清洁能源、污水处理、节能技术等一系列绿色产业子行业扩延。在绿色市场融资需求巨大与绿色ABS市场规范和监督管理体系不断完善的情况下，绿色ABS及ABN是未来绿色债券市场的一片蓝海。当前绿色资产证券化发行与创新态势迅猛，规范化程度提高，2019年发行量较2018年增长了3.5倍（见图7.10）。

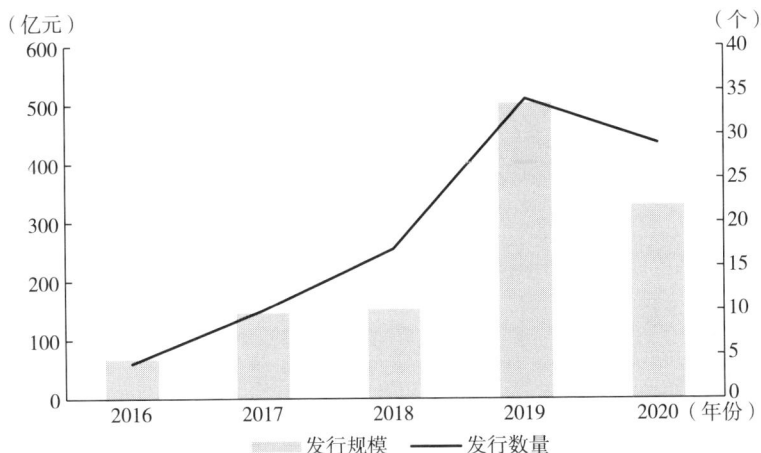

图7.10　2016年—2020年绿色资产证券化产品发行规模及数量

资料来源：Wind、中央结算公司。

（四）发展零碳指数产品，丰富零碳投资类型

2021 年 9 月 14 日发布的《关于深化生态保护补偿制度改革的意见》正式提出要建立绿色股票指数，完善市场交易机制。随着绿色金融的不断发展，上证 180 碳效率指数、生态 100 主题指数、中证财通中国可持续发展 100 指数等绿色指数及产品不断涌现，促进二级市场投资者对于绿色产业投资的关注度提升。中证财通中国可持续发展 100 指数是根据 ECPI ESG 评级方法，从沪深 300 指数样本股中挑选 ESG 评级较高的 100 只公司股票组成样本股，以反映沪深 300 指数中 ECPI ESG 评级较高公司股票的走势。目前，上海证券交易所绿色指数共有 67 条，主要包括环保产业、ESG、绿色债券、绿色环境、绿色收入与风险、公司治理等相关指数（见图 7.11），并配套发行了上证社会责任 ETF 和广发中证环保 ETF 等绿色 ETF 产品。指数产品也需要继续向零碳指数产品发展。

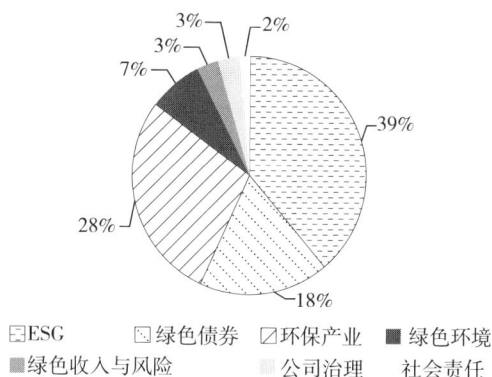

图 7.11　上交所绿色指数分类及占比

资料来源：上海证券交易所。

第五节　从碳达峰走向碳中和：零碳金融市场生态体系的动态演变

一、双碳战略下投融资资金需求巨大，零碳融资缺口明显

根据不同机构的测算，中国未来 30 年推动低碳至零碳路径所需的总投资在 70 万亿到 170 万亿元（见表 7.2），涉及可再生资源利用、能效提升、终端消费电气化、零碳发电技术、储能、氢能和数字化等多个领域。其中，根据清华大学气候变化与可持续发展研究院发布的《中国长期低碳发展战略与转型路径研究》报告预测，为实现 1.5℃温控目标导向转型路径，需累计新增投资约 138 万亿元，即年度新增投资约 4.6 万亿元，每年投入超过 GDP 的 2.5%。随着零碳目标的推进，零碳投资规模将十分庞大。

表 7.2　我国碳达峰、碳中和资金需求预测

研究机构	情景假设	时间区间	总投资规模（万亿元）	年均投资规模（万亿元）	
				2021 年—2030 年	2031 年—2060 年
清华大学气候变化与可持续发展研究院	2.0℃情景	2021 年—2050 年	127.24	4.2	4.2
	1.5℃情景	2021 年—2050 年	174.38	5.8	5.8
国家发展改革委价格监测中心	碳中和	2021 年—2060 年	139	3.1—3.6	3.4—3.6
中国投资协会	碳中和	2021 年—2050 年	70	2.3	2.3
中金公司	碳中和	2021 年—2060 年	139	2.2	3.9

资料来源：各研究机构。

二、融资需求聚焦于中长期，碳中和阶段融资压力激增

　　根据中金公司的预测，碳达峰阶段的融资需求为 2.2 万亿元 / 年，目标相对容易实现，但碳中和阶段的融资需求达到 3.9 万亿元 / 年，整体压力较大。2021 年—2030 年的融资缺口达到年均 5 400 亿元左右，而自 2031 年之后融资缺口将上涨至 1.3 万亿元 / 年。原因在于达到碳达峰目标后，多数行业减排壁垒较高、技术创新实现难度大，企业的融资需求集中在中长期，导致投融资缺口后置。

　　具体而言，中国目前的绿色投资结构过于单一化。90% 以上的绿色资金来源于绿色信贷，绿色债券和股权融资的比重很低，社会资本融资严重不足。预计在碳达峰阶段，股权融资占比将显著提升，由原有的 3% 上涨至 30%，而在碳中和阶段，债券融资将替代一部分信贷融资，占比由 8% 上升至 10%。信贷融资占比则大幅下降，由现阶段的 90% 下降至碳中和阶段的 60%（见图 7.12 ）。其中，从具体行业来看，为实现碳中和目标，电力行业的绿色投资需求最大，达到 67.4 万亿元，其次为交通运输和建筑行业，分别为 37.4 万亿元和 22.3 万亿元。

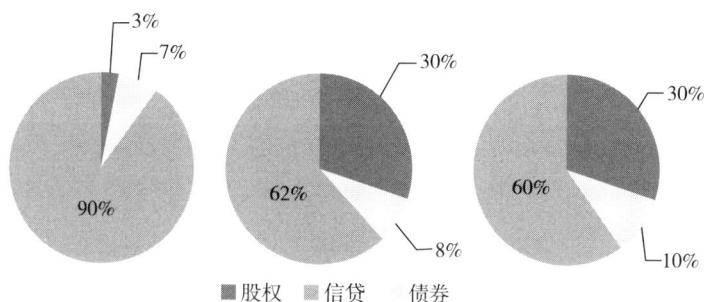

图 7.12　绿色金融投资现有机构及预计碳达峰、碳中和投资结构

数据来源：中金公司。

三、数字经济与零碳金融市场的深度融合

数字经济已成为中国经济的重要组成部分，为零碳金融市场的深度融合提供了强大动力。零碳金融市场的基础之一是准确的碳数据，用于测量、报告和验证碳排放量。随着互联网技术的普及，碳数据的采集、分析和共享变得更加高效。传统上，碳核算是一项耗时且昂贵的任务，但随着技术的进步，碳核算变得更加高效和精确。传感器、卫星技术和地理信息系统的应用使得监测碳排放和森林健康等环境数据变得更加容易。例如，卫星数据可以用于监测森林覆盖率的变化，从而帮助管理森林碳储量。这些技术的引入提高了碳数据的可用性和实时性，有助于零碳金融市场更好地理解碳足迹和环境风险。

云计算和大数据分析技术使得监测碳排放、评估碳足迹和预测气候变化趋势变得更加精确。此外，区块链技术为碳抵消凭证的追溯提供了可信赖的解决方案，从而增强了投资者对零碳资产的信任。数字支付和金融科技工具为投资者提供了更多参与零碳金融市场的途径，加快了资金流入可持续项目的速度。然而，数字经济的发展也引发了数据隐私和安全性的问题，需要加强监管和风险管理。

第六节　结论

构建零碳金融市场的生态体系，实现从绿色金融向零碳金融的过渡，对于加速 2060 碳中和目标的实现至关重要。尽管全球已经确立了碳中和目标，但如何引导大规模资金流向碳中和项目仍然充满挑战。零碳金融市场的构建成为金融领域零碳转型的核心组成部分和关

键着力点。金融体系的零碳转型已经成为全球金融行业的发展前沿，而零碳金融市场则是实现这一转型的关键组成部分。构建复合型的零碳金融市场生态体系需要从基本要素、运行机制和市场体系三个方面考虑。在市场层面，需要解决融资结构单一和发展不平衡的问题。此外，必须积极发展零碳资本市场，建立健全碳排放权交易市场的制度和机制，以充分发挥市场在资源配置方面的作用。在微观层面，必须不断完善零碳金融市场的机制和制度。在宏观层面，应该构建高效透明的复合型零碳金融市场生态，涵盖企业、金融机构、政府和监管部门，同时与国际零碳标准和市场相衔接，打造世界领先的零碳金融体系。

第八章

◆

在实践中创新：
开展中国零碳金融的试点示范

朱 民 郑重阳 潘泓宇[*]

* 潘泓宇：阿联酋驻华大使馆经济事务处高级经济研究员

第一节　引言

2020 年 9 月，习近平主席在第七十五届联合国大会一般性辩论上宣布："中国将提高国家自主贡献力度，采取更加有力的政策和措施，二氧化碳排放力争于 2030 年前达到峰值，努力争取 2060 年前实现碳中和。"碳达峰碳中和已成为决定中国未来 40 年再创辉煌的最主要决定因素。

依据国际经验，金融业是推动碳中和转型的最主要抓手：第一，金融将在碳中和转型过程中为规模巨大、借款期较长、风险和不确定性较高的碳中和资金需求进行融资；第二，金融将通过信息披露和融资导向推进和指引经济结构向低碳和零碳转型，并推动零碳产业的发展；第三，金融是推动零碳科技创新的最主要力量之一；第四，碳中和转型将重新定义资产价格，重塑国家、产业、企业和居民的资产负债表，金融将在这一进程中管理碳中和转型的金融风险；第五，金融导向将引导居民消费向零碳和低碳转型。在上述过程中，金融业也将实现自身向零碳金融的系统转型。这些金融支持碳中和的任务及功能可进一步深化提炼为"零碳金融"，包括零碳投融资、支持零碳科技创新、零碳转型金融、管理零碳转型的金融风险、金融体系自身的零碳转型五大功能。中央已经迅速制定和出台一系列推进零碳金融发展的指导政策，各个地区的实践创新方兴未艾，反映出我国构建世界领先的零碳金融体系的制度优势。

改革开放以来，发挥地方积极主动性、开展地方试点、复制推广是"摸着石头过河"的中国经验模式与体制机制优势的具体体现，中国金融体系探索如何支持碳减排、碳中和可以进一步继承与发扬这种优势。自 2017 年以来，六省（自治区）九地相继获批绿色金融改革试验区，为全国各地绿色金融体系的构建提供了诸多可复制、可推广的模式及经验。Huang 和 Zhang（2021）应用 PSM–DID 方法开展的一项实证研究表明，中国设立绿色金融试验区可以有效减少环境污染，绿色金融政策确实有利于环境改善。绿色金融试点不仅带动了本地绿色低碳转型，也助推全国绿色金融体系走在世界前列。面向支持双碳目标，中国绿色金融体系已具备进一步迭代升级的基础，很多地区也率先行动起来，希望通过碳中和契机实现后发先至，从重点支持有限时空范围内的环境改善、资源节约转向支持超长周期、超大规模、覆盖全国、触及全球的低碳与零碳转型，成为国际性、区域性的绿色低碳金融中心。

鉴于此，可在现有绿色金融、气候投融资等金融支持碳中和转型试点示范的基础上开展零碳金融体系试点建设，助推中国走向又一轮范式革命新辉煌。本章将从中央、地方绿色金融政策框架出发，提炼绿色金融地方实践创新中的有益模式及经验，特别是致力于实现双碳目标的有力举措，同时借鉴国际先进经验，提出地区开展试点示范建设零碳金融体系的若干建议。

第二节　地方试点是我国绿色金融的鲜活亮点

我国绿色金融试验区在先试先行政策支持下为落实国家宏观战略、推动地方绿色发展提供了诸多可复制、可推广的经验模式，有力地支持了全国绿色金融体系建设。地区试点支持了中国绿色金融迅速走向世界前列，为进一步支持减碳零碳转型，推动绿色金融体系进一步迭代升级奠定了坚实基础。

一、地方试点示范推广绿色金融体系建设经验

2015 年，中央出台《关于加快推进生态文明建设的意见》《生态文明体制改革总体方案》，由上至下确立了利用金融手段支持绿色发展、可持续发展的总方针。2016 年 8 月，中国人民银行、财政部等七部委根据中央总体战略部署制定并公布了《关于构建绿色金融体系的指导意见》，明确了构建绿色金融体系的总方案，提出开展地方试点示范建设绿色金融体系的行动任务。

为支持与规范各地建设绿色金融体系，推广复制试点示范的有益经验，国家发展改革委、中国人民银行、外汇局、银保监会、中国证监会、生态环境部等又相继出台若干文件。国际合作方面，《关于金融支持粤港澳大湾区建设的意见》提出，推动粤港澳大湾区绿色金融合作机制建设、开展碳排放交易外汇试点、允许境内主体发行境外绿色债券等。绿色标准方面，发布《绿色产业指导目录 2019》《绿色债券支持项目目录（2021 年版）》，对绿色标准有了进一步修订，同时兼顾与国际标准对接，为各地金融机构支持绿色低碳经济发展确立了更加一致的基准线。环境信息披露方面，中国人民银行发布的《金融机构环境信息披露指南》《环境权益融资工具》两项行业标准为各地金融机构环境信息与风险防控体系建设确立了坐标系，生态环境部出台的《环境信息依法披露制度改革方案》也将为各地环境信息披露制

度建设提供具体的指导意见。

（一）开展错位试点，特点特色鲜明

2017 年 6 月，位于浙江、广东、江西和新疆等四省（自治区）的七大试点地区（湖州、衢州、广州、赣江新区、哈密、昌吉、克拉玛依）的试点方案密集出台，2018 年、2019 年又新增贵州贵安新区、甘肃兰州新区两地，构成了试点示范建设绿色金融体系的"六省九地"格局。按照各有侧重、各具特色的试点原则，六个地级行政区与三个国家级新区在辖区范围、区情区况、任务侧重等方面具有鲜明的错位试点特征。

浙江省的湖州与衢州依据自身优越的自然生态禀赋与生态文明建设成绩，成为绿色金融易于生根的优良培养基地、发展壮大的传播利器，将重点目标确立为绿色融资规模较快增长、"两高一剩"行业融资逐年下降，同时分别将绿色产业创新升级、传统产业绿色改造转型作为两地试点的不同侧重点。广州试验区强调了金融支持战略性支柱产业绿色发展的主线任务，金融深化程度较高、紧邻港澳的独特优势又使其更多肩负了探索绿色直接融资、绿色金融国际合作模式及经验的使命。江西赣江新区是国家级新区，修复生态环境的历史包袱轻，试点方案聚焦于金融支持绿色产业发展和支柱产业绿色转型升级，特别是光电信息、生物医药、智能装备、新能源与新材料、有机硅、现代轻纺等六大高新技术产业。新疆选定的三大试验区在农业、自然资源、清洁能源、能源高端装备和环境基础等方面具有比较优势，主要围绕重大绿色基础产业项目开发、石化冶金行业治理升级、绿色生态农业发展和生态环境保护工程建设等任务，推动大规模与长周期的投资，协调绿色信贷、绿色债券、绿色股权、PPP 协同发力。2018 年、2019 年新增的贵安新区、兰州新区分别是长江、黄河上游生态保护区与修复区的典型代表，金融支持其绿色低碳发展将为众多同类型地区发展提供有益经验。

（二）八大任务模块构成试点示范"四梁八柱"

总结以上"六省九地"的试点方案发现，这些试点初步形成了组织体系、产品与服务、多元融资渠道、环境权益交易市场、绿色保险、金融基础设施、支持地方发展与风险防范机制、国际合作八大任务模块，构成了地区开展绿色金融体系建设行动的"四梁八柱"（见表 8.1）。

表 8.1 试点示范建设绿色金融体系的"四梁八柱"

	绿色金融试点的主要内容
组织体系	设立服务绿色产业的银行类金融服务机构，如银行设立绿色金融事业部、绿色金融专营分支机构、村镇银行；支持保险、证券、基金、租赁等多元支持绿色发展的金融机构设立。
产品和服务	环境收费、收益、排污权抵质押融资模式创新；绿色信贷、租赁、保理、担保等产品及服务创新，推动绿色金融资产证券化。
拓宽绿色融资渠道	开发有利于环境保护的政府和社会资本合作（PPP）的金融产品及服务；开展绿色低碳项目直接融资，境内外绿色债券发行、绿色股权投资、兼并重组等。
环境权益交易市场	建立排污权、水权、用能权等交易市场，完善定价机制和交易规则；推动碳汇、碳金融发展。
绿色保险	保险资金投资绿色环保项目；推行环境污染责任保险；开发绿色保险产品，如绿色企业贷款保证保险，为绿色建筑提供保险。
金融基础设施	构建绿色征信体系，为绿色融资提供增信服务；建设数据信息平台，数字化技术赋能绿色金融；引进数据管理、灾备维护、资金清算、财务法务、资讯交互等中介机构。

	绿色金融试点的主要内容
支持本地发展与风险防范机制	构建支持示范区的城镇建设、产业转型升级的机制；开展环境风险压力测试、风险分析与评估、环境信息披露、环境认证、风险化解和处置等工作。
国际合作	境外资金融入；便利外商在示范区设立绿色金融机构，发行人民币绿色债券；港澳台机构投资者参与境内绿色私募股权投资基金和绿色创业投资基金；国际国内绿色金融的标准对接合作。

国家绿色金融试点政策的"四梁八柱"统筹兼顾了微观与宏观、市场与政府、金融与实业、中央与地方、国内与国际等诸多方面，为全国各地区依据本地实际推动金融支持绿色低碳发展提供了一致性、灵活性与包容性兼具的一般性指导框架，能够在发挥地区能动性的同时，协调统筹广泛的地方多样性，形成聚焦国家整体绿色金融发展战略的合力。

二、各地围绕行动方案积极搭建特色政策框架

各地区依据国家战略方针、行动指南与试点方案出台了一系列支持绿色金融体系构建的具体政策，大体包括了规划与法规、绿色标准、基础设施、激励与监管、风险防范、国际化发展六大方面，形成了符合本地发展实际的特色政策框架（见表8.2）。这些特色政策及创新举措率先在试验区所在省辖区复制推广，诸多全国首创举措成为各省（市）积极学习借鉴的对象，部分甚至上升为国家政策、国家标准，实现了试点经验模式的跨区跨省示范带动。

表 8.2 各地区构建绿色金融体系的代表性政策及举措

类别	代表性举措
规划与法规	湖州制定了绿色金融"十三五""十四五"规划,颁布全国首部绿色金融促进条例;赣江新区被纳入江西省建设绿色金融体系规划,出台了一系列绿色金融配套措施;衢州将绿色金融纳入本地规划,制定了"标准 + 产品 + 政策 + 流程"的改革路径。
绿色标准	湖州在绿色项目、企业、银行、专营机构等四方面制定国内首批绿色标准,形成了一套科学有效的绿色金融标准评价体系;赣江新区制定《绿色金融标准体系》,依据环境表现等参数,将绿色企业分为深绿、中绿、浅绿、非绿四级。
基础设施	湖州运用金融科技手段打造"绿贷通"在线融资服务平台,支持民营企业和小微企业绿色发展;衢州在碳减排方面寻求创新突破,率先建立了覆盖碳源碳汇、六大领域(能源、工业、农业、建筑、交通、个人)、三类主体(经营主体、个人、机关事业单位)、企业等各类社会主体的"碳账户"。
激励与监管	综合运用财税补贴、担保、金融监管、政绩考核等多种方式支持绿色金融发展,如湖州出台绿色金融 25 条政策,安排专项资金 10 亿元支持绿色金融建设;积极对接央行的再贷款优惠政策,同时将绿色信贷执行情况纳入 MPA 考核。
风险防范	湖州在 2019 年已出台信息披露三年行动方案,2021 年又成为全国首个实现全域银行环境信息披露的地区,环境风险防范能力显著提升;重庆实现了全辖区 38 个区县的 71 家金融机构披露气候与环境信息报告全覆盖。
国际化发展	广东、澳门、深圳、香港四方协会已成立粤港澳大湾区绿色金融联盟,确立了绿色金融合作工作机制;广东"十四五"金融规划提出支持深圳全面接轨国际成熟可持续金融规则,将深圳建设成全球可持续金融中心;上海提出将上海建设成为国际绿色金融枢纽的建设目标;北京明确在"一带一路"合作中成为关键的资金供给、资产管理枢纽;湖北碳排放权交易中心与英国驻武汉领事馆签署碳金融合作协议,将围绕产品研发、能力建设、国际交流等方面开展合作。

　　绿色金融试点地区若干特色政策创新实质是将构建绿色金融体系融入本地经济社会长期可持续发展的全局,在国家宏观战略与微观主

体之间科学设计两者激励相容的中观方案，同时为全国各地区落实国家顶层设计提供可被广泛推广与复用的思路与手段。这是中国制度优势在构建绿色金融体系中的有力展现。

三、绿色金融试点示范取得诸多新突破、新进展

试点地区在一片未知中的诸多新突破、新进展已为中国绿色金融体系进一步迭代升级奠定了坚实的基础，综合体现为统筹协调机制、绿色产品及服务创新、账户与信息基础设施建设、国际化发展等若干方面。

（一）统筹协调各方开展绿色金融体系建设

试验区基于自身比较优势进行了总体思路与具体行动的科学制定，在统筹规划、激励考核、绿色标准、法律法规、风险防范等方面为各地绿色金融体系建设提供了成体系化的行动示范模板。广州花都区作为整个广州绿色金融试点的先行区，在试点方案的基础上制定并实施了绿色发展改革创新"1+4"配套政策，从设立绿色发展专项资金、培育绿色金融组织体系、推动绿色金融支持绿色产业、引导绿色产业集聚发展、建立政务服务绿色通道、创新绿色金融产品和服务、设立花都绿色发展基金、推动绿色企业上市挂牌、集聚绿色发展人才、加强绿色发展组织领导十大方面提出了具体的行动举措。衢州将绿色金融纳入本地战略规划，绿色金融与"两山"实践成为其打造浙江"大花园"的两大支柱，形成了以"标准＋产品＋政策＋流程"为重点的转型发展路径。湖州于 2021 年 9 月颁布了全国首部绿色金

融促进条例，实现了绿色金融建设从制度探索、标准制定到法制化建设的新跨越。贵安新区编制了绿色金融创新发展规划，探索出一条"两端五体一库"①的建设框架，形成了一套绿色金融发展的制度、体制与技术创新体系。赣江新区被纳入江西绿色金融发展的整体战略，以引领江西"十三五""十四五"全省绿色金融体系发展，特别是将绿色金融纳入全省市县高质量发展考评体系，形成了统筹协调、以点带面、辐射全域和远中近期结合的战略框架。

（二）绿色金融产品不断涌现、相关服务范围持续扩大

截至 2020 年末，六省（自治区）九地试验区绿色贷款余额达 2 368.3 亿元，占全部贷款余额比重的 15.1%；绿色债券余额 1 350 亿元，同比增长66%②。其中，广州的融资规模居各试验区之首，而衢州的绿色信贷占比达到 35.03%，绿色不良率为 0.24%，使两地成为绿色金融示范区中的先进代表③。此外，若干拓宽绿色融资的新兴产品及服务在试点示范的影响下迅速涌现，股权、保险、基金、票据、资产证券化、融资租赁、环境权益抵质押等在绿色融资领域生根落地，如广州积极推动绿色供应链金融发展，并计划在"十四五"期间打造全国绿色金融租赁高地；衢州金融办在 2020 年金融机构绿色金融考核办

---

①　"两端五体一库"意为打通绿色金融供给与需求两端的连接通道，建立绿色金融标准认证体系、多元化绿色金融产品和服务体系、多层次绿色金融组织机构体系、多层级绿色金融政策支撑体系、绿色金融风险防范化解体系等五大体系，形成一个绿色企业（项目）库

②　资料来源：《中国区域金融运行报告（2021）》

③　资料来源：《广州市地方金融监督管理局2020年工作总结和2021年工作计划》《衢州市人民政府金融工作办公室 2020 年工作总结和 2021 年工作打算》

法中新增了保险、证券、担保考核内容用以撬动更多的社会资本投资绿色金融领域；赣江新区创新推出"绿票融"等特色金融产品为未来绿色 ABN 发展建立前沿阵地，在绿色保险领域创新推出了全国首单中医药研发费用损失保险；兰州新区致力于满足黄河流域生态保护和高质量发展的融资需求，围绕碳排放权、水权、用能权等资源环境权益等进行融资工具开发，鼓励绿色债券、绿色股权融资、绿色资产证券化等模式创新；新疆三大试验区实现了银行业金融机构绿色专营机构全覆盖，绿色项目库的覆盖范围由 3 个试点区扩大至 11 个市州。

（三）数字技术应用、碳账户建设与环境信息强制披露制度实现落地

围绕绿色金融基础设施以及风险防控机制建设，各地区多措并举形成了一整套方式方法，特别是运用新兴数字技术、开展环境信息强制性披露、建设碳账户体系等成为构筑绿色金融基础设施的重点抓手，相关做法迅速得到了复制推广。

湖州的"绿贷通"、衢州的"衢融通"打通了绿色金融利益相关方的信息接口，运用云计算、大数据、区块链等方法降低绿色信息不对称程度以及减少绿色金融摩擦。衢州在碳减排方面寻求创新突破，率先建立了覆盖碳源碳汇、六大领域（能源、工业、农业、建筑、交通、个人）、三类主体（经营主体、个人、机关事业单位）、企业等各类社会主体"碳账户"，同时依托碳账户，应用数字技术打造了"金融 5e"闭环系统，即碳排放 e 本账、碳征信 e 报告、碳政策 e 发布、碳金融 e 超市、碳效益 e 评估，赋能金融机构开展绿色信用评价、授信。截至 2022 年 4 月，衢州碳账户体系已覆盖全市 2 601 家工业企业、845 家种养殖大户及有机肥生产企业、92 家能源企业、109 家建

筑主体、55 家交通企业、239 万个个人主体，初步实现了绿色信用信息共享共建、银企高效对接、绿色政策精准匹配、绿色风险预判分析。湖州在环境信息披露制度上先行一步，2019 年已出台环境信息披露三年规划，明确了环境信息披露的原则、形式和渠道，并制定了相应的披露框架，于 2020 年发布全国首个区域性环境信息披露报告，2021 年又成为全国首个实现全域银行环境信息披露的地区，2020 年末湖州绿色贷款不良率仅为 0.005%[①]。深圳开启了国内依托法律法规实现环境信息强制性披露的先河，在全国首份地方金融法规中规定若干金融机构自 2022 年或 2023 年起需履行环境信息强制性披露义务。

（四）国际化发展成为绿色金融加快发展的重要契机

在国家顶层设计与地方创新实践的双重作用下，国际化发展已成为构建绿色金融体系的重要支柱之一，特别是广州、上海、深圳、北京、武汉等国际化程度较高的地区力争通过国际合作进一步加快绿色金融体系建设。广东省、澳门特别行政区、深圳市、香港特别行政区四方金融协会共同成立了粤港澳大湾区绿色金融联盟，确立了绿色金融合作的工作机制，将为跨境绿色金融产品和创新服务、跨境监管等方面的合作提供支持。广东省在"十四五"金融规划中将绿色金融作为共建粤港澳大湾区国际金融枢纽的重要内容，提出支持深圳全面接轨国际成熟可持续金融规则，引入一批具有国际影响力的可持续金融项目、机构和平台，将深圳建设成为全球可持续金融中心。上海已正式出台《上海国际金融中心建设"十四五"规划》，提出将上海建设

---

① 资料来源：《湖州市绿色金融"十四五"规划》

成国际绿色金融枢纽，同时依托全国碳交易市场打造国际碳定价中心。北京已经明确打造高水平的国际化绿色交易所，在"一带一路"合作中成为关键的资金供给方、资产管理枢纽。武汉立足于打造全国碳金融中心的目标，致力于加强碳金融国际交流，将依托全国碳排放权注册登记结算机构，搭建国内外碳金融合作平台，积极参与国际绿色金融、碳金融标准的研究制定，如湖北碳排放权交易中心与英国驻武汉领事馆签署了碳金融合作协议，双方将围绕应对气候变化和环境保护在产品研发、能力建设、国际交流等方面开展合作，推动武汉融入国际绿色金融合作的大格局。

第三节　从绿色金融迈向零碳金融的初步探索及经验

2021 年，中央发布了碳达峰碳中和的指导意见、碳达峰行动方案，中国已将双碳作为统领未来四十年的"1"个全局，即生态文明建设、发展范式变革的总目标与总抓手，而"1"个双碳总目标又可进一步划分至"N"个行业、领域与地区，若干领域及部门的政策相继密集出台，零碳金融则在其间承担全面服务和支持发展的重任。《关于加快建立健全绿色低碳循环发展经济体系的指导意见》《关于推动城乡建设绿色发展的意见》《关于建立健全生态产品价值实现机制的意见》《关于进一步加强生物多样性保护的意见》等多份政策相继出台，布置了发展绿色直接融资与绿色股权融资、健全碳排放权交易机制、探索碳汇权益交易试点、推动水权和林权抵押、建设市场化投融资机制、保障生物多样性等一系列重点任务。2021 年 12 月，包括生态环境部、中国人民银行、原银保监会、中国证监会等部门联合印发《气候投融资试点工作方案》，基于前期发布的《关于促进应对气候变化投融资的指导意见》，支持地方探索差异化的气候投融资模式、组织形式、服务方式和管理制度。在中央政策的指导与推动下，地方零碳金融体系的探索已经活跃地开展起来。

一、以地方法规、规划构建零碳金融发展的预期引导机制

中国在应对气候变化和温室气体减排方面尚未建立起国家层面支持"30·60"目标的法律基础与形成强制力。然而诸多地区利用立法变通权和地方规划等形式，尝试构建零碳金融发展的预期引导与鼓励机制，并出台金融支持碳中和的专项法规。

深圳在 2021 年率先修订了特区环境保护条例，专门设置了碳达峰碳中和、碳排放交易两节，从法律层面明确了碳排放强度超标将被纳入负面清单，同时设定了固定的总量排放额度，推动了碳减排法律制度的初步确立。湖州聚焦于绿色金融立法，在其新出台的绿色金融促进条例中将碳排放评价情况纳入项目授信额度、利率定价管理，要求金融机构支持碳汇、碳捕捉、碳封存等技术创新和发展。天津直接出台了全国首份碳达峰碳中和条例，在绿色转型、降碳增汇、科技创新三大方面做出了明确的任务要求，特别是制定了严格而具体的违法惩治规定。之后，天津又印发了绿色金融助力低碳转型的 31 项措施，鼓励金融机构支持绿色低碳发展。江苏、广东、上海等多地同样基于本地碳达峰碳中和实施方案专门出台了金融支持双碳发展目标的规定。浙江省则另辟蹊径，率先出台了旨在积极引导和促进实现碳中和

目标的科技与产业战略，从低碳、零碳、负碳、碳循环等角度推动绿色产业发展，科技金融与零碳金融协同发展成为新的方向。上海出台浦东新区绿色金融发展若干规定，同样致力于绿色金融与普惠金融的融合发展，支持本市金融体系为碳密集型、高环境风险项目或者企业向低碳、零碳排放转型提供金融服务。

二、围绕"碳资产"底座，探索零碳金融市场建设与产品服务创新

自区域性与全国碳交易平台上线以来，各地围绕碳排放、碳汇的金融体系建设进行了富有成效的探索与创新。金融机构及市场主体甚至先于各类政府政策细则出台就开始战略布局，致力于围绕"碳资产"获得零碳金融市场的发展先机。

广东已参考国家 CCER 制度构建了本地区的核证资源减排与碳汇制度；广州、深圳等区域性碳排放交易所开展了交易平台建设和设立规章制度的工作，形成了碳交易的微观市场运行机制，并迅速推出了碳排放抵质押、碳资产回购式融资、碳债券、碳配额托管、碳结构性存款、碳基金等首单产品；韶关、梅州、河源、云浮、清远等广东北部生态发展区的林业碳汇产品开发也获得了积极成效。

上海围绕全国碳交易市场正致力于碳金融服务体系建设，譬如江苏银行上海分行为重点控排企业提供交易资金结算、远期交易履约、碳资产管理、碳资产回购、节能减排项目等一揽子碳金融服务；中国银行上海分行为碳排放交易系统搭建了"中银 e 商通"系统，为企业提供碳配额与核证自愿减排量交易的资金清算服务。四川省在全国首

创了碳减排票据再贴现专项支持计划，并推出了"川碳快贴"产品及服务，2021 年共完成了 639 笔交易，涉及金额达 38.5 亿元，碳减排量为 96.1 万吨。中金资本、红杉资本、一奇资本等成为无锡零碳园区的重要投资方、合作方，零碳风险投资基金、低碳科技产业孵化中心相继成立，力求拓宽零碳产业的直接融资通道。

针对金融机构的碳净零排放与环境信息披露，湖州公布了全国首个《区域性"碳中和"银行建设指南》，将碳中和银行定义为自身运营与投融资业务净零碳排放的银行，建设银行、广东清远农商银行已率先建立了零碳银行网点，金融机构的零碳标准确立迈出了实质性步伐；重庆市已实现 38 个区县的 71 家金融机构气候与环境信息披露报告全覆盖，规划建设的"绿色金融大道"200 余家绿色金融机构将成为本地零碳金融体系的重要组织基础。

这些围绕"碳资产"开展的零碳金融市场建设实践已在全国范围形成百舸争流、百花齐放的态势，上海、武汉等个别地区更是将国际碳定价中心、国家碳金融中心作为未来自身金融发展的定位与目标。

三、构建生态价值实现机制助力减碳、生态环保协同并进

在双碳目标下，环保、减碳协同发展已成为新阶段金融支持绿色低碳发展的内在要求。很多地区围绕生态价值实现机制开展了对减碳、生态环保的协同并进的探索，致力于解决因生态财富种类繁多、量纲难统一造成的生态产品交易市场小而分散、条块分割的问题。

深圳盐田区早在 2014 年即开始城市生态系统生产总值（GEP）核算，2021 年深圳在全国第一个建立起完整的 GEP 核算制度体系，

包括核算实施方案、技术规模、统计报表制度和自动核算平台，这对提高城市生态服务能力不可或缺，如 2020 年深圳有效的生态空间管理大幅缓解了城市热岛效应，相当于节约了当年全市降温能耗的 70%。浙江丽水在践行"两山"理论中探索出了市县乡村四级 GEP 核算体系，将包括固碳释氧、气候调节功能在内的一系列自然生态功能转换为一种可计量、可交易的生态财富，并以 GEP 增量为还款来源开发出"GEP 生态价值贷"以支持减碳、环保的协同发展。围绕本地丰富的森林碳汇资源，丽水出台了浙江省内首个林业碳汇金融业务的操作指引，针对林木资源又进一步引入林业保险，丰富了整个零碳金融的体系层次，拓宽了多元融资通道。针对农村地区的资源与资产，缘起于丽水的"两山"银行，即一个集资源整合、价值评估、信息发布、交易撮合、信用服务等功能于一体的生态资源转化公共平台已在全国得到迅速推广。首部《"两山银行"运行管理规范》在江西出台，力求通过金融资本推动生态资源价值转化。

不难发现，GEP 量化核算及贷款、森林与农业碳汇、"两山银行"对农村的综合开发等生态价值实现机制，有利于实现减碳、生态环保协同并进，低碳、减碳、负碳与整个生态环境的修复与保护有着高度的相关性、一致性与共生性，碳中和与生态环境保护具有一体两面的关系，依托金融手段理顺两者的关系、构建生态价值实现机制正是构建零碳金融体系的重要内容之一。

四、气候投融资、转型金融将成为地方试点示范的全新抓手

按照生态环境部、中国人民银行、原银保监会、中国证监会等对

"气候投融资"概念的解释，气候投融资致力于实现国家自主贡献和低碳发展目标，旨在撬动更多资金投向减缓和适应气候变化的两大方面，是绿色金融的重要组成部分。

相对于绿色金融"六省（自治区）九地"的地方试点布局，全国范围内的气候投融资试点已呈现广泛分布的特点。第一批气候投融资试点地区达到了 23 家，包括 7 个国家级新区（上海浦东、辽宁金普、山东西海岸、广东南沙、重庆两江、四川天府、陕西西咸）、4 个市辖区（北京密云与通州、武汉武昌、深圳福田）、12 个地级市（河北保定、山西太原与长治、内蒙古包头、浙江丽水、安徽滁州、福建三明、河南信阳、湖南湘潭、广西柳州、甘肃兰州、辽宁阜新）。试点地区数量远多于绿色金融试点，将为全国构建零碳金融体系提供更加多元化的模式与更多的经验。

根据国家生态环境部等九大部门发布的《气候投融资试点工作方案》，遏制"两高"项目、发展碳金融、碳核算与信息披露、模式和工具创新、政策协同、项目库、人才队伍和国家交流等八大试点任务将气候投融资试点目标聚焦于低碳、减碳和负碳以及适应气候变化领域的资金供给短缺，其无疑与零碳金融体系的内核要义相吻合，是开展零碳金融地方试点示范的重要组成部分。但是，气候投融资试点任务普遍偏重于低碳、零碳的增量投融资，而对于存量规模巨大的高碳资产、棕色资产的处理却语焉不详。近年来，中国人民银行正致力于"转型金融"的理论研究与标准制定，在金融支持气候减缓或适应方面均具有显著或直接的贡献，后期也将在绿色金融试点地区、气候投融资试点城市开展广泛的试点示范，成为绿色金融迭代升级至零碳金融试点的重要组成部分。

第四节　借鉴国际经验，推动绿色金融全面转型为零碳金融试点

历经十余年的发展，中国绿色金融体系建设在支持应对气候变化方面取得了一系列积极进展，为下一步开展零碳金融试点奠定了良好的基础，也面临升级换代的巨大挑战。与此同时，欧美发达经济体在金融支持碳中和方面的探索较早，也取得了一定可参考、可借鉴的有益经验。考虑到中国已有的地区试点基础，借鉴国际经验，推动绿色金融试点转型升级为零碳金融试点正当其时。建议在以下若干方面开展工作，推动新一轮试点示范工作，助力中国零碳金融建设后发先至，走在世界前列。

一、围绕零碳金融的五大功能开展零碳金融试点

碳中和转型是一场人类社会前所未有的范式转变，由下至上探索实践、试行推广是有序推动、适应重大结构变迁的重要路径。在中央发布双碳顶层设计前后，中办、国办、国家部委、省（市）级政府发布了若干政策意见，从不同维度与侧重点出台了若干支持地方试点的政策，诸如绿色金融、生态产品价值实现机制、气候投融资、零碳园区、绿色低碳循环经济等试点政策，已形成双碳目标下的"1+N"试点政策体系。各试点地区如何利用金融手段支持"N"维任务成为开展零碳金融试点的关键内核，或可借鉴绿色金融试点的有益模式＋零

碳金融的五大功能助推"N"维试点政策落地到区情各异的诸多"1"个地区，同时协调各地区向"1"个碳中和目标聚拢。

在绿色金融试点示范中，国家层面出台的绿色金融指导意见成为指导与支持地方实践探索的顶层设计，为各地制定具体方案提供了理论思路与政策框架。在零碳金融发展的情境下，中国零碳金融的宏观指导意见有必要从分行业、分部门的思路框架向搭建零碳金融的功能体系转变，打破细分行业间的条块分割，调动、配置各类有利于实现碳中和的资源要素，同时为区情多样的试点地区提供积极探索、自主创新的广阔空间。英国在 2019 年发布的绿色金融战略，依托金融绿色化、融资绿色化与抓住绿色发展机遇三大支柱支持英国 2050 零碳目标。金融绿色化是指金融机构、金融标准、金融产品、风险披露的绿色化，同时确保当前和未来气候和环境因素带来的金融风险和机遇融入金融机构决策流程，保持金融市场体系的稳健可持续；融资绿色化则是出台各类激励与扶持政策，为碳排放目标、清洁增长、环保战略提供有力的融资支持；抓住绿色发展机遇是指使英国金融业在国内国际绿色金融、气候金融发展浪潮下抓住新的商业发展机遇，持续提高国际竞争力。这些都是从零碳金融功能视角支持碳中和转型的战略设计。

针对地方零碳金融试点示范，衢州采取的"规划＋标准＋产品＋政策＋流程"五位一体的绿色金融行动框架已成为代表性模式被模仿与推广，可在其框架下进一步嵌入零碳金融的某些或全部功能，使既有的绿色金融试点进一步向零碳金融试点迭代升级，也有利于将金融支持地方碳中和的"N"维目标任务统一协调至构建零碳金融体系的一维任务之下。其中，规划是培育零碳金融功能的统一行动指南，也是协调各方贯彻执行既定目标任务的纲领；将企业、项目、金融产品、金融结构等方面的零碳标准制定置于优先行动级，成为零碳金融体系建设的地基；政策是一系列激励与约束机制，力求"四两拨千斤"，改变微观经济主体的涉碳行为，实现碳中和转型与可持续发展；产品及服务反映了破解融资约束的一系列零碳金融创新方案，以市场化为根本手段弥合投融资缺口；流程是规划、标准、政策、产品等具体实施的动态过程，肩负零碳金融体系建设的目标达成评价、零碳金融运行监管合规与风险防控的职能。

最后，当前碳中和"N"维试点的政策格局或许难以避免政策协调成本、政府与市场协调成本、信息不对称成本过高带来的金融摩擦、融资约束问题，可借鉴英国成立的绿色金融研究所（Green Finance Institute，简称为 GFI）的方式，尝试在跨部门或跨地区层面成立专家委员会，总结各地区试点经验与问题，为破解零碳融资约束、化解零碳金融风险提供建议方案，使公共与私营部门、政府部门之间的目标与行动协同更加一致。

二、杜绝"漂绿""漂零"，从细节上制定技术标准体系

信息不对称一直是金融创新发展面临的挑战，构建科学、透明、细颗粒度的绿色零碳技术标准体系正是破解"漂绿""漂零"问题的必然选择，也是构建零碳金融标准体系的基础。中国当前已形成绿色信贷、绿色债券与绿色产业三大标准，一些地区也构建了适用于本地情况的标准，但现有的多套绿色金融标准体系主要聚焦于污染防治、环境保护、资源集约，缺乏细致的经济活动分类，致力于补足碳中和的产业技术标准欠缺。Zhang（2011）对中国的定量研究显示，金融

发展是碳排放增长的重要因素之一，因此需要建立统一透明的零碳技术标准来实现金融发展与碳排放之间的彻底脱钩。

欧盟在 2020 年 6 月通过了《可持续金融分类法案》作为识别绿色经济及投资活动的基准，随后又颁布了《气候分类授权法案》，专门将减缓与适应气候变化两大方面作为优先支持领域。与国内现有的标准体系不同，欧盟采取了与自身产业门类对应的分类方法，细致的技术筛选标准覆盖了上市公司 40% 的经济活动与 80% 的温室气体排放（EC，2021）。与此同时，在分类标准的基础上建立起企业可持续发展报告与可持续金融披露条例两项制度，强制要求大企业和金融机构披露其经营投资对生态环境、气候变化的影响。受此启发，广东已于 2021 年 9 月率先成立全国首个碳达峰碳中和技术标准委员会，致力于建立透明、一致的绿色低碳标准，支持广泛的社会资本参与零碳投融资活动。

在零碳金融试点中，试验区可率先建立专业化的技术标准咨询团队，围绕碳排放制定分类细致的产业技术与经济活动标准，同时兼顾对技术发展周期的分类，便于采用差异化金融支持手段。在中央层面，需要协调不同试验区的标准制定，给予专业技术支持，形成"地方画图、中央拼图、动态调整"的产业技术标准制定机制，为各地开展零碳金融体系建设构建一套真正致力于实现碳达峰、碳中和的技术标准底座，也为多样化的绿色金融标准体系的融合升级建立参照系。

三、打造地方"零碳"投融资平台，探索排放同源性定价机制

按照 IRENA 对全球 2050 年实现净零排放所需的可再生能源投资

预测与中国碳排放量占比进行估算，中国实现碳中和所需的投资将达280万亿元（中金研究院，2021），年均所需投资为9.3万亿元。CBI（2020）指出中国"30·60"目标意味着数百万亿元的投资需求，其中85%—90%来源于社会资本投资。为弥合投融资缺口，纠正过度依赖银行信贷带来的期限错配、高成本、风险分担不足等问题，各绿色金融试验区已在公司债、银行间市场债券、企业债、IPO及再融资等方面进行了积极尝试与创新，但现有绿色金融试点经验与模式尚缺乏可广泛复制推广的市场利基。

自2005年以来，欧盟上线运行的碳交易市场已成为全球最具规模、最为成熟的碳市场，其市场稳定储备（MSR）机制的启动更使碳价摆脱了多年低位徘徊的局面，至2021年4月1日已达到50美元，卢森堡、瑞典、瑞士的碳价格更是达到了100美元以上，而同期国内区域碳市场价格最高为6.3美元，碳交易的行业覆盖率仅为33%（World Bank，2019、2021）。全国碳交易市场上线后的收盘价曾一度下行至45元以下，至今尚未实质性突破市场伊始约55—60元的价格水平。按照巴黎协定的控温目标，全球碳价需在2020、2030年分别达到40—80美元和50—100美元，国内支持零碳转型的市场激励机制无疑较为落后。研究者发现绿债、碳价（税）相互配合能更快地降低碳排放，获得更高的资本存量。这对于亟须在经济增长与减碳之间做好平衡的中国而言尤为重要（Heine et al.，2019）。

在双碳目标下，碳排放权将日益成为一种总量有限的稀缺资源，类似于改革开放以来地方政府掌握的土地资源。受此启发，试点地区或可将碳排放权、自愿减排与财政收支相挂钩，打造地方零碳投融资平台，形成一种零碳财政机制，同时以碳排放权为抵押开展银行贷款、发行地方债，碳排放权的转移也能实现财政功能上的转移支付。更重要的是，通过这种政府和市场合作机制的构建，可以加快碳交易市场的扩容增量，推动碳价长期上升，为零碳金融产品及服务创新提供良好的底层资产，也将加快零碳资产证券化、股权化发展。譬如，试点地区投融资平台发行以碳排放权为基础的票据、地方债，同时推动以碳价为基础资产的绿色信贷、绿色债券的资产证券化，将资产增值与碳价长期上涨有机联系在一起，有利于发挥权益市场在风险分担、利益共享、加速产业化的重要作用，实现零碳科技、零碳产业、零碳权益协同共生发展。不仅如此，碳排放与污染物排放具有较高同源性，生态保护、植被修复又具有良好的固碳、减碳、碳循环利用的功能，地方政府推动探索以碳排放价格为基础的生态产品、污染物排放定价机制或可解决生态产品量纲不统一的难题。目前，各地区已经在开展"两山"银行、"两山"公司的试点示范工作，可以围绕这些试点单位进一步开展以上定价关联机制的探索，将狭隘的碳排放、碳交易扩展为可量化、可交易的生态文明资产，撬动更大规模的零碳投融资活动。

四、应用数字技术加快地方零碳金融市场生态的演进发展

World Bank（2018）指出全球气候资产市场高度分散，形成了一个规模不经济、极其复杂的系统，而快速发展的数字技术正在为源于不同系统、工具的气候资产市场协调创造新的机会。英国金融审慎局（FCA）基于其沙盒监管机制在2018年推出了绿色Fintech挑战赛，意在鼓励金融机构开发新产品及服务，支持英国向净零经济过渡。瑞典 Green Assets Wallet 公司应用区块链技术平台构建了绿色投资者和

项目之间的联系机制，便于绿色债券发行人向全球市场通报绿色业绩，同时投资者可以获得可信的、可量化的评估数据。欧盟推出可持续金融分类标准以后，荷兰的 GSES 公司打造了 SaaS 平台，用于赋能金融机构根据欧盟分类法、可持续会计准则，对企业、产品和项目的可持续性绩效进行自动评级、验证和认证。

国内各地区普遍将绿色标准、统计制度建设，置于推动绿色金融发展的优先位置，同时积极打造数字化平台，联通绿色融资的利益相关各方，打破涉及绿色投融资各环节的信息孤岛，实现生态环境效益的便捷测算、信贷自动审批、风险及时跟踪与防范等功能，打造数字新兴技术赋能下的绿色金融发展新生态，与世界竞争前沿处于同一阶梯。研究者在 2021 年发表的调查情况中披露采用半参双重差分法（DID）实证分析了 2011 年—2018 年的 290 个中国城市数据，发现金融科技发展有利于二氧化硫减排，对环境保护投资也具有正向促进作用（Muganyi et al.，2021）。面向碳中和转型，利益相关各方对零碳金融的数字化发展积极性高，应将其纳入地方试点示范的政策框架，制定针对性的地方政策，降低信息不对称带来的摩擦与逆向激励，鼓励长期可持续的商业模式孵化，加快推动集投资方、实体企业、科技平台、金融机构、监管机构和地方政府等零碳金融多元利益关联方于一体的市场生态体系演进发展，使若干试点地区成为带动全国零碳金融发展的重要增长极。

五、积极开展国际合作，推动零碳资产跨境配置

自从绿色金融试点示范项目启动以来，各地区在国际合作方面进

行了诸多尝试，如深圳、广州依托其地处粤港澳大湾区的地理优势，积极在标准、产品、组织等方面与国际金融中心开展对接与合作；重庆、武汉、西安等诸多内陆城市以大湾区、"一带一路"建设为对接窗口，积极寻求本地绿色金融体系国际化发展，但现有举措多限于规划、蓝图以及首单金融产品发行，一系列市场、标准体系和监管制度的国内国际对接协作依然缺乏足够可被参考的实操模板与经验。

2020年1月，瑞士与欧盟历经近10年最终实现了两者的碳排放交易市场接轨，成为全球范围内第一个不同碳交易市场实现连接的案例。而这两者真正走向一体化依然需要一个较长的过程，大型经济体之间构建市场连通机制无疑更需步步为营、层层推进。2021年11月，中欧双方牵头发布的《可持续金融共同分类目录》提供了对减缓气候变化有显著贡献的共同认同经济活动清单，覆盖了能源、制造、建筑、交通、固废和林业六大领域，为市场主体在国际市场发行和交易零碳金融产品提供了一个基准。在此基础上，需要进一步开展地方实践探索，推动地方标准与国际标准的进一步对接融合，形成由下至上的反馈机制，不断扩大零碳金融标准覆盖更大范围的经济活动，开拓探索出通过国际合作动员全球资本、高效配置跨境零碳资产的有益方案与模式。

六、有序推动跨区、跨省的零碳金融试验区建设

碳排放具有全域性、全球性和长期性的特征，支持零碳的金融体系必然需要在更大的时空范围内建立统一的标准、市场与政策体系。但现有的绿色金融试验区在空间维度上局限于"点"，在时间维度上仅以短周期的污染治理、资源集约为重点，这些经验并不能完全匹配

国内多样性的区域划分与实际区情。比如，大量能源矿产和重化工业集中于中西部地区，如老工业基地、资源衰竭城市等地，碳达峰时间节点将明显晚于发达地区，可能会出现区际间的标准、规划、政策与利益冲突。Huang 和 Zhang（2021）采用 PSM（倾向得分匹配法）-DID 方法实证分析发现，设立绿色金融试验区更有利于东部地区的环境改善，对中部地区的影响次之，而对于西部地区的环境改善效果甚微。

借鉴国际经验，我国有必要开展跨城市、跨地区的零碳金融试点建设，探索在双碳目标下的涉碳利益协调机制及工具手段。如北欧国家基于北欧部长理事会建立了良好的气候与能源协作机制，推动了跨境电力市场的合作，使可再生能源能够更轻松地整合至现有的电力系统中，不同来源的电力也有利于保障各方的能源供应安全。美国康涅狄格、特拉华等 11 个州签订了区域温室气体倡议 (RGGI)，通过法律规范和具体规则的相互补充，实现了减排机制的协调一致和灵活可操作性。鉴于此，支持双碳目标的金融体系建设或可尝试由当前的绿色金融试验区迭代升级为跨区跨省的零碳金融试验区。设立如粤港澳、京津冀、长三角城市群、成渝城市群、中部城市群、东北振兴、西北三角经济圈等试验区，积极借鉴国际先进经验，在法规规划、绿色标准、信息披露、监管措施、碳交易市场、碳税、对外开放、组织机构、专业咨询、人才队伍等方面，积极开展跨区对接与合作，为全国建立标准性、统一性和包容性兼具的零碳金融体系积累有益经验。

七、以零碳为核心开展经济金融治理体系试点

应对气候变化是一项长期而持续的结构性、革命性范式转变，需

要建立健全实现既定目标的一整套经济金融治理体系，同时形成具有法律约束力的制度保障。2008 年，全球首部《气候变化法案》在英国议会上通过，该法案以法律形式确立了碳减排目标、碳预算体系、气候专家委员会、部门职责、监督机制等若干制度及措施，使英国支持碳减排的长期架构自此有了严格的法律约束力。继英国之后，日本、欧盟、德国、法国等陆续出台了针对气候变化的综合立法，致力于构建支持碳减排的硬约束及司法保障体系。尽管美国缺少综合性气候立法，主要围绕发展可再生能源、提高能源效率方面出台方案，但在 2022 年 8 月通过了其历史上最大规模的气候投资方案，计划通过 3 700 亿美元的投资至 2030 年实现减少 40% 的碳排放。

在中国走向碳达峰、碳中和的过程中，财政与货币政策、金融政策、外汇政策、产业政策、贸易政策、科技政策、区域政策、环保政策等宏观治理手段将同碳排放交易、碳资产、碳金融之间发生更加紧密的联系及互动，依托市场方式弥合投融资缺口更离不开"碳"价的长期定价功能与相应的宏观治理体系。因此，可尝试在零碳金融试验区开展若干围绕"碳价"的宏观经济金融治理探索，如碳税征收、碳预算、央行碳减排支持工具、碳价周期与宏观审慎、涉碳资本跨境流动等领域的探索。此外，当前我国的国家层面立法较为分散，如《中华人民共和国节约能源法》《中华人民共和国可再生能源法》《中华人民共和国森林法》《中华人民共和国草原法》等，尚未将气候环境信息披露、碳减排强度与总量目标、碳减排负面清单等转变为法律条文。零碳金融试验区可积极借鉴国际先进经验，以地方法规的形式构筑更扎实的零碳发展转型、零碳经济金融治理的法制基础，为全国最终建立具有法制基础的国家零碳经济金融治理体系提供有益经验。

第五节　结论与引申

在全球走向碳中和范式革命的大趋势下，基于不同时空范围、侧重点的金融支持低碳、零碳转型实践正处在百花齐放、浪潮汹涌的态势，正如绿色金融、气候金融、可持续金融、转型金融、碳金融、生态金融等概念已成为国际国内金融行业的最热门的词汇之一。这些内涵相近、意义交叠却易于混淆的词汇，无疑折射出金融支持碳中和转型中的全球性、全局性、系统性和复杂性，异质性、多样化的探索实践发展水平早已领先于一般性的理论抽象发展水平。

在全球缺乏成熟的零碳转型可行方案与成功经验、理论落后于实践的客观条件下，绘制金融支持中国双碳目标的蓝图不能局限于既有理论与经验，需要发挥我国特有的体制机制优势，在零碳金融五大功能体系的顶层设计之下广泛动员各方力量，基于前期的实践经验开展多样化的探索。譬如，中国绿色金融体系的试点示范已在支持环境改善、资源节约利用方面取得积极成效，在支持适应气候变化的探索中也积累了有益的经验与塑造了一系列模式，可在双碳目标下选择若干基础条件良好的绿色金融试验区、在应对气候变化方面积累了一定经验的低碳城市、绿色金融深化程度较高的区域开展零碳金融试点示范。

中国零碳金融试点不应仅是对绿色金融、气候投融资的简单复制与拓展，还需要基于零碳金融五大功能在宏观战略和政策上进行全面考虑与设计，把构建零碳技术标准、打造零碳投融资平台、拓宽投融资渠道、开展跨区跨省试点、构建宏观经济治理体系等方面作为新一轮试点的重要内容。依托超大规模、超长周期的资金融通需求，将一系列可行的方案向全国复制推广，推动全国绿色金融体系进一步迭代升级，即从重点支持有限时空范围内的环境改善、资源节约，转向支持超大规模、超长周期、覆盖全国、触及全球的减碳、零碳的金融体系，助推中国零碳范式革命走在世界前列，打造具有全新内核的中国金融国际竞争力。

第九章

◆

迈向碳中和：
零碳金融的国际合作和竞争前沿

朱　民　潘　柳　潘泓宇　巩　冰

第一节　引言

遏制气候变暖是全球面临的紧迫任务。2015 年，将全球变暖限制在比工业化前水平高 1.5—2.0℃水平的核心目标被写入《巴黎协定》。根据联合国政府间气候变化专门委员会（IPCC）2018 年的特别报告估算，实现《巴黎协定》的 2℃控温目标对应于全球在 2070 年左右达到净零排放；实现 1.5℃控温目标对应于全球在 2050 年左右达到净零排放（IPCC, 2018）。在《巴黎协定》的指导下，各国的应对气候变化行动逐渐向实现净零排放目标靠拢，到本世纪中叶实现碳中和已成为全球共识。

在向碳中和转型的过程中，全球经济还遭遇了新冠疫情大流行、地缘冲突等负面冲击。各国意识到，在经济增长低迷的背景下，净零转型不仅是一个挑战，还提供了巨大的发展和投资机遇。面向绿色发展的共同未来，各国也意识到，引领实现零碳排放的目标能够在金融、技术、标准等诸多全球治理领域形成新的制高点，围绕碳中和的国际合作竞争开始走向变革前沿。

实现净零排放是一项艰巨的任务，需要颠覆性的产业变革和巨额资金支持，金融在这个过程中发挥着助力实体经济低碳转型和释放增长潜能的关键作用。2023 年 3 月发布的 IPCC 第六次综合报告显示，为了将升温限制于 1.5—2.0℃范围内，到 2030 年需要将目前的减缓气候变化投资水平提高三到六倍（IPCC，2023）。麦肯锡最新的研究估算，到 2050 年实现全球温室气体（GHG）净零排放转型，需要对实体资产投入 275 万亿美元，将导致全球前所未有的资本重新配置。碳中和转型巨大的投资需求、资本配置和风险管理推动了与之匹配的零碳金融理念应运而生，并使之迅速成为国际金融的前沿焦点。零碳金融的合作和竞争已成为碳中和国际合作竞争的关键领域。2021 年的格拉斯哥气候峰会作为《巴黎协定》进入实施阶段后的首次缔约方大会，以金融为核心议题，标志着零碳金融国际合作与竞争的新起点。

与此同时，零碳金融国际合作与竞争的核心在于建设面向未来的全球金融治理机制。全球金融治理本质上是在全球金融领域的国际集体行动，旨在解决全球共同面临的具有全局影响的公共问题，而这需要国际合作才能实现。从国际公共产品的视角来看，当前由美国主导的全球金融治理面临国际公共产品供给严重不足的问题，而碳中和作为解决全球气候问题的新国际公共产品，无疑是推动全球金融治理变革的重要驱动力。全球碳中和治理从巴黎会议开始，逐步形成了以国家自主贡献为主、联合国国际机构负责监督审核的运行机制，而构建全球零碳金融治理机制在格拉斯哥会议后加速推进。总体而言，整体上具有自上而下和共同协商的双重性质，最终必然走向全球趋同和相互协调。

中国在绿色金融领域具有国际优势，在零碳金融领域与世界其他国家正处于同一起跑线，中国要抓住这个难得的历史机遇，积极参与零碳金融国际合作和竞争，努力为全球金融治理提供领先的国际公共产品，在构建全球零碳金融治理机制和零碳金融生态市场进程中发挥积极的主导作用，做出重大贡献，让中国金融业走上世界舞台中心。在这个过程中，也帮助发展中国家进入零碳金融领域，推动中国走向新的金融开放时代。

第二节　全球聚焦金融支持零碳转型的发展共识

随着碳中和目标的全面落地和推进，全球金融业正在进入零碳金融时代。国际上金融支持绿色低碳发展的实践源于对西方工业化时期环境破坏的反思，并随着对绿色、可持续发展的认识不断深入，从早期的支持区域性污染防治逐步扩大到全球性的温室气体减排、资源节约、生态保护、维持生物多样性等多个领域。在巴黎气候峰会上，基于联合国气候变化框架公约，197 个国家签署通过以全球平均升温不超过 2.0℃为目标的《巴黎协定》，并承诺联合加强气候行动以实现本世纪中期的净零排放。主要国家在既有金融支持绿色低碳的政策、制度和市场基础上，进一步向支持零碳转型方向延伸，在广度和深度上超越了环境金融、气候金融、可持续金融、绿色金融和转型金融等金融理念和实践的范畴。在全球范围内，欧盟、英国、美国和新兴经济体国家已形成零碳金融支持低碳经济转型的共识，并初步构建了各具特点的零碳金融发展战略布局。

一、欧盟：立法先行，率先构建以零碳金融为导向的可持续金融体系

欧洲是应对气候变化的先行者，较早开始以立法形式确定统一的温室气体减排目标，并积极利用宏观金融政策、金融市场工具、碳排

放交易等举措扩大对气候投融资的支持。2015 年，联合国 2030 可持续发展目标和《巴黎协定》推出之后，以欧盟、英国为代表的欧洲主要经济体从可持续金融战略出发，率先重塑其金融体系，将更多的社会资本导向碳中和、可持续投资领域，以弥补零碳转型和可持续发展的巨大资金缺口（EC，2018a、2018b）。

为履行《巴黎协定》的承诺，欧盟早在 2016 年就率先承诺到 2030 年温室气体排放较 1990 年减少 40%，开始自上而下构建以零碳金融为导向的可持续金融战略体系。2018 年，欧盟首次发布可持续金融战略的顶层设计——《可持续增长融资行动计划》（Action Plan：Financing Sustainable Growth），确定了金融支持可持续的资本流向、风险管理、信息透明性与长期主义三大方向和十项工作计划。2019 年的《欧洲绿色新政》（European Green Deal）提出到 2030 年将温室气体减排比例较 1990 年减排比例提高到 55%，并明确提出了到 2050 年达成欧盟区域温室气体净零排放的目标，力争欧洲成为全球首个碳中和大洲，并初步规划了实施绿色新政的资金安排。为此，欧盟计划在未来 10 年动员至少 1 万亿欧元的投资。2020 年出台的《欧洲绿色新政投资计划》（European Green Deal Investment Plan）明确了可持续金融的三大主要来源及其资金分配方案，包括欧盟预算、欧洲投资银行计划和公平转型机制、欧盟排放交易体系，以及各项机制额外撬动的联合融资。2020 年 6 月的《欧盟分类法规》（Taxonomy Regulation）则是全球首个以立法形式来识别可持续经济活动的分类工具，成为欧盟扩大可持续投资、实现绿色新政目标的终极指南。

在可持续金融总体战略和投资政策决议的推动下，欧盟确定了以金融手段推动实现经济体可持续转型的行动方案。2021 年发布的

《可持续经济转型融资战略》（*Strategy for Financing the Transition to a Sustainable Economy*）进一步明确了金融支持经济向可持续发展转型的具体政策工具，形成了以分类标准、强制性披露制度、涵盖基准和标签在内的市场投资工具为核心的可持续金融体系基石。随后，《欧盟绿色债券标准》（*EU Green Bond Standard*，简称为 EUGBS）、《可持续金融披露条例》、《公司可持续报告指引》、气候和 ESG 相关欧盟生态标签等一系列可持续金融政策条例的相继落地和实施，标志着欧盟全力推动的可持续金融制度建设正快速走向全球前列，助力其实现吸引私有资金推动欧洲净零经济转型的政治目标[①]。

二、英国：探索零碳金融实践，超越欧盟可持续金融框架

得益于自工业文明时代建立起来的世界领先金融中心优势，英国具有较为完整的绿色金融体系架构和市场实践基础。2019 年，英国将《气候变化法案》中的长期减排目标提高为比 1990 年减少"至少100%"。以做出净零排放国家承诺为契机，英国延续欧盟可持续金融框架并积极拓展金融支持净零转型的探索和实践，在绿色金融战略、绿色债券、气候信息披露、绿色金融市场等方面力争保持世界领先地位。

2019 年英国发布的首版《绿色金融战略》作为金融支持可持续和经济平衡增长的顶层设计，强调了协同和投资两个交互的关键方向：一是绿色化金融系统（Greening Finance），二是为绿色融

---

① 资料来源：https://finance.ec.europa.eu/sustainable−finance/disclosures/sustainability−related−disclosure−financial−services−sector_en

资（Financing Green），以确保金融系统和资金流向与国家净零承诺保持一致。其最终目标在于抓住转向净零的重要机遇，保持英国在绿色金融方面的国际领导地位，确保国家经济利益。2021 年发布的《绿色金融：可持续投资路线图》（*Greening Finance：A Roadmap to Sustainable Investing*）明确了英国政府构建绿色金融体系的长期目标和三阶段的行动方案。

在零碳金融实践探索方面，英国在担任 2021 年联合国气候变化大会主席国时将金融设为核心议题，牵头成立格拉斯哥净零金融联盟，成为 G20 国家中首个要求大型公司和金融机构公开披露气候变化风险相关信息的国家，领导 G7 讨论制定可持续发展披露的全球标准，督促金融监管机构关注气候议题，实施英国《绿色分类法》（*Green Taxonomy*），并通过成立英国基础设施银行（UKIB）、发行绿色国债（Green Gilt）、发放国家支持的绿色转型贷款、建立公私联合支持的清洁增长基金（Clean Growth Fund，简称为 CGF）、改革保险偿付能力（Solvency UK）、提出养老金固定缴费（Defined Contribution，简称为 DC）计划等创新筹资举措。英国力争在为绿色工业革命融资的全球竞争中取得先机。

2023 年初，英国发布更新版的《2023 绿色金融战略》，以"动员绿色投资"为主题，为英国成为全球首个净零一致金融中心制定行动框架，旨在加强其在快速增长的全球绿色金融市场中的领先地位，为市场参与者提供与英国气候和自然目标一致的信息和工具。英国充分意识到通过支持全球转型能够获得巨大的经济机遇，同时通过满足高增长的新兴市场和发展中经济体的融资需求，可以与其建立更密切的关系，并有助于改革国际金融治理架构（HM Government，2023）。

三、美国：重返气候治理国际舞台，产业政策支持零碳转型金融需求

美国参与全球气候治理的行动受政治因素影响，几经起伏，在联邦层面长期没有明确的温室气体减排目标，也没有出台纲领性的绿色金融战略和政策。直至 2021 年拜登政府成立后，美国重新加入了《巴黎协定》，才以行政命令的方式宣布 2030 年温室气体排放较 2005 年下降 50%—52% 以及 2050 年最终实现整个美国净零排放的目标，并把建设 21 世纪的清洁能源视作 21 世纪最重要的增长机遇之一。美国重新登上气候治理国际舞台，着力在国内战略部署和国际合作竞争方面重新确立全球领导地位。

2019 年，美国国内提出"绿色新政"（Green New Deal），以清洁能源革命为引领，后逐步转向应对气候变化、发展低碳经济和实现环境社会公平等全面计划。为此，拜登政府出台了一系列专项政策规划，完善机构设置。一方面强调金融支持科技创新，推动碳中和转型；另一方面则大力借助产业政策及其工具，如公共投资、税收减免、政府采购、政府担保等，为零碳投融资提供引导和支持。2022 年 6 月，美国总统气候特使办公室联合财政部共同做出了零碳金融对经济转型实践的承诺。同年 8 月，美国推出其历史上最重要的气候立法——《通胀削减法案》，联邦政府将以前所未有的金融规模支持可再生能源发展和降低温室气体排放，显示出美国全面加入并计划重新引领全球净零转型的战略雄心。根据 IRA 立法，美国联邦政府将在未来十年内将税收创造财政收入的一半用于补助美国可再生能源生产者和消费者，总额达 3 690 亿美元，有望实现到 2030 年美国温室气

体排放相对于 2005 年降低约 40%，授权能源部向美国公司提供最高 2 500 亿美元的贷款用于投资清洁能源转型。2021 年底，拜登签署了一项 1.2 万亿美元的《两党基础设施法》（*Bipartisan Infrastructure Law*，简称为 BIL），将解决气候变化危机作为六大优先事项之一，为新能源基础设施提供高额的联邦投资，旨在将气候危机转为机遇。2021 年底颁布的《美国国际气候融资计划》提出终止高碳能源项目的对外援助，要求对外机构的资金流向符合巴黎温控目标，并注重防范气候相关的金融风险，以推动全球金融零碳转型，提升美国在国际零碳金融治理中的影响力。

四、中国：从绿色金融的领先实践，走向以零碳金融支持碳中和承诺

习近平主席于 2020 年正式宣布中国力争在 2030 年前实现碳达峰，努力争取在 2060 年前实现碳中和，这一承诺凸显了作为新兴经济体国家积极应对气候变化、走绿色低碳发展道路的深远决心。2015 年，中国在《生态文明体系改革总体方案》中首次将建立绿色金融体系纳入国家战略，2016 年出台的《关于构建绿色金融体系的指导意见》拉开了推动绿色金融发展的战略序幕，中国在绿色金融领域取得了领先的国际经验和成效。中国在绿色金融顶层设计和体系建设、绿色金融产品和服务创新、气候环境风险管理政策设计、地区绿色金融和气候投融资实践、参与并引领绿色金融国际合作等方面奠定了向零碳金融转型的良好基础。截至 2022 年底，中国本外币绿色贷款余额达 22 万亿元，境内绿色债券存量规模为 1.54 万亿元，分别位居全球第一

和第二。

中国政府充分意识到双碳目标是一场广泛而深刻的经济社会系统性变革，因此实施了自上而下全局性的战略部署。2021年中央成立碳达峰碳中和工作领导小组，加快推进构建碳达峰碳中和"1+N"政策体系建设，针对能源、工业、城乡建设、交通运输等关键领域和行业的零碳转型发布了系列实施性和支撑性政策文件。经济社会各领域的巨量低碳投融资和转型风险管理需求，推动绿色金融向支持碳中和的零碳金融方向演进。2021年，中国联合美国共同主持的G20可持续金融研究小组发布《G20可持续金融报告》，提出构建转型金融框架，以弥补绿色金融对于高碳排放行业低碳转型支持的不足。

围绕减缓气候变化、适应气候变化两大核心，中国于2020年出台《关于促进应对气候变化投融资的指导意见》，对开展气候投融资进行了全局性、系统性的安排，在政策体系、标准体系和鼓励社会资本等六大方面提出了推动气候投融资的政策规划和重点任务，以引导资金、人才、技术等关键要素资源向气候投融资领域聚焦。2021年7月，全国碳交易市场正式启动，这是全球覆盖排放量规模最大的碳市场，为气候投融资政策的实施提供了市场基础。

第三节　零碳金融成为国际合作和竞争的前沿

面临威胁所有人的长期性、全球性的气候变化挑战，人类必须合作应对。碳中和的国际公共产品属性和金融的开放性，意味着零碳金融成为全球金融开放、合作和竞争的聚焦点。格拉斯哥气候峰会形成了金融在碳中和转型中发挥着关键作用的共识，全球零碳金融发展不断加速。主要国家在既有基础上加强制定支持低碳转型的政府战略和激励机制，打造突出本国优势的零碳金融模式，围绕奔向净零目标的国际合作和竞争，在零碳金融标准制定、零碳金融资金流动、零碳金融市场地位，以及金融监管机构和金融机构之间的合作、开放和竞争等零碳金融治理基础和核心领域争取制高点。合作与竞争并存的新国际金融治理格局正在形成。

一、零碳金融的国际合作：自上而下、公私联合、共同协商

碳中和是人类为应对气候变化而提出的国际公共产品，依靠单个或几个国家的力量无法满足其供给需求；零碳转型伴随着巨额资金需求和资本重置，叠加金融市场的复杂性和相互关联性，给金融市场稳定和效率带来的挑战也是单个国家无法独立应对的（尚达曼等，2020）。因此，以解决全球范围的市场失灵为目标的国际集体行动和合作成为必然。如果继续遵循旧路径下的金融系统融资，全球升温将超过 3℃，气候变化的紧迫性和金融供给的困难性决定了只有加强联合公共和私人部门的国际合作，才能重塑全球金融，支持共同奔向净零目标（Carney，2021；Robins et al.，2021）。

在联合国及国际机构的旗帜性倡导和推动下，零碳金融国际合作正在形成以政府公共部门牵头搭建合作平台、非国家主体（non-state actors）推动广泛行动倡议两种模式为主导，以自上而下、公私合作、共同协商为主要特点的合作机制。基于与《巴黎协定》一致的目标，初步构建起全球性、区域性及双边零碳金融合作网络，打造全球零碳金融合作的重要机制建设基础。

（一）政府公共部门的国际合作模式

各国央行、财政部、贸易部、金融监管机构和发展金融机构（DFI）分别联合组建多边合作平台，积极沟通，协同推进与《巴黎协定》一致的金融政策研究和制定工作。围绕零碳经济转型中各国货币政策、财政政策、贸易政策以及政策性银行等面临的挑战和承担的责任，加强经验方法交流共享，促进在气候、资金、贸易、监管和可持续发展等方面的包容性国际合作。

负责宏观金融管理的主要政府部门牵头成立国际合作平台。2016年在 G20 框架下，中英两国央行共同倡导成立 G20 绿色金融研究小组，启动了绿色金融主流化的国际合作进程，并在 2021 年升级为 G20 可持续金融工作组，多次在 G20 峰会上提交绿色金融、可持续金融研究报告和政策建议，发挥了引领推动国际绿色金融共识的重要作用。

2017 年，中、荷、法、英等八国央行发起组建央行与监管机构绿色金融网络，是较早对《巴黎协定》的全球公共部门响应，到 2023 年 6 月已扩展至 127 个成员国和 20 家观察员机构，成为最具国际影响力的央行绿色金融合作平台，联合推动了可持续金融市场发展、绿色金融发展、绿色金融数据建设、央行气候风险分析及气候风险披露等零碳金融重要领域的国际共识和发展。

2018 世界银行和 IMF 年会上多国提出要加强财政部长在推动气候行动中的独特作用，于 2019 年正式组建财政部长气候行动联盟。成员国数量由最初智利、芬兰牵头的 26 家增加到截至 2023 年 6 月的

88 家[①]，合计占全球 GDP 的 66%，覆盖全球碳排放的 40%。各参与国签署了《赫尔辛基原则》，标志着各国协调财政政策与《巴黎协定》一致、调动私人部门资金参与气候投融资的共识行动。

2019 年，欧盟联合中国、加拿大等多国成立的可持续金融国际平台，为负责制定可持续金融监管政策的决策部门之间提供了多边对话论坛。现有 19 个成员国，代表全球 GDP 的 55% 和碳排放的 55%，已发布《ESG 披露报告》和中欧《可持续金融共同分类目录》等重要成果。

2022 年 6 月欧盟成员国与 26 个伙伴国家共同启动贸易部长气候联盟（CTMC），联合促进贸易、气候和可持续发展方面的包容性国际合作。其主旨在于推动全球联合行动，以贸易政策支持巴黎气候目标，促进有助于减缓和适应气候变化的商品、服务和技术的贸易和投资。

政策性金融机构积极行动，增强催化作用。国际发展金融俱乐部（IDFC）和多边开发银行集团（MDB）于 2017 年发布联合声明，共同引导 DFI 发挥扩大投融资功能，努力在制度、方法、框架、评估等方面构建共同框架，支持实现净零和可持续发展经济转型。全球公共开发银行（PDB）于 2020 年联合声明提出要敦促进一步加强公共开发银行的全球领导地位，以便有效地在业务上转向"自然向好"的发展融资。全球有 500 多家 PDBs 和 DFIs，2020 年拥有 23 万亿美元资产，承诺投入公共发展资金 2.3 万亿美元，占全球年度所有公私投资的 10%（IDFC et al.，2022）。政策性发展金融机构能够通过优惠资

[①] 数据来源：https://www.financeministersforclimate.org/member-countries

金、去风险机制和技术援助有效发挥支持零碳转型的催化作用。

（二）非国家主体的私营部门行动倡议模式

以国际组织机构或民间私营部门为主导的全球性、区域性或行业性倡议也蓬勃萌生，广泛地联合金融机构、实体经济、投资者等非国家主体以公私合作或联盟形式转向净零行动（见附表2）。

2019年，联合国在气候行动峰会上倡导"奔向净零"竞赛（Race to Zero），开启了全球碳排放净零运动新篇章。截至2022年9月，非国家实体参与成员已超过11000家，包括8000多家企业、近600家金融机构，成为目前全球最大规模的零碳承诺联盟。在2021年格拉斯哥气候峰会上，英美牵头联合发起格拉斯哥净零金融联盟，整合已有的净零银行、净零保险、净零资产管理人、净零资产所有者、净零投资顾问、净零金融服务提供商等7家联盟，纳入50多个国家共550多家大型私营金融机构成员，承诺所管理约40%全球资产将实现"净零排放"，重塑全球金融体系为零碳模式。

国际组织机构努力推进统一的可持续标准。2018年，国际标准化组织成立了可持续金融技术委员会（ISO/TC322），旨在围绕可持续金融开展制定全球通用的分类、术语、指导原则和评价标准，目前有中国、英国等25个成员国和17个观察成员国参与。G20下金融稳定委员会在2015年成立气候相关财务信息披露工作组，开启全球首个由非政府机构主导的信息披露框架与规则制定行动。截至2022年11月，已获得来自100多个国家的4000多家机构支持，广泛推动了与《巴黎协定》一致的信息披露行动。联合国环境规划署发起的全球报告倡议组织（GRI）于2016年从提供指南过渡到制定第一个可持续发展报告的全球标准，提出了基于零碳信息披露的指标性框架。国际财务报告准则基金会（IFRS）在 2021 年格拉斯哥气候峰会上宣布成立国际可持续标准委员会（ISSB），关注投资者和金融市场关于可持续发展披露标准一致性的需求，着手创建与财务披露同等重要的全球可持续发展披露基准。

更多零碳金融相关民间倡议联盟也不断涌现，在行动承诺、融资排放披露、情景分析、目标设定、实施路径行动和报告评估等方面提出一致性原则和框架。为落实《巴黎协定》，2015 年世界资源研究所、世界自然基金会等联合发起科学碳目标倡议 (SBTi)，旨在为全球包括金融行业在内的企业设定科学减碳目标和零碳转型路径提供指导。参与行动的企业和金融机构从 2019 年的 292 家，到 2023 年 6 月增加至 5 378 家，扩大了近 18 倍。荷兰 14 家金融机构于 2015 年创建的碳核算金融联盟（PCAF），关注通过温室气体核算帮助金融机构评估和披露其投融资活动的温室气体排放量，2019 年成为全球性组织，目前已有 400 多家金融机构加入，总资产超 90 万亿美元。PCAF 计划将其制定的《金融行业温室气体核算和披露全球性标准》发展为金融行业碳核算活动的全球通用标准。此外，还有气候变化机构投资者组织（IIGCC）提出的为全球投资机构开发净零投资框架的巴黎一致投资倡议（PAII），气候变化投资人联合倡议提出的气候行动 100+（Climate Action 100+）等。这些民间私人部门联合倡导发起的行动也反映了业界积极支持零碳转型过程中对新的投融资标准、规则、指引、实施方案等的巨大需求。

（三）零碳金融国际合作的成效和挑战

国际金融体系的公共部门和民间机构联盟倡议，基于与《巴黎协定》一致的目标，共同探索支持净零转型的零碳金融，在净零转型框架、投资组合原则、金融标准和风险管理等方面开展前沿研究，在短期内已取得初步成效。目前，零碳金融国际合作的难点和重点仍集中在分类标准和信息披露的统一上。

零碳金融分类标准的统一能帮助形成市场识别资产、促进国际零碳投融资活动的重要工具，各国和地区正在努力推进现有不同分类标准的可转换、可比较，为建立全球统一的政策框架打下基础。例如，ISO 下的可持续金融技术委员会（ISO/TC322）正式发布了两项国际标准，《可持续金融——关键术语集》（ISO 32220）和《可持续金融框架：原则和指南》（ISO 32210）。2022 年 5 月，中国提出的首项《可持续金融产品和服务：原则和指南》（ISO 32211）也获批启动（中国金融学会绿色金融专业委员会，2022）。中国与欧盟在 2021 年格拉斯哥气候峰会期间联合发布的《可持续金融共同分类目录》，基于《所有经济活动的国际标准行业分类》修订本第四版（ISIC Rev.4）建立，具有全球普适性，提高了全球不同分类标准的兼容性和互相操作性。2022 年 6 月更新的共同分类目录列出 72 项对减缓气候变化有重大贡献的经济活动，为其他地区的相关规则制定提供了有益参考。

零碳金融的信息披露是制订低碳经济转型计划、提高气候相关信息质量和金融数据可比性的重要基础，在国际范围内受到高度重视和积极推进。以金融稳定委员会牵头的 TCFD 信息披露建议框架为起点，全球支持 TCFD 信息披露框架的机构快速增加，上市企业的气候信息披露整体水平显著提高，巴西、欧盟、英国等将 TCFD 建议纳入政策和法规，国际组织也相继发布 TCFD 建议的公开声明，推动全球共识的达成。2021 年新成立的 ISSB 历时 18 个月，在并入 TCFD、气候披露标准委员会（CDSB）、可持续会计标准委员会（SASB）等市场主流披露标准和框架的基础上，于 2023 年 6 月 26 日发布了首批国际财务报告可持续披露基准的正式生效文件 IFRS S1（一般要求）和 IFRS S2（气候相关披露），这为全球可持续披露提供了一致性基础，标志着全球资本市场的可持续披露开启了新时代。多国和地区监管机构表示，将考虑采取 ISSB 框架来建立信息披露标准。

与此同时，部分零碳金融国际联盟的执行机制被质疑，倡议合作面临政治、经济、数据、技术等多重挑战。短期内，许多金融机构面临着来自外部风险、公司治理、利益冲突和政治压力等不同层面的现实挑战，需要解决诸如牺牲投资者利益以换取可持续投资等尖锐问题。例如，先锋领航集团在 2022 年底退出了净零资产管理人倡议（NZAM），以应对投资者对透明度的质疑和政治压力；因为 ESG 基金收益率低于传统能源基金及对其政治理解的分歧，出现贝莱德遭投资人撤资的情况。但长期来看，相关倡议仍然为金融机构实现零碳提供了从义务向责任转变的实践参考框架和路径，成为全球零碳金融合作的重要探索基础。

二、零碳金融的国际竞争：关键领域、战略支撑、市场创新

全球金融部门正越来越广泛地将净零排放设为一致目标，并据此制定金融活动的框架、基准和原则。零碳金融的国际合作不断向更广更深的领域拓展，成为实现全球碳中和的关键要素。国际合作将激

活国际金融机构之间以及和其他发展伙伴之间尚未开发的巨大合作潜力，使其整体贡献最大化，并向一系列核心标准趋同（尚达曼等，2020）。向新核心标准的趋同过程必然伴随着打破旧秩序、主导新制高点和话语权的优胜劣汰，随着碳中和转型给各国带来颠覆性的巨大经济和政治利益，以全球金融治理为核心的零碳金融国际竞争将变得更加激烈。

不同于围绕着技术进步和国际贸易的国家竞争总会产生赢家和输家，应对气候危机是全人类共同的未来，只会有共同的赢家或输家，这就意味着各国必须将基于本国利益和制高点的零碳金融竞争置于国际合作形成的统一框架下，从而产生竞争与合作并存的新格局。零碳金融领域的国际竞争主要体现在相互关联、逐层递进的三个层面：一是核心标准和规制的统领权竞争，如先行制定与零碳金融相关的分类标准、信息披露准则、报告框架等；二是各国为优先获得规则制定权和引领地位而提出的竞争性国家战略和政策，如欧盟的立法法规和碳边境税、美国的产业政策等；三是由此推动的市场、企业行为和技术创新竞争，如碳交易市场机制、零碳金融产品和服务创新、投资项目吸引力、资本流动和碳排放检测等。

（一）核心标准和规则统领权的竞争

零碳金融的各类标准、气候信息披露、行业和市场规划等是零碳投融资活动的重要基石。当前，这些工作主要由不同的国际组织、单个或多个国家或地区独立或联合地开展，其涉及内容和实施进展存在较大差异，因而国际竞争具有很大的空间，竞争也最为激烈。

一是分类和标准。现有绿色金融标准主要分为原则性标准

（Principle-based）和分类目录（Taxonomy-based）两大类，前者以国际机构主导，如 ISO 可持续金融标准、国际资本市场协会的绿色债券原则、气候债券倡议组织的气候债券认证标准、绿色信贷的赤道原则等，后者则聚焦在可持续经济活动、绿色债券和绿色产业的界定和分类，不同国家和区域先后提出的有《欧盟可持续金融分类方案》（EU-Taxonomy）、《欧盟绿色债券标准》、《东盟可持续金融分类目录》（ASEAN Taxonomy for Sustainable Finance）、中欧《可持续金融共同分类目录》（Common Ground Taxonomy）、中国《绿色债券支持项目目录（2021 年版）》、《英国绿色分类法》、《韩国绿色活动分类目录》（K-Taxonomy）、《蒙古国绿色金融分类目录》（National Green Taxonomy）等。这些标准和分类目录体现了不同组织和经济体基于自身经济发展特征和生态挑战，在优先目标和标准制定中呈现以适应本国市场为主的差异化特征。其中，《欧盟可持续金融分类方案》目前在国际上被最广泛参考。

二是信息披露制度。加强环境信息披露已成为全球零碳金融市场的监管共识。国际主流零碳信息披露准则从气候相关财务信息披露标准、全球报告倡议组织披露标准，到国际可持续标准委员会发布的可持续财务信息披露标准，形成了快速整合的趋势，自然相关财务信息披露也在英法等国家提上议程。其中，TCFD 框架被广泛认可，ISSB 首批两份准则已于 2023 年 6 月出台，并将于 2024 年 1 月 1 日开始实施，缓释期为 1 年。欧盟、美国、英国、新加坡在零碳信息披露方面进展较快。尽管各自制度存在异同，但 ISSB 形式的统一标准同样面临来自美国和欧盟的挑战。欧盟委员会于 2022 年推出的《欧盟可持续报告准则》（ESRS）吸纳了 GRI 标准，坚持双重重要性原则；英国计划到 2025 年全部按照 TCFD 实施强制性披露，并将立即着手对已出台的两条 ISSB 准则进行适应英国国情的评估；美国采用《美国通用会计准则》（USGAAP）而非 IASB 的《国际财务报告准则》，曾明确表示反对 ISSB 的设立，试图掌握标准制定的主动权。美国证券交易委员会于 2022 年 3 月发布的《面向投资者的气候相关信息披露的提升和标准化》提案，参考 TCFD 框架，拟对所有在美上市的公司提出气候相关信息的披露要求和操作细则；中国香港联交所计划在 2025 年或之前强制实施 TCFD 披露规定，并于 2023 年 4 月按 ISSB 的新气候信息披露要求提出优化环境、社会及治理框架下的气候信息披露，生效日期与 ISSB 一致，其中对于气候相关风险与机遇的财务影响、"范围 3 排放"等拟实施 2 年过渡期。

（二）竞争性国家战略和政策

总体而言，欧盟和英国在全球气候和可持续发展金融规则制定竞争中处于领先地位，而先行制定竞争性的国家战略则是其能够在规则制定权竞赛中获得先机的先决条件和实施保障。

欧盟把支持零碳经济转型作为可持续金融总体战略的方向，并立法先行，成为全球第一个针对可持续金融规则制定设立完整行动计划的地区。遵循"先制定适用于欧洲市场的规则和标准，再将之向全球推广"的战略逻辑，欧盟在分类标准、信息披露标准、金融产品标准等支柱性领域出台了相对完善的法规，构建了相对标准化、可复制的政策体系。同时，欧盟在 2021 年 4 月还率先对其金融市场监管法规进行了修订，以确保可持续发展相关的投资需求能够在投顾和产品设计层面得到相匹配的反映，而 2023 年 4 月通过立法程序的碳边境调节机制（Carbon Border Adjustment Mechanism，简称为 CBAM）将以碳排放价格手段倒逼各国采取更有力的减排措施，成为欧盟意图把握零碳转型主导权的新型贸易保护工具。在2026 年开始征收碳关税后，这将对全球贸易格局产生深远影响，并引发了美国版碳关税《清洁竞争法案》（Clean Competition Act，简称为 CCA）的提出，美欧间争夺碳定价机制核心地位、构建新型绿色贸易壁垒的竞争格局愈加清晰。

英国作为欧美首个立法承诺到 2050 年实现净零排放的国家，在零碳金融政策制定上主要聚焦于信息披露领域，目标是将其打造成为全球可持续相关披露标准的领导者。以全球领先的绿色金融发展和金融服务业为基础，英国在 2020 年 11 月发布的《气候相关信息强制披露的路线图》明确了其将在 TCFD 建议的基础上建立气候信息强制披露的路径；在 2022 年进一步立法明确了针对大型企业和金融机构的强制性气候信息披露规定，使其成为 G20 国家中第一个将强制性信息披露纳入法律的国家。在《2023 绿色金融战略》公布的同期，英国还发布了《启动英国》（Powering Up Britain）、《自然市场框架》（Nature Markets Framework）、《国际气候融资战略》（International Climate Finance Strategy）、《英国 2030 年气候与自然战略框架》（UK 2030 Strategic Framework for Climate and Nature）等一系列重要战略，再次展示了英国在应对气候和环境挑战进程中巩固其零碳转型竞争领先地位的雄心。

美国启动强大的财税和产业政策支持参与零碳转型，以在国际市场建立竞争优势，这也引发了各国"产业政策回归"的浪潮。拜登政府 2021 年提出用"全政府方式"（"Whole-of-government-approach"）

应对气候变化的策略，大量动用公共投资、税收减免、政府采购、政府担保等政策工具为零碳投融资活动提供资金支持和风险缓释。2022年推出最大规模的《通胀削减法案》，通过税收补贴气候和可再生能源领域的生产和投资共计3 700亿美元，明确以产业政策支持零碳转型，打破了经济和贸易全球化格局下的平衡，而欧盟在2020年宣布的一项产业战略中提出向绿色和数字经济转型要加强"开放战略自主权"。针对美国IRA提出的巨额补贴，欧盟继而采取反制措施调整国家援助规则，提出《欧盟绿色新政产业计划》，并提供1 600亿欧元复苏基金补贴气候领域的数字创新，以抵消IRA对欧盟经济的影响。意大利经济部部长呼吁欧盟采取共同方法，以支持竞争力和保护战略生产。各国产业政策带动在净零转型进程中的国家战略竞争不断升级。

（三）市场、企业和技术创新领域的竞争

碳中和是广泛而深刻的经济社会系统性变革，需要来自政府和市场的全面参与和协调。国际上，除了由政府自上而下主导的规则和战略层面的变革和竞争，在市场层面也展现了行业、企业和技术创新的统领追逐。

一是碳市场的建设和交易原则。作为一种间接的市场连接，在还未形成全球范围内统一的碳交易市场情况下，国际碳交易机制是当下国际碳市场的主要桥梁。在格拉斯哥气候峰会上，各方就全球碳市场的交易原则达成一致，未来有望建立基于碳排放权交易的国际补偿机制。据国际碳行动伙伴组织报告（2023），截至2022年，全球引进碳定价机制的国家和地区接近70个，覆盖全球温室气体排放

17%，2022 年的碳市场配额拍卖收入达 630 亿美元。现阶段各国碳价差异显著[①]，交易体系也明显分化。主要有欧盟的强制性排放交易体系、美国芝加哥气候交易所、英国的自愿性排放交易体系。这些不同的碳交易市场在行业覆盖范围、碳交易规则及政策上均有所不同，相互之间存在竞争和合作连接。欧盟在全球范围内率先开展碳交易实践，创造了配额交易机制，经过多次改革并不断扩充行业覆盖范围，形成全球最大的碳交易市场。英国在脱欧后通过《2020 年温室气体排放交易计划令》，重新建立更为先进的 UK ETS，并于 2021 年退出 EU ETS，计划将在 EU ETS 的现行排放上限降低 5%，力争走得更远。美国尚未形成全国性的统一碳交易体系，但多个区域性碳交易体系并存，在美国芝加哥气候交易所打造的全球领先衍生品市场基础上，大力推进全球碳排放抵消期货合约等自愿减排交易产品与技术创新，旨在将标准化基准引入快速发展的全球自愿碳市场。未来全球碳市场模式更可能是一个多国互认互通、在一定条件下一定范围内流通的市场，而不会是一个自由流通、价格完全市场化的市场。

二是零碳金融产品和服务创新。要弥合实现碳中和所需的巨大资金缺口，仅依靠公共财政、开发性金融或现有金融市场产品服务远远不够。因此，国际组织呼吁大规模调动私人资本，创新公私资本结合模式、金融市场融资机制和工具（李波等，2022）。债务融资是全球气候投融资的主要方式。混合型投融资工具中，保险类、期货类等创新气候投融资工具仍然较少。通过混合融资（Blending Finance）

---

① 据 ICAP 报告，2022 年，碳市场配额平均价格最高为英国 93 美元，欧盟 83 美元，瑞士 81 美元，新西兰、德国、奥地利等覆盖全球碳排放量约 1/6 的碳市场平均价格在 10—50 美元，其余大多数低于 10 美元。中国全国碳市场平均价格为 8 美元

能激发私营领域的投资活力，同时提高公共投资的回报率。如欧盟发起可持续发展基金（EFSD+）通过提供担保来降低社会投资的风险，利用杠杆效应撬动社会资本进入，有望在 2021 年—2027 年动员超过 5 000 亿欧元的投资。创新性的融资工具可以吸引具有不同风险偏好和投资期限的投资者，如绿色债券基金等吸引保险公司和养老基金等机构参与投资。国际金融公司与欧洲最大资管公司东方汇理（Amundi SA）合作创立的 IFC–Amundi 结构性基金吸引了 16 倍之多的私人投资。此外，不动产投资信托是一种兼具债券性质和股权长期收益特征，可以较好地满足碳中和融资需求的长期、低波动性投资工具，具有提供长期资金支持、跨周期资产配置、分散风险和改善回报率等优势。2021 年全球上市不动产投资信托市值达 2.5 万亿美元，北美占比过半，创新零碳不动产投资信托作为支持碳中和可持续的理想融资工具，正越来越受到全球资本市场的关注。

三是零碳转型相关技术创新。为实体经济的零碳转型提供全周期金融服务是零碳金融的核心内容，零碳金融国际竞争也会加速相关技术创新。各类联盟和倡议机构致力于为金融机构净零排放和支持行业零碳转型提供设定科学目标、行动框架、转型路径、绩效评估等方面的实践建议，并不断更新调整，为处于不同阶段和国情的行业提供可选的创新方案，如 GFANZ 协助全球金融机构制定近远期脱碳计划和参与净零转型的整体框架；SBTi 为全球包括金融行业在内的企业提供科学减碳目标和零碳转型路径指导，将净零框架与实体企业的目标和实现路径相结合。尽管各类联盟和倡议主要由不同的国际组织或西方民间机构发起，以企业主动承诺的形式加入，约束力相对较弱，还没有形成可普遍接受的框架以及对承诺实施进

展的衡量标准，但发起方可以获得优先话语权和创新优势。其工作
组成员多来自欧美、日本等发达国家的大型金融机构，能够更多地
代表发达国家的诉求，在零碳金融市场的国际竞争中正形成较大的
影响力。此外，精准的碳测算是实现碳中和的重要支撑。当前碳排
放数据主要基于发电量、生产、交通等行业数据进行估算，如由清
华大学、法国气候与环境科学实验室、加州大学的三位学者牵头的
碳监测国际联盟（Carbon Monitor），已能够为全球 31 个主要国家、
416 个城市提供主要领域的碳排放实时核算与监测。卫星遥感的实
测将提供最真实精准的碳数据采集和计算，美国在 2021 年底发布的
《美国空间优先框架》中明确提出要支持应对全球气候危机，并且在
温室气体遥感探测方面走在国际前列。

第四节　中国参与零碳金融全球合作竞争的行动和建议

作为年碳排放量占全球约四分之一的世界第二大经济体，中国实
现碳中和目标对于减缓全球变暖的效应显著（Li et al., 2022）。中国
一直积极承担并履行应对气候变化的国际义务，积极推进和深入参与
全球可持续发展和气候变化治理，在多边框架下重视金融领域的国际
合作和竞争，贡献中国倡议和中国方案。在全球零碳金融治理体系的
构建过程中，中国不仅要继续以实际行动推动和融入零碳金融国际合
作，而且要重视零碳金融国际竞争带来的机遇和挑战。

一、中国积极推进和深入参与零碳金融全球合作的行动

一是中国人民银行、财政部和金融监管政府机构参与零碳金融国际合作走在全球前列，主动引领并积极参与多双边平台及合作机制，推动国际合作形成绿色金融、可持续金融议题，多项合作研究成果形成国际共识。2016 年，中国在担任 G20 轮值主席国期间倡议设立了由中国人民银行和英格兰银行共同主持的"G20 绿色金融研究小组"，首次将绿色金融纳入重点协商议题；2017 年，中国人民银行与法国央行等共同发起创立 NGFS，并在 2019 年与欧盟等 8 家成员经济体共同启动可持续金融国际平台，2021 年恢复了中国人民银行和美国财政部联合主持的 G20 可持续金融研究小组。同时，中国绿色金融的领先发展也为拓展零碳金融国际合作打造了良好基础，与世界银行、亚洲基础设施投资银行、亚洲开发银行、新开发银行、全球环境基金、绿色气候基金等国际开发性金融机构和民间资金组织积极合作，创新气候低碳领域的混合融资实践模式。

二是倡导鼓励金融机构和企业参与零碳金融的国际合作，规范金融机构和企业在境外的投融资活动，推动其积极履行社会责任，有效防范和化解气候风险。推动更多的中国金融机构支持零碳金融的国际倡议，不断完善气候信息披露体系，落实《巴黎协定》和联合国可持续发展目标。签署践行国际倡议的中国金融机构和企业数量持续增加，截至 2023 年 6 月底，中国有 9 家银行加入赤道原则，134 家金融机构加入负责任投资原则（PRI），22 家银行签署负责任银行原则，26 家金融机构成为 UNEP FI 的成员，81 家企业支持 TCFD，包括五大国有银行、南方资产管理公司、中国人寿保险等 33 家大型金融机

构。其中，支持 TCFD 的中国金融机构和企业从 2021 年开始快速增加，每年增加近 30 家，显示了中国金融机构和企业对践行信息披露国际准则的积极响应态度。与国际标准的融合也有助于中国零碳金融市场提速发展，为实现碳中和目标贡献中国企业的力量。

三是参与国际零碳领域的标准制定，助力以绿色债券为代表的碳金融市场，拓展零碳金融市场的国际接轨能力。中国上交所和深交所早在 2017 年就加入联合国可持续发展交易所（SSE）倡议，支持双碳目标实现，提升在国际资本市场的影响力和竞争力。2019 年上交所与卢森堡交易所完成签署"绿色债券信息通"合作协议，为资本市场绿色金融国际合作提供了新范例。作为全球第二大绿债市场，中国推动实现绿债标准"国内统一、国际趋同"，联合欧盟出台《可持续金融共同分类目录》，提供了缩小中国与国际标准差异的新路径，将进一步支持扩大绿债的境外市场发行，壮大中国绿债的规模并扩大占比。在环境气候信息披露方面，财政部及相关部门积极支持并全面参与国际可持续披露准则 ISSB 的制定，为 IFRS S1 和 IFRS S2 的出台贡献了中国智慧。中国还具有全球最大的碳市场，2021 年全国碳排放权交易市场启动，未来将加快推进国家核证自愿减排重启，积极构建统一规范的碳排放统计核算体系，协调机制差异，不断加强与全球碳市场的对接，推动零碳投融资的发展。

四是金融支持"一带一路"和发展中国家的低碳零碳发展和能力建设，推动制定"一带一路"共同的绿色金融标准，鼓励金融机构支持"一带一路"和"南南合作"的低碳化建设，助力"一带一路"共促国家绿色低碳转型，承担大国责任。2017 年中国领导人倡议发起成立"一带一路"绿色发展国际联盟（BRIGC），推进"一带一路"

绿色发展合作的政策对话和沟通，推动绿色基础设施建设、绿色投资与贸易的发展。2018 年，中英两国共同发布"一带一路"绿色投资原则（GIP）国际倡议，与联合国负责任投资原则相互补充，倡导金融支持绿色"一带一路"建设，截至 2022 年 9 月，全球已有来自 17 个国家的 44 家签署机构和 14 家支持机构。2019 年中国财政部制定和发布了《"一带一路"债务可持续性分析框架》，为多边开发融资合作提供了重要的配套政策工具。2022 年国家发展改革委发布《关于推进共建"一带一路"绿色发展的意见》，提出将在 2030 年基本形成共建"一带一路"绿色发展格局，切实推动区域性绿色金融国际合作。

五是强化应对气候变化的务实金融合作。在气候领域的双多边合作机制方面不断深化，推动共建基于自然的解决方案亚洲中心；积极主办中国 – 中东欧国家环保合作部长级会议、中法绿色低碳经济工作组会议、中德环境与气候变化工作组会议、中英气候变化对话等双多边交流合作；向全球环境基金（GEF）第 8 增资期捐款 3 190 万美元，成为发展中国家最大捐赠国；推动绿色气候基金（GCF）恪守《联合国气候变化框架公约》及其《巴黎协定》原则共识，累计向发展中国家提供超过 100 亿美元气候资金支持。在"南南合作"方面提出诸多新举措，截至 2022 年 7 月，累计安排超过 12 亿元人民币用于开展气候变化"南南合作"，与 38 个发展中国家签署 43 份气候变化合作文件；与非盟共同发布《中非应对气候变化合作宣言》；在"南南合作"援助基金支持下，援助亚非拉发展中国家气候变化项目近 30 个（生态环境部，2023）。

二、零碳金融国际竞争的核心和对中国的潜在影响

（一）零碳金融国际竞争的核心

零碳金融国际合作和竞争相互依存、共同推进，其核心是通过全球金融领域的集体行动，解决共同面临的气候变化公共问题，并在这个过程中重新确立国家在金融治理中的竞争优势，重建支持碳中和的全球金融治理机制。从全球发展来看，金融治理机制的建立是一个漫长曲折的过程，同时也离不开对历史机遇的把握，英国和美国先后借此成为工业革命以来全球金融治理的统领者，而碳中和再次提供了新的历史机遇。

基于前文对零碳金融国际合作竞争发展的梳理，可以看出，在迈向净零目标的全球浪潮中，零碳金融的部分重要领域已出现主流规则和标准，而我国绿色金融的先发优势和领先地位正在下降。更为重要的是，当前国际上零碳金融领域对规则制高点的激烈竞争，将对中国迈向碳中和的未来产生实际利益和发展制约的深刻影响，这种影响不亚于当下西方对中国高精尖领域实施的"卡脖子""去风险"等脱钩战略的影响。因此，面向绿色发展的未来，充分理解现有零碳金融国际竞争对中国的影响，找准中国参与零碳金融国际合作竞争的定位和作用，并予以战略和战术上的重视，具有特别重要的意义。

（二）零碳金融国际竞争对中国的潜在影响

零碳金融国际竞争对中国的潜在影响集中在标准和披露的国际趋同、竞争性国家宏观政策的溢出效应、市场倒逼和科技超前带来的打压限制等几个主要方面。

一是标准和披露的统一规范。缺乏统一的规则标准和规范的信息披露机制是现阶段中国零碳金融加入国际合作、促进绿色资本跨境流动面临的重要挑战。当前国际上应用较为广泛的有以欧盟《分类法》和中欧《可持续金融共同分类目录》为引领的可持续金融分类方法，以 TCFD、GRI 和 ISSB 建议为主流的气候相关财务信息披露和可持续财务信息披露框架，正在快速推进的以自然相关财务信息披露工作组建议为主导的自然相关财务信息披露框架，以 PCAF 方法学为主流的金融机构投融资碳核算标准等。这些大多以欧洲为主导，而中国主流的绿色标准与国际对接互认还有差距，信息披露制度框架仍在完善过程中（见表 9.1）。其一，中国的绿色债券规模位居世界前列，在与国际绿色可持续金融标准接轨方面不断推进，先后出台了《绿色债券支持项目目录 2021》《中国绿色债券原则》等政策文件，但与国际较为主流的 ICMA《绿色债券原则》和 CBI《气候债券标准》相比，对绿色项目的认定标准仍有较大差异。这导致中国发行的贴标绿债中符合 CBI 认证的贴标绿债比重仅约 55%（CBI et al., 2023），从而在跨境绿色资本的流动效率和成本方面处于竞争劣势。其二，在欧洲等国家的积极推动下，ISSB 信息披露基准指引文件已正式出台，未来很可能会成为和国际财务报告准则类似的全球通用准则，对全球企业的可持续发展产生重要影响。中国曾经花费 15 年时间来实现国内企业会计准则与 IASB 国际财务报告准则的"实质性趋同"，未来在加快统一国内信息披露监管框架、趋同 ISSB 国际信息披露标准的时间表上则面临更为紧迫的压力。其三，针对金融机构碳核算的 PCAF 标准已通过温室气体核算体系审核，得到联合国、TCFD、SBTi 等国际组织的认可，成为全球金融机构碳核算的通用蓝本（刘世伟等，2023），而我国金融机构碳排放核算标准和体系正处于起步阶段，亟须建立一套既符合本国国情又能有效应对与国际对接等外部压力的金融机构碳排放核算标准和体系。

表9.1　国际国内零碳金融主要标准对照

零碳金融主要标准类别	国际主流标准	国内主流标准
绿色／可持续经济活动分类	欧盟《分类法》中欧《可持续金融共同分类目录》	《绿色融资统计制度》《绿色产业指导目录2023》中欧《可持续金融共同分类目录》
绿色债券标准	国际资本市场协会《绿色债券原则》气候债券倡议组织《气候债券标准》	《绿色债券支持项目目录2021》《中国绿色债券原则》
信息披露框架	气候相关财务信息披露全球报告倡议组织可持续财务信息披露自然相关财务信息披露	《金融机构环境信息披露指南》《企业环境信息依法披露管理办法》
碳核算标准	《温室气候核算体系》碳核算金融联盟《金融行业温室气体核算和披露全球性标准》	《金融机构碳核算技术指南（试行）》
排放交易体系	欧盟排放交易体系	《温室气体自愿减排交易管理办法（试行）》

二是竞争性国家宏观政策的溢出效应。欧美国家纷纷出台了国家战略和宏观政策以巩固各自在零碳转型中的优势地位，这些竞争性战略和政策对包括中国在内的其他国家产生绿色贸易壁垒或竞争扭曲等溢出效应，中国应提早规划应对举措。其一，以欧盟的碳边境调节机制（EU CBAM）为例，其本质是通过贸易关税帮助欧盟从外部获得气候相关收入。我国是欧盟第一大贸易伙伴和最大商品进口来源国，

也是欧盟进口商品隐含碳排放的最大来源国，目前碳边境调节机制对中国出口欧盟影响最大的产品为钢铁和铝。从短期双边贸易角度来看，所涉及的产品贸易额占比在 5%—7%，整体影响较为有限，但对高碳钢铁等部分行业的出口竞争力会产生较大影响[①]。但从长期全局角度来看，由此引发的美版碳关税、英国和加拿大版碳边境调节机制以及 G7 拟建立气候俱乐部等全球竞争，将对全球贸易结构产生深远影响，极大地改变中国的出口贸易以及产业结构。尽快建立和完善碳市场和碳定价机制成为中国降低国际绿色贸易壁垒影响的必然选项。其二，当各国面临相互竞争的目标时，产业政策就成为其战略选择的一部分。如美国 IRA 的推出，以巨额补贴减税的贸易保护形式全力扶持美国新能源产业和技术创新，欧盟以"绿色新政产业计划"跟进，全球掀起了新一轮产业政策竞赛，将对中国在国际领先的光伏、风电、电动汽车等新能源产业带来不公正竞争，严重损害相关行业的国际发展和利益。

三是市场倒逼和科技超前带来的打压限制。从发展趋势上看，碳排放权交易是实现净零排放目标至关重要的减排工具，碳市场在全球日益增长，但不同碳交易体系所覆盖的行业、碳排放量、配额价格都有很大差异。2022 年，英国、欧盟和瑞士碳市场配额平均价格都超过了 80 美元，而中国全国碳市场平均价格仅 8 美元[②]。世界银行指出要实现 2.0℃温控目标，各国碳价水平需达到 40—80 美元。如果未来

---

① 不同研究总体认为中国对欧出口总额的 5%—7% 会受到影响，碳边境调节机制部门对欧出口下降 11%—13%；对欧出口成本增加约 1 亿—3 亿美元 / 年，占碳边境调节机制覆盖产品对欧出口额的 1.6%—4.8%。数据来源：https://finance.sina.com.cn/esg/elecmagazine/2022–04–18/doc-imcwiwst25277 03.shtml。

② 资料来源：《全球碳排放权交易：ICAP 2023 年进展报告》。

形成全球统一的碳市场价格区间，将倒逼中国碳价大幅上升至当前的5—10倍，对中国经济结构和资本配置产生巨大的冲击。在债务工具的创新上，英国2022年提出气候韧性债务条款（CRDC），即在发生严重气候冲击时推迟债务期限，帮助最不发达债务国增强气候韧性，此条款对作为全球最低收入国家的重要债权人的中国而言，造成了较大的国际舆论压力。从科技创新来看，在必须依靠科技推动的零碳转型中，科技领域的竞争更加激烈，欧美国家利用领先科技实施打压的影响也更为深远。有关研究表明，与世界先进水平相比，我国绿色科技领跑、并跑、跟跑技术的比例分别约为10%、35%、55%，整体仍处于跟跑阶段，缺乏尖端核心技术（国家发展和改革委员会，2021）。以碳排放探测技术为例，倘若美国建立起全球免费碳排放检测系统，能够直接探测全球实际碳排放数据，将大幅超越现有真实度不高的能源换算所得碳排放数据，建立起碳中和的全球制高点，掌握包括中国在内的全球企业从碳排放披露、产品估值到国际竞争力的真实信息，以此有针对性地制定碳排放相关国际标准，精准制约中国新能源等产业的国际市场份额和生产能力。

三、中国参与零碳金融国际合作和竞争的政策建议

全球合作和竞争在碳中和和零碳金融领域迅速发展，中国必然无法置身其外，如何在参与和发展过程中构建自身优势，在应对国际制约中把握主动，成为中国学界、业界、政府部门亟须解决的共同课题。面向未来，中国深度参与零碳金融国际合作和竞争的起点是构建符合中国碳中和目标的零碳金融体系，方向是为实现全球气候目标贡

献负责任发展中大国的实践和创新经验，在国际合作中提出中国方案、中国倡议和全球发展倡议，深度参与构建全球零碳金融治理机制，助力共同达成包括发展中国家在内的全球零碳目标，在这个过程中支持开放、共享，助力中国建设社会主义现代化强国和实现第二个百年奋斗目标。

第一，以共同、可持续的零碳金融未来愿景为指引，全面参与全球零碳金融合作和国际规则制定，推动全球零碳金融市场体系和治理机制的发展。中国应以核心参与者和引领者为定位，坚定支持在 G20和多边主义框架下构建全球零碳金融治理规则。碳中和的全球性和紧迫性决定了仅靠发达国家或仅靠公共机构都远不足以如期达成全球减排目标。应与现有的国际零碳金融联盟倡议、科学研究机构展开主动、前瞻性的交流合作，加入或牵头组建符合中国和发展中国家实践的零碳金融联盟，提出并推动可适应广大发展中国家经济产业结构的净零转型金融原则和政策框架，打造建立零碳金融系统的统一基石。

第二，积极参与和引领零碳金融研究和实践，与全球共享成果。净零目标推动传统经济金融范式的变革，从理论和实践层面都将产生突破性的创新（朱民等，2023）。重视零碳金融研究，深入与国际研究、智库、业界的交流，思考制定满足不同经济发展阶段特点的领先的零碳金融体系和标准框架，使其既具有规范性和适用性，能够适应发展中国家的经济和产业基础，也具有可比性和兼容性，能够顺利实现与发达国家的标准对接或转化。

第三，加快推进国内零碳金融分类标准和披露框架的统一规范，协调与政策导向、市场需要和国际进展的趋同。对内，尽快推进能与国际接轨，符合中国国情特点的分类指标和评价体系、信息披露与报告、数据质量要求等重要零碳金融标准研究；对外，积极参与零碳金融国际准则框架的交流合作，提高我国零碳金融标准体系的国际认可度和影响力。利用好 G20、亚太经合组织、金砖国家标准化合作部长级会议、中欧标准化合作机制等平台机制加强国际交流合作，提高中国在国际民间零碳金融倡议组织中的参与度和话语权。

第四，继续深入与国际组织和欧美国家的气候交流合作和对话，推动数据衔接、产品交流和资金流动。在国际组织和各国经济机构中，继续推动宏观经济货币政策方面的全球零碳金融措施合作和试验，努力在非政府基金框架下承担更大的责任，推动零碳金融治理架构的国际合作，参与构建公平合理、合作共赢的全球气候治理体系，推动上海成为国际零碳债券中心，在规模提升、产品创新、信息披露标准制定、优惠政策出台等领域不断推动我国零碳债券市场建设。

第五，继续推动"一带一路"倡议下的零碳金融发展。发展中国家和"一带一路"共建国家的碳排放问题将成为全球的共同挑战，据测算，如果"一带一路"共建国家继续传统增长模式，到 2050 年这些国家的碳排放量或占全球碳排放量的 66%；到 2030 年，"一带一路"共建国家至少要进行 12 万亿美元的绿色投资，才能确保与《巴黎协定》的目标路径相一致（徐华清等，2020）。加强与"一带一路"共建国家和发展中国家在零碳金融领域的合作，鼓励金融机构按照零碳金融标准在"一带一路"共建国家绿色转型中投资，增加水电、风电、光伏发电、智能电网等可再生能源项目的投资。加大对新兴经济体和发展中国家零碳金融能力建设的支持力度，同时提升发展中国家和"一带一路"共建国家在构建全球碳中和治理机制中的国际影响力和话语权，共建人类命运共同体。

第六，努力推动建立开放、包容的零碳金融全球合作竞争格局。美国和欧盟在零碳金融竞争赛道上基于科技和标准体系各自设立了规则，体现了典型的非竞争性，在制定全球通用规则方面却面临政治压力。美国长期以来掀起的科技战和技术封锁，以及对新能源技术的产业政策都具有很强的排他性。欧盟规则先行推出的高标准同样不具备足够的包容性，尤其是欧盟碳关税对处在"生存型排放"阶段的发展中国家不够友好，有观点甚至提出要警惕新的"生态殖民主义"。作为负责任大国，中国在制定国内政策时要统筹考虑需要承担的国际责任。基于"人类命运共同体"的价值指引，秉承"绿色""开放""共享"的新发展理念，在零碳金融制度框架设计中坚持开放性和包容性，努力推动国际秩序朝着更加公正合理的方向发展。

第五节　结语

气候变化带来的挑战级别之高、变化速度之快，所有的国家和利益相关者都需要迅速做出战略性的、有凝聚力的回应。国际协调合作虽然困难重重，但更需要全球联合起来，采取一致行动，共同应对。如果缺乏碳中和转型的国际共识和决心，以及技术标准和框架基础的统一，更将延缓人类携手应对气候危机的进程。

零碳经济时代，碳中和转型将由零碳金融推动，这一点在格拉斯哥气候峰会后已形成国际共识，标志着金融业进入零碳金融时代。零碳金融的全球合作与竞争正在迅速展开。重要的首先是形成全球统一的可持续性金融披露标准，推动各地区各国家的标准协同；其次是如何建立零碳金融市场，着力填补资金缺口，如创新零碳金融产品和工具。此外，碳中和的核心推动力还来自科技创新，未来科技市场规模巨大，因此科创投资的资金来源、市场方向和标准制定等也是全球零碳金融竞争合作的未来制高点。

零碳金融全球竞争合作面临的核心问题是全球金融治理机制建设。中国的绿色金融一直走在国际前列，但零碳金融的国际竞争才刚刚开始且正在加速，中国正与世界其他发达国家、发展中国家站在零碳金融的同一起跑线上。从这个意义上来说，中国有机会为构建未来的零碳金融治理机制和零碳金融生态市场起到积极的主导作用，并做出重大贡献，抓住这一不可或缺的历史机遇，推动中国金融走上世界舞台的中心。更为重要的是，中国在参与构建国际零碳金融治理机制的过程中，可以把新的经验带给"一带一路"共建国家和发展中国家，帮助发展中国家进入零碳金融，这不仅是中国的历史责任和国际使命，还是推动中国走向一个新的改革开放的金融时代。

第十章

◆

发展零碳金融路径：
双碳目标和零碳碳达峰的两阶段发展

王　遥　金子曦　傅奕蕾　万秋旭[*]

[*] **金子曦：** 中央财经大学绿色金融国际研究院特邀研究员
　傅奕蕾： 中央财经大学绿色金融国际研究院研究员
　万秋旭： 中央财经大学绿色金融国际研究院特邀研究员

第一节　两阶段特点的理论研究及国际经验

一、文献研究

近年来，基于碳达峰、碳中和阶段路径特征的理论研究快速发展。林伯强以社会实现目标为参照，将 2020 年—2060 年碳中和路径划分为三个阶段——碳达峰阶段（2020 年—2030 年）、快速降碳减排阶段（2030 年—2045 年）和碳中和阶段（2045 年—2060 年）。国务院发展研究中心[1]在此基础上进行细化，提出四个阶段——碳达峰实现阶段（2021 年—2030 年）、快速平稳阶段（2031 年—2035 年）、加速减排阶段（2036 年—2050 年）与碳中和攻坚阶段（2051 年—2060 年）。虽然划分的细致程度不同，但不同阶段的社会目标大体一致。在碳达峰实现阶段，社会目标聚焦于高碳行业，以防范高位碳达峰为原则科学布局产业，实现分批次碳达峰。快速平稳阶段作为社会过渡期，旨在巩固前阶段减排成效，兼顾抑制峰值突破。在加速减排阶段，社会将稳步推进高碳行业脱碳与其他行业深度脱碳，并依托新能源构建低碳能源结构与建立低碳、零碳技术体系。在碳中和攻坚阶段，全社会最终以深度脱碳为首要任务，通过应用零碳、负碳、碳汇等技术，推进社会各层面实现零碳排放。

丁仲礼院士[2]和胡鞍钢（2021）根据碳排放总量控制情况的测

---

① 资料来源：https://finance.sina.com.cn/jjxw/2022−01−06/doc−ikyamrmz3440647.shtml。

② 资料来源：https://www.guancha.cn/dingzhongli/2022_09_11_657428_s.shtml。

算，得出我国需在 2030 年—2060 年将碳排放量由 100 亿吨降至 25 亿吨，并按照每十年为期划分确定四个"碳"阶段。在控碳阶段（2030 年前），碳排放总量需尽力控制在 100 亿吨以内，社会从高碳经济逐步转向低碳经济，以工业、交通、建筑为首的三大主要碳排放行业需完成大部分低碳改造工程。减碳阶段（2040 年前）将以 85 亿吨碳排放总量为目标，社会碳排放持续大幅下降，交通、建筑等行业需完全实现低碳化改造，可在工业部门技术成熟领域推广无碳工艺。在低碳阶段（2050 年前），努力将总量控制在 60 亿吨内，能源碳排放下降趋于零，建筑与交通行业接近无碳化，工业低碳化改造基本完成。在中和阶段（2060 年前），争取将总量控制于 25 亿—30 亿吨，此时能源结构以风能、太阳能等新能源为主，火电用于应急和部分地区基础保障，工业、交通、建筑三大行业实现全面低碳化。

谭显春等（2022）则根据碳中和不同阶段政策导向，将实现时间大致分为三个时期。2030 年前为碳达峰时期，该阶段政策中心将立足于《碳中和促进法》的颁布，通过强制命令手段遏制高碳项目过快增长，并提前布局双碳科技、投融资与环境权益市场交易。2030 年—2035 年为碳峰值平台期，该时期将充分结合政策标准化与市场激励手段，推进高碳项目产能置换与升级，并从深化绿色金融体系构建维度，推进金融标准、金融产品、金融配套方法学完善，支持以双碳为导向的投融资体系健全。2035 年—2060 年为碳中和时期，此时政策将延续前阶段成果，加快健全碳中和立法体系，并充分发挥市场激励与政府引导作用，加速推动低碳、零碳乃至负碳科技商业化，最终以政府财政为引导、社会资本为助力，精准布局全领域低碳可持续发展。

二、国际经验

27 个欧盟成员国早在二十世纪九十年代至二十一世纪初就实现了碳排放达峰。各成员国的碳达峰时间最长相隔近 20 年，其中德国等 9 个成员国碳排放峰值出现于 1990 年，其余 18 个成员国碳排放峰值分别出现于 1991 年—2008 年，而美国作为经济发达国家及碳排放大国，也于 2007 年实现"碳达峰"。从其碳达峰路径来看，在 1949 年至 2007 年，美国能源消耗产生的二氧化碳排放量处于稳定增长中；1949 年，美国能源消耗产生的二氧化碳排放量为 22.07 亿吨，直至 1961 年保持在 30 亿吨以下的水平；从 1962 年后，美国能源消耗量和二氧化碳排放量开始快速增长并于 1969 年突破 40 亿吨；1988 年增长到 49.81 亿吨；2006 年增长到 59.14 亿吨；直至 2007 年实现碳达峰。国际已有碳达峰实践呈现以下特点。

碳达峰前经历了较长的爬坡期。樊星等（2022）分析发现，各经济体均具有较长的排放爬坡期。英、法、欧、德在自然碳达峰状态下的爬坡期分别长达 136、125、104 和 97 年；日本在 1998 年实现气候立法，在自然碳达峰状态下爬坡期缩短至 58 年。美国由于气候政策摇摆不定，爬坡期超百年。希腊、西班牙、克罗地亚、加拿大均在 2007 年实现自然碳达峰。从发达国家的经验来看，在碳达峰时国家人口增速普遍放缓，城镇化率水平较高，同时普遍具有较高的人均 GDP，GDP 增速放缓。

各国碳达峰时间不一致，并出现一定时间范围的峰值平台期。裴庆冰（2021）对典型国家的碳达峰特点进行了研究，发现虽然绝对意义上的峰值是在某一年份出现，但在峰值年份前后碳排放量会呈现平台波动特征。他将峰值水平 95%—100% 的时间段视作平台期，并发现典型国家的平台期持续时长存在显著差异。经济体量、排放体量较大的国家峰值平台期持续时间较长，说明体量大的国家排放量变化相对稳定。日本、美国、德国的峰值平台期明显长于其他国家，均在 10 年左右。意大利、英国、西班牙、巴西的峰值平台期均未超过 5 年，特别是西班牙、巴西的峰值平台期较短，呈现快速碳达峰、快速碳去峰的特征。

碳达峰到碳中和时间窗口较长。根据截至目前发布的目标规划，发达经济体从平台期后直至碳中和均具有 30—80 年的较长时间窗口。按照双碳目标，中国目前尚未实现碳达峰，爬坡期和平台期仍有待进一步检验；从碳达峰下降至碳中和期不足 30 年，相较于主要发达经济体，所留时间窗口较短。

第二节　我国碳达峰与碳中和的实施基础

一、我国碳排放水平总量最大、强度较高且地区行业差异较大

整体来看，我国碳排放总量全球领先且持续增加，碳排放强度相对发达国家较高但下降趋势明显。总量方面，根据《世界能源统计年鉴 2022》，2009 年—2021 年，我国碳排放量由 77.1 亿吨提升至 105.9 亿吨，稳居世界第一。其中，2021 年我国经济活动快速复苏并推动能源需求大幅上升，而当前清洁能源供应尚不足以满足新增用电需求，碳密集能源使用的进一步扩张也使得全国碳排放总量快速上涨，同比增长 6.22%，增长趋势明显。在强度方面，根据《中国落实国家自主贡献目标进展报告（2022）》，经初步核算，2021 年中国碳排放强度比 2020 年降低 3.8%，比 2005 年累计下降 50.8%，碳排放效率提升成效

显著。但必须要认识到，我国仍是全球主要经济体中碳排放强度突出的国家，根据《全球能源回顾：2021 年二氧化碳排放》，全球经济产出的平均排放强度保持在每 1 000 美元 0.26 吨二氧化碳当量（CO2e），而我国经济产出的碳排放强度则为每 1 000 美元 0.45 吨二氧化碳当量。

分解来看，我国地区碳排放水平和行业碳排放水平差异明显。分地区来看，受地区发展战略和经济基础的影响，省际碳排放总量与强度差异明显。具体而言，粤港澳和长三角的碳排放强度始终低于全国平均水平，成渝地区、长江中游地区、京津冀地区、黄河流域地区的碳排放强度渐次递增，整体上呈现明显的"南低北高"空间格局。分行业来看，受到行业运行特性和绿色发展基础影响，碳排放总量呈现"二超多强"态势。根据《中国能源体系碳中和路线图》，受以煤炭为主导的能源结构特征和以高能耗高排放行业为主导的工业结构特征的影响，我国能源使用造成的碳排放占碳排放总量的 48%，工业造成的碳排放占碳排放总量的 36%，是我国碳排放的两大主要来源。此外，交通和建筑部门也是我国碳排放的重要来源部门，其碳排放量占总碳排放量的比例分别为 8% 和 5%。

二、两阶段目标实现面临巨大挑战

从中国的发展基础来看，能源基础依赖于煤炭、产业基础较重、技术储备偏低，使得碳中和愿景下我国经济转型升级和高质量发展面临新的挑战。一是能源结构呈现"一煤独大"特征，能源使用效率低下。我国富煤、贫油、少气的能源资源禀赋特征突出，能源消费对煤炭的依赖难以在短时间内降低。截至 2020 年底，我国能源消费中化石能源占比达到 84.1%，其中煤炭占比为 56.8%（见图 10.1），能源转型难度较大。虽然我国可再生能源利用技术发展已实现全球领先，但技术仍不成熟，呈现间歇性、随机性与不稳定性的特征，能源结构调整与能源利用率提高的任务十分繁重。

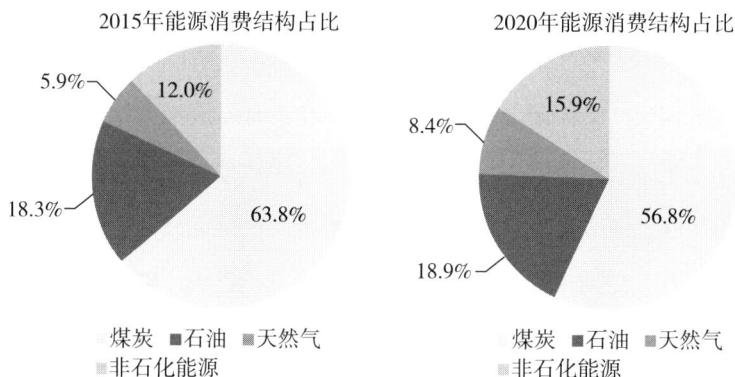

2015年能源消费结构占比

5.9% 12.0%
18.3% 63.8%

煤炭 ■石油 ■天然气
■非石化能源

2020年能源消费结构占比

8.4% 15.9%
18.9% 56.8%

煤炭 ■石油 ■天然气
■非石化能源

图 10.1　2015 和 2020 年能源消费结构占比变化情况

二是产业发展存在"三高一低"与发展差距较大的问题，产业市场化的转型路径尚待建立。2020 年我国第二产业增加值比重为 37.8%，仍是我国经济不可或缺的组成部分，其中高污染、高耗能、高排放、低效益产业占比仍不低。2012 年至 2019 年，黑色金属冶炼和压延加工业、化学原料和化学制品制造业、非金属矿物制品业、电力热力的生产和供应业、石油加工炼焦及其他燃料加工业、有色金属冶炼和压延加工业作为工业部门碳排放前六大行业，碳排放总量也呈小幅增长，且 2019 年二氧化碳排放量累计占比高达 74.65%。同时，行业系统复杂多样，绿色产业与棕色产业发展目标不一致，但绿色产业又与棕色行业息息相关，譬如新能源汽车使用铜量是传统燃油车的四倍。行业间差距较大及行业间的复杂关系，使得制定完全统一的行动规则也存在较大难度，如何从传统消耗型的发展方式向绿色发展方式转变并由此获得转型效益，该市场化路径尚未成熟。

三是减污降碳技术整体转化率不高，关键核心技术储备不足。创新链与产业链协同效应不强，技术推广存在诸多障碍，仅有 36% 左右的减污降碳技术进入产业化阶段，其中可大面积推广的仅占 10%—15%，低于发达国家约 40% 的水平。绿色低碳技术自主创新能力总体比较薄弱，关键核心技术研发不足，与国际先进水平比仍处于"跟跑"状态。

更进一步从与世界主要经济体碳中和进程的对比来看，窗口期偏短、发展基础偏弱使得我国实现双碳目标时间紧、任务重。设定碳减排目标，拟定涵盖能源、工业、交通、建筑等多部门行动方案的碳中和战略，是世界主要经济体实现气候目标的共同举措。对比来看，我国实现碳中和目标明显时间紧、任务重。时间紧体现在碳达峰时间晚，27 个欧盟成员国在 1991 年—2008 年陆续实现碳排放达峰，美国作为碳排放大国也于 2007 年实现碳达峰，远早于我国 2030 年这一预计碳达峰时间；此外是实现碳中和周期短，与世界其他国家地区的从碳达峰迈向碳中和平均 40 −70 年周期相比，我国从碳达峰到碳中和仅 30 年窗口期，快速减排压力巨大。在任务重方面，考虑到我国的能源、产业与技术基础，相较发达国家而言，我国保持经济平稳增长和加快绿色低碳转型协调难度大，短期转型效益较难显现。以能源利用效率为例，我国单位 GDP 能源消耗、用水量仍大幅高于世界平均水平（见图 10.2），例如根据中国工程院院士杜祥琬的研究结论，我国单位 GDP 能耗约为经合组织（OECD）国家的 3 倍、世界平均水平的 1.5 倍。综合来看，既要按期达成"两个一百年"的经济社会发展目标，又要如期实现双碳目标的庄严承诺，需要超预期地调整产业结构和能耗水平，灵活地调整转型中减排增效等关系，合理地平衡不同主体的利益得失。

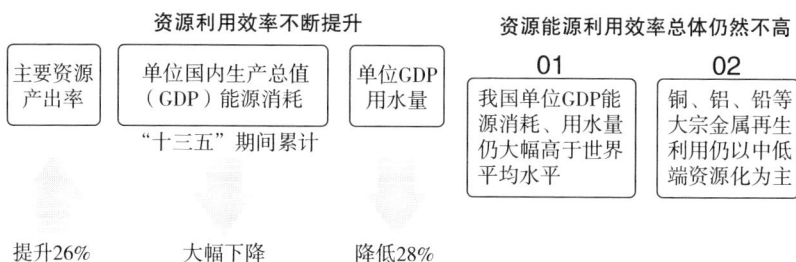

资源利用效率不断提升

主要资源产出率	单位国内生产总值（GDP）能源消耗	单位GDP用水量

"十三五"期间累计

提升26%　　　大幅下降　　　降低28%

资源能源利用效率总体仍然不高

01 我国单位GDP能源消耗、用水量仍大幅高于世界平均水平

02 铜、铝、铅等大宗金属再生利用仍以中低端资源化为主

图 10.2　能源利用效率现状

资料来源：《"十四五"循环经济发展规划》。

第三节　我国碳达峰与碳中和的阶段性特征

一、发展阶段、经济基础与技术水平是决定两阶段目标实现的关键因素

我国尚处于工业化与城镇化后期的客观情况，决定了碳排放总量仍会在可控范围内上升，直至碳达峰。工业化后期体现在近几年我国工业化进程正在从高速、低成本、出口导向、不平衡的发展"旧常态"，向中高速、基于创新的差异化、内外需协调和区域平衡的发展"新常态"转变。面临着"经济失速""制造业空心化""技术升级陷阱"等阶段性问题，既要克服阶段性问题，又要推动工业发展逐步与碳排放脱钩，工业化进程面临双重压力。城镇化后期体现在，根据国家统计局数据，2020 年全国人口普查城镇化率为 63.9%，距离联合国预计

的我国城市化率在 2050 年将达到 71.2% 还有较大的增量空间。考虑到城镇居民相对农村居民具备更高的人均碳排放量，城镇化发展也将带来不容小觑的碳排放增量。近年来，我国碳排放总量上升趋势较为明显，且工业化的持续深入与城镇化比例进一步提升的增量空间二者叠加影响，均在一定程度上表明我国碳排放总量仍将有所上升，多方预测 2030 年我国碳达峰二氧化碳总量将达到 105 亿—120 亿吨，这也是碳达峰前期影响碳排放的核心要素（见表 10.1）。

表 10.1　各机构测算的中国 2030 年碳达峰时二氧化碳排放总量

碳达峰时二氧化碳排放总量（亿吨）	测算机构或测算者	数据来源
108	中国国际金融股份有限公司研究部	CEADs
104	中国国际金融股份有限公司研究部	BP
119	中国国际金融股份有限公司研究部	官方
105	清华大学气候变化与可持续发展研究院	《中国长期低碳发展战略与转型路径研究》
109	世界资源研究所	《零碳之路："十四五"开启中国绿色发展新篇章》
105—110	刘强等	《新常态下我国碳排放达峰形势分析》
120	柴麒敏、徐华清	《基于 IAMC 模型的中国碳排放峰值目标实现路径研究》

资料来源：中财绿金院整理。

高经济体量和排放总量的经济基础，决定了我国需要碳排放平台期的巩固调整。国际经验表明，在绝对峰值年份前后，将出现碳排放总量多次波动的平台期。考虑到我国经济体量和排放总量均处于全球前列的现实基础，以及大经济体量的经济体碳排放变化相对稳定的历史经验，我国进入碳中和阶段前需要经历相对稳定的平台期，以推动产业结构、能源结构、技术结构升级，为迈入碳中和经济发展阶段做好准备。同时，OECD 国家相关数据的分析结果表明，人均 GDP 带动资源消耗的边际效益呈递减趋势，人均 GDP 提高与劳动边际成本上升和劳动生产率边际增长呈持续正相关关系。这意味着更高的生产率使经济增长从带动碳排放增长到转向脱钩，并最终转为带动高质量经济增长及减少碳排放，但这并非一蹴而就，而是与发展基础、发展路径和发展时间直接挂钩。可见促进碳排放量快速下降需要对排放量变化持续观察，并结合经济社会发展和能源结构变化趋势及时调整减碳策略。

碳达峰碳中和的有限时间及当前尚未全面成熟的低碳技术，决定了我国需尽可能科学地实现碳达峰，同时从碳达峰到碳中和阶段需快速减排。由碳达峰至碳中和，欧盟耗时 70 年，美国耗时 40 年，而我国只有 30 年的短暂窗口期；叠加我国低碳关键技术自给率较低和技术战略储备不足的现实，如期实现碳中和压力巨大。由此，一方面，我国在碳达峰阶段不仅要快速提升资源利用效率以促进存量经济绿色转型发展，还需提升绿色能源和绿色技术供给以满足增量经济的发展需求，尽力平稳碳达峰。另一方面，我国还需在碳达峰及平台期后，加快碳减排行动、提升碳排放下降速度，在碳达峰阶段及平台期积累经验的基础上，通过能源结构清洁转型和低碳技术广泛应用，实现碳中和。

二、碳达峰与碳中和呈现不同的阶段特征

基于对两阶段划定影响因素的分析，结合我国碳达峰碳中和

"1+N"政策体系的规划方向，我国碳排放碳达峰爬坡阶段（2030年前）、碳排放中和达标阶段（2030年—2060年）两个阶段呈现各异的排放特征和实现路径。从排放特征来看，综合已有研究结论，碳达峰爬坡阶段将尽早实现碳排放科学碳达峰；中和达标阶段初期将经历较短时间的巩固期，此后碳排放总量将快速下降，后期碳排放下降趋势放缓但将进一步下降，最终实现碳中和目标。

一是碳排放达峰爬坡阶段（2030年前），以释放存量产业潜在动能、加快培育核心产业新动能、高碳产业科学转型为核心抓手，推动经济社会全面绿色转型，即顺应工业化发展与城镇化进程等发展趋势，继续释放全产业高质量发展的潜在动能，把握碳达峰窗口期的发展机遇，高质量释放存量产业潜在动能、培育战略新兴产业，促使其发展壮大。同时确保高碳产业在统筹发展与安全的双重要求下进一步深度发展，对于以清洁能源为核心的、落实碳中和的关键生产动能加快布局，是碳排放爬坡阶段的主要特征。这一阶段碳排放总量仍在上升但碳排放强度逐渐下降。就全局层面总量来看，根据国家应对气候变化战略研究和国际合作中心、清华大学等的研究成果，我国2030年左右能实现碳达峰，峰值可控制在120亿吨和人均8.5吨之内。在部门层面，从学者预测数据来看，关键部门碳达峰时间上峰值存在差异。能源部门基础排放总量高，叠加能源安全保障的考量，碳达峰时间相对较迟；工业部门预计在2025年左右可以实现碳达峰；建筑部门碳达峰受内外部多重影响，尤其是能源碳排放强度与工业产品碳排放强度均将影响建筑全生命周期碳排放量，因而预计碳达峰时间存在差异；交通部门碳达峰时间相对靠后。从强度来看，根据《中共中央国务院关于完整准确全面贯彻新发展理念做好碳达峰碳中和工作的意见》，到 2030 年，单位国内生产总值二氧化碳排放比 2005 年下降 65% 以上，强度下降趋势明显。

二是碳排放中和达标阶段（2030 年—2060 年），以清洁能源替代、新旧动能转化为核心抓手，建成绿色低碳循环发展的经济体系和清洁低碳安全高效的能源体系。在碳排放中和达标阶段实现碳中和目标将主要依托于清洁能源替代传统能源为基础的产业发展模式变革，以及新旧动能转化的结构性调整。根据《中共中央 国务院关于完整准确全面贯彻新发展理念做好碳达峰碳中和工作的意见》，到 2060 年，绿色低碳循环发展的经济体系和清洁低碳安全高效的能源体系全面建立，能源利用率达到国际先进水平，非化石能源消费比重达到 80% 以上，碳中和目标顺利实现，生态文明建设取得丰硕成果，开创人与自然和谐共生新境界。

第四节　我国碳达峰与碳中和阶段金融路线图

一、各阶段金融需求分析

（一）"碳达峰"阶段的金融需求分析

我国要实现双碳目标意味着经济结构的深层次转型，需要巨量的绿色低碳投资。测算所需投资规模有益于后续资金的规划与筹措。中央财经大学绿色金融国际研究院基于研究者（Pan et al., 2021）内生增长模型（见图 10.3），对我国实现"碳达峰"目标所需投资额进行了初步理论计算。该模型基于研究者发现（Acemoglu et al., 2012）构建，包含"定向技术进步"（Directed Technical Change）与"金融约束"，属于一般均衡框架。模型包含经济与自然环境模块。经济模块包含家庭、企业、科研、政府与金融监管机构等部门。家庭部门提供劳动者与科研工作者；企业部门使用劳动与机器两要素进行生产；科研部门选用科研工作者发展生产技术；政府与金融监管机构收税并施用补贴政策，执行金融政策。自然环境会受到生产活动的污染，同时受污染的自然环境会给家庭带来负效用。

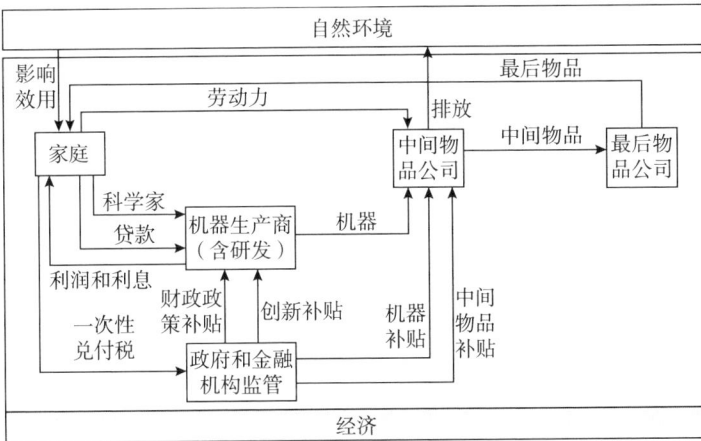

图10.3　内生增长模型基本框架

　　为实现模型分析与双碳目标与"绿色"概念挂钩，中央财经大学绿色国际研究院对传统内生模型做了三方面的扩展。一是划分企业部门为绿色、非绿色两类，前者无污染物排放，后者仍然有污染物排放。二是引入"定向技术进步"，绿色企业与非绿色企业使用不同的生产技术（绿色技术与非绿色技术），两类技术研发工作报酬的差异，会影响科研工作者对技术类型的选择，进而带来两类技术进步速度的差异。三是引入金融约束。企业的生产活动面临金融约束，需要融资支持一定比例的成本，同时融资存在成本，金融政策可以影响融资成本。前两项拓展有助于分别描述绿色与非绿色部门（不对称）的增长路径，并分析"绿色导向"的公共政策。第三项拓展有助于分析金融与金融政策在经济绿色转型中的作用。

使用上述模型计算可得，2021 年至 2030 年，全球绿色部门要素投入累计增长量为 7.2778 万亿美元，假设要素投入的增长量等同于金融支持的需求量，则全球实现 2030 年碳达峰所需的投资量亦为 7.2778 万亿美元。为进一步探讨中国为实现"碳达峰"目标的具体金融需求，研究假设在未来一段时间中国对世界经济增长的贡献率平均为 30%（保持在 2019 年水平），故中国实现 2030 年"碳达峰"目标的投资量是 2.18334 万亿美元（全球实现 2030 年碳达峰所需的投资量的 30%），以 1 美元兑换人民币 7 元汇率换算，折合约 15.2834 万亿元人民币。

此外，部分机构也针对碳达峰投资需求进行预测，整体来看绿色投资需保持在每年 2 万亿—4 万亿元（见表 10.2）。

表 10.2　各机构测算碳达峰阶段所需金额

测算机构	"30·60"双碳目标测算所需金额
红杉中国	2021 年—2030 年平均缺口约为 2.7 万亿元每年，碳达峰之后资金缺口将明显扩大。
中国国际金融股份有限公司	碳达峰阶段，年化投资需求为 2.2 万亿元。
北京大学光华管理学院	根据未来投资率法，2036 年前大约需要 191 万亿元人民币的总投资。
国家气候战略中心	为实现碳达峰碳中和目标，到 2060 年，我国新增气候领域投资需求规模将达约 139 万亿元，年均约为 3.5 万亿元。

资料来源：中财大绿金院整理。

（二）"碳中和"阶段的金融需求分析

目前国内外不同机构均对我国实现"30·60"双碳目标所需投

资金额做出预测，根据表 10.3 所示数据，大部分机构预测值为我国到 2060 年总投资需求在 100 万亿—200 万亿元，这意味着我国每年 GDP 的 2.5%—5% 将用于支持该目标的实现，年均资金需求在 2.5 万亿—5 万亿元人民币，用以支撑以能源产业结构为依托，工业、交通、建筑等多领域同步推进的绿色低碳转型发展及新兴负碳技术的研发应用。

表 10.3 各机构测算"30·60"双碳目标所需金额

测算机构	"30·60"双碳目标测算所需金额
高盛集团	2020 年—2060 年总投资需求为 102.25 万亿元。
清华大学气候变化与可持续发展研究院	2020 年—2050 年总投资需求为 174.38 万亿元。
中国国际金融股份有限公司	2030 年前中国碳减排需每年投入 2.2 万亿元；2030 年—2060 年需每年投入 3.9 万亿元。
中国人民银行	2020 年—2060 年总投资需求为 139 万亿元。
渣打研究	2020 年—2060 年总投资需求为 127 万亿—192 万亿元。
中国金融学会绿色金融专业委员会	未来 30 年中国绿色低碳投资累计需求将达到 487 万亿元。
能源基金会	到 2050 年，面向碳中和的直接投资可以达到至少 140 万亿元。
生态环境部	我国实现碳达峰、碳中和的目标至少需要 130 万亿元人民币的投资
北京大学光华管理学院	根据汇率折算法，我国需要 255 万亿—270 万亿元的投资。
	根据未来投资率法，2036 年前大约需要 191 万亿元人民币的总投资。如果投资策略稍微激进些，2036 年起调整为 GDP 的 5%，则需要 242 万亿元。
	根据碳排放量和碳价格进行核算，到 2060 年需要 136 万亿—188 万亿元人民币的投资规模。

资料来源：中财大绿金院整理。

二、各阶段金融需求特点分析

（一）2030 年前："碳达峰"金融阶段

在碳达峰金融阶段，以支持产业在科学发展中有序碳达峰的金融供给为主。此时基于碳达峰阶段产业增量空间发掘、绿色动能加快起步、已碳达峰行业开展削峰转型的三个显著特征，金融供给也围绕"三条主线"进行。第一条线即以支持全行业高质量发展的增量空间拓展为目标的"发展金融"，重点在于紧抓工业化与城镇化等进程中的空间，促进工业体系在规模扩大、优质产能提升中实现绿色发展，科学地实现碳达峰，这也是此阶段"碳达峰"的重要发力点。第二条线支持绿色发展的核心动能，即以清洁能源为代表的绿色新动能和其他零碳产业加快部署，大规模开展能源基础设施建设和存量能源基础设施改造。第三条线即引导发展已经较为成熟、陆续碳达峰的高碳产业低碳转型，倡导鼓励以提高存量绿色能力、推动转型科技研发、实现碳达峰削峰为主要目标的转型金融。鉴于 2030 年前产业发展的主要矛盾，该阶段以发展金融为主，将转型金融与绿色金融形成有力转型支撑，并且在绿色顶层设计指导下统筹发展与安全，以降低未来实现碳中和的难度。

第一，在金融支持方向上，重在支持产业纵深发展、加快促进绿色能源发展以及引导产业碳达峰削峰。一是在 2030 年左右，能源、工业、交通、建筑仍有在发展中实现碳达峰的空间，金融需要继续支持部分高质量产能加速扩大，重点在于支持各类产业继续向纵深发展，重点发挥金融在资金融通、资源配置等方面的积极作用，通过利用金融支持产业规模扩大、效益提升等，实现产业由小到大扩张和产业结构由低级向高级发展。二是基于能源结构调整的战略要求，支持绿色新兴动能加快布局是金融支持的又一目标，需关注绿色金融对绿色能源及其相关零碳产业的有效支持。作为改变碳排放结构的核心要素，我国已提出明确的能源结构调整目标，以清洁能源为引领带动相关产业链发展是该阶段绿色金融发展的主要着力点，同时也是绿色经济发展的新引擎。三是传统化石能源与高碳工业领域行业在 2030 年前将陆续实现碳达峰，此时在科学碳达峰的基础上有效削峰也是产业发展的重要目标，决定了转型金融也需顺势部署。

　　第二，在金融支持结构上，持续深化多层次金融供给是关键要求。在"碳达峰"金融阶段，金融结构调整目标重在基于自身发展规律深度优化，以更好发挥其对于上述三大方向的有效支撑。从金融深化发展的客观规律与目标来看，《金融标准化"十四五"发展规划》《关于推动银行业和保险业高质量发展的指导意见》等政策文件中已经勾勒了现代金融体系的总体预期，即预计到 2025 年，个性化、差异化、定制化产品开发能力明显增强，形成有效满足市场需求的金融产品体系；到 2035 年，科学适用、结构合理、开放兼容、与国际接轨的金融体系更加健全。从市场产业特征来看，产业发展的全生命周期可分为产生、发展、成熟、衰退四个阶段，不同阶段所需的金融支持模式存在差异。在"碳达峰"金融阶段，传统产业发展成熟，部分落后产能逐步转向衰退，更有新兴动能萌芽发展并将逐渐迈向成熟，产业阶段多元复杂，也更需多层次供给以匹配不同需求，既包括将绿色金融、转型金融纳入金融供给，也包括基于信贷、债券、基金、保险等多金融产品的深化发展与融合发展。

　　第三，在金融风险管理上，传统金融风险仍居主导位置，绿色投资的市场失灵风险仍需要关注。在碳达峰阶段，传统金融风险仍居主导位置，气候风险开始局部暴露，绿色投资的市场化机制尚未完全形成，市场失灵导致资源错配风险仍然存在，因此传统风险管理框架无须根本性地调整；但需要特别关注绿色投融资领域的市场失灵风险和由于局部气候风险对经济造成的影响，探索在传统金融风险管理的框架下，融入对冲绿色投融资市场失灵的新的风险管理体系。主要体现在将绿色因子纳入存量管理框架，譬如在再贷款、公开市场操作、纳入合格抵押品等常规及非常规货币政策中考虑绿色因子；创新管理框架，比如发挥建立财政与金融联动的绿色管理体系，利用财政资金实现对绿色投资的补贴、激励等。

（二）2030年—2060年："碳中和"金融阶段

碳排放快速下降并趋于平稳，从内涵来看金融需求将重塑，从单一逐利性实现向融合经济效益、社会效益、环境效益的多元内涵转变，金融定价基础发生调整，"绿色金融"与"转型金融"协同互补，零碳金融供给体系全面建立。

2030年—2050年，"新旧动能调整"是碳排放快速下降阶段的关键词，相对应的金融供给也需体现出支撑新旧动能的"两全"覆盖，既要覆盖新动能立足绿色起点的高水平发展，也要覆盖旧动能有序转型的业态重构，变革间产业政策的调整、国际竞争与合作、技术创新与普及等多因素将使绿色发展能力成为经济发展的重要竞争力，环境效益、经济效益间的影响与传导更加密切，经营利益与风险结构的变化将直接影响金融定价，金融的模式与结构将发生明显调整。2050年后，绿色成为金融的底色，转型内容发生调整，零碳金融供给体系全面建立。在上一阶段清洁能源布局取得良好成效的基础上，该阶段实现减排目标将主要依托于清洁能源替代传统能源为基础的产业发展模式改革，以及新旧动能的结构性调整，全行业均参与减排行动当中，直至 2050 年左右，传统高碳排、高耗能的产业已基本完成低碳化结构性转型，绿色产业动能成为发展主导，绿色成为我国生产生活的新常态。

总体来看，此阶段推进经济全面转型、快速降碳和转型是主要任务与挑战，为实现发展目标、破局当前困境，碳中和阶段的金融呈现如下特点。①绿色与转型有必要成为金融的底色，即在整个金融供给当中，均须考虑绿色因素或转型因素的影响，环境效益、转型效益等成为金融定价的核心要素之一。②转型金融先期规模显著提升，最终逐步压缩。碳排放快速下降阶段要求全行业推动低碳转型，除传统化石能源、建材、钢铁、化工等传统高碳行业外，深度联合建筑业、交通运输业、仓储和邮政业等其他行业，才能实现全社会碳排放快速下降的目标，为此，转型金融先期会加大发力。同时，随着碳中和目标临近，高碳行业基本完成存量转型，更多碳排放需要通过负碳技术予以消纳，转型金融规模将显著压缩。③绿色金融支持规模扩张，逐步占据主导地位。碳排放快速下降阶段要求绿色产业逐步实现全面布局，绿色建筑、清洁交通、清洁能源等低碳或零碳行业的建设逐步成熟，且在这一阶段会逐步占据主导位置，绿色成为生产力，也由此需要绿色金融持续全面发力。

第一，在金融支持方向上，"绿色动能"与"全面转型"成为金融支持的着力点。在"绿色动能"方面，绿色成为产业底色，清洁能源、新兴工业、绿色建筑、清洁交通、清洁能源、碳汇等逐步成为金融支持的主要内容，绿色金融规模快速增长；在"全面转型"方面，顺应快速降碳和转型的发展需求，支持高碳行业转型的转型金融快速发展，并随着接近 2060 年高碳行业转型基本完成，转型金融的规模也将逐步压缩。

第二，在金融支持结构上，短期收益与长期价值将共同影响金融定价的传统逻辑。政策调整与市场竞争的加剧带来新兴业态的调整和产业发展模式的变革，资源将成为经济发展的关键性要素，资源的分配也将出现重新配置的新需求与新动向，发展的模式从追求量的增长向追求质的优化转变，金融也要从支持单一无限扩张的模式中走出来，为此金融业务的资源价值、商业模式将发生转变。"成本收益＋社会福祉"将成为金融定价的新逻辑，碳中和时期，由于二者将共同反映短期投资与长期价值的综合收益，因此成为影响风险的重要因素，而由于风险内涵的调整，资产定价理论等传统金融定价理论中也需要将新的变量纳入定价因子考量范畴，金融也将形成风险调整后的新的财务回报机制，并由此引发金融支持的具体形式与内容发生改变。更进一步，金融市场整体从绿色活动到转型活动，从间接融资占绝对主导向间接融资、直接融资共同发力的格局转变。公共资本在弥补先期的市场失灵中需要发挥更加重要的作用，同时机构投资者的投资群体也需持续壮大，通过新的金融创新实现气候风险、创新风险的对冲产品，将共同形成紧密、全面的多层次金融支撑体系，以满足多层次、多类型的金融需求。同时，金融服务模式的多维度均将因为科技的介入而使得内在模式的重塑成为可能。

第三，在金融风险管理上，零碳风险成为影响经济金融稳定运行的重要风险，风险溢价需重新估值，需要实行同碳中和目标一致的宏观管理政策。在碳中和阶段，由于转型活动加快推进，叠加气候变化导致的客观风险，金融风险的传导表现得更为显著。一是快速下降期间企业高碳资产价值或加快下降，贷款人还款能力降低、抵押品价值缩水等问题浮现；二是绿色新兴动能具有前期投资大、回收周期长、盈利效果不显著的特点，部分绿色产业与项目的生命周期过短，影响资本收益与安全；三是部分企业利用"环保""低碳""节能"等概念实施"漂绿"行为的概率有上升可能。多方面共同作用将综合提高金融机构的投资风险与不良贷款水平，产生"溢出效应"，进而形成市场风险与流动性风险，形成恶性循环。四是经济发展过程中资产结构的快速调整，金融机构资产负债表更需加快重塑。此外由于大部分产业均将在此阶段实现完全转型，安全转型的风险亟待考量，包括产能接替安全风险、职工安置安全风险、区域发展安全风险、结构稳定安全风险等新挑战。金融风险更加复杂、直接、明显，与之相适应的零碳风险管理框架需要加快确立。新的零碳风险管理框架不仅是在上一阶段存量框架中引入新的变量，还需要通过质的调整、宏观管理手段和协调机制的建立，形成更加系统性的风险管理机制。

第四，在金融配套上，需要以共担外部成本的社会治理体系为重要支撑。金融体系的深刻改变并不仅以金融产业的内部调整为唯一路径，外部成本共摊的社会治理体系是金融改革得以实现的重要基础，同时，外部成本共摊的共识与基础配套需要在全球范围内达成共识。包括通过政府与市场有效融合，以及经由税收、补贴、配额、交易等方式将外部性生产成本内部化，以将社会福祉在内的绿色发展效益纳入经济社会发展的共同目标，尽可能降低"搭便车"导致的市场失灵；同时也需要将知识产权保护等鼓励创新、支持创新的机制予以完善，降低创新的外部性、提高创新的积极性。更进一步，外部成本共摊的社会治理机制应该是全球性的，否则在转型过程中金融面对绿色和创新的外部性等多重外部性因素的考验时，经济发展可能因为缺乏有效的分摊共识而出现产业的跨区域外移，这使得仅锚定绿色发展目标的金融改革可能面临更大的风险。

三、我国碳达峰与碳中和阶段的金融路线图

（一）金融路线图制定的原则

顺应经济结构变革下金融定价的新特点。紧扣经济发展从"要素投入——增加物质财富"的单一模式向物质文明、精神文明协同发展的多元发展态势转变的趋势，发现重新定义资源价值、商业模式的新方向，以定价思路的变化构建金融供给改革的路线。

坚持把金融服务实体经济作为首要任务。以实体经济为主要服务对象，金融路线图要紧扣各个阶段实体经济的主要矛盾与发展重点，以发挥金融对实体经济的支持作用为第一要务，同时基于下一阶段实体经济的变化性，提前布局关键性的、前瞻性的先行之举，从而完成各阶段金融体系的有效衔接，实现对产业的支持与引导。

紧扣国家碳达峰碳中和的目标指南。以国家自主贡献目标和低碳发展目标为行动引领，发挥金融对实现国家自主贡献目标过程中的资源配置、风险管理、市场定价的积极作用，促进金融更好地为实现碳排放碳达峰、碳中和的目标提供支持。

遵循现代金融体系建设的主旨要义。金融服务双碳发展要与金融业发展规律紧密衔接、充分融合，既要引导金融资源向绿色发展领域

倾斜,也要结合不同阶段金融业的发展目标和特点,认识到双碳目标实现过程中可能产生的市场风险、信用风险、流动性风险、操作风险等内容,将金融风险纳入重要考量,立足实际,实现金融发展与产业发展的有效协同。

(二)零碳金融路线图

结合金融需求变化情况及中国现代金融体系建设的总体目标,绘制了零碳金融发展路线规划图(见表10.4)。

表10.4 零碳金融发展路线规划

发展阶段	领域	主要特点	关键政策举措
碳达峰阶段	总体规模	2030年前绿色投入约达30万亿元	按照"1+N"的政策体系,完善金融支持低碳发展的政策框架; 2025年前,实现绿色信贷、绿色债券、绿色股票、绿色基金、绿色保险、绿色信托等绿色金融产品多元标准及统计体系的全面建立; 建立绿色数据资源库,形成绿色数据信息整合与统计的总体框架; 2030年前,形成石化、有色、化工、造纸、建材、钢铁等重点碳排放行业及相关产业链的转型金融目录,提前落实碳达峰行业的转型投资。
	服务对象	利用工业化进程与城镇化拓宽空间,继续推进产业高端化、智能化建设; 加大力度推进可再生能源及配套基础设施建设; 引导高碳行业科学、平稳碳达峰; 促进绿色技术创新。	建立全国性的绿色技术孵化及支持机构; 引导保险公司开发支持绿色技术创新和规范转型的保险产品;持续扩大保险、养老基金等长期资金投资于绿色PE/VC基金的比重; 重点加大对绿色能源基础设施、绿色电力系统的投资倾斜力度; 完善金融基础设施标准、健全金融业综合统计标准、深入推进证券期货标准建设、完善产业供应链金融。

续表

发展阶段	领域	主要特点	关键政策举措
碳达峰阶段	金融产品	绿色信贷余额增速高于同期贷款平均增速，信贷融资向债券融资加速转化，贴标绿色债券规模超1.5万亿元；初步建立碳金融衍生品交易市场。	推动建设国际零碳债券中心；完善绿色债券市场的基础设施建设，在规模提升、产品创新、信息披露标准制定、优惠政策出台等领域增加绿色要素，稳步推进债券市场对外开放，显著提升绿债规模；将主要控排行业纳入碳市场，提高碳价的金融属性，建立拍卖与免费配额相结合的分配机制，允许做市商参与碳市场；搭建起高碳排放企业的碳账户。
	风险理念	各类市场主体初步建成绿色风险应对机制；加强对气候变化风险对经济影响的研究及监测。	围绕绿色与转型，金融监管部门及交易所需建立新的可持续发展的信息披露制度，强制执行气候及绿色相关信息披露；金融机构建成环境、社会风险管理体系，作为风险控制的必要环节；2030年前金融机构形成绿色资产负债表框架，该框架能够反映高碳资产及绿色资产估值变动对定价、资金流动等产生的影响。
	金融宏观管理框架	建立有助于扩大、规范绿色投资的金融宏观管理框架。	在财政政策方面，扩大财政对碳达峰金融的支持规模，加大绿色投资的财政支持力度，利用财政支持设立公共绿色金融机构、实施绿色预算拨款、发展绿色贷款财政贴息或担保；在货币政策方面，逐步将绿色因子纳入宏观货币政策、金融稳定政策、市场操作政策、压力测试工具等，初步形成通过非中性价格型和数量型货币政策来纠正绿色投资领域市场失灵的有效框架；在产业政策方面，发布引导绿色产业发展、规范高碳行业转型的产业政策，引导市场预期的形成。
	金融基础设施	直接参加国际零碳金融市场建设的竞争与合作，提升中国在零碳金融领域的影响力；建立绿色数据基础设施。	积极牵头制定金融低碳转型的国际政策框架；持续扩大"一带一路"绿色投资原则影响力；推动绿色金融离岸中心建设，丰富离岸市场金融产品，引导绿色资本开展跨国投资；建立绿色及转型评价、贴标、鉴定的体系化服务市场；2030年建立起绿色产业及重点高碳排放产业中"规上"企业的绿色或转型数据平台，能够呈现企业绿色或转型发展的环境效益。

发展阶段	领域	主要特点	关键政策举措
碳中和阶段	总体规模	到2050年，中国碳中和累计投资规模约为180万亿元；转型融资占比保持先加快上升、再下降、最终趋于稳定的发展进程；绿色融资占比持续上升，最终稳定在不低于80%的水平。	建立、升级针对环境和自然资本保护、高碳行业转型的强制性政策体系，形成专门的法律制度，相关强制性的环保政策、产业政策、金融政策、财税政策等，以及绿色成本、创新成本合理共担的政策体系；建立起基于自然资本、人力资本、技术资本等要素融合的新增长政策框架，基于自然的经济增长政策体系逐步形成，包括在产业体系、财政体系等政策框架及统计体系、监管体系等执行框架中均考虑自然资本的影响。
	服务对象	绿色行业壮大；高碳产业转型。	资本结构重新分配，加大负碳技术投资力度，金融机构投向绿色领域的资金显著高于GDP增速；形成了支持中长期的更加灵活的金融基础与框架，中长期金融供给占比显著增加，以适应转型的长周期及灵活性；初期需要财政政策在负碳技术领域予以倾斜。
	金融产品	间接融资市场占比显著提升；碳金融衍生品市场建立。	金融机构需承诺并实践与气候变化目标相一致的发展战略；开发新的金融工具和产品，形成与"基于自然的增长范式"相适应的金融服务，譬如在金融结构和总量中充分考虑环境影响因素，形成对冲金融风险的新型金融衍生品；碳市场除实现八大控排行业全覆盖外，覆盖温室气体从二氧化碳向其他气体拓展，配额分配实现向拍卖的转化，允许个人参与碳市场，全球碳市场互联互通取得明显进展；实施推动资金自由流动水平进一步提升的一揽子引导政策；金融产品需重新考虑投资风险与回报的关系，将自然风险与自然收益纳入产品体系中。

发展阶段	领域	主要特点	关键政策举措
碳中和阶段	风险理念	实物资产搁浅风险加剧，环境、社会风险理念全面融入投融资体系。	将环境、社会风险纳入金融机构资本和风险管理体系； 建立起应对气候变化的新兴保险框架，在传统费率厘定中考虑新兴风险的同时，形成针对转型、巨灾风险的成熟保险体系； 金融机构建立起零碳资产负债表管理体系，在自身运营和投融资体系中实现净零； 财政资金应该为搁浅资产处置或替换提供必要支持。
	金融宏观管理框架	建成与零碳金融相适应的金融宏观管理框架，能够有效应对零碳社会建设过程中出现的资源错配、可能的通货膨胀、金融风险、就业危机等。	气候风险管理应纳入财政政策、货币政策、产业政策等，且建立起新的政策协调机制； 建立更加灵活的货币金融政策及工具箱，以应对变化更加迅速、剧烈的转型风险； 碳税可能作为与碳市场相匹配的工具共同运用； 建立支持公正转型的管理政策，需要搭建起包括公共政策、社会政策、货币金融政策等多类型的一体化管理框架。
	金融基础设施	形成中国在零碳领域的国际影响力。形成完善的绿色数据基础设施。	建立完善的、与国际标准高度趋同的环境信息披露制度； 建立"绿色平台经济体系"，更好低成本地满足绿色数据、基础设施设备共用需求； 建立成熟的气候评级/绿色评级体系。

第十一章

◆

管理零碳转型金融风险

王　遥　王文蔚　张广逍[*]

* **王文蔚：** 中国人民银行金融研究所助理研究员
　张广逍： 中央财经大学金融学院博士生

第一节 零碳金融转型风险的产生、传导与后果

在零碳金融体系下，除经济金融体系内部的传统金融风险外，包括社会与环境因素在内的转型风险正逐渐成为新的风险类型。传统的金融风险理论主要聚焦于经济金融体系内部因素，而零碳金融体系下的风险理论则纳入外部社会与环境因素，从而形成了转型金融风险的理论与实践体系。根据央行与监管机构绿色金融网络的定义，转型风险是由政策调整、技术更替、市场偏好变化等人为因素引起的，这些因素导致企业（尤其是高碳行业企业）生产成本上升、利润下降、违约风险概率增加。进而，通过实体企业与金融机构之间的借贷投融资关系传导至金融体系，使得金融机构的相关资产面临巨大的风险敞口，进而衍生出金融风险。此外，金融和实体经济部门之间的相互作用可能产生金融加速器效应，进一步放大转型风险对实体经济的负面冲击。

一、零碳金融转型风险冲击的来源

（一）冲击来源类型

1. 气候环境政策

在碳达峰碳中和目标的约束下，政策在弥补市场失灵中将发挥关键作用，而政策约束或调整必将对社会经济产生深远影响。已有研究

发现，环境规制会对经济增长（Chen et al.，2018；Dale et al.，1990）、居民就业（Greenstone，2002；Berman et al.，2001）、政府决策（沈能，2012；沈坤荣等，2017）以及技术进步（董直庆等，2019）等发挥重要作用。当前在双碳净零排放目标的背景下，气候环境规制政策日趋严格。以碳市场为代表的新兴市场因政策而加快发展，绿色产业政策补贴、绿色技术补贴等产业政策正在影响和重塑宏观经济运行与微观企业生产运营的行为模式。市场趋势、市场定价、商业模式等均发生着改变，气候环境政策通过直接发挥作用，或与其他产业政策、金融政策产生联动效果，对传统发展模式产生新的冲击。

2. 公众需求偏好转型

向低碳消费转变的市场行为将引发微观市场主体的行为调整，进而对市场传统需求产生冲击。低碳消费是可持续发展理念在消费领域的具体体现，它倡导在生产过程中减少碳排放和污染排放，有利于低碳发展的消费行为（林伯强，2022）。方溯源等（2020）的研究表明，受减排政策和清洁能源消费成本下降的双重影响，居民个人和社会机构会逐渐改变其消费结构，并要求金融机构提供应对气候变化的绿色金融产品与服务。随着国民经济生活水平及居民绿色生活理念的不断提升，低碳消费的趋势将更加显著，尤其是在未来内需驱动的经济发展新模式下，绿色低碳消费的需求不断扩大，需要进一步的供给侧结构性改革来满足。

3. 技术范式变革

技术进步的创新、应用和开发等将引发新的技术革命浪潮，并对传统行业的发展产生较大冲击。一方面，绿色新兴产业将引发对传统行业的冲击。技术发展的路线可以用 S 曲线近似描述（Rogers，2003），随着迈向碳中和的进程中低碳技术的不断突破，其应用将愈加广泛，并通过规模和学习效应进一步降低技术成本，从而成为"新常态"并改变现有产业结构（邓德军，2022）。另一方面，传统行业在推进低碳技术创新方面存在困难。Unruh（2000）提出，高碳产业存在技术与制度相互强化的"技术－制度综合体"，由此产生了持续的市场失灵和政策失灵，阻碍了低碳技术的应用和扩散。张济建等（2017）认为，高碳产业的传统技术与相应配套制度的稳态锁定共生，面临系统瓦解成本、技术重构成本和预期风险成本等不同类型的低碳转型转换成本，难以高效解除传统技术锁定效应。当前，以新能源为代表的技术革命正在成为实现碳中和目标的关键引擎，推动了发电基地、工业用能结构及流程、交通用车领域等行业的深刻调整。在形成新的产业业态的同时，传统的高碳行业也正面临着资产搁浅的风险冲击。

（二）冲击影响的"两面性"

冲击对经济造成的影响是双向的。转型风险可能造成资产搁浅、破产重组等负面影响，提升违约率，进而向金融体系传导，从而增加金融不稳定性因素。然而，这也可能在一定程度上发挥激励效应，倒逼企业等微观主体开展绿色低碳技术研发，进而提升生产效率和市场竞争力，进而提高企业资产质量。随着金融体系所持有的金融资产质量的提高，金融机构防范资产负债表收缩风险的能力也将得到增强。

1. 气候环境政策冲击的两面性

从正面影响来看，气候环境政策冲击有助于提升企业的生产经营效率。根据"波特假说"，环境规制可以激发企业在减排过程中的创新动能，增加技术研发投入，进而提升生产效率和利润水平（Porter et al.，1995；于亚卓等，2021)。与此同时，环境规制力度的增强有助于淘汰"两高一剩"行业的落后产能和僵尸企业，加速市场出清，从而改善企业的资产质量，提升企业的生产经营能力和资源配置效率，完善市场竞争环境。在上述正面因素的共同作用之下，环境规制有助于提升企业的生产经营效率和利润水平，改善企业在资本市场上发行的股票、债券等金融资产的表现，进而促进与企业有业务往来以及与企业保持金融资产持有关系的银行金融机构发展壮大（罗知等，2021）。

从风险冲击来看，气候环境政策冲击可能导致企业资产负债表衰退和还款能力下降。对于微观企业而言，环境规制力度的加强深刻改变了企业所面临的生产经营条件，通过技术创新（涂正革等，2015；刘晔等，2017；张彩云等，2018；王舒扬等，2019）、生产效率（任胜钢等，2019）、企业价值（Kruger，2015；李秀玉等，2016；薛爽等，2017；闫海洲等，2017；沈洪涛等，2019）等多重渠道影响企业的生产投资决策。为适应新的政策要求，企业可能需调整生产经营决策和资源配置结构，甚至减产、停产，以生产设备和技术工艺为代表的企业传统资产在新的场景下面临无法继续发挥价值的风险，导致企业的资产负债表衰退和还款能力下降，传导至银行金融机构，衍生金融风险，成为环境转型风险的重要体现（陈雨露，2020；罗知等，2021）。此外，气候环境政策自身的不确定性也将极大地影响企业等微观主体的市场预期，造成生产投资等的波动。

2.公众需求偏好低碳转型冲击的两面性

从正面影响来看，公众需求偏好的低碳转型有助于激发企业提升创新动能，进而促进产业结构优化。这一转型将倒逼企业适应市场需求，调整生产模式，在原材料开发利用、生产加工、运输存储等各个环节践行可持续发展理念，遵守绿色低碳标准（薄凡等，2023）。低碳消费偏好也会对企业产生显著的治理效应，类似于环境规制的"波特效应"。消费者偏好对企业生产决策的引导会激发企业的创新动能，在变革生产工艺的过程中加快绿色技术的创新研发，提升生产效率，形成"创新倒逼"效应（Porter et al.，1995），促进产业结构的优化升级。此外，公众消费偏好的低碳转型带动了绿色产品的消费积极性，而绿色低碳消费市场的形成可以通过市场竞争效应带动相关行业和企业创新发展，激励企业开展绿色低碳技术研发，提升生产效率和盈利能力，降低经营风险（聂辉华等，2008；孟庆玺等，2016；王海等，2021）。

从风险冲击来看，公众需求偏好的低碳转型可能导致企业生产成本提高。一方面，相对于传统商品，低碳产品的价格相对较高，其背后反映的是市场需求偏好低碳转型导致企业生产成本上升（林伯强，2022），进而导致盈利能力下滑。另一方面，公众需求偏好的低碳转型也可能导致企业产能滞后于新的市场需求，原有的生产工艺和设备难以继续创造价值和现金流，被迫淘汰，沦为"搁浅资产"（Bolton et al.，2020a；陈雨露，2020；张帅等，2022）。与此同时，企业的固定资产多作为抵押贷款的抵押品存在，沦为"搁浅资产"将导致企业资产价值下滑，企业资产负债表状况恶化，进而加剧企业的经营风险，也使之进一步向金融体系传导。

3. 技术范式变革冲击的两面性

从正面影响来看，技术创新已成为经济高质量发展的关键和动力所在（韩珣等，2022）。对于微观企业而言，技术创新为企业的生产体系引入了全新的生产要素（Schumpeter，1982）。技术创新可以帮助企业降低生产成本，开发新产品，提升市场竞争力，形成新的利润增长点（Guth et al.，1990）。节能技术进步还将提高能源的利用效率和要素的边际生产率（王班班等，2014），提升以产品质量、标准、技术为核心要素的市场竞争力。

从风险冲击来看，以生产设备和技术工艺为代表的企业资产在新的技术应用场景下可能无法继续发挥支持生产和创造现金流的功能，被迫淘汰。一方面，节能减排可能具有较高的技术门槛和壁垒，面临成本和可行性方面的障碍，需要大量的资金支持。企业原有的生产工艺和设备与最前沿的进步低碳技术并不完全兼容。另一方面，对于固定资产占比较高的行业而言，生产经营方面具有很强的路径依赖。面对新技术与新工艺，企业调整生产经营模式的灵活性不足，难以较快适应和充分运用新技术与新工艺。企业生产设备的"搁浅"将给企业的经营带来巨大的负面冲击，削弱企业的生产和盈利能力。

二、零碳转型冲击向金融体系的传导路径

气候环境政策、公共需求偏好转型、技术范式变革等零碳转型的冲击因素将分别从微观层面和宏观层面进行传导。微观层面主要通过以杠杆机制和关联机制为代表的风险放大机制形成影响，导致风险从市场主体向金融体系扩展；而宏观层面则主要体现在对全市场的资产

负债表的影响，进而在时间和空间维度上形成风险累积与传染。

（一）风险的微观传导路径

从微观视角来看，负面冲击主要通过放大机制对金融稳定性造成威胁。放大机制是零碳转型冲击由实体部门传递至金融体系的关键所在，金融部门的放大机制主要表现为杠杆机制和关联机制。其中，杠杆机制是指金融部门由于负债的存在而将初始冲击自我放大的机制（方意等，2019）。"关联机制"是指金融体系中的业务关联性导致风险在不同机构之间互相传染（方意等，2019）。

1. 杠杆机制

第一，零碳转型冲击可能对实体经济造成负向扰动，加大市场违约风险，影响金融稳定。冲击的出现可能导致生产经营成本提升、盈利能力降低、现金流恶化、还款能力削弱等情况。叠加"资产搁浅"效应使得作为抵押品的资产价格大幅下降，进一步提高了银行等金融机构所面临的违约风险，而由于当前中国金融市场中"短借长贷"的经营模式放大了金融机构所遭受损失的负面影响，导致资产价值无序重估，使得高杠杆的金融机构和投资者不得不通过抛售资产充实资本金来满足相关的监管要求。抛售行为又进一步加剧了资产价格的下行压力，降低金融市场的流动性，最终可能引发危机。可见，杠杆机制放大了转型风险负向冲击的影响，是造成资产抛售和资产价格下跌恶性循环的重要推手之一。

第二，即使在冲击发挥正面影响时，高杠杆的放大作用依然可能导致金融机构受损严重。当零碳转型冲击的正面效应显现时，转型冲击的正向激励作用也会推高金融机构的杠杆。基本面因素的改善提升了以实体资产为基础的金融资产的价格水平和资本市场表现，进而提高金融机构化解资产负债表衰退风险的能力，进一步加强了银行等金融机构主动承担风险的意愿与能力。在这一过程中，"加杠杆"成为银行等金融机构提高收益的重要手段。在负债端，提高非核心负债规模；在资产端，则呈现明显的价格跟随效应，资产规模膨胀且风险资产占比提升。两方面共同作用扩大银行等金融机构的资产负债表规模。但需要警惕的是，此时一旦遭遇负向冲击，随着资产价格下跌，高杠杆的放大作用将使得金融机构受损严重，通过抛售资产加剧金融市场波动，导致恶性循环，形成顺周期性的杠杆机制。

2. 关联机制

第一，零碳风险对实体企业或某个金融机构的负面冲击也会传递至其他金融机构，在金融体系内部形成转型风险的传染效应。在实体经济层面，转型冲击会在产业链上下游进行传导，影响上游产品销售以及下游生产原料供应。一个完整的产业链条往往同时与多家金融机构有投融资业务往来，这样会使得转型风险冲击沿着产业链以及实体与金融部门间的投融资关系交叉传染，放大初始转型风险冲击的影响。在金融体系内部，不同金融机构之间往往存在着"抱团取暖"的现象（方意等，2019），相互之间有着资金拆借等融资关系。转型风险冲击影响到银行等金融机构自身资产的稳定性，就会对银行间交易市场造成波动冲击，导致流动性危机，进而引发风险的传染。

第二，"关联机制"也可能导致"绿色泡沫"等风险集聚。当零碳转型冲击的正面效应显现时，新兴领域呈现的良好发展前景将吸引金融机构加快对绿色重点领域的倾斜，进而形成对实体经济发展的更大推动力。同时，金融资源的集中对于提高资产流动性将有积极作用，实现金融与实体产业的良性互动。但也需要警惕的是，在转型冲击的激励效应下，金融机构往往会产生业务扎堆、聚集的情况，造成短期局部的流动性过热，形成"绿色泡沫"。更加相似的业务配置模式违背了风险分散的原则，一旦面临"泡沫"破裂或其他形式的负向冲击，就会造成风险在整个金融体系的传染，引发系统性金融风险。

（二）风险的宏观传导路径

宏观视角下，零碳转型风险的冲击会对政府、企业、金融各部门产生直接或间接的影响，具体表现为零碳转型冲击通过影响资产价格的重估、生产效率、融资成本等因素，在两方面映射到各部门的资产负债表上，产生金融风险压力。一方面，从时间维度来看，不同时期的资产负债表之间通过损益表相互联系，零碳转型冲击会影响下一期资产负债表的平衡与稳定。同时，各类主体资产负债表结构的变化也与流动性周期密切相关，零碳转型冲击下的资产负债表衰退也形成一个完整的周期；另一方面，从空间维度来看，不同部门之间资产负债表的相互关联构成了零碳转型金融风险在各经济主体之间相互传染的机制。

1. 时间维度

第一，不同时期的资产负债表通过损益表发生关联，零碳风险下当期利润表受损会影响下一期资产负债表的平衡与稳定性。资产负债表从财务存量的视角展现经济主体的资产负债总量和结构，是经济主体偿债能力、风险敞口等的重要衡量标准。从时间维度来看，不同时期的资产负债表之间具有密切关联，本期资产负债表的健康状况会影响下一期资产负债表的平衡。零碳转型风险冲击的负面影响会削弱经济主体的盈利能力，从而降低经济主体现金流的稳定性，同时影响经济主体的损益表（利润表）。因此在零碳转型冲击的负面影响下，利润表的受损导致经济主体现金流和盈利能力的稳定性下降，叠加负债的刚性，会影响下一期资产负债表的平衡与稳定性。

第二，经济主体资产负债表的扩张与收缩也与零碳转型冲击相关的流动性周期密切相关。一个典型的流动性周期包括宽松期和收紧期两个阶段。各个阶段的触发因素包括经济体系的内外部因素，零碳转型冲击则通过作用于内外部因素或直接作用于经济周期，加剧整个流动性周期的调整幅度。从流动性收紧因素来看，零碳转型冲击因素本身就是潜在的流动性冲击因素，比如说，零碳转型负面冲击所造成的资本损失会使得银行等金融机构减少授信以满足监管要求，信贷的减少产生流动性收缩，进一步加速资产价值重估，损害企业、居民等部门的资产负债表，加强了整个下行周期的调整力度（陈雨露，2020）。从流动性宽松因素来看，一些旨在支持绿色低碳发展的"绿色量化宽松"和"绿色支持因子"等政策，通过结构性地注入流动性，会拓展相关绿色企业或持有绿色资产的金融机构能够获得的资源，推动其资产负债表扩张，也会引起碳价波动，形成市场风险（马正宇等，2022）。

第三，零碳转型冲击所带来的负面影响也会引发资产负债表衰退。随着低碳政策力度趋严以及市场偏好的绿色化转型，企业等市场主体正常的生产秩序将在一定程度上受到扰动，叠加流动性冲击和资产的价值重估因素，会导致企业等微观主体的偏好发生变化，由追求利润最大化转向债务最小化。换句话说，由生产活动转向资产负债表的修复活动，企业等市场主体会将主要资源用于还债而不是投入到生产经营，造成经济活动的萎缩，形成资产负债表衰退势头，较大程度地遏制了正常的生产经营活动。

2. 空间维度

空间维度视角下，侧重于关注不同部门和经济主体之间资产负债表的横向关联。这样的关联机制为零碳转型金融风险的跨部门传染奠定了基础。各类债权债务关系、股权关系、抵押质押、产业链关联等因素形成了经济主体之间资产负债表关联的具体形式。零碳转型冲击所带来的负面影响也将通过上述关联，在不同主体的资产负债表之间传染，形成资产负债表视角下零碳转型风险的放大机制。

第一，从部门内部来看，零碳转型冲击会在资产端和负债端之间形成传导。零碳转型冲击既可能直接作用于资产端，进而向负债端传导；也可能首先影响负债权益端，进而影响资产端。对于前者，在零碳转型冲击的负面影响下，部门的资产由于不符合低碳转型的要求沦为"搁浅资产"，无序的价值重估导致部门持有资产的价值大幅下滑，使得部门"资不抵债"，传导至负债端和权益端，导致负债方的价值下降，形成债务违约风险。比如，对于企业部门，在气候环境规制政策趋严、环境政策不确定性上升、市场需求偏好向低碳转型、低碳技术进步等因素冲击的影响下，如果未进行有效应对，企业资产将沦为"搁浅资产"，失去在新的环境下继续创造价值和现金流的能力，资产价值下滑，并传递至负债端提升债务违约风险；对于金融部门，其所持有的其他部门债券（如企业债券）在零碳转型冲击的负面影响下，由于价值的无序重估，估值下滑，资产价值规模降低，传递至负债端和权益端，提升违约风险。对于后者，零碳转型冲击也可能会直接作用于部门的负债端和权益端，比如降低了部门的资产净值。在此情形下，为了保持资产负债表平衡，部门被迫收缩资产方的流动性，降低对其他部门的资产持有规模，进而衍生出流动性风险，同时所产生的错配缺口会影响财务经营的可持续性，形成权益性损失。以企业部门为例，在零碳转型冲击的影响下，一方面由于自身的生产经营和盈利能力下降，另一方面资本市场因素带来的资产重估因素，共同导致企业部门的股权权益价值下降。企业被迫降低资产端对其他企业或部门的资产持有。对于金融部门，类似地，金融部门的权益和股权价值也可能由于受资产价值重估的影响而缩水，从而降低资产端的资产持有。金融部门是流动性供给的核心部门，因此会加剧流动性危机（Glasserman et al.，2016；刘磊等，2020）。

第二，从部门间的风险传染来看，风险的跨部门传染主要基于各部门之间的债权债务关系，一个部门的资产往往是另一个部门的负债。金融部门往往是整个信用关系网络的枢纽，企业部门的贷款构成了非金融企业对金融部门的负债，公共政府部门发行的债券往往被金融部门持有，形成公共部门对金融部门的负债。因此，从事实体经济生产和投资的非金融企业部门和公共部门往往直接受转型冲击的影响，相关风险会通过资产负债表的关联进一步传递和转移至金融部门，形成金融风险（张培，2015）。与此同时，各部门也会通过资产负债表因素对其他部门造成干扰。对于非金融企业部门，根据上文的分析，零碳转型冲击造成的负面冲击会通过资产端和负债端两个方面恶化企业部门的资产负债表状况，进一步通过信贷、税收等渠道与金融、政府等部门产生关联。具体表现为以下方面。对于金融部门，企业在零碳转型冲击的影响下盈利能力下滑，还款能力下降，难以及时偿还银行的贷款，导致金融部门的资产质量下降，违约风险提升。对于政府部门，企业在零碳转型冲击下生产经营能力和盈利能力的下滑使得税源减少，同时也会影响就业，均会增加公共部门的负担，破坏公共部门的资产负债表。对于公共部门，零碳转型冲击的负面影响导致税收下降，影响公共部门收入；同时为了维护宏观经济稳定，公共部门需要提供补贴，导致公共预算支出形成的负债增加，恶化公共部门的资产负债表状况，提升了对金融部门债务的违约风险，损害了经济和金融体系的正常运转。对于金融部门，由于其在整个网络中所处的中枢地位，在零碳转型冲击下，其所面临的风险具有广泛的传染效应，形成系统性风险。一方面，在金融体系内部，金融机构之间往往具有业务上的关联，网络效应下某一金融机构资产负债表受损，会影响其他金融机构的资产负债表状况。另一方面，对于外部而言，零碳转型风险的冲击所带来的负外部性会抑制金融机构功能有效发挥，降低信贷供给，提高企业的融资成本，进而也会恶化企业的资产负债表状况。

第三，基于资产负债表的风险传染也与资产负债表衰退密切相关（吴念鲁等，2016）。在零碳转型冲击的影响下，受负面冲击影响的行业企业资产负债表遭到直接破坏，而上述行业企业的资产负债表也与其他行业企业以及部门的资产负债表存在密切关联，导致风险传染和蔓延，使得大部分微观主体的资产负债表遭到破坏，触发资产负债表衰退。与此同时，资产负债表衰退往往伴随着微观主体目标行为剧烈调整，由利润最大化转向债务最小化。在负债的刚性约束下，相关主体被迫压缩资产规模，从而影响到其他部门主体资产负债表修复，引发风险进一步加剧和传染。

三、金融体系受零碳风险影响的后果

转型风险冲击会导致金融体系风险产生，并通过杠杆机制、关联机制等向金融体系传导，影响市场资产负债表状况，从而催化金融系统性风险的发生。同时，转型风险的冲击也会在一定程度上削弱金融体系服务实体经济和风险管理的功能，进而对整个实体经济造成负面影响。

（一）金融体系内恶性循环加剧

从金融体系自身的视角来看，来自实体部门的转型风险冲击传递至金融体系，形成实体经济与金融部门之间的共振效应。气候环境规制政策趋严、政策不确定性加大、公众需求偏好向低碳转型、技术范式变革等因素，对实体企业尤其是高碳行业企业的生产经营状况造成负面影响，降低其盈利能力，削弱还款能力，同时也会导致资本市场上资产价格无序重估。上述效应使得银行等金融机构所持有的资产质量下滑，被动承担的风险上升。与此同时，资产价格的下跌在上述的杠杆机制、关联机制的作用下进一步导致资产抛售，形成恶性循环。

（二）金融体系服务实体经济的功能受阻

从金融服务实体经济的角度来看，金融是实体经济的血脉，是现代经济的核心。从金融功能观的视角来看，资源配置、风险管理和资产定价是金融体系的三大基本功能。在转型风险冲击的影响下，金融体系的基本功能将受到削弱，进而使其服务实体经济的功能受阻。对于资源配置，在气候转型风险冲击下，金融机构所面临的违约风险加大，将削弱其投资与放贷的意愿和能力，风险溢价大幅攀升，提高融资成本；对于风险管理，转型风险冲击作为非传统的新型金融风险，具有与传统金融风险相异的特征，如果没有开展事先的预警模拟和压力测试，那么传统的金融体系风险管理模式将会缺乏有效的应对手段；对于资产定价，随着杠杆机制和关联机制的放大作用产生，转型风险的负面冲击造成资产价格无序重估，随后的抛售行为进一步导致资产价格下跌，难以实现对资产有效定价。

（三）转型风险加大经济"脱虚向实"的发生风险

转型风险冲击下，企业、金融机构等微观主体的业务配置模式会有所改变。最典型的影响在于以金融化和影子银行化为代表的"脱实向虚"。企业及其管理层作为理性主体，以追逐利润最大化为根本目标，面对转型风险冲击，或将改变自身投资偏好与结构（张成思，2019），逐渐由受规制政策影响较大的主营业务转移到其他方面的投资业务。而金融业务投资与主营业务之间收益率的差异，将导致实体企业转向金融化（Ozgür，2008；张成思等，2020；蔡海静等，2021），通过委托代理、民间借贷和股权创新的方式作为实体中介开展影子银行业务为借款方提供流动性，或者通过购买金融机构理财产品的形式间接参与影子银行体系的信用链条之中，实现间接的影子银行参与（李建军等，2019）。影子银行业务对微观企业和宏观经济而言弊大于利（毛志宏等，2021），造成金融风险增加的同时，也削弱了实体经济的增长动能。

（四）金融应对零碳转型风险的关键路径

基于上述风险对微观金融市场及宏观金融体系乃至宏观经济造成的影响，有必要采取主动的风险应对举措，通过宏观监管、微观审慎核查、金融机构自主应对等机制实现对风险的识别、管理、抵御及应对。

一是风险识别，即要注重通过上述转型风险对业务和投资组合的影响分析进行识别，包括识别气候环境政策、公共需求偏好、技术范式变革的具体内容，以及这些事件可能对资产、基础设施和供应链产生的影响。开展环境压力测试，识别风险、精准定义和量化风险因素，进而构建风险指标，并将风险指标和风险结果的预测纳入宏观经济预测和金融稳定监测。监测分析气候变化对货币政策传导效率、经济周期、金融稳健程度的冲击影响，积极参与国际上适应气候变化的工作，强化建设应对气候变化协调机制，拓宽国际合作机遇，扩大与国际机构在气候与金融领域的合作，提升风险识别能力与强化共识。

二是风险管理，即要在宏观及微观维度通过制度完善、加强合规审查、分散资产、加强信息披露等方面实现对风险的有效监控与有益分散，包括加快研究制定转型金融标准，稳步出台应对气候变化政策，定期评估政策有效性，推动金融体系为应对气候变化目标做出系统性响应；形成并遵守相关法规和标准，以确保金融机构资产组合符合环境、社会和治理标准，包括遵守环境保护法规、考虑披露环境和社会风险等；通过多元化投资组合来减轻物理风险，即将投资分散到不同的资产类别、行业和地理区域，以减少对某个特定地区或行业的依赖；提高企业及个人在相关方面的信息披露水平，加强对低碳经济转型相关信息披露的关注，包括企业的碳排放情况、低碳技术应用情况等，从而引导投资者做出更加明智的投资决策。

三是风险抵御及应对，即通过发展保险市场、建设完善绿色财政体系、推动绿色金融产品创新等方式，实现风险应对。发展保险市场，撬动资金杠杆来减轻物理风险，保险包括自然灾害、财产损失和业务中断等相关类型，分散微观主体风险；完善财政金融政策，构建有利于应对气候变化的财政政策体系，进一步将气候变化或相关环境因素纳入财政政策框架，瞄准"减缓"和"适应"两个关键环节，对现有财政支出政策、财政投融资政策、政府预算制度等进行整体性、系统性和前瞻性改革，与金融联动增加抵御能力；推动绿色金融产品创新要发挥绿色金融市场提供适应气候环境变化资金的引导和配置作用，通过碳减排支持工具引导金融机构扩大绿色资金投放，引导银行、证券、保险、基金等商业性金融机构投资气候适应项目建设，推动应对气候风险金融工具创新，为气候适应与风险减缓活动提供资金支持等。

第二节　零碳转型金融风险宏观监管框架

传统的金融风险监管模式和理念往往仅聚焦于经济金融体系内

部，对外部冲击的关注相对较少，缺乏有效的监管工具和协调机制。根据上文的分析论述，零碳转型风险冲击会对实体经济正常的生产秩序造成较大程度的负面干扰，进而传递至金融体系，在微观传导与宏观传导的双重影响下，造成对金融体系和经济的负面冲击。因此，有必要做好零碳转型金融风险监管的顶层设计，在传统宏观审慎监管工具箱的基础上，结合零碳转型金融风险的特性和指标，创新政策工具，同时从转型风险管理的角度对"零碳金融体系建设与发展的宏观管理框架与政策体系"进行整理和细化。基于对宏观审慎政策工具箱、转型风险冲击等方面的分析，提出"财政＋货币＋宏观审慎"的"三支柱"框架。

一、宏观监管政策设计基础

当前宏观监管政策的主要路径，是零碳转型金融风险宏观监管框架的设计基础，为更系统地梳理宏观监管的框架，将从时间与空间两个维度进行分析。

（一）时间维度

从时间维度分析零碳转型金融风险，更多是关注在气候环境政策、公众需求偏好向低碳转型、技术范式变革等的冲击影响下，随着风险由实体经济向金融部门传导，形成实体经济与金融之间的"共振效应"。在时间维度下，零碳转型风险的影响更多表现为一种随时而动的趋势。因此，在时间维度下零碳转型风险监管框架的设计也需重点关注政策的"择时"干预。其核心在于密切跟踪、监测和盯住与零碳转型风险相关的经济金融指标，并在政策方面实现及时介入，以防范和化解相关风险。

根据方意等（2019）的总结，时间维度的宏观审慎政策工具包括资产类政策工具、资本类政策工具和流动类政策工具。其中，资产类政策工具更多关注来自实体部门的冲击对金融体系稳定的影响，而资本类与流动类政策工具则主要关注金融部门内部冲击的影响。

常见的资产类政策工具包括贷款价值比（Loan-to-Value，贷款金额与抵押品价值的比例）、贷款收入比（贷款金额与收入的比值）、债务收入比（年负债与年税后收入的比值，反映偿债能力的强弱）等。通过对上述指标施加一定限制，或盯住某些反映经济运行状况的指标，遏制信贷过度膨胀，抑制风险积累。从资产类政策工具的角度来看，其主要用于限制由实体经济部门驱动的金融风险。要实现资产类政策工具抑制零碳转型风险的作用，首先应明确政策工具需要盯住的指标。在良好的环境信息披露基础上，综合内外部环境，利用高碳行业信贷占比、外部零碳转型风险冲击强度等来测量银行等金融机构所面临的气候转型风险敞口。同时，基于历史经验数据，设置合理的参数，并引入盯住转型风险敞口的资产类政策工具，以实现逆周期调节。

常见的资本类政策工具包括逆周期性银行资本缓冲（针对最低资本充足率，根据周期变化进行动态调整，比如在上行周期要求超额的资本金补充，计提资本缓冲以应对下行周期可能出现的潜在损失）、动态拨备（类似于逆周期性的动态调整，即在上行周期增加贷款拨备，提高贷款损失准备计提水平，为下行周期潜在的损失做准备）、资本充足率（一个银行的资本总额对其风险加权资产的比率，反映了商业银行等金融机构能够以自有资本承担损失的能力和程度）等。可见，资本类政策工具主要聚焦于金融体系内部，重点关注金融机构自身应对冲击的恢复与缓冲能力。通过逆周期的"未雨绸缪"，完善资本的跨周期储备，进而实现对风险的提前管理。因此，一方面，面对零碳转型冲击对实体经济的负面影响，可采取资本类政策工具未雨绸缪地做好提前应对，保障金融机构自身的恢复能力。另一方面，对于上文分析的在绿色转型激励下金融机构主动风险承担的增加，也需要通过资本类政策工具进行干预，以抑制潜在的"绿色泡沫"和风险累积。针对零碳转型风险的资本类政策工具，同样可以采取盯住转型风险敞口的形式进行设计。可以探索引入盯住转型风险敞口的资本充足率政策规则，要求金融机构根据自身所面临的转型风险敞口及时对自身的资本储备与资本缓冲进行逆周期的调整和补充，"未雨绸缪"，为转型风险的管理和缓释奠定基础。

常见的流动类政策工具包括流动性覆盖率（在所设定的严重流动性压力情景下，能够保持充足的、无变现障碍的优质流动性资产，且能够满足未来 30 日的流动性需求）、净稳定资金比率（NSFR，即可用的稳定资金与业务所需的稳定资金之比）、准备金要求（准备金指的是商业银行库存现金按比例存放在中央银行的存款，以保证银行面对突发冲击有足够的清偿能力）、存贷比要求（银行贷款总额与存款总额的比值）等。流动类政策工具同样聚焦于金融体系内部的金融机构，旨在保障金融机构稳定资金供给的能力，增强其面对流动性冲击的抵御能力。从流动性政策工具来看，同样地，相关政策工具一方面需要服务于转型风险方面冲击后银行等金融机构面临的流动性危机管理和恢复，另一方面，也可应用于抑制转型激励下主动风险承担引致的风险累积。此外，时间维度的政策设计应着重关注零碳转型冲击可能造成的资产负债表衰退，以避免其加剧和扰动流动性周期。针对受零碳转型影响较大的市场主体，应及时注入流动性支持，改善和修复其受损的资产负债表，从而避免风险累积和传染。

（二）空间维度

在空间维度下，宏观审慎政策重点关注风险在机构之间的传染和相互影响。因此，一方面，在"事前"阶段，要及时关注金融机构相互之间的风险敞口和交易关系，识别其共同面临的零碳转型风险因素；另一方面，在"事后"阶段，则是在风险发生后做好"维稳"工作，降低转型风险冲击的负外部性。

根据方意等（2019）的总结，可以从事前和事后两个角度对空间维度的宏观审慎政策进行划分。事前政策的主要目的是在金融危机发生前防范和化解相关金融风险；而事后政策主要是在金融危机发生之后，防止风险影响进一步蔓延，降低其负外部性。

事前的宏观审慎政策包括"窗口指导"和"系统重要性机构监管"。其中，"窗口指导"带有一定程度上的行政命令色彩，通过相应的承诺实现对相关机构的激励约束，抑制其过度的风险承担或资产抛售行为；而"系统重要性机构监管"则重点关注系统重要性机构在整个关联网络中的作用，通过规模、网络联结等因素识别系统重要性机构，并综合运用资本类、资产类、流动类政策工具对其施加约束，降低其引致的潜在风险和放大机制。在转型风险管理视角下，通过测量和评估各金融机构所面临的转型风险敞口，可将上述相关举措运用于对金融机构的激励与惩罚，避免相关金融机构在遭受转型风险冲击时过度进行资产抛售。同时，对于"系统重要性机构监管"，要明确在转型风险管理视角下对"系统性重要机构"的界定，一方面，要考虑金融机构的规模和交易对手关系，规模越大、交易对手关系越复杂，其对于整个金融体系的外部性影响越大。另一方面，也要对资产持有结构进行细致分析，比如，如果一家金融机构大量持有高碳行业的资产，那么这类金融机构受转型风险冲击的影响将更为直接，影响效应也会更大。因此，在针对转型风险管理的政策设计中应将此类机构设定为"系统重要性机构"。

事后的宏观审慎政策主要目的在于尽可能降低已发生风险的负外部性，综合运用经济和行政手段做好收尾工作。主要的经济手段包括资产购买（监管当局购买相关资产以提升其流动性，降低资产抛售带来的恶性循环）、信贷（央行或监管当局接受以风险资产或流动性较差的资产作为抵押品发放信贷，从而改善流动性状况和资产负债结构）等流动性注入政策；主要的行政手段则是对金融机构的合并与拆分，实现有效的风险分担。若是转型风险冲击造成无法挽回的系统性风险蔓延和传染，此时针对受转型风险冲击影响严重的持有大量高碳行业资产的金融机构，应该出台相应的兜底政策，综合运用经济手段和行政手段，将风险的危害降到最低。

在空间维度视角下政策设计和应对的过程中，应将抑制基于资产负债表关联而发生的风险传染放在突出位置。应做好源头的治理和救助，在零碳转型冲击的影响下，综合各方面的数据资源，有效评估各类主体资产负债表的变化情况，精准识别受冲击较大的区域和产业，制定针对性的扶持政策。要抑制基于资产负债表的风险传染，首先要对各类主体和部门的资产负债表进行密切监测，尤其是精准和全面地梳理各部门之间基于资产负债表的债务关联，以流动性为抓手，结合零碳转型压力测试，建立与零碳转型冲击相关的各层次流动性的常规性分析和监测制度（吴念鲁等，2016）。深入分析各部门不同主体资产负债表的波动规律，将其纳入零碳转型冲击的情境分析。在此基础上，构建资产负债表风险的预警模型并设置警戒阈值，从而有效抑制基于资产负债表的风险传染。

二、转型风险宏观管理体制："三支柱"视角

要形成完善的零碳金融体系，关键在于构建零碳金融体系建设与发展的宏观管理框架和政策体系。其中，零碳转型风险管理的宏观管理体制是重要的一环。一个完善的零碳金融体系既要服务和引导零碳体系的转型发展，也要维护金融稳定。依据丁伯根法则，实现多重目标需要多重政策工具的支持。因此，为了更好地构建零碳转型风险的宏观管理框架，提出"财政＋货币＋宏观审慎"的"三支柱"框架。总体来看，"三支柱"框架是以财政部门、中国人民银行和金融监管部门（金融监督管理局、证券监督管理委员会等）为支撑的综合管理模式。

在部门配置及职责分工方面，综合管理模式所牵涉的部门主要包括财政部门、中国人民银行和金融监管部门（金融监督管理局、证券监督管理委员会等），建议成立由中国人民银行牵头的转型风险管理委员会或部际联席会议，囊括上述部门，或在已有的金融稳定发展委员会职责和议程中纳入转型风险监管的相关内容，扩大参与部门范围，并明确各部门之间的组织关系。制定明晰的工作流程，通过定期

协商，统一规划和协调各部门在管理零碳转型风险中的各项工作。统筹计划、组织、协调、控制各个步骤，转型风险管理委员会负责整体政策的统筹和顶层设计，制定组织关系条例，协调各部门间关系，同时定期开展反馈督查，评估各部门的工作成效，制定相应的激励与处罚措施。在此基础上，对各部门的职能目标要有一个明确的定位。

第一，应该对财政部门与财政政策职能目标进行明确定位。财政部门主要是发挥财政资金的杠杆和撬动作用，推动完善转型风险管理的各项基础设施，补齐短板，发挥财政资金的担保保障作用。财政政策主要发挥风险分担的职能，协助弥补短板，支持转型风险管理的基础设施建设。可利用财政资金设立转型金融风险担保基金，与宏观审慎政策密切配合，发挥财政资金在针对系统重要性机构的资产购买和流动性注入政策中的功能。此外，财政政策可以发挥对社会风险的兜底作用，降低由于转型风险冲击导致的金融体系功能丧失的负面影响。比如，早在 2016 年，财政部就制定了《工业企业结构调整专项奖补资金管理办法》，安排预算用于支持地方政府和中央企业推动钢铁、煤炭等行业化解过剩产能工作。同时，转型金融风险管理在加强信息披露、执法队伍建设等方面存在诸多短板，因此需要财政政策发挥补短板的职能，着力完善转型金融风险监管的相关基础设施。

第二，应该对中国人民银行的货币政策职能目标进行明确定位。中国人民银行需要将减少支持低碳发展的结构性货币政策的风险溢出效应纳入自身考虑范畴。同时，也要规划货币政策介入风险监管的各项议程，协调好与风险监管部门之间的关系。此外，由于货币政策执行部门与金融机构的业务往来频繁，对金融机构的信息了解更加充分，因此需要承担起信息披露的职能，进行数据共享（朱民和彭道菊，2022）。

第三，应该对宏观审慎职能目标进行明确定位。宏观审慎政策部门（央行、金融局、中国证监会等）是承担零碳转型金融风险监管职能的主体部门，在财政部门、货币政策部门的密切配合下，审慎监管部门负责相关转型风险管理工具的具体设计、实施和评估。审慎监管部门应探索定期开展针对微观主体的转型风险压力测试，量化转型风险敞口，识别和梳理转型风险冲击的来源、放大机制和影响效应。要综合运用时间维度和空间维度的风险监管政策工具，通过"择时"和"择股"干预，既要化解来自实体部门转型风险冲击引起的"共振"效应，也要防止转型风险在金融体系内部传染。同时，许多应对转型风险的审慎政策工具与传统的货币政策密切相关，如准备金等。在避免金融机构抛售资产的过程中，货币政策也可以发挥显著的激励和约束作用，货币政策在宏观审慎政策的实施过程中具有突出重要地位。

宏观审慎政策直接服务于转型风险的监管，应综合运用上文所述的时间和空间维度的审慎监管政策工具箱。一方面，发挥前瞻性的预警功能，事先将潜在的转型风险敞口消弭于无形之中；另一方面，发挥兜底作用，及时介入和处理转型风险的传染蔓延。具体而言，在"三支柱"框架之下，三类政策既要各自发挥"独当一面"的功能，更重要的是相互密切配合。在转型风险管理的视角下，财政政策和货币政策均为宏观审慎监管有效实施提供了保障和支持。

第三节　零碳转型金融风险的微观监管机制

Diamond 和 Dybvig（1983）提出，金融机构在经济体中扮演了两个角色：流动性创造与风险转化。作为金融市场的重要参与方，保持金融机构的稳定性是风险管理的重要手段。微观审慎工具以提高单个机构风险管理水平、增强应对外部冲击能力为重点，以保护投资人与存款人为最终目标，通常以自下而上的方式进行微观调整，纠正信息不对称和权责不对称造成的市场失灵。政府将在微观审慎自下而上的路径基础上，结合零碳风险的特殊性，建立个性化的监管机制，即"零碳转型金融风险的微观监管机制"。

一、微观监管政策设计基础

当前微观监管政策的主要路径，是零碳转型金融风险微观监管机制转化的基础，结合《巴塞尔协议Ⅲ》等国际微观审慎监管条例与经验，我国形成了以资本、拨备、杠杆、流动性等为主的金融机构监管工具体系。通过事前风险防控与事后风险管理相融合，实现微观风险的总体监管。

一是资本充足率类监管工具，夯实金融机构风险应对的储备基础。该类监管工具通过衡量金融机构在投资人与存款人资产损失前自有资本承担损失程度的指标予以表示，主要包括最低资本要求（又称"监管资本"，指金融机构必须持有的最低资本量）、风险加权资本要求（金融机构根据其账面资产和负债的风险程度所必须持有的最低资本金）、资本留存缓冲要求（由扣除递延税项及其他项目后的普通股权益组成，用以优先"吸收"风险并弥补亏损）等系列指标。该系列指标根据资本核心层级的划分差异做出区别要求，但监测目标主要为预防风险资产的过度膨胀。通过常态化监测个体机构风险抵御能力，预判性保障利益相关方权益与金融机构正常运营。以零碳转型金融风险的视角来看，资本充足率监管类工具可以有效化解不良资产的消化难度，提升金融机构的最终清偿能力，控制风险资产的增长速率，并降低零碳转型金融风险传导至市场信用风险的可能性。其中，最关键的是要识别"风险资产"及其影响，以便对资本充足率类指标的调整加以规范。

二是杠杆类监管工具，作为资本充足率类工具的有效补充，反映金融机构表内外风险扩张时的资本调配能力。杠杆类监管工具通过杠杆率实现对金融机构杠杆水平的直接管控，不同金融机构杠杆监管要求在杠杆率下限的基础上根据分类及运营情况进行上浮调整。杠杆率指标可用于考察金融机构表内外资产余额比例，计算风险暴露敞口，有效完善资本充足率监管下潜在的顺周期性及资本套利问题，帮助金融机构提高经营稳定性，并在金融创新过程中防范系统性风险等方面起到重要作用。从零碳转型金融风险的视角来看，杠杆监管工具有利于金融机构在成本利润驱动与监管机构审慎安全目标下寻得平衡，防止金融机构在新兴金融创新模式中过度扩张及风险认识不足，确保金融机构在零碳金融转型过程中持有稳定合格的资本结构并充分承担潜在的转型风险。

三是拨备覆盖类监管工具，反映金融机构风险抵御能力、损失补偿能力的财务利润稳健性指标。拨备覆盖类监管工具以拨备率（呆、坏账准备金的提取比率）与拨备覆盖率（实际上银行贷款可能发生的呆、坏账准备金的使用比率）为主要指标。由于拨备对于损失的弥补水平纳入金融机构的经营成本考量，并在机构产品与服务定价中获取补偿，因此，拨备指标的覆盖程度成为衡量金融机构抵御市场风险效果，并保障资产公允价值能力的重要依据。从零碳转型金融风险的视角来看，一方面拨备覆盖监管工具可以有效控制资产搁置带来的收益浮动或信用风险，另一方面拨备水平做为金融机构收益水平的"蓄水池"，可以成为机构可持续衡量业务发展质量、判断转型风险投资比重的重要依据。

四是流动性类监管工具，主要反映金融机构资产在面临无法及时获得或合理获得风险下的短期变现能力。主要的静态稳定指标包括资产流动性比例（流动性资产与各项流动性负债的比例）、备付金比例（备付金存款日平均余额与库存现金日平均余额之和与各项存款日平均余额的比例）、中长期贷款比例［一年期以上（含一年）的中长期贷款月末平均余额与一年期以上存款加债券月末平均余额的比例］等，静态监管主要用以保障金融机构的短期清偿能力。金融机构还可通过压力测试（模拟市场不同压力场景下产品或业务线的风险传递机制，用以对金融机构流动性管理体系进行脆弱性评估）、应急计划（流动性风险预警前期出台的行动计划方案，帮助快速调动优质流动性储备）、风险管理标准（以资源调配、效益最大化为导向的系列产品服务、运营手段）等一系列动态稳定体系进行管理，动态监管用以帮助金融机构模拟风险敞口下的流动性应对机制。从零碳转型金融风险的视角来看，流动性监管工具可通过静态指标、动态举措管控及模拟不同维度及传导机制下环境气候变化带来的转型风险影响，设立风险常用储备及应急演练计划，在风险预警触发时可保证紧急流动资金的可获得性与应对的全面性。

当前的微观监管管理机制及其所追求的管理目标，与零碳金融风险下所需的微观监管机制目标是一致的。上述四大类微观监管机制形成了零碳金融风险微观监管机制的实施基础，但传统模式下气候风险对资产造成的影响等在认定上仍存在难点，包括碳风险数据指标模糊、样本量化搜集困难、机构转型基础不尽相同、监管及商业模式难以一致覆盖等问题。因此，赋能传统指标且丰富新增监管手段的"零碳"微观监管机制亟待建立。

二、转型风险微观管理机制：五项支撑

微观管理机制仍需以维护个体金融机构应对零碳转型风险的能力、保持其稳定性为目标。考虑到当前微观管理机制的有效性及存在短板，我们提出"五项支撑"以提升微观风险应对能力，通过"五项支撑"，一方面用以提升传统微观监管机制的针对性；另一方面用以丰富监管手段，从而应对新变化。

（一）资产 ESG 评级监管

ESG 是指涵盖环境、社会责任和公司治理三大类维度非财务绩效的价值理念、投资策略和评价工具。ESG 资产评级监管是在绿色金融资产评级监管基础上的进一步深化。《银行业保险业绿色金融指引》已明确提出"银行保险机构应将环境、社会、治理要求纳入管理流程和全面风险管理体系"的总体要求。在零碳金融框架下，需要进一步将零碳要求与 ESG 基本要求融合，考量资产与金融机构的 ESG 风险对于抵押品价值、信誉以及金融机构收款能力的影响。

在监管手段应用时，一是逐步强制推动金融机构 ESG 能力建设，在业务实践中整合 ESG 底层治理数据及财务信息，将 ESG 指标纳入

全面风险管理体系，将零碳经济框架下的气候和环境贡献纳入 ESG 管理框架，监测其对资产安全性的影响。二是监管部门建立金融机构 ESG 评级管理框架，综合金融机构自身 ESG 表现、资产 ESG 评级、客户 ESG 水平等，形成复合型的 ESG 评级管理框架，将评级管理结果与上述四大类监管措施相挂钩，作为影响传统微观监管工具的重要因子。

（二）气候环境压力测试

气候环境压力测试是一种用于评估可能的环境变化因素对金融体系冲击的工具，如判断环保标准提高、气候变化、环保事件、碳交易等因素对于金融市场的风险传染性和反馈作用。这种测试有助于识别严重的气候不良冲击对金融机构偿付能力和金融体系稳定性的可能影响。环境压力测试作为预防性和前瞻性监管工具，面对零碳转型金融风险的模拟，可以使用定量手段验证金融机构的风险抵御能力，提示其是否存在不当资源配置和杠杆等导致过度承担转型风险的情况。这有助于金融机构及时调整自身的资产组合，科学引导金融要素支持零碳产业和零碳供应链发展，系统评估金融市场与零碳转型的结构性、交叉性影响。

在监管手段应用时，一是要求金融机构就其受气候变化影响中最主要的资产类型开展环境压力测试，针对不同情景对个体资产安全性的影响进行敏感度分析，对于极端情景下造成的金融损失进行等级划定，进而反哺业务流程优化。二是监管部门应明确压力模型在零碳金融转型风险下的测试边界，确定不同类型金融机构环境压力测试的实施重点，同时与宏观金融风险管理手段相协调，针对转型业务设置相应安全限值及合理监管区间。

（三）强制环境气候信息披露

　　强制环境气候信息披露是降低气候环境信息不对称风险、提高金融市场稳定性的重要手段。市场主体的环境气候信息披露为金融机构提供了治理、战略、风险流程、目标指标等重要信息，对于撬动金融机构适应零碳转型投资，优化气候相关风险定价，高效配置绿色资本具有积极作用；金融机构的环境信息披露有助于发现与环境相关的市场机遇，并做好环境风险管理。环境气候信息披露是面向金融机构经营行为监管的重要组成部分，既要督促金融机构提升关于环境气候对资产影响的重视程度，也引导消费者、投资者主动学习了解零碳金融下的金融知识和风险特征，培育新的风险意识。

　　在监管手段应用时，一是金融监管部门须不断深化和完善对金融机构环境信息披露的要求，随着对气候环境风险认识的深化，确定披露依据，并搭建一个在零碳金融框架下可循环、可实施的披露框架。二是需要与相关政府部门联动，形成鼓励企业开展碳相关数据披露的外部环境，并通过市场化方式培育第三方机构建立数据平台，为金融机构获取相关碳排放等数据提供渠道。三是逐步面向全部金融机构强制推动环境气候信息披露，强化微观主体的投融资行为监管。

（四）差异化绿色资本要求

　　差异化绿色资本要求是在零碳经济的市场化机制全面建立过程中，旨在弥补市场失灵不足的监管手段。通过在传统的资本、拨备、杠杆、流动性等金融机构监管工具基础上，加入针对"零碳""绿色"

的支持因素以及"环境气候风险""棕色"的制约因素，来推动金融机构资本的可持续发展。

在监管手段应用时，一是以资本充足率为例，可通过研判绿色资产与市场绩效的相关性以及不良贷款率的趋势，为金融机构对冲外生气候相关风险、进行风险分散设定目标，明确金融机构新设"绿色"资产的最低数量要求，以调动金融机构开展零碳业务的积极性。二是金融监管部门可进一步考量金融机构在经营类型、资本结构等领域的差异，细化指引零碳金融工具实施的微观指标要求，金融机构也应在定量监管指引的基础上，根据自身业务特点，合理分配绿色资本比例，放大零碳金融的有效投资收益。

（五）有利于应对气候变化的内部治理机制

有利于应对气候变化的内部治理与控制，是在传统内部治理与控制管理的基础上，将气候战略贯穿其中，以着手对微观治理的监管，进一步提高金融机构应对风险的意识与能力。内部治理与控制是利益相关方用以约束和管理经营行为的控制制度，以保障运营的效率效果、财报的真实可靠，以及相关目标的遵循性与完成度。由于零碳金融风险的特殊性，无论从对存量风险的影响的角度，还是从增量风险变化的角度，均需要形成专门的治理机制予以应对，这要求金融机构建立有利于应对气候变化的内部治理机制，并将其作为零碳金融发展初期金融微观监管的方向之一。

在监管手段应用时，一是金融监管机构应根据转型风险的传导机制及当前金融机构风险应对的薄弱环节，在经营治理、内部控制、偿付能力、风险偏好、信息披露等方面提出监管建议，并对金融机构的商业模式和投资创新提出监管期望；二是金融机构应在零碳转型下明确组织架构和权责分配，推动转型成本效益内部化纳入审计范畴，完善转型业务发展的激励及风险约束，将可持续发展理念纳入金融机构文化建设，使其成为流程设计与制度监管的基本土壤。

第四节　两阶段零碳转型金融风险管理的侧重点

以上分析了零碳转型金融风险的产生、传导与影响效应，并基于不同视角讨论了零碳转型金融风险的管理框架。由于零碳转型涉及"碳达峰"和"碳中和"两个阶段，每个阶段的金融风险管理也需要结合各自阶段的特点制定灵活的管理方略。

在碳达峰阶段，根据上文的分析，金融支持的重点在于产业的纵深发展，引导其有序实现科学碳达峰。这一阶段的重点在于通过市场的力量选择适应碳达峰需求的投资领域，相关的金融政策应以激励为主。在金融风险管理方面，由于产业结构总体基本稳定，传统金融风险依然是主要表现形式，对于低碳领域的投资，整体上以激励和支持为主，发挥市场机制在资源配置中的决定性作用，发掘有助于科学有序碳达峰的投资领域。同时，该阶段作为碳排放快速下降的准备期，零碳转型因素的影响效应逐渐显现，因此，应做好布局和管理，以应对相关风险因素。

在碳中和阶段，在前期市场探索和政策激励的基础上，绿色低碳的产业体系逐渐形成，传统高碳行业的全面转型成为金融领域的支持重点。在该阶段，零碳转型冲击因素的影响效应愈加凸显，在多重因素的共同作用下，金融体系零碳转型风险敞口上升，提高了投资风险和违约概率，甚至可能造成系统性金融风险的蔓延和传染。因此，零碳转型风险成为金融风险最重要的表现形式之一。在碳中和阶段，伴随着绿色低碳的全面转型，零碳转型金融风险的监管成为整个金融监管体系的重要一环。金融监管机构应将零碳转型因素纳入金融风险监测的基本指标，并设计有效应对零碳转型风险的政策工具箱。各金融机构应结合实际，有效测度自身的零碳转型风险敞口，并在此基础上开发出成熟可运用的零碳转型风险压力测试模型，将零碳转型金融风险作为自身金融风险管理业务的重中之重。

第十二章

◆

碳市场的发展与未来：
中国与世界其他国家的政策创新与挑战

李长泰

第一节　引言

在全球气候治理日益紧迫的背景下，碳市场作为一种经济学与环境科学交叉领域的创新机制，逐渐崭露头角，成为实现碳中和目标的关键途径之一。正是在这个大背景下，本章深度剖析了碳市场在全球及中国的发展历程、政策创新、实践效果以及所面临的挑战，旨在揭示碳市场在推动全球经济零碳转型、应对气候变化中的核心地位与作用，同时也为相关决策者、研究者和实践者提供一定程度的理论参照与实践指导。

首先，本章从全球碳中和目标的角度出发，探讨了碳市场的构建与全球碳治理框架。在《巴黎协定》等一系列国际气候协议的引领下，全球碳市场正逐步形成一种基于市场机制的碳减排新秩序。各缔约方通过构建碳市场，利用价格机制引导和激励各类主体减少温室气体排放，实现了经济激励与环境保护的有效耦合。本章将深入剖析全球碳市场的设计理念、运作模式以及在全球气候治理网络中的联结与协同机制。

其次，本章将聚焦于中国碳市场的发展历程与国际比较。中国作为全球最大的碳排放国，其碳市场的建设与发展对全球碳中和目标的实现至关重要。文章将梳理自试点阶段以来中国碳市场的演进轨迹，对比分析中国碳市场与欧美等发达国家碳市场的异同，揭示中国在构建碳市场过程中的制度创新与实践摸索情况，同时，也将就中国碳市场的发展现状、成效以及挑战进行深度探讨。此外，本章将详细探讨自愿碳市场的发展现状与未来展望。自愿碳市场作为补充和拓展强制碳市场的有效机制，近年来在全球范围内呈现蓬勃发展的势头。本章将揭示自愿碳市场在动员多元主体参与减排、培养绿色消费文化等方面的重要价值。同时，也将对未来自愿碳市场的形态演变、市场规模以及在全球碳中和进程中的角色定位做出前瞻性的预测。

再次，本章将重点研究碳交易市场的创新实践与最新进展，关注数字技术、金融科技在碳交易中的应用，以及各种新型碳金融产品的创新与发展，旨在揭示这些创新元素如何提升碳市场的流动性和效率，以及对全球碳减排产生的积极影响。

最后，本章将着力探讨中国碳市场在支持国家实现碳中和路径中的作用与策略选择。在全球视野下，剖析中国碳市场如何通过制度创新、技术创新和市场机制自我优化，有效服务于国家碳达峰、碳中和目标，特别是在推动能源结构调整、促进绿色产业发展等方面的战略部署与具体实践。同时，本章也充分认识到碳市场在快速发展中面临诸多挑战，如市场流动性、价格发现机制、监管难题等，并结合全球碳市场的发展趋势，提出具有针对性的政策建议与解决方案，以期为我国乃至全球碳市场的健全完善和长远发展提供智力支持。

第二节　碳中和目标下碳市场的构建与全球框架

一、全球气候变化严重性与碳中和目标的确立

全球气候变化现象日趋严重，其负面影响涉及地球生态系统的方

方面面。根据联合国政府间气候变化专门委员会第六次评估报告，过去一个世纪全球平均温度已升高约 1.09℃（±0.07℃），且自二十世纪中叶以来，人类活动已对全球变暖贡献了至少 1.0℃ 的增温。这种全球变暖现象引发了极端气候事件的显著增加，海平面预计在 2100 年前将上升 0.26—0.77 米，并导致生物多样性严重受损，比如北极海冰面积在过去 40 年间减少了近 40%。极端天气事件的频发、海平面的快速上升、生物多样性的剧烈损失以及全球粮食生产和水资源安全受到的威胁，都在警示人类必须果断采取行动应对气候变化。为此，《巴黎协定》这一全球气候治理的重要里程碑文件，明确规定了将全球平均气温升幅控制在比工业化前水平的全球平均气温不超过 2.0℃，并宣示争取进一步将升温控制在 1.5℃ 以内的雄心壮志。在此背景下，世界各国积极响应，纷纷设立了自己的碳中和目标，旨在通过大幅减排并在一定期限内通过各类手段实现碳排放与碳汇的平衡，从而达到温室气体净零排放的状态。

二、零碳金融框架下的碳市场发展

随着气候变化的严重性日益凸显，国际社会认识到，仅仅依靠传统的行政命令和政策措施难以实现大幅的温室气体减排。为响应这一挑战，国际社会通过《联合国气候变化框架公约》及其后续的《京都议定书》和《巴黎协定》等关键国际协议，逐步构建起全球碳减排的法律和政策框架。《京都议定书》于 1997 年签署，首次规定了发达国家具有量化减排温室气体的法律义务，并创造性地引入了灵活的市场机制，包括清洁发展机制、联合履行机制（JI）等，这些机制允许发达国家通过资助发展中国家的减排项目获取碳信用，从而实现低成本的全球减排。这些创新举措为全球碳市场的诞生和发展奠定了基础。然而，《京都议定书》的第一承诺期结束后，全球碳减排的压力并未减轻，碳减排反而因气候变化影响加剧而越发紧迫，于是，2015年签署的《巴黎协定》进一步推动了全球碳减排进程。协定打破了以往发达国家与发展中国家的严格区分，要求所有国家根据自己的国情和发展阶段自主贡献减排目标，即国家自主贡献，并每五年进行一次盘点和更新，确保全球共同努力将全球平均气温升幅控制在与工业化前水平相比不超过2.0℃，并努力进一步将升温控制在1.5℃之内。在《巴黎协定》的推动下，全球碳市场的建设进入了新的阶段。

2021年，在联合国格拉斯哥气候大会上启动了净零金融联盟，零碳金融的概念正式提出，金融在支持实现碳中和过程中的作用被提升到了一个新的高度，这也推动了全球碳金融市场的快速发展。各国在制订和执行各自的碳减排计划时，更加重视市场机制的作用，大力发展碳定价体系，包括碳税和碳交易市场。全球范围内的碳定价机制逐渐普及，碳市场覆盖的行业和地域不断扩大，从早期的单点突破，逐步扩展为遍布各大洲的多元、联动的碳交易网络。不仅如此，碳市场还被视为推动零碳金融发展的重要工具，金融机构和投资者可以通过碳市场参与减排项目，为绿色低碳技术提供资金支持，实现金融资本与实体减排活动的有效对接。在迈向碳中和的过程中，零碳金融的概念和实践得到了空前的关注度和推广度。各国政府和国际组织纷纷着手构建零碳金融政策框架，通过碳定价、绿色金融政策和监管规定等方式，引导金融资本流向低碳、零碳产业和项目。碳市场作为零碳金融体系的核心组成部分，以其市场化的运作机制和强大的资源配置能力，推动了全球范围内的碳减排工作，为实现碳中和目标提供了有效的市场解决方案。

三、碳市场的起源、演进与发展全球框架

碳市场的形成和发展历程见证了国际社会对气候变化问题从认知到行动的深化与转变，以及应对策略的不断创新与升级。自《京都议定书》开启全球碳市场建设的序章以来，碳市场体系在全球范围内经历了从起步探索到快速发展，再到全球网络化融合的演变过程，逐渐成为推动全球减排、实现碳中和目标的关键机制。具体来看，碳市场的发展和演进可以分为以下四个阶段。

（一）早期探索与成型阶段

《京都议定书》在1997年的签署，标志着国际社会对碳排放管控的重大突破。协议引入了灵活减排机制，其中包括清洁发展机制，这一机制的实施为国际碳市场奠定了基石。CDM允许发达国家通过在发展中国家投资减排项目获得可交易的碳信用，这一创新做法极大地促进了全球碳交易市场的初步形成和市场规则的探索发展。

（二）区域市场快速发展阶段

欧盟排放交易体系作为全球碳市场的旗舰范例，自2005年启动以来，展现了碳市场在温室气体减排中的强大推动力。据欧洲委员会数据，欧盟排放交易体系已覆盖欧盟温室气体排放的近45%，成为全球规模最大、运作最成熟的碳交易市场。与此同时，北美、亚洲等地

区的碳市场也呈现蓬勃发展的势头，美国加州碳市场、中国试点碳市场以及其他若干区域性的碳交易体系相继建立。尽管这些市场相对独立，但在国际减排合作和碳信用交易中形成了紧密的网络关系。

（三）全球网络化与融合阶段

随着全球对气候变化问题的共识不断加深，碳定价机制在世界各地得到广泛应用和宣传推广。世界银行在《碳定价发展现状与未来趋势》（*State and Trends of Carbon Pricing*）2022 年度报告中指出，截至 2022 年，全球已有超过 60 个国家和地区的碳定价机制生效运行，该机制的影响涵盖了全球温室气体排放量大约 22%。这些分布在世界各地的碳市场逐渐相互交织，通过市场机制的互联互通，共同构建了一个层次丰富、覆盖广泛的全球碳市场体系。

（四）碳中和目标下的新阶段

在碳中和目标全球化的背景下，碳市场在全球气候治理中的战略地位得到了进一步提升。国际碳信用额度交易量的增长反映出全球碳市场在推动减排行动中的核心作用。根据路孚特的统计，2022 年全球碳市场交易量达到了约 125 亿吨二氧化碳当量，这一数字揭示了碳市场在全球减排工作中日益增长的影响力，以及在引导全球经济向低碳、零碳转型中举足轻重的地位。

四、碳市场在零碳金融框架中的战略地位

在全球向碳中和目标迈进，以及零碳金融体系逐渐形成并发挥关

键作用的过程中，碳市场作为核心的金融工具和市场机制，扮演着无可替代的角色。碳市场以其独特的市场机制设计，有效引导和激励全球参与者朝着低碳、零碳经济转型，从而在全球碳中和战略和零碳金融架构中占据重要位置。

首先，碳市场在零碳金融中发挥着市场机制与经济激励的作用。碳市场通过设定碳排放的价格信号，依据科斯定理（Coase，1960）将环境污染的外部成本内在化，为企业提供减排的动力。Stavins（2011）指出，碳定价机制可促使企业追求低碳技术改造和能源结构调整，以降低其经营活动中的碳排放成本。同时，世界经济论坛与国际货币基金组织（WEF et al.，2020）的研究也证实，合理的碳定价有助于优化资源配置，推动全球经济向低碳路径转型，实现经济效益与环境效益的最大化。

其次，碳市场具有资源优化配置的功能。全球碳市场的互联互通是基于竞争市场的帕累托最优原理（Pareto efficiency），允许碳排放权在国际范围进行有效流转（Grubb et al.，2002）。通过市场机制，碳市场能够优化全球减排成本的分配，引导零碳金融资本流向最具减排效率的低碳和零碳项目（Stern，2016）。这种资源配置机制确保了全球减排努力的最优化，从而更好地实现零碳金融的目标。

再次，碳市场还能促进国际合作和协同减排。碳市场作为国际合作的有力载体，通过跨国碳交易（Böhringer et al.，2005）和碳信用转让（Jenkins，2003），促进了发达国家与发展中国家在减排领域的技术转移和金融合作。Michaelowa 和 Jotzo（2015）认为，碳市场的国际合作有助于弥补减排鸿沟，共同推进全球碳中和目标的实现。

最后，碳定价机制的全球推广可以促进零碳金融的深度融合。随着全球碳定价机制的广泛实施，一个全面、规范、高效的全球碳市场体系逐步构建起来（Diaz–Rainey et al., 2012）。碳市场与金融体系深度融合发展，衍生出碳期货（Härtel et al., 2013）、碳期权（Carmona et al., 2010）和碳保险（Skees et al., 2012）等创新金融产品，极大地丰富了碳资产的投资品种。这些金融工具为全球资本向低碳经济转型提供了广阔的市场空间和灵活的投融资选择，进一步推动了全球碳中和目标的实现（Zeng et al., 2019）。

第三节　中国碳市场的发展与国际比较

自"十二五"以来，我国积极应对全球气候变化挑战，致力于推进经济社会可持续发展，并提升资源使用效率，为此启动了碳排放权交易的试点工作，稳步构建全国性的碳交易体系。历经多年努力，我国碳市场的发展取得了显著成就，如今，全国碳排放权交易市场规模已跃居全球首位，涵盖了最大的碳排放量。尽管如此，对照国际上那些成熟先进的碳交易市场，我国的碳市场仍处在快速成长和持续完善的过程中，拥有巨大的发展潜力和广阔的提升空间。

一、中国碳市场的发展历程与特点

我国碳市场建设遵循了"先试点后全国，先电力后其他，先免费后有偿分配"的渐进式建设策略，率先通过地方碳市场试点积累经验，随后稳扎稳打地推进全国碳市场的整体建设。在地方层面开展碳市场先行试验，积累了宝贵的实践经验，随后稳健地推进了全国碳市场的规模化构建。至今，中国碳市场的发展已跨越了由地方试点向全国一体化碳市场建设的转型阶段，在此进程中取得了显著的成绩，同时也勇敢面对复杂挑战并逐步克服了一系列困难。当前，我国碳市场正处于地方试点与全国市场同步运作、相互促进的关键时期。

自 2011 年起，中国在北京、天津、上海、重庆、广东、湖北以及深圳等多地展开了具有里程碑意义的碳排放权交易试点工作，这一系列举措标志着我国碳市场体系建设迈入了实质性探索与起步阶段。在这一过程中，各试点省市高度重视碳市场能力建设，通过不断的实践检验与评估优化，不仅汲取了国际碳市场的先进经验，还紧密结合我国国情以及各试点地区的具体情况，进行了大量的本土化创新与探索，积累了在不同经济发展水平、产业结构、能源结构、技术水平和资源条件下的碳市场建设经验。历经十载磨砺，2021 年，全国碳排放交易市场正式启动，我国碳市场已然完成了从区域性试点向全国统一碳市场的战略性转变。在试点市场阶段，涵盖了电力、钢铁、水泥等 20 余个关键排放行业，并囊括了近 3 000 家重点排放单位，试点阶段各行业各单位的广泛参与为全国碳排放权交易体系的架构设计、规则制定及有效实施奠定了深厚的基础。通过试点市场的实践经验积累，我国不仅深化了对碳排放权交易机制的理解与操作水平，还筛选保留了对后续的市场整合与升级有益的借鉴和参考信息。

目前，中国碳市场的演进形成了试点碳市场和全国碳市场并存，逐渐从试点走向全国的"二元格局"。中国碳市场的发展可以用"两阶段"来概括，即地方试点阶段和全国统一碳市场建设阶段。

（一）地方试点阶段（2011 年—2020 年）

中国碳市场的建设经历了长达 10 年的地方试点阶段，这十年中地方碳市场的建设又可以分为起步与探索阶段（2011 年—2014 年）和深化拓展阶段（2015 年—2020 年）。

1. 起步与探索阶段（2011 年—2014 年）

在应对气候变化国家战略的总体框架下，遵循《"十二五"控制温室气体排放工作方案》及相关政策指引，自 2011 年起，我国在北京、天津、上海、深圳等七地启动了碳排放权交易的试验阶段，标志着我国碳市场建设进入了起步与初步探索的里程碑时期。截至 2013 年末，上述七大试点区域累计分配的碳排放配额达到 20 亿吨二氧化碳当量，这一实质性的行动不仅初步塑造了我国碳市场的基本架构，更为今后全国碳市场的构建积累了珍贵的实践经验并夯实了制度基础。在此期间，各试点省市积极响应国家战略部署，在尚未形成完备的国家层面法律体系的前提下，因地制宜地出台了《碳排放权交易管理暂行办法》等地方性法规，逐步构建起 "1+1+N"（全国人大立法 + 地方政府规章 + 系列实施细则）或 "1+N"（仅靠地方政府规章 + 系列实施细则）的地方政策矩阵，为本地碳市场提供了有力的法制保障。其中，配额的初始分配作为碳市场的核心构件，决定了市场运行的效果、效率和公平性，对企业减排行为产生直接影响，同时也是中国碳市场从区域试点走向全国统筹阶段中最为核心的任务和政策挑战。各试点地区凭借严谨的制度设计与创新思维，创新性地实行了免费分配与拍卖分配相结合的多元化配额分配模式。此外，为确保碳交易市场的公正性和透明度，各试点区域着重构建了严谨的碳排放监测、报告与核查机制，通过这一系统性的技术保障，确保了碳排放数据的真实性、准确性和完整性，为碳市场的有效运行提供了不可或缺的技术支撑。这一系列探索与实践，无疑为中国碳市场的进一步发展和完善提供了宝贵的理论依据和实践经验。

2. 深化拓展阶段（2015 年—2020 年）

随着 2015 年《生态文明体制改革总体方案》的公布与实施，我国碳市场试点工作迈入了深化拓展与创新升级的新阶段。此阶段内，各试点碳市场的交易活动显著增多，成交量与成交额均呈现显著上升趋势。截至 2020 年末，七个试点碳市场累计配额成交量近 4.4 亿吨二氧化碳当量，累计交易金额高达约 104.7 亿元人民币，这一成果鲜明地体现了碳市场在推动我国低碳乃至零碳转型过程中的积极作用与显著贡献。尽管如此，试点碳市场在取得阶段性成就的同时，也暴露了若干急需解决的问题，如市场分割导致的流动性不足问题，以及市场机制尚不完备等弊端。针对上述挑战，国务院办公厅在发布的《"十三五"控制温室气体排放工作方案》中，明确提出要加强各试点区域间的协同配合，强化市场机制的进一步优化和完善，旨在通过深化改革，逐步攻克当前存在的难题，为我国碳市场的全面推广及长远发展规划出一条坚实的道路。历经多年建设与持续发展，试点碳市场实现了平稳、有序的发展，取得了一系列积极成果，这一进程标志中国在运用市场机制控制碳排放、推动零碳发展目标上取得了开创性的突破，试点工作为构建全国统一碳市场提供了宝贵的实际操作经验和政策启示，对我国乃至全球碳市场制度的演进和完善具有深远的借鉴价值。

（二）全国统一碳市场的建立阶段（2021年至今）

2017年12月，国家发展和改革委员会（以下简称国家发展改革委）正式发布了《全国碳排放权交易市场建设方案（发电行业篇）》这一具有里程碑意义的官方文件，此举标志着全国碳排放权交易市场的构建工作正式启动。经过四年的精心筹备与系统构建，直至2021年7月16日，依据《全国碳排放权交易管理办法（试行）》的相关规定，全国碳排放权交易市场正式启动运行，初期首先着重纳入的是电力行业，覆盖了超过2000家大型排放企业，其总排放量占全国碳排放总量的比重高达约40%，展现了我国对关键排放行业的重点管控和市场机制在减排中的核心作用。截至2023年12月31日，全国碳市场已历经两个完整的履约周期，在总共598个交易日内，碳排放配额的累计成交量已超越4.4亿吨二氧化碳当量，累计成交额超过了249亿元人民币，体现出市场机制在引导企业减排、优化资源配置以及实现碳中和目标上的强大功效和市场活力。这段时期内，全国碳市场的稳健运行和可观交易规模，不仅见证了我国碳市场制度建设与实践操作的逐步成熟，也为全球碳市场的发展提供了宝贵的实践经验和政策启示。

全国碳市场的构建在设计思路中充分吸纳了地方试点的实践经验，采用了以基准线法为核心的配额分配模式，并通过颁布与实施《碳排放权交易管理暂行条例》等一系列政策法规，强化了对碳排放数据质量管理与监督机制的构建与完善。自启动运行两年以来，全国碳市场已初步构建起基础性框架，并保持着总体平稳的运行态势。交易价格呈现稳健上涨趋势，交易规模渐次扩大，市场流动性亦表现出明显的改善迹象，有力地发挥了对企业碳减排行为的引导作用和碳定价机制的核心功效，这与全国碳市场的基本定位形成了有机统一。然而，全国碳市场在初期运营中亦面临一些挑战，如市场流动性较低、碳市场价格发现功能尚显不足等问题。对此，《中国应对气候变化的政策与行动 2020 年度报告》明确指出，未来将着力于进一步优化和完善市场机制，积极鼓励金融机构与非履约实体的广泛参与，以增强市场活力，强化碳价发现机制。

在《"十四五"现代能源体系规划》等国家重要规划文件中，中国政府再次强调，将持续优化碳排放权交易制度设计，审慎而有序地收紧碳排放配额，借助政策导向与市场机制创新，有效发挥碳价发现功能。同时，中国人民银行、中国证券监督管理委员会（以下简称中国证监会）等相关部门已陆续出台一系列政策文件，大力支持绿色金融和碳金融的发展，鼓励金融机构积极研发碳金融产品，通过多元化金融工具的运用，共同推动我国碳市场的全面发展与完善。通过这一系列深层次的政策调整与市场优化措施，中国碳市场在助力我国实现碳达峰、碳中和的战略目标过程中，其作用与影响力将日益凸显并深化。2024 年 1 月 5 日，备受瞩目的《碳排放权交易管理暂行条例（草案）》在国务院审议通过，标志着全国碳市场的顶层设计趋于成熟和完善。交易规模逐步扩大、交易价格稳中有升、市场交易日益活跃、法律体系日趋完善以及市场运行平稳有序，这些都彰显了全国碳市场自启动以来近两个半财年内取得的阶段性进展与成效。

二、中国碳市场与国际碳市场的对比分析

中国碳市场与国际碳市场的对比分析，对于理解全球气候治理体

系中的市场机制作用及其实际效应具有重要意义。随着全球对气候变化问题的高度重视和应对行动的不断深化，碳市场作为调节温室气体排放、引导绿色经济转型的关键工具，其建设和运行状况直接影响着各国的减排进度和可持续发展路径。中国作为世界上最大的发展中国家和碳排放大国，近年来已成功建立全国统一的碳排放权交易体系，并取得了显著进展。然而，中国碳市场在其发展初期，在市场机制设计、交易规模、碳价形成机制、参与主体多元化等方面，与已较为成熟的国际碳市场，如欧盟碳市场等，存在着明显的差距与挑战。深入对比分析中国与国际碳市场的特点、运行机制、政策背景及其实际效果，可以为我们提供宝贵的经验借鉴和未来发展策略，助力全球碳市场的进一步整合与优化，共同推动全球气候治理目标的实现。

第一，市场机制与设计对比。在市场机制与设计方面，作为全球首个最为成熟且影响深远的碳排放权交易市场，欧盟排放交易体系 2023 年的交易总额达创纪录的 7 700 亿欧元，占据全球碳市场份额的显著比例，约为 87%。欧盟排放交易体系最初的创立背景是为了响应《京都议定书》中设定的减排目标，即相较于 1990 年水平，到 2012 年实现温室气体排放量降低 8%。该体系自 2005 年启动以来，历经多次迭代升级，现已进入第四个发展阶段。值得注意的是，在 2021 年，作为全球最大的碳市场，欧盟排放交易体系通过拍卖方式分配的碳配额占比已进一步攀升至约 60%，其余部分则以免费形式分配给符合条件的企业。相比之下，中国碳市场于 2021 年 7 月启动，其配额分配方式主要采用了免费分配与有偿分配相结合的混合机制，尤其在首批向电力行业分配的配额中，很大一部分是通过免费形式发放给相关企业的。然而，随着中国碳市场建设的逐步深化与市场机制的持续优化，根据《全国碳排放权交易管理办法（试行）》，中国政府明确规划逐步提高拍卖配额比例，旨在更充分地借助市场机制，发挥其在碳排放资源配置中的决定性职能，以促进我国碳市场的健康发展和温室气体减排目标的实现。

第二，市场覆盖范围对比。欧盟排放交易体系展现了深度和极为广泛的行业包容性，它不仅是全球规模最大的碳排放权交易体系，更是包含了诸多对全球温室气体排放具有重大影响的关键领域。欧盟排放交易体系囊括了电力行业这一主要排放源，除此之外，还包括炼油、化工、钢铁、铝业、陶瓷等多个重工业部门，这些行业由于生产过程中的能源消耗和排放，往往占据了较高比例的碳排放份额。据统计，欧盟排放交易体系覆盖的大型排放企业达数万家，这意味着它有效地触及了整个欧盟经济体内部的众多关键排放源头，通过市场机制推动了企业减排和技术创新。相比之下，尽管中国碳市场起步稍晚，但展现出强劲的发展势头。在初步启动阶段，因为电力行业在我国总体排放中占有相当大的比重，中国碳市场着重关注了电力行业这一碳排放大户。随着时间的推移和实践经验的积累，中国碳市场有着明确的战略规划，即逐步将市场覆盖范围扩展至其他诸如钢铁、化工、建材、有色冶炼等高排放行业，以实现更为全面的碳排放管理。截至 2022 年上半年，全国碳市场的建设已取得显著成果，尤其是在发电行业，已有 2 162 家重点排放单位被纳入碳排放权交易体系[①]。这标志着中国碳市场已经在电力行业初步形成了规模化的碳排放权交易市场，为后续进一步扩大覆盖范围、完善市场机制、推动整个国家碳排放的持续降低奠定了坚实的基础。从覆盖排放量看，中国碳市场覆盖

---

① 资料来源：https://www.mee.gov.cn/

量超过了欧盟：中国的全国碳市场以 450 亿吨左右二氧化碳当量的规模居全球首位；欧盟碳市场作为超国家级碳市场，覆盖排放量 175 亿吨二氧化碳当量为全球第二。

第三，交易规则和碳价发现机制对比。欧盟排放交易体系展现了一套精密且严谨的运营框架，其中包括全面的 MRV 机制，要求其成员国的企业和设施对温室气体排放进行详尽精确的记录和透明披露，并接受独立第三方的严格审核，这一举措确保了碳排放数据的高度准确性和公信力。此外，欧盟排放交易体系还创新性地引入了市场稳定储备机制，该机制自动调整市场供应量，旨在缓和供求失衡对碳价造成的大幅度波动，从而增强了碳市场的整体稳定性。不仅如此，欧盟排放交易体系通过采纳现代化修正案，进一步优化了市场运作规则，旨在提升碳价信号的敏锐度和实用性，确保碳价能够更精确地反映减排成本和社会减排意愿。相较于欧盟排放交易体系已经相对完善的市场体系，中国碳市场在制度设计与实施过程中，虽同样重视借鉴国际先进经验，并已初步建立了与国情相符的 MRV 体系，但仍处于不断发展和优化碳价发现机制的阶段。目前，中国碳市场的碳价波动性相对较小，这在某种程度上反映了其碳价发现功能仍有待进一步强化和完善。截至 2023 年底，全国碳市场的碳价大致维持在每吨二氧化碳当量 40—80 元人民币的波动范围。

第四，市场规模和交易效率对比。我们看到欧盟排放交易体系在 2021 年的交易规模和效率表现尤为突出。国际碳行动伙伴组织在其 2021 年度报告中揭示，欧盟排放交易体系当年的碳交易总量惊人，达到了约 90 亿吨二氧化碳当量，相应的交易总价值超过 700 亿欧元，这一数据直观地印证了欧盟排放交易体系在全球碳交易体系中的核心地位及其卓越的交易活跃度。相反，尽管中国碳市场在短短几年间取得了显著的进步，但根据同期统计，2021 年中国碳市场的全年累计配额成交量仅为 4.7 亿吨二氧化碳当量，交易总额约合 180 亿元人民币。这一对比清晰地显示出，尽管中国碳市场正处于快速发展阶段，但在市场规模扩张以及交易活跃度提升方面，仍然存在着巨大的潜力和发展空间。展望未来，中国碳市场有必要进一步借鉴国际成功的实践经验，通过深化体制机制改革和完善市场运行规则，推动市场规模的持续扩大，增强碳价发现机制的效能，并在推进碳达峰碳中和战略目标的实践中，发挥更加关键和积极的作用。

　　在对比全球碳交易市场的发展轨迹时，我们认识到中国碳市场的发展尚有一段待充实与拓展的路程。国际领先的碳市场体系，例如欧盟排放交易体系和加州碳市场，凭借其在市场容量扩大、金融产品创新以及风险管理体系方面的丰富经验，为全球碳市场构建树立了标杆。譬如，欧盟排放交易体系推出的防范跨境碳泄漏的机制，以及加州与魁北克碳市场的联动对接模式，均展示了国际碳市场在机制设计与实践操作上的榜样作用，为中国及其他国家提供了极具价值的参考案例。中国在吸收借鉴国际先进经验的同时，始终坚持结合本国国情与产业发展特性，这一点具体体现在 2021 年发布的《关于完整准确全面贯彻新发展理念做好碳达峰碳中和工作的意见》中，该意见明确提出要建立健全与国情相符的碳排放权交易市场，致力于构筑以市场为导向的绿色技术创新体系，并积极探索碳市场与绿色金融的深度融合路径。面向未来，中国将持续深化碳市场的制度改革与效能提升。一方面，计划通过提高碳配额拍卖比例、拓宽市场涵盖行业与领域、丰富交易产品形态等手段，积极推动碳市场的成熟与扩容；另一方面，将致力于构建科学合理、反应灵敏的碳价形成机制，以提升碳市场的运行效率与资源配置效果，为实现国家既定的碳达峰碳中和目标注入强大的市场化驱动力。

三、中国碳市场在全球碳治理中的角色与贡献

在全球碳治理的宏图中，中国碳市场以其显著的规模与日新月异的影响力，成为全球碳市场体系中不可忽视的关键板块。作为全球最大的发展中国家，中国在应对全球气候变化议题，以及推动全球经济体系向绿色、低碳转型的进程中，始终肩负着极为重要的使命与责任。2021年7月，中国正式启动了全国碳排放权交易市场，使得中国一跃成为全球涵盖碳排放量最大的碳市场之一，这一举措标志着中国在碳市场建设方面迈出了决定性的一步。

中国碳市场的构建与发展，在推动中国自身绿色转型与可持续发展的道路上扮演着核心角色。通过运用市场化机制，该市场有力地激发了国内企业的节能减排潜力，并借助对碳排放权的定价与交易制度设计，有效地指导了社会资源配置向低碳产业倾斜，进而加速了产业结构的优化升级。同时，中国碳市场的实践经验与创新模式，为全球其他新兴经济体和发展中国家提供了极具价值的参考案例，特别是在配额分配机制设定、交易规范确立、碳排放监测、报告与核查体系建构等方面，中国碳市场的积极探索与实践填补了国际碳市场建设中的一些不足之处。

中国深度参与全球气候治理，并高效利用诸如"一带一路"倡议、"南南合作"等各种国际合作机制，积极分享碳市场建设的成功

案例与先进技术经验，强有力地推进了全球碳市场体系的规范化与一体化进程。实际上，中国已经与东南亚、非洲等地区的多个国家展开了多种类型的务实合作，涵盖了举办系列碳市场建设研讨会、提供技术支持与能力建设等项目。这些实质性且卓有成效的交流合作，不仅助力有关国家从零起步搭建起碳市场，并逐渐走向成熟运营，而且切实增强了中国在全球碳治理版图中的领导地位与影响力。

除此之外，中国还在国际层面上积极推动碳市场规则的制定与互认工作，旨在构筑一个公平、透明、高效的全球碳市场环境。比如，中国已成为国际碳定价合作联盟的一员，与各国同人共同深度探究碳市场的最佳实践模式，以期促进全球碳市场规则的相互认同与趋同。中国与新西兰签署的《关于气候行动和碳市场的谅解备忘录》即为实例，目的在于深化双方在碳市场发展方面的互动与合作，共同推动全球碳市场的融合与协同发展。

第四节　自愿碳市场的现状与未来

在碳排放权交易的形式和手段方面，我国不仅坚持实施传统的配额交易制度，而且还富有创新性地引入了国家核证自愿减排量（CCER）机制，这一机制赋予了项目主体一项重要的权利，即通过自主申请和使用CCER来有效抵消其自身的碳排放，从而实现更为灵活和多元化的减排路径。自2013年1月正式启动至今，尽管CCER体系在早期发展阶段受到诸多现实条件的制约，增速有限，但在实际减排场景中，该机制依然发挥了不可或缺的关键作用，对我国整体碳排放总量的显著下降做出了实质性贡献。2024年1月，CCER项目的再度激活，标志着我国已构建一个完整的碳交易体系，该体系包含了强制性碳排放权交易市场与自愿性碳排放权交易市场两个维度，充分体现了我国在碳排放管理与交易机制上的制度创新与实践探索。这一举措不仅深化了我国碳市场的多元化和多层次发展，还为全球碳市场建设提供了宝贵的实践经验与创新范式。

一、自愿碳市场的基本概念与运行机制

自愿碳市场作为一种非强制性的市场机制，为个人、组织及企业提供了自愿参与减排行动的机会，允许他们在自愿原则下自主选购碳信用或获得权威认证的碳减排量，以此来弥补自身无法避免或减少的温室气体排放，最终实现碳足迹的平衡，达到碳中和的目标。这种市场机制的灵活性和自主性赋予了参与者更大的减排策略选择空间，促进了多元化减排方案的创新与发展。根据全球自愿碳市场的统计数据（VER Net），这一市场在过去数年间展现了强劲的增长势头和持续的活跃态势。随着时间推移，全球自愿碳市场的交易活跃度逐年攀增，交易量不断扩大，尤其是到了 2020 年，全球自愿碳市场的交易总量已经飙升至约 3.3 千万吨二氧化碳当量的水平，这一显著的增长曲线生动描绘了全球社会对自愿减排行动的热情高涨和市场需求的日益旺盛。这一现象不仅反映出越来越多的参与者认识到自愿碳市场在应对气候变化和实现可持续发展中的重要作用，也验证了市场机制在引导和激励社会各界主动减排方面所具有的巨大潜力和效力。

自愿碳市场的有效运作实质上依赖于经过独立第三方严谨审核并符合国际公认标准的碳减排项目基础。其中，项目需要遵循一系列高

标准，诸如联合国清洁发展机制的规定，以及其他被广泛接受的准则，如 VERRA 旗下的核证碳标准（Verified Carbon Standard，简称为 VCS），确保碳信用的真实性和可靠性。在这个市场体系中，各个参与方角色多样且相互关联，包括但不限于项目发起者、碳信用购买者（涵盖企业社会责任部门、有志于此的个体消费者等多元主体）、执行核证与核查任务的专业机构、负责碳信用记录与管理的登记注册实体，以及搭建交易平台的各种服务机构。从经济角度来看，碳信用作为可交易的商品，其产生、销售、转让和购买是由在碳市场上扮演不同角色的私人和公共行为者进行的，图 12.1 描述了自愿减排市场的供应和需求结构。碳信用供应源自减排项目 / 计划执行者，这些实体包括营利与非营利性质的企业、私人开发者、社区或政府机构，它们策划符合自愿减排标准的活动。一旦项目成功实施并通过验证，自愿减排标准机构便会发放对应的碳信用。碳信用需求主要来自致力于气候行动的私营企业，用以抵消其温室气体排放以达成企业气候目标，也可在强制碳市场中作为补偿手段。此外，政府、非政府组织和个人也会购入碳信用以平衡诸如航空出行、各类活动和服务以及商品生产过程中的碳足迹。投资者和中介在供需链中扮演重要角色，涵盖私人公司、基金会和个人，他们通过投资减排项目或与项目管理者合作，为项目提供资金支持，通常期望获得碳信用的产出保障或价格约定。自愿碳市场的减排项目覆盖范围广泛且深度渗透多个行业和领域，涉及但不限于可再生能源项目的投资与建设，森林保护及再造林计划的执行，能源使用效率的重大提升举措，甲烷捕获、利用与封存技术（Carbon Capture，Utilization and Storage；简称为 CCUS）的实际应用，以及旨在推进乡村社区生活水平改善与绿色发展相结合的一系列综合性项目等。

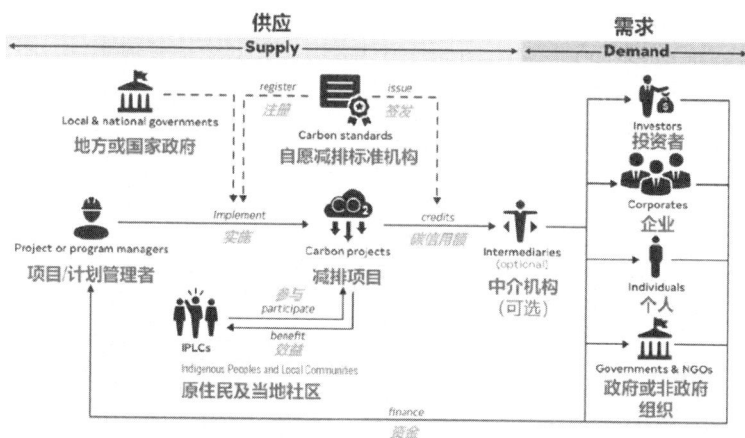

图 12.1　国际自愿减排市场的供需结构

　　相较于由政府法律法规确立的强制碳市场，自愿碳市场更加强调参与者的道德自觉和社会责任感的内在驱动力。国际能源署的相关研究强调，像欧盟排放交易体系这样的强制碳市场设定了明确且刚性的排放上限，并通过配额分配机制来约束排放行为；而自愿碳市场则给予了参与者更大程度的选择自由，他们可以根据自身的环保战略和承诺自愿购买并注销经核实的碳减排量，表现出更加灵活和个性化的减排路径。两者在减排目标设置及其背后的市场激励机制上虽有所差异，却在实践中形成了互补关系。举例来说，在满足国家或地区法律规定的强制碳排放配额之外，一些企业会选择进一步涉足自愿碳市场，主动购买额外的碳信用额度，这不仅彰显了它们在法定要求之上所追求的更为宏大的减排目标，也凸显了对企业社会责任的深刻理解和实践。如此一来，企业不仅能够切实履行环境保护的法定职责，还能够在品牌塑造和社会信任构建层面取得积极成效，从而实现经济、环境与社会效益的和谐统一。

二、自愿碳市场的发展历程与现状

中国的国家核证自愿减排量机制，作为自愿碳市场体系的关键一环，在全球碳市场版图中的地位举足轻重。自创立以来，国家核证自愿减排量机制的设计理念与实践模型与国际自愿碳市场，特别是联合国清洁发展机制项目紧密相连，致力于通过市场机制的力量调动社会各界投资减排项目，从而有力地促进可持续发展目标的实现。

2012 年，中国着手规划并建立国家核证自愿减排量市场，巧妙借鉴国际自愿碳市场的先进经验，并紧密结合国情实际，于 2013 年正式启动了这一市场。初期阶段，中国 CCER 市场蓬勃发展，涵盖了诸如风能、太阳能、生物质能等各种可再生能源项目，以及涵盖能源效率提升、造林、再造林等诸多领域的减排项目。这些项目的减排量在获得国家认证后，既可用于满足企业在本国强制碳市场中的减排责任要求，也允许用于自愿减排目的。然而，2017 年，鉴于国内外碳市场环境的变化及其对市场供需平衡、项目品质管理等方面的关注加深，国家发展改革委果断采取措施，暂停了新增 CCER 项目的审批，标志着中国 CCER 市场进入一个深度调整与积累经验的阶段。

截至 2023 年，在全球气候治理压力与日俱增的情境下，特别是在中国明确提出"碳达峰、碳中和"的国家战略目标背景下，中华人民共和国生态环境部（以下简称生态环境部）即时重启了 CCER 项目的审批流程，并配套颁布了《温室气体自愿减排交易管理办法（试行）》等一系列政策性文件，为 CCER 市场的规范化运营提供了强有力的政策和制度支撑。这一系列连续且积极的政策措施，昭示着中国正全力推动自愿碳市场与强制碳市场的协同互动，以一种更为综合、全面的方式来激活全社会的减排积极性和行动力。2023 年 10 月 19 日，生态环境部正式对外公布了《温室气体自愿减排交易管理办法（试行）》，明确提出我国将组建统一的全国温室气体自愿减排交易机构及交易平台，为 CCER 交易构建集约化、高效率的交易与结算服务体系。为进一步细化并完善 CCER 市场的运营细则和规则体系，生态环境部在 2023 年 10 月 24 日又发布了涵盖造林碳汇、并网太阳能热发电、并网海上风电以及红树林修复再造等四大类减排项目的方法学指南。这些指南作为自愿减排项目审批、执行、减排量计量与核实的基石性指导原则，为经历了一段蛰伏与重塑期的中国 CCER 市场铺设了一条迈向全面恢复、繁荣发展的轨道。2024 年 1 月 22 日，全国温室气体自愿减排交易市场 CCER 时隔 7 年重启运营。CCER 市场的建设和运维是一项长期、系统的工程，需要政府部门与市场参与主体的紧密合作与积极互动，共同推动市场制度的持续完善、交易活动的规范展开、各个环节流程的优化改进，从而确保市场重启后的稳定、有序运行。

三、自愿碳市场的贡献与挑战

自愿碳市场在全球气候变化治理领域扮演着至关重要的角色，其影响力日益显著。世界银行 2021 年报告指出，自愿碳市场在逐年实现碳减排目标上发挥了积极作用，其促成的年度减排量持续攀升，有力地推动了全球绿色金融体系的发展，并激发了科技创新活力，特别是在资助发展中国家的减排项目方面成绩斐然。例如，美国气候行动储备（ACR）这一自愿碳市场机制，成功为众多小型、分散式的减排项目开辟了融资途径，进而加快了可再生能源技术与节能技术的广泛应用和推广步伐。自愿碳市场在取得诸多成就的同时，也面临着一系列挑战。随着清洁能源技术的进步和新能源成本大幅降低，自愿碳市场的碳信用价格承受了不小的压力，这可能会削弱市场对投资者的吸引力。同时，市场需求的波动性、政策环境的不稳定性，特别是如何有效保证碳信用的真实性、额外性以及避免重复计算等问题，都是当前自愿碳市场亟待解决的关键挑战。为了应对这些挑战，全球各国政府和国际组织正在积极调整并完善自愿碳市场的运行规则和制度框架。以美国为例，最新发布的《美国绿色关税提案》倡议企业通过购买经过严格认证的高质量自愿碳信用，以此作为抵消部分关税的方式，这一举措无疑为自愿碳市场注入了新的生机和发展动力。

　　未来，自愿碳市场蕴含着巨大的发展潜力。Bloomberg 的一项预测显示，至 2030 年，全球自愿碳市场规模有望达到 500 亿美元的高度。在全球气候雄心不断升级以及联合国可持续发展目标全面实施的背景下，自愿碳市场将在推动全球经济绿色复苏、激励绿色技术的投资与应用、助力社区可持续发展以及保护生物多样性等多个层面产生更加深远的影响。同时，中国近期发布的《关于进一步推进生活垃圾分类工作的若干意见》等相关政策，明确鼓励企业通过参与自愿碳市场，对垃圾分类及处理项目产生的减排效果进行量化和交易。这表明自愿碳市场在中国乃至全球其他地区将收获更多来自政策层面的支持与市场机遇，从而进一步拓宽其发展空间和深化其在应对全球气候变化中的战略作用。

第五节　碳交易市场的创新与实践

　　全国性碳交易市场的建立，实质上是在国家层面上构建了一种将环境外部性内在化的市场机制，为碳排放的经济成本提供了一个明确的价格标签，从而开启了碳排放定价的新纪元。在这一市场机制的发展和演进过程中，我国碳交易市场的创新实践可以归纳为三个重要方面：碳交易产品的创新设计、碳交易技术的前沿探索以及实际运作中涌现出来的创新案例。

一、碳交易产品的创新

　　碳金融交易产品在当今全球金融市场中占据着关键地位，其快速发展与全球应对气候变化、实现低碳经济转型的目标紧密相连。随着各国对碳排放管控力度的加强，以及《巴黎协定》等国际协议对碳中和承诺的推动，碳金融交易市场获得了前所未有的繁荣与发展局面。在国内，中国碳金融市场经历了由试点到全国统一市场的过渡，碳金融产品种类日渐增多，形式日趋多元。自深圳市率先开启碳排放权交易市场后，全国碳排放权交易体系建设稳步推进，涵盖了电力、钢铁、化工等多个重点排放行业。商业银行和其他金融机构积极响应国家绿色发展战略，纷纷推出各种碳金融创新产品，如碳排放权质押融资、碳保险、碳基金以及碳资产证券化等，为控排企业提供金融服务，助力企业转型升级，优化资源配置。国际市场上，碳金融衍生品交易活跃度不断提高，碳期货、碳期权、碳掉期等金融工具逐渐成为企业管理和对冲碳价格风险的重要手段，交易场所如洲际交易所

（ICE）、欧洲能源交易所（EEX）等为全球碳金融衍生品交易提供了广阔的平台。此外，自愿碳市场中，自愿碳减排项目产生的碳信用证书（VERs）和核证减排量（CERs）同样受到追捧，成为碳金融产品的重要组成部分，促进了跨国碳交易和可持续发展项目的投资。绿色债券市场也取得了显著进展，碳挂钩债券的发行量和市场规模不断扩大，这些债券的收益与其所支持项目实现的碳减排量直接关联，为投资者提供了一个既能获取经济效益又能支持环保事业的投资渠道。同时，碳积分交易机制也在某些特定行业内，尤其是汽车制造业，成为企业间碳排放权分配和交易的新形式。具体来看，碳交易产品的创新包括以下几个方面。

第一，碳金融衍生品创新。碳交易产品的创新前沿已深度拓展至碳金融衍生品的设计、研发与交易环节，旨在全方位满足不同市场主体针对碳资产的风险管理和投资需求。随着碳市场的复杂化和多元化，诸如碳期货、碳期权、碳掉期等一系列高级金融衍生工具应运而生。这类产品不仅能够帮助企业提前锁定未来的碳成本，有效缓解因市场价格波动带来的潜在风险，还极大地丰富了投资者的投资组合选项，提供更为灵活且多样的碳资产管理手段。欧洲能源交易所和洲际交易所推出的碳排放权期货合约便是此类创新实践的成功案例，它们为全球碳市场参与者提供了强有力的避险工具和风险管理解决方案。

第二，碳积分与碳抵消机制创新。碳积分和碳抵消制度的创新在碳交易体系中占有不容忽视的地位，并在各个行业中逐渐展现出其关键作用和广泛应用潜力。以电动汽车产业为例，碳积分作为一种创新型的碳交易工具，已经在全球范围内引发了广泛关注和积极参与。具体而言，电动汽车制造商通过向传统燃油汽车制造商转让碳积分，实现了碳排放权在行业间的转移和优化配置，助力后者抵补其在生产过程中的碳排放量，从而在整体上达到既定的减排目标。中国新能源汽车积分管理制度便是这一创新机制在实践层面的成功典范，它巧妙地运用市场化手段，促进了汽车产业向绿色低碳转型。与此同时，自愿碳抵消市场也呈现强劲的增长势头和广阔的发展前景。无论是企业还是个人消费者，均可通过购买由独立第三方权威机构严格核证的碳减排项目所产生的碳信用额度，以此来抵消其在日常活动中不可避免产生的碳排放。这种方式的实施，不仅有力推动了全球范围内的碳减排行动，强化了全社会的环保意识，还有效地引导和汇集了社会资本，为各类可持续发展项目提供了必要的资金支持，进一步催化了绿色经济的发展和生态建设的进程。

第三，绿色债券与零碳金融产品创新。碳交易市场与绿色金融的深度融合，催化了一系列碳挂钩金融产品的诞生与发展。其中，绿色债券、碳收益债券等新型金融产品，已成为推动绿色投融资新浪潮的核心载体。这些产品通过定向筹集资金，专门投入到诸如清洁能源、能源效率提升、碳捕获与存储技术开发等低碳、零碳项目中，其投资回报与碳市场的表现息息相关，从而在资本市场上构建了一座桥梁，实现了资本市场资金流与实体经济减排活动之间的紧密联动和高效转化。比如，一些金融机构开始发行与碳价格指数挂钩的结构性存款或理财产品，使得广大普通投资者也有机会通过投资行为间接参与碳市场交易中，共同为应对全球气候变化贡献力量。这一系列创新举措不仅极大地拓宽了绿色金融的应用边界，也为全球低碳转型提供了强大的金融驱动力。

二、技术创新与碳市场

近些年来，区块链技术和人工智能技术的发展为碳市场的建设提供了技术动力。区块链技术以其特有的分布式账本架构、无可比拟的数据透明度和近乎坚不可摧的数据不可篡改性，深刻重塑了碳交易市场的运作模式和监管格局。在碳交易生态系统中，区块链技术犹如一把钥匙，解锁了信任难题，确保了每一条碳交易记录都能够被完整、公正且不可逆地记录下来，极大地提升了市场的整体透明度和监管效能。区块链技术赋能碳交易的核心在于它能构建一个公开透明、安全高效的交易环境。比如，瑞典能源巨头 Vattenfall 与 IOTA 基金会的合作案例就充分展示了这一点。两家公司在 2021 年联手，利用先进的区块链技术搭建了一个全方位的碳足迹追踪系统，该系统能够无缝连接能源生产的源头直至终端消费，实现全过程的碳排放数据实时记录与精准追溯。如此一来，碳排放的所有环节都能得到有效监控，极大地增强了碳市场的诚信度和交易流程的执行效率，为实现全球碳中和目标奠定了坚实的技术基础。

人工智能在碳交易市场的广泛应用正在重塑该领域的决策科学性和市场效率。第一，在碳排放预测方面，AI 通过处理和分析跨行业的大规模实时数据，采用机器学习模型准确预估未来的碳排放走势，为政策制定者提供了严谨的决策依据，同时也利于市场参与者有效优化碳资产配置策略，减少投资风险。部分碳交易平台运用机器学习技术实时预测碳价，赋予投资者宝贵的市场洞见和实时决策支持。第二，人工智能助力碳价格发现，基于深度学习和神经网络方法，实时模拟市场供需状况、政策调整等多种因素动态影响下的碳价变动情况，使得碳交易平台及投资者能基于科学的预测进行交易操作。第三，在碳资产管理上，AI 技术可精细化跟踪企业碳足迹，发掘潜在的减排领域，并提出最优减排策略，同时借助智能合约手段实现碳排放权的全生命周期自动化管理，显著提升市场运作效能。第四，AI 也扮演了风险预警的重要角色，通过对历史及实时数据的深度挖掘，能够迅速识别碳市场中的异常现象和潜在风险，如市场操纵、政策冲击等引起的碳价波动，及时发出预警，为管理者进行风险调控提供帮助，从而保障市场的平稳运行。第五，人工智能还可应用于碳信用的验证与审计环节，在自愿碳市场中，结合物联网（IoT）、卫星遥感等技术获取数据并使用 AI 算法验证碳减排项目的真实有效性，保证碳信用质量，维护市场诚信体系。

三、创新实践案例与启示

全球碳交易市场的构建与发展正处于空前活跃的阶段且其深度与广度正在逐步拓展。世界各国正积极布局和推进各种形式和规模的碳交易机制，以求在应对气候变化的框架下实现可持续发展目标。在碳交易市场发展的过程中，碳交易所的设计和运行也在不断创新。

（一）国内案例——北京绿色交易所

北京绿色交易所作为中国最早成立的环境权益交易平台，自成立以来，始终站在中国碳交易市场的前沿，积极推动碳市场建设和创新。在提供传统的碳配额现货交易服务的基础上，北京绿色交易所积极探索和研发碳金融衍生品，创新设计了一系列碳金融产品，其中包括但不限于碳期货、碳期权等新型金融工具。这些金融工具的引入，使得市场参与者可以根据自身的碳排放状况和对未来碳价格的预期，采取相应的套期保值或者投机交易策略，大大丰富了碳资产管理的手段，有效降低了企业因碳价波动带来的经营风险。2021 年，北京绿色交易所推出了开创性的"碳中和绿色信托"产品，这是国内首次尝试将碳资产纳入信托产品的范畴。这款产品实质上是一种以实现碳中和为目标的投资载体，通过集合社会各方资源，将资金投入到符合碳减排标准的绿色项目中，投资者购买信托份额就意味着持有对应的碳资产权益，从而间接参与碳减排活动中。这种模式不仅能吸引更多的社会资本投入低碳产业，加速推动经济社会的绿色转型，也为市场提供了一种全新的、具有广阔前景的碳减排解决方案。

（二）国际案例——新加坡全球碳交易平台（Climate Impact X，简称为 CIX）

新加坡全球碳交易平台是全球碳交易领域中一个真实存在且富有创新性的例子。这一全球碳交易平台由新加坡交易所（Singapore Exchange，简称为 SGX）、星展银行集团（DBS Bank）、淡马锡控股（Temasek Holdings）以及渣打银行（Standard Chartered）四大巨头携手创立，自成立以来，即以其尖端的技术架构和严格的品质把控，迅速引起了业界的广泛关注与赞誉。CIX 的核心任务是衔接全球公司和机构投资者，通过规范化的交易协议，为跨国企业和投资团体提供大量且经过验证的高品质碳信用。与此同时，针对不同的市场需求，CIX 也充分考虑到了中小企业的参与，特别是在自然气候解决方案

（Nature-based Solutions）项目领域。此类项目通常聚焦于森林保护、湿地修复、红树林重建等生态系统的维护工作，使得中小企业可以直接从特定的自然气候解决方案项目采购优质的碳信用，从而拓宽自愿性碳市场的参与面，助力企业实现各自的可持续发展目标。自然气候解决方案项目因其兼具成本效益和生态效益的特点备受青睐，它们不仅能有效地吸收和储存碳排放，还能够在保护生物多样性的同时，创造经济效益，惠及当地社区。亚洲地区拥有庞大的潜在供应能力，占据了全球自然气候解决方案资源的三分之一以上，成为全球最大的自然气候解决方案供应源之一。在此背景下，CIX 在其先进的交易平台上汇聚了世界各地的一系列高标准自然气候解决方案项目的碳信用产品。为了增强市场透明度和投资者信心，CIX 还积极推进与全球公认的评级机构合作，确保每一个上线平台的自然气候解决方案项目都能够获得独立、公正的评估与评级，从而打造出一个既高效又可信的全球碳信用交易环境。

第六节　中国碳市场支持碳中和路径

中共中央、国务院于 2020 年擘画出中国碳排放治理的宏伟蓝图，提出了到 2030 年前实现碳排放达峰，至 2060 年前达成碳中和的战略目标，这一顶层设计理念为我国碳市场的建构和发展指明了确切的方向。据此战略导向，我国政府接续推出一系列政策纲要和法规文件，如《中共中央 国务院关于完整准确全面贯彻新发展理念做好碳达峰碳中和工作的意见》《碳排放权交易管理办法（试行）》等，构成了碳市场建设的法制基石和政策架构。这些政策深度涵盖了配额分配原则、市场交易规则以及监管机制等方面，构筑了一个系统的碳市场制度体系，旨在有效引导与调控我国经济社会步入绿色低碳发展轨道。

一、政策支持与驱动作用

在中国实现碳中和目标的进程中，政策导向和支持机制在推动碳市场发展上发挥着至关重要的核心作用。在碳交易市场的整体运营中，政府从配额分配、市场机制构建及金融政策扶持三大维度展开深入干预和推动工作。在配额分配层面，政府采取了科学严谨的计算方法，如基准线法与历史强度递减法等，力求根据不同行业特征和企业实际情况来合理设定碳排放的上限阈值。这一制度设计的根本目的是通过精确设定排放天花板，鞭策企业主动寻求技术创新、优化能源结构、改进生产工艺，从而实现碳排放的有效减少和资源利用效率的最大提升。政府部门持续监督并适时修订配额分配方案，确保配额设定既能体现当下的环境和社会现实，又能切实有效地指导企业落实减排举措。在市场机制构建方面，中国政府全力推动建设统一的全国碳排放权交易市场，并逐步引入拍卖机制，以期孕育出灵活且客观的碳价发现机制，深化碳市场的金融属性内涵。碳市场作为市场经济体制下的产物，其所形成的市场价格信号能够精准引导企业做出符合低碳要求的生产决策，有效约束过度碳排放行为，并激励企业增加投入，采用先进减排技术，投资绿色发展项目，成为撬动碳排放量调控、引领经济社会步入低碳转型轨道的关键战略工具。在金融政策支持方面，中国人民银行、银保监会等金融监管机构积极部署并推行一系列配套政策措施，大力支持金融机构创新研发碳金融产品，例如碳排放权质押融资、碳期货交易、碳保险等多元化产品，为碳市场注入丰富的金融服务元素。同时，通过顶层政策设计，鼓励金融机构加大绿色信贷投放力度，发行绿色债券，设立专项碳投资基金等金融工具，大规模引导社会投资资本涌向低碳产业和项目，从而为碳市场的蓬勃发展提供强大的资本后盾和严密的金融安全保障网，有力助推中国碳市场迈向更高层次的发展阶段。

为了进一步激发市场活力，政府还可以推出一系列针对性的配套法规和激励措施，如对低碳技术研发、清洁能源推广、能效提升等行业给予税收优惠、财政补贴以及颁发绿色认证等奖励政策。这些举措旨在减轻企业在低碳业务领域的成本压力，提升其参与碳市场的积极性，并借由政策调控之手，优化资源配置，促进低碳技术的创新应用与广泛传播。

二、实现碳中和的具体路径与挑战

实现双碳目标是一场广泛而深刻的变革，作为世界上最大的发展中国家和制造业大国，中国长期以来将煤炭作为主要的一次能源来源，能源消耗总量庞大且能耗效率相对较低。在这种经济规模的基础上实现碳中和，无疑是一项艰巨的挑战。值得注意的是，相较于发达国家普遍经历的40—70年的碳达峰至碳中和过渡期，中国承诺在短短30年内完成这一历程，时间跨度明显紧缩。当发达国家达到碳排放峰值之际，它们大多已完成工业化进程，而中国尚处于工业化向后工业化过渡的关键阶段，这无疑增加了实现双碳目标的压力。因此，中国亟须制定一套契合本国国情与发展阶段的碳中和实施蓝图。金融体系在支持低碳乃至零碳转型的过程中扮演着至关重要的角色，构建完善的零碳金融体系是实现碳中和目标的战略基石。在这一体系中，碳市场机制的建立和完善尤为关键，它不仅是金融资源配置的重要工具，更是引导企业减排、促进绿色技术创新和促进投资的市场化平台，对于推动中国经济社会成功实现低碳转型和双碳目标具有深远的意义。

（一）实现碳中和的碳市场路径

在中国迈向碳中和宏伟目标的进程中，碳市场被视作一种不可或缺的战略途径。相比于碳税等其他减排政策手段，碳交易市场因其灵活性和高效性而成为实现碳中和的核心策略。碳交易机制通过对碳排放权的市场化分配，为各类市场主体提供了长效的经济激励机制，从而激发其内在的积极性和主动性，投身于碳减排事业。此外，这一机制还能够降低高效低碳企业的运营成本，同时通过增加低效高碳企业的外部成本，有效促使落后产能退出市场，实现产业绿色升级。在双碳目标之下，中国正在通过精细设计和稳健实施一系列战略措施，巧妙利用碳市场机制引导全社会实现低碳转型。具体途径与策略集中体现在以下几个关键领域。

第一，完善配额分配机制的精细化与市场化进程。中国正在积极构建以拍卖为核心的配额分配机制，旨在通过市场竞争的力量加强对碳排放的刚性约束。政府在制定碳排放配额时，遵循科学原则，确保配额总量能够精确体现碳排放权的内在稀缺性和环境外部性价值。随着配额总量逐年递减，企业面临的减排压力将增大，进而刺激企业主动采纳先进的低碳技术、改良生产流程，实现资源的高效利用和碳排放的深度削减。此外，政府还将根据行业发展和减排进展动态调整配额分配策略，确保政策的灵活性和适应性。

第二，优化价格发现机制以引导市场决策。中国积极推动构建活跃且有效的碳排放权交易市场，通过市场交易和竞价拍卖等多元手段，形成能够如实反映碳减排成本的真实市场价格信号。这一机制能够客观评价碳排放的社会成本，为各类市场参与者提供明确的减排经济激励，激励企业主动减少碳排放，增加研发、推广和应用低碳技术、清洁能源技术的投入。一个合理、稳定的碳价体系，能够在资源配置层面产生深远影响，引导资金流优先考虑低碳产业，加速推进能源结构的绿色转型和产业结构的升级迭代。

第三，提升市场流动性和包容性以提升市场效率。为确保碳市场的高效运行，中国鼓励多元主体参与碳交易活动，包括企业、金融机构以及个人投资者。通过扩展碳金融产品种类，如推出碳期货、碳期权、碳债券等金融衍生工具，并倡导实施灵活多样的交易策略，旨在显著提高碳市场的流动性和包容性。一个高度流动且包容性强的碳市场，不仅能够吸引更多参与者入场，还可以降低交易成本，提高碳市场的定价效率和资源配置效能。同时，完善的碳市场机制将有助于促进碳信用的跨境交易和国际合作，推动形成全球性的碳市场一体化格局，为实现全球碳中和目标做出中国贡献。

（二）实现碳中和的碳市场挑战

随着全国碳排放权交易体系的构建与完善，碳市场正以前所未有的速度发展壮大，并逐步趋向成为一个成熟且精密的金融市场组成部分。碳市场不仅是政策调控的一种工具，也是商品交易的一个重要场所，然而，从政策调控与市场运行两个维度审视，碳市场的高效运作尚面临诸多亟待解决的问题。在矢志实现碳中和宏伟目标的过程中，中国碳市场不得不正面应对并逐一克服一系列挑战。

第一，产业转型压力与政策调适。严格的碳排放约束将对部分高碳排放产业构成巨大转型压力，要求其进行深层次的结构改造和技术革新。这一过程必然伴随一定程度的经济和社会阵痛，如投资成本骤增、就业岗位流失等风险。因此，政府在制定相关政策时需兼顾环境保护与社会稳定，采取审慎而又果断的措施。这包括但不限于提供政策引导和支持，如设立专项基金、实施税收优惠政策等，以激励高排放产业积极转向低碳生产和循环经济模式，确保其在环保转型中实现平稳过渡，同时尽可能减轻转型带来的社会负面影响。

第二，市场机制建设与法制环境完善。尽管中国碳市场建设已取得一定进展，但在法制环境、监管体系以及信息披露制度等方面仍存在短板。为了确保碳市场的公平、公正、公开运作，迫切需要建立健全碳排放权交易的法律法规体系，强化市场监管，提高违法成本，严肃查处市场操纵、虚报瞒报等不良行为。此外，建立科学严谨的碳排放数据收集、核算、核查和报告机制，提升碳市场数据的准确性和透明度，是确保市场正常运行的基础性工作。

第三，减排成本分摊的公平性问题。鉴于地理区域和行业的差异，碳减排成本在不同地区和行业之间可能存在显著的不均衡分摊现象。为确保减排成本在全社会范围内更加公正、公平地分配，政府需通过灵活有效的财政政策工具进行适度干预和调节。例如，通过财政转移支付手段，对减排难度大、成本高的地区和行业给予适当的支持和补贴；同时，借助碳交易市场的机制设计优势，通过市场机制引导减排成本在不同市场主体间进行合理传导，减轻那些处于弱势地位的群体和欠发达地区的减排经济负担。这样既可以调动全社会参与减排的积极性，也能在宏观层面促进中国经济结构的优化升级和绿色低碳转型的和谐推进。

（三）中国政策层面的建议和措施

针对中国碳市场面临的挑战，政府应当在政策层面采取更为积极主动的措施，不仅要强化对落后产能淘汰的政策引导力度，也要加大对低碳技术研发和绿色基础设施建设的政策扶持和财政支持力度。具体举措可以包括制定和实施针对性的产业政策，设立专项基金以支持关键技术的研发与转化，以及通过税收优惠、低利率贷款等方式鼓励企业投资绿色低碳项目。政府主导的公共资源投入和政策倾斜，对于推动产业结构的深度优化和清洁能源替代传统化石能源的进程至关重要，旨在从根本上加速经济向绿色低碳转型的速度和拓展改革转型范围的广度。

同时，为了确保碳市场的健康有序发展，必须不断完善与碳排放权交易相关的法律法规体系，构建一套严谨、全面的碳市场法律框架，为市场参与者提供明确的行为规范和法律责任界定。同时，建立严格的市场监管体系，强化对碳市场中违法违规行为的执法力度，包括严惩市场操纵、虚假交易、信息披露不实等行为，确保市场公平竞争，维护市场秩序。此外，政府应加强碳排放数据的监测、报告与核查制度，提高碳市场的透明度和公信力，为碳市场的长期稳定发展奠定坚实的法治基础。

另外，政策设计应充分考虑地区差异、行业特征以及企业能力，通过差别化政策实现市场环境的公平化，确保不同地域、行业和企业可以在碳市场中平等地参与竞争，同时又能照顾到各自的利益诉求和实际条件。例如，可以通过财政转移支付、差别化税率等手段，为减排难度大、经济条件较弱的地区和企业提供政策支持和财务援助，减轻其在碳减排过程中的经济负担。此外，还可通过设计合理的市场准入和退出机制、补偿机制等，保障各类市场参与者在承担减排责任时的相对公平，以及携手推进碳中和目标的实现，共同促进经济社会绿色低碳可持续发展。

第七节 碳市场的挑战、展望与政策建议

一、碳市场当前挑战与应对策略

碳市场在发育与成熟过程中面临多重挑战，包括诚信体系不完善、市场公平性缺失以及流动性不足等问题。要解决这些问题，首要任务是对违规行为进行有效的监管和严肃处置，从而健全碳市场的诚信体系。这意味着强化监管机制，建立法律责任追究体系，推行信息披露透明度，抬高市场准入门槛，确保所有参与者在严密监督下规范行为。在公平性方面，政府应科学合理地设计和实施配额分配政策，充分考虑不同地区、行业间的经济发展状况、产业结构差异和减排成本，营造公平竞争的市场环境。针对流动性问题，应大力吸引多元化的市场参与者，扩大交易主体范围，丰富碳交易产品类型，如碳期货、碳期权等金融衍生品，并推行碳排放权拍卖机制，以此提高交易频次并扩大市场规模，增强碳市场的流动性。

技术更新在碳市场高效运行中起着决定性作用，尤其是关乎碳排放数据的精准度、透明度和实时性。当前，碳排放数据的 MRV 体系面临明显的技术瓶颈，由于行业间技术水平参差不齐，碳排放数据完整性、一致性及准确性受限，影响碳市场的有效运行。解决此问题需要政策制定者和市场参与者共同推动技术创新与应用。具体来说，要积极采用物联网、卫星遥感等先进技术，大幅提高碳排放活动的实时监控能力，确保数据采集全面及时。同时，通过大数据分析和人工智能技术对海量碳排放数据进行深度处理与精确核实，建立基于大数据和 AI 的碳排放估算模型，以精细化管理复杂排放源，为碳市场交易提供精确依据。此外，建立统一严谨的碳排放数据标准化体系也是关键，制定普适的碳排放核算标准和报告格式，借助现代信息技术搭建数据交换和共享平台，破除信息壁垒，提升碳市场数据质量和管理水平。

在政策协同层面，无论是全球还是国内碳市场的发展，都面临政策不一致性和缺乏协同的挑战。全球层面，各国和地区碳减排政策的差异阻碍了全球碳市场的构建与运行，需要国际社会加强合作，通过多边对话机制共同制定全球统一的碳排放核算标准、交易规则和监管框架，以实现全球碳市场的互联互通和公平有序。在国内，中央与地方政府以及不同部门间的政策协同同样重要，确保各级政策的连贯性和一致性，避免碎片化带来的困扰。实践中，可通过立法整合节能减排政策资源，优化各类政策工具，使其与碳市场机制紧密结合，形成互补关系，共同推动碳市场的健康发展。例如，制定综合性低碳法规，构建政策工具箱，确保财政、税收、金融等多种政策手段与碳市场交易规则相互配合，形成合力。同时，建立常态化的政策协同机制，促进中央与地方政府、各部门间的紧密沟通与协调，共同破解碳市场建设中的政策冲突和实施难题，这对于我国碳市场在绿色低碳转型中发挥关键作用具有重要意义。通过搭建高级别协调平台，政策制定者组织专题研讨，分享经验教训，共同研究制定符合国情、顺应市场规律的碳市场发展战略，将进一步提升我国碳市场的治理效能和运行效率，有力推动经济社会低碳转型和可持续发展。

二、未来展望与新机遇

在日益严格的全球碳排放管控态势下，随着科技创新的强劲推动力不断扩大，特别是大数据、云计算、区块链和人工智能等先进技术广泛落地应用及接受市场检验，碳市场正蓄势待发，逐步向更加规范化、多元化和国际化的新发展阶段挺进。这一发展趋势体现在以下几点。

首先，碳市场的产品创新和市场多元化将得到深化。随着全球碳市场的深度发展，预计其产品形态和种类将发生颠覆性的变化并得以扩充。碳排放权交易之外，碳期权、碳期货等金融衍生产品将逐步占据主导地位，帮助企业在碳价波动中规避风险、实现对冲，同时通过市场机制稳定碳价，提升市场流动性。此外，碳汇交易和碳抵消机制也将得到进一步发展和完善，比如，植树造林、森林保护、土壤固碳等碳汇项目产生的减排量将被纳入碳市场体系，为全球碳减排开辟新的实践路径，丰富市场交易品种。其次，参与主体的多元化与普惠化将是未来碳市场的一大特色。碳市场将不再仅限于大企业、政府和国际组织，而是逐渐开放给中小企业、非政府组织，甚至普通消费者。中小企业将有更多机会通过碳市场购买碳排放权以达成减排目标和履行法律义务；个人用户也能通过日常低碳行为累积碳积分并在碳市场上进行交易或抵扣，从而构建涵盖各类市场主体、各阶层、各规模的多元化生态系统，形成全社会共同参与、合力推动碳减排的良好格局。最后，国际化进程加速将促进全球一体化。随着全球碳市场的开放性和融合度不断提高，跨国碳交易的数量和规模预计将持续攀升。各国碳市场之间的联系将愈发紧密，国际碳信用互认机制将进一步强化，有望构建起全球统一、协调一致的碳定价体系。这一进程对于实现全球气候治理目标至关重要，将有力推动全球碳市场的深度融合，优化全球碳减排资源的配置，有助于全球气候行动的协同实施和共同进步。

而在碳市场繁荣与创新的过程中，围绕碳资产管理和交易将涌现众多新型商业模式，带来丰富的商业潜力和投资机遇。碳资产管理与专业服务产业链将应运而生，这类机构为企业提供碳资产识别、量化评估、交易策略设计及风险管理的全套解决方案，帮助企业在面对日益严格的碳约束时，更好地理解并掌握碳资产，最大限度地挖掘碳资产价值，实现经济效益和社会效益双丰收。碳咨询服务业态也将不断创新与深化，提供包括碳排放数据实时监测、碳足迹精准核算、个性化减排策略咨询在内的综合服务，使企业全面把握自身碳排放状况，科学规划和依照路线图执行减排，在应对气候变化挑战的同时，抓住市场竞争优势。此外，碳市场将在全球绿色投资浪潮中扮演重要角色，成为绿色投资的重要集散地和催化剂。投资者通过参与碳市场交易，将资本引向清洁能源、能源效率提升、碳捕获与封存等低碳技术与项目，有力推动全球绿色经济的高速发展。随着 ESG 投资理念的普及与落地，碳市场将成为投资者践行绿色投资、履行社会责任的独特平台，成为引导资本流向低碳经济、推动全球气候治理行动升级的关键通道。在此过程中，投资者不仅能为对抗气候变化贡献力量，还能以此获得长期、稳定的经济效益。

三、推动碳市场快速发展的政策建议与策略布局

第一，加强法律法规体系的构建和完善。为了保障碳市场的健康发展和有序运行，构建一套健全、完整的碳排放权交易法律法规体系至关重要。首先，国家应积极启动碳排放权交易基本法的制定与完善工作，明确规定碳市场的运行机制、碳排放配额的分配原则、碳信用的产生、交易、监管等核心内容，为市场参与者提供明确的法律依据。其次，细化各个行业和领域的碳排放标准和核算方法，确保碳排放数据的精确性和可信度。最后，通过严格的法律条款规范市场参与者的行为，明确其在碳市场中的权利和义务，强化对违法违规行为的处罚力度，为碳市场的稳定运行构筑坚实的法治屏障。

第二，推动跨区域市场互联互通。为了充分发挥碳市场的资源配置效能，应着重推动跨区域乃至全球范围内的碳市场互联互通机制建设。首先，建立跨区域的碳排放权交易平台，实现碳配额和碳信用在不同市场间的互相承认和自由流通，打破地域壁垒，提高碳市场的整体效率和辐射影响力。其次，通过国际的协商与合作，努力构建统一的国际碳市场标准和规则，推动全球碳市场的整合与统一，为全球气候治理提供强大的市场支持。

第三，积极引导技术创新与应用。在政策层面，国家应大力倡导和支持碳市场相关的技术创新，特别是在区块链、大数据和人工智能

等前沿技术的融合应用方面。例如，利用区块链技术，可以实现碳信用的透明确权、高效流转和智能监管，提高碳市场的透明度和公信力；运用大数据分析技术，能够精准预测和实时监控碳排放状况，有效支持碳排放数据的精确核算和实时监测；人工智能技术则有助于优化碳价格发现机制，提升碳市场交易的效率和精准性。

第四，大力培育市场主体能力建设。强化市场主体能力建设是推动碳市场发展的关键环节。政府应通过举办各类培训课程、研讨会和论坛等形式，提升企业、金融机构以及政府部门在碳交易领域的专业素养和实战技能，确保其深入理解和熟练掌握碳市场的运行规则。同时，通过设立多样化的激励机制，如运用税收优惠、财政补贴等政策工具，鼓励市场主体积极参与碳市场交易和碳减排项目，培养一批具备国际竞争力的专业碳资产管理公司和碳咨询服务提供商。

第五，深入推进国际合作与开放市场。在全球视野下，应积极推动碳市场的开放合作，倡导构建公正、透明、高效的全球碳市场体系。通过多边谈判和签署合作协议，消除国际贸易和投资中的碳壁垒，吸引国际投资者和企业积极参与中国碳市场。同时，逐步开放本国碳市场，引入国际竞争，激发市场活力和创新动力，促进国际碳减排资源的优化配置。通过深化国际合作，共同应对全球气候变化的重大挑战，确保全球碳排放得到有效控制，携手实现全球碳中和的长远愿景。

附 录

附表 1 相关金融的演进和发展

| 经济社会发展对金融的阶段要求 | 发展框架 | | |
	政府战略层面	市场行动层面	国际合作层面
环境金融 二十世纪六十年代工业化带来西方生态环境破坏加剧，环境保护运动兴起，要求金融支持环境保护行动并承担责任。	国家出台环境保护方案、建立生态环境治理、资金补偿等责任反应机制。	利用金融衍生品、价格和交易等市场机制解决环境问题。	1972年《联合国人类环境会议宣言》，首次提出"筹集资金来维护和改善环境"。
可持续金融 二十世纪八十年代、九十年代，联合国提出可持续发展理念，要求金融予以重点支持。金融也要服务可持续发展目标框架下的长期融资需求。	主要经济体率先开始构建可持续金融国家战略体系。如欧盟2018年发布的《可持续增长融资行动计划》，2021年发布的《可持续经济转型融资战略》。	在金融分类、信息披露、评级标准制定等领域细化行动准则，如欧盟2019年发布的《可持续金融分类方案》。	1997年联合国环境署修订《金融机构关于可持续环境和可持续发展的声明》；2015年联合国提出17条可持续发展目标。
气候金融 应对气候变化，对金融参与提出特别要求。2015年《巴黎协议》在气候融资方面取得重大进展，强调发达国家对发展中国家的金融支持。	各国出台气候变化法案，成立气候变化管理部门，发展低碳经济战略。如英国2008年提出首个《气候变化法案》，欧盟2021年提出《欧洲气候法》。	发展温室气体排放权交易制度；金融稳定委员会成立气候相关财务信息披露工作组；气候债券倡议组织《气候债券标准》。	以《联合国气候变化框架公约》《京都议定书》《巴黎协定》为主导；2019年成立财政部长气候行动联盟，2022年成立长气候联盟。

续表

经济社会发展对金融的阶段要求	发展框架		
	政府战略层面	市场行动层面	国际合作层面
碳金融 气候融资面临发达国家与发展中国家合作的困境，融资模式需从集中化向分散化过度，融资主体多样化。以碳排放权交易为核心的市场化碳金融模式应运而生。	西方国家立法制定碳金融政策，在欧盟2000年《气候变化计划方案》、英国2008年《气候变化法案》、美国《2009年复苏与再投资法案》中都提出了建立碳交易体系。	碳金融市场主要机制有强制性的欧盟排放交易体系、自愿减排美国芝加哥气候交易所和英国排放交易体系。碳金融衍生品不断丰富。	以《京都议定书》的三大市场机制为基础，壮大碳市场内在要求各地碳市场的跨域跨境连接。国际合作平台如2007年成立的国际碳定价合作联盟。
绿色金融 2015年签署《巴黎协议》后，国际社会广泛重视环境可持续发展，强调利用投融资金融活动产生环境效益，将资金投向绿色行业和绿色项目以改善绿色生态，并且支持环境可持续发展。	各国出台绿色金融国家战略。如中国的《关于构建绿色金融体系的指导意见》、英国的《绿色金融战略》、美国的《绿色金融战略》和欧盟的《欧洲绿色新政》和绿色金融协议。	国际金融机构联合建立绿色金融原则和标准，如赤道原则、绿色债券原则和标准；绿色金融市场不断发展；成立绿色金融机构，如英国绿色投资银行。	政府和民间广泛开展绿色金融国际合作。如2016年成立G20绿色金融研究组，2017年组建央行与监管机构绿色金融网络，2018年中英联合发布《"一带一路"绿色投资原则》。
转型金融 2019年以来国际社会逐渐意识到需要填补朴绿色金融对标色产业的低碳转型支持不足的缺口。	多国制定转型金融相关指导文件。如欧盟于2021年《可持续金融战略》将转型金融作为重要内容之一。日本于2021年发布了《气候转型融资基本指南》。	市场组织和机构设定转型金融活动标准，如CBI的《为可信的绿色转型融资》白皮书、国际资本市场协会的《气候转型型融资手册》。	OECD、G20等国际组织分别提出转型金融统一指引和框架，以促进各国转型型融资的国际合作。

续表

		发展框架		
	经济社会发展对金融的阶段要求	政府战略层面	市场行动层面	国际合作层面
零碳金融	2021年格拉斯哥气候峰会达成共识，金融要全面支持零碳经济转型，支持净零排放承诺，以实现巴黎协议温控目标。	欧美国家在最新战略中强调金融支持零碳经济转型。如英国绿色工业革命十点计划、美国通胀削减法案。	全球零碳金融分类标准、信息披露制度快速推进，公私资本结合模式、零碳金融市场融资机制和工具不断创新，如混合融资、零碳不动产投资信托（Real Estate Investment Trusts, REITs）等。	2019年联合国气候行动峰会提出"奔向净零"竞赛（Race to Zero）。2021年格拉斯哥零碳金融联盟成立。政府部门和民间机构的全球性、区域性或行业性联盟倡议快速发展。

附表 2　零碳金融全球公私合作联盟

组织类型	名称	发起方	成立年份	联盟目标	成员数量	涉及资产（万亿美元）
联合国倡导或支持	联合国"奔向零碳"全球运动（RZZ）	联合国及相关机构	2020	动员城市、区域、投资者和企业组成联盟，依照《巴黎协定》的框架，采取透明的短期行动计划，制定强有力的短期目标，在各个领域迅速合理地减少碳排放。	12 874	—
	联合国可持续保险原则（PSI）		2012	推动可持续保险思维和实践，为保险业提供应对环境、社会和公司治理（ESG）风险与机遇的实践框架。	147	15
	联合国负责任银行原则（PRB）		2019	通过将一致性、影响、客户、利益相关方、公司治理、透明与责任等六条基本原则嵌入银行的业务领域，帮助银行业应对和推动经济可持续发展并从中受益。	324	89.4
	联合国责任投资原则（PRI）		2016	推动机构了解可持续性对投资者的影响，并推动此将相关因素纳入投资决策中实践。	4 000+	121.3
	联合国可持续证券交易所倡议（UN SSE）		2009	增强交易所同业、各类市场主体间的交流和合作，推广交易所在支持可持续发展方面的最佳实践。	132	127.1
政府公共部门	财政部长气候行动联盟（赫尔辛基原则）（CFMCA Helsinki Principles）	智利、芬兰等26国政府部门	2019	促进财政部长之间共享经验与方法，通过宏观经济和财政政策、公共财政管理以及适用的金融监管，帮助加速向低碳和气候适应型经济过渡的公正过渡。	80	占全球 GDP 的 60%

续表

组织类型	名称	发起方	成立年份	联盟目标	成员数量	涉及资产（万亿美元）
	央行与监管机构绿色金融网（NGFS）	中、荷、法、英等8国央行	2017	促进金融部门气候与环境相关的风险管理的发展，动员主流资金支持向可持续经济过渡。	125	—
	贸易部长气候联盟（CTMC）	欧盟与多国	2022	推动贸易部长间在应对气候变化的合作，以及促进在气候、贸易和可持续发展关系方面的包容性国际合作，四项原则包含容性、领导力和透明度。	30	—
政府公共部门	可持续金融国际平台（IPSF）	欧盟及多国	2019	目标是增加投资于环境可持续投资的私人资本数量，帮助投资者识别和掌握有助于气候和环境目标的可持续投资机会。	19	—
	国际发展金融俱乐部（IDFC）	IMF和世界银行	2011	为国际合作提供实践案例，通过建立全球网络推动开发银行在调解资源、提供专业知识以促进与可持续性合作方面发挥更大的作用。	27	4
	国际发展金融俱乐部（IDFC）和多边开发银行集团（MDB）联合声明	IDFC和多边开发银行	2017	主要引导资金支持低碳和气候适应型可持续发展的经济转型，在制度、方法、框架、追踪方面构建共同框架。	—	—
	全球公共开发银行（PDB）联合声明	各国公共开发银行	2020	内容涵盖具体路线图，时间表和流程，承诺适当负责任地实践，并促进国际合作，分享最佳实践，提高其融资的可持续性和质量。	522	23

续表

组织类型	名称	发起方	成立年份	联盟目标	成员数量	涉及资产（万亿美元）
非政府及私营机构 格拉斯哥净零金融联盟（GFANZ）	净零资产管理人联盟（NZAM）			签署方须遵守十点承诺，并在第一年内设定一个临时目标，到2050年管理的资产中比例与全球减排的份额一致，内容须有与其目标和承诺相一致的管理战略；分享制定目标使用的方法；优先考虑实体经济减排，根据目标增加对气候解决方案的投资；创建符合净零排放的投资产品。	301	66
	净零资产所有者联盟（NZAOA）	英美联合	2015	承诺到2050年将其投资组合转变为净零温室气体排放，2022年计划将进一步提高目标雄心。制定了五项原则清单确保碳价格政策工具的实施。	77	10.8
	净零银行联盟（NZBA）			联盟成员占全球银行资产的40%，成员银行承诺到2050年实现温室气体净零排放，以及加速投资活动的脱碳。	129	74
	净零金融服务提供商联盟（NZFSPA）			承诺成员调整所有相关产品和服务，以最迟在2050年实现温室气体净零排放，并在加入后的12个月内为符合《巴黎协定》意义的中期目标，还设定基于科学的2025年目标，并根据将全球温度上升限制在1.5℃内来减少运营排放。	23	—

续表

组织类型	名称	发起方	成立年份	联盟目标	成员数量	涉及资产（万亿美元）
格拉斯哥净零金融联盟（GFANZ）	净零保险业联盟（NZIA）	英美联合	2015	承诺成员到 2050 年将其承保险与再保险的承保组合转型为净零气体排放，并与《巴黎协定》的限制型温度增长在 1.5℃内一致。其中 42% 的 NZIA 成员是 NZIA 和 NZAOA 的成员，因此已经承诺设设临时目标（使用 NZAOA 目标设定协议）。	29	0.7
	净零投资顾问倡议（NZICI）			承诺在两年内将有关净零零调整的建议纳入投资咨询服务，并帮助客户优先考虑实体经济减排来支持全球经济脱碳。	10	1.3
非政府及私营机构	气候变化机构投资者组织（IIGCC）	欧盟成员国	2019	使投资者能够将其投资组合和活动与《巴黎协定》的目标保持一致，监督资产所有者的披露和报告与巴黎协议对齐，确定和开发实用的方法和途径，实现零碳投资框架促进履行承诺。	400+	60 万亿欧元
	巴黎联盟所有资产所有者倡议（PAAO）		2019	以符合其受托义务的方式兑现净零承诺，在 2050 年或之前实现投资组合温室气体净零排放，签署方已设定 2025 年—2030 年的中期目标。	57	3.3
	气候相关财务信息披露工作组（TCFD）	G20 下金融稳定委员会（FSB）	2015	通过包含治理、战略、风险管理和目标这四个领域的披露框架帮助金融机构评估企业在收入、成本支出、资产、负债等方面可能受到的影响。	31+4 000	27

续表

组织类型	名称	发起方	成立年份	联盟目标	成员数量	涉及资产（万亿美元）
	国际可持续标准委员会（ISSB）	国际财务报告准则基金会（IFRS）	2021	国际独立的标准制定机构，由国际财务报告准则基金会（IFRS）发起组建，旨在制定与国际财务报告准则相协同的可持续发展报告准则。	—	—
非政府及私营机构	自然相关财务披露工作组（TNFD）	英国、法国、荷兰、瑞士等全球75个公私单位	2020	旨在将自然融入金融和商业决策，并引导全球资金流向自然。TNFD综合了风险管理和应对不断变化的自然相关风险，以便组织报告和应对不断变化的自然相关风险。	—	—
	科学碳目标（SBTi）	联合国和世界资源研究所等	2017	为企业提供基于气候科学的减排指导框架，确保企业所设定的目标与《巴黎协定》中控制全球温升幅度小于2.0℃的目标一致。	4 145	—
	碳核算金融联盟（PCAF）	14家荷兰金融机构	2015	旨在通过温室气体核算协调金融机构衡量和披露贷款与投资相关温室气体排放，最终帮助其实现《巴黎协议》2050年净零排放目标。PCAF于2018年扩展至北美，2019年成为全球性组织。	404	92

续表

组织类型	名称	发起方	成立年份	联盟目标	成员数量	涉及资产（万亿美元）
	气候行动100+（CA100+）	法国	2017	确保全球温室气体排放量最大的企业采取关键行动，与《巴黎协定》目标一致。	700	68
非政府及私营机构	国际碳行动伙伴组织（ICAP）	15个国家和地区的政府领导人	2007	旨在促进全球应对气候变化和相关外交政策方面的合作，为各地政府分享碳市场的实践经验和最新知识提供平台，以推进碳市场之间的协调和未来的连接，包括MRV、配额分配、覆盖范围等要素。	34+7	—
	巴黎联盟所有资产倡议者倡议（PAAO）投资者议程（IA）	国际投资机构	2020	通过三种方式进行推动。投资者气候行动计划：制定框架并收集有关投资者的预期。政策倡导：推动针对气候危机的政策行动，并吸引更大的气候投资者行动。战略沟通：建立和规范投资者环境行动计划，并管理投资者的期望。	602	42
	CDP全球环境信息研究中心（原名碳信息披露项目）（CDP）	全球多国政府与慈善基金	2000	通过衡量环境影响并运行全球环境披露系统，支持公司、城市、州和地区衡量和管理在气候变化、水安全和森林砍伐方面的风险和机遇，建设可持续经济。	740	130

范式变更：零碳金融的长潮与大浪

续表

组织类型	名称	发起方	成立年份	联盟目标	成员数量	涉及资产（万亿美元）
	金融机构波塞冬原则（Poseidon Principles for FI）	全球航运银行、行业领先企业、全球海事论坛、研究院所等	2019	首个针对船舶融资的行业气候协调框架，目标是将国际海事组织的气候变化政策纳入船舶融资决策过程。	30	0.2
非政府及私营机构	巴黎联盟资产所有者倡议（PAAO）海上保险波塞冬原则（PPMI）	瑞士再保险公司、行业领先企业、全球海事论坛等	2021	参与方每年报告其业务组合与气候目标的一致性情况，对标国际海事组织的《初步温室气体战略》和《巴黎协定》的目标。	20	—
	全球商业气候联盟（WMB）	国际非营利组织	2014	联盟通过能源、运输、自然气候解决方案，推动政策和企业到2030年实现排放量减半，加速向净零经济过渡。	7+25	—

数据来源：各官方网站，更新至 2023 年 6 月。

参考文献

第一章

［1］陈雨露.工业革命、金融革命与系统性风险治理［J］.金融研究，2021（1）：1-12.

［2］朱民，STERN N，STIGLITZ J E，等.拥抱绿色发展新范式：中国碳中和政策框架研究［J］.世界经济，2023（3）：3-30.

［3］朱民，2022a. 范式变更：碳中和的长潮和大浪（"未来已来——全球领袖论天下"系列讲座之一）［Z］.北京：清华大学五道口金融学院.

［4］朱民，2022b."构建中国零碳金融——践行中国特色金融发展之路"演讲［Z］.北京：清华五道口全球金融论坛.

［5］博迪 Z，莫顿 R. 金融学［M］.北京：中国人民大学出版社，2006.

［6］LEVINE R.Bank-based or market-based financial system: which is better? ［J］. Journal of Financial Intermediation, 2002, 11: 398-428.

［7］STIGLITZ J E, GREENWALD B.Toward a new paradigm in monetary economics ［M］. Cambridge:Cambridge University Press, 2002.

［8］GURLEY J, SHAW E. Financial structure and economic

development［J］. Economic Development and Cultural Change, 1967, 15(1): 257–268.

［9］WHITE M A.Environmental finance:value and risk in an age of ecology［J］. Business Strategy and the Environment, 1996, 5:198–206.

［10］JEUCKEN M.Sustainable finance and banking: the financial sector and the future of the planet［M］. London: Routledge, 2001.

［11］GIGLIO S, KELLY B, STROEBEL J.Climate finance［EB/OL］. (2020–01–01)［2024–03–01］. https://www.nber.org/papers/w28226.

［12］DEVAS H. Green finance［J］. European Energy and Environmental Law Review, 1994, 3(8): 220–222.

［13］CARNEY M.Fifty shades of green: the world needs a new, sustainable financial system to stop runaway climate change［J］. Finance & Development, 2019, 56(4).

［14］WESTON F.Developments in finance theory［J］. Financial Management, 1981.

［15］STEPHEN R.The new palgrave dictionary of economics［M］. London:Palgrave Macmillan, 2019.

［16］DENNIS B N. Climate change and financial policy: a literature review［D］. Finance and Economics Discussion Series 2022–048. Washington DC: Board of Governors of the Federal Reserve System, 2022.

［17］SANDOR R L.Good derivatives:a story of financial and environmental innovation［M］. New York:John Wiley & Sons, 2012.

［18］SANDOR R L.How I saw it: analysis and commentary on environmental finance (1999—2005)［M］.［S. L.］:World Scientific

Publishing Co. Pte. Ltd, 2017.

［19］TAO H, ZHANG S, XUE R, et al.Environmental finance:an interdisciplinary review［J］. Technological Forecasting & Social Change, 2022, 179: 121639.

［20］FRIEDMAN M. The social responsibility of business is to increase its profits［M］//Zimmerli WC, Holzinger M, Richter K. Corporate Ethics and Corporate Governance.Berlin: Springer, 2007: 173–178.

［21］UNEP–FI.UNEP statement by financial institutions on the environment & sustainable development［R］. Nairobi: UNEP, 1997.

［22］G20. Sustainable finance synthesis report［R］. Buenos Aires: G20, 2018.

［23］IMF BLOG . Connecting the dots between sustainable finance and financial stability［EB/OL］. (2019–10–10)［2023–07–09］. https://www.imf.org/en/Blogs/Articles/2019/10/10/Blog–connecting–the–dots–between–sustainable–financeand–financial–stability.

［24］UNFCCC.Introduction to climate finance［EB/OL］. (2015)［2022–11–22］. https://unfccc.int/topics/climate–finance/the–big–picture/introduction–toclimate–finance.

［25］CARTY T, COMTE A L. Climate finance shadow report 2018: assessing progress towards the $100 billion commitment［R］.［S. L.］:OXFAM, 2018.

［26］UNFCCC.Report of the Standing Committee on Finance(SCF):work on definitions of climate finance［R］.［S.

L.]:UNFCCC, 2022.

［27］G20. Green finance synthesis report［R］. Hangzhou: G20, 2016.

［28］OECD-ILIBRARY.Green finance and investment［EB/ OL］. (2021-02-06)［2023-06-02］. https://www.oecd-ilibrary.org/ environment/green-finance-and-investment_24090344.

［29］IFC, GIZ. Green finance: a bottom-up approach to track existing flows［R］. Washington, DC: IFC, 2017.

［30］OECD. Transition finance［R］. Paris: OECD, 2019.

［31］G20. Sustainable finance report［R］. Bali Island: G20, 2022.

［32］UNEP, 2022a.Adaptation gap report 2022:too little, too slow［R］. Nairobi: UNEP.

［33］UNEP, 2022b.Emissions gap report 2022:the closing window—climate crisis calls for rapid transformation of societies［R］. Nairobi:UNEP.

［34］IMF. Macro-fiscal implications of adaptation to climate change ［R］. Washington, DC: IMF, 2022.

［35］CPI, 2021a. Global landscape of climate finance 2021［R］.［S. L.]: CPI.

［36］ROBINS N. The road to net-zero finance: a report prepared by the advisory group on finance for the UK's climate change committee［R］. ［S. L.]:CCC, 2020.

［37］CARNEY M. Clean and green finance［J］. Finance & Development, 2021: 20-22.

［38］CPI, 2021b.Framework for sustainable finance integrity［R］.［S. L.］: CPI.

［39］ROBERTS R, ELKINGTON J. Innovation and transformation: what it will take to finance net zero［Z］.［S. L.］:［s. n.］, 2021.

［40］KUHN T.The structure of scientific revolution［M］. Chicago: University of Chicago Press, 1996.

［41］MEADOWS D, RANDERS J. The limits to growth: the 30-year update(1st ed)［M］. New York: Routledge, 2004.

［42］PEARCE D W, MARKANDYA A, BARBIER E B.Blueprint for a green economy［M］. London: Routledge, 1989.

［43］UNEP-FI, EIT CLIMATE-KIC.Aligning finance for the net-zero economy: new ideas from leading thinkers series［R］. Nairobi:UNEP, 2020.

［44］ROCKEFELLER FOUNDATION, BOSTON CONSULTING GROUP.What gets measured gets financed: climate finance funding flows and opportunities［R］. New York: Rockefeller Foundation, 2022.

［45］UN ENVIRONMENT PROGRAMME.Definitions and concepts—background note［R］. Nairobi: UNEP, 2016.

［46］MERTON R.On the application of the continuous-time theory of finance to financial intermediation and insurance［J］. The Geneva Papers on Risk and Insurance, 1989, 14:225-261.

第三章

［1］赵行姝.美国对全球气候资金的贡献及其影响因素——基于

对外气候援助的案例研究［J］.美国研究，2018，32（2）：68-87+7.

［2］朱民，彭道菊，2022c. 创新内含碳中和目标的结构性货币政策［J］.金融研究，504（6）：1-15.

［3］CRS. U. S. Climate change policy［R］.［S. L.］: CRS，2021.

［4］EC, 2018a.Financing a sustainable European economy final report［R］.［S. L.］:［s. n.］.

［5］EC, 2018b.Action plan: financing sustainable growth［R］.［S. L.］:EC.

［6］VALLETTE M, GRAY M. US SEC's climate risk disclosure proposal likely to face legal challenges［R］.［S. L.］: Mayer Brown LLP, 2022.

［7］CRS.Introduction to financial services: the regulatory framework［R］.［S. L.］: CRS, 2022.

［8］WORLD BANK.State and trends of carbon pricing 2020［R］. Washington DC:World Bank, 2020.

［9］HEINEN A, KHADAN J, STROBL E.The price impact of extreme weather in developing countries［J］. The Economic Journal, 2019, 129(619):1327-1342.

［10］NGFS.Climate change and monetary policy initial takeaways［R］.［S. L.］:NGFS, 2020.

［11］BIS, 2021a. Climate-related risk drivers and their transmission channels［R］.［S. L.］: BIS.

［12］CAMPIGLIO E.Beyond carbon pricing: the role of banking and monetary policy in financing the transition to a low-carbon economy

［J］. Ecological Economics, 2015, 121:220–230.

第四章

［1］朱民，STERN N，STIGLITZ J E，等．拥抱绿色发展新范式：中国碳中和政策框架研究［J］.世界经济，2023（3）：3-30.

［2］冯明，何德旭．危机反应模式与西方发达国家财政货币政策框架演化中的四次变革［J］.财政研究，2021（12）：3-16.

［3］何代欣．中国财政政策与货币政策协调的理论与实践分析［J］.经济纵横，2021（8）：106-114+137.

［4］龚伽萝．英国政府引导绿色投资的模式和启示——基于市场失灵的视角［J］.区域与全球发展，2022，6（5）：70-94+157.

［5］卜永祥．英国绿色投资银行的转型及其启示［EB/OL］.（2017-10-31）［2022-05-31］.http://www.cff.org.cn/zgjrlt/cfffdt36/91340/ 123426/index.html

［6］雷曜，张薇薇．欧盟绿色新政与中欧绿色金融合作［J］.中国金融，2020（14）：39-41.

［7］何虹．美、德、英财政支持绿色金融的经验与借鉴［J］.上海立信会计金融学院学报，2017（02）：35-39.

［8］杨盼盼，徐奇渊，杨子荣．复盘新冠疫情下的美国宏观经济政策［J］.当代美国评论，2021，5（01）：15-33+123.

［9］朱民，潘柳，张娓婉，2022d．财政支持金融：构建全球领先的中国零碳金融系统［J］.财政研究，（2）：18-28.

［10］孙玉栋，李浩任．乡村振兴战略实施中财政引导市场机制参与的模式、问题及对策研究［J］.公共管理与政策评论，2021，10

（4）:49-60.

［11］王韧.中国绿色金融治理效应评估及绿色政策选择——基于334家公众公司的微观数据［J］.宏观经济研究，2021（6）：133-145.

［12］陈诗一，祁毓."双碳"目标约束下应对气候变化的中长期财政政策研究［J］.中国工业经济，2022（5）：5-23.

［13］许艺煊，毛顺宇，李军林.双重激励下的企业绿色创新——绿色信贷和财政补贴的政策协同效应与机制［J］.国际金融研究，2023（4）：86-96.

［14］MIHALJEK D.Interactions between fiscal and monetary policies: a brief history of a long relationship［J］. Public Sector Economics, 2021, 45: 419-432.

［15］KLEIN L.The contribution of Jan Tinbergen to economic science［J］. De Economist, 2004, 152(2):155-157.

［16］BARTSCH E, BÉNASSY-QUÉRÉ A, CORSETTI G.The policy mix:lessons from the classical literature［M］//Debrun (X).Geneva 23: it's all in the mix: how monetary and fiscal policies can work or fail together.［S. L.］: CEPR Press, 2020.

［17］MCKINNON R I.Money and capital in economic development［M］. Washington, DC:The Brookings Institution, 1973.

［18］BEZEMER D, RYAN-COLLINS J, VAN LERVEN F, et al.Credit policy and the "debt shift" in advanced economies［J］. Socio-Economic Review, 2021, 21(1):437-478.

［19］LEEPER E M. Equilibria under "active" and "passive"

monetary and fiscal policies〔J〕. Journal of Monetary Economics, 1991, 27: 129-147.

〔20〕BERNANKE B.A perspective on inflation targeting:why it seems to work〔J〕. Business Economics, 2003, 38(3):7-16.

〔21〕SARGENT T, WALLACE N.Some unpleasant monetarist arithmetic〔J〕. Quarterly Review, 1981, 5(3):1-18.

〔22〕TURNER A.Between debt and the devil: money, credit, and fixing global finance〔M〕. New Jersey:Princeton University Press, 2016.

〔23〕BLANCHARD O, PISANI-FERRY J.Monetisation:do not panic〔EB/OL〕. (2020-04-10)〔2022-06-01〕. https://voxeu.org/article/monetisation-do-not-panic

〔24〕PBC.A preliminary analysis of coordination between monetary and fiscal policies during COVID-19〔R〕.〔S. L. 〕:PBC, 2022.

〔25〕MANKIW G, TAYLOR M.Economics〔M〕.〔S.L. 〕:Cengage Learning EMEA, 2011.

〔26〕RYAN-COLLINS J, KEDWARD K, CHENET H. Monetary-fiscal policy coordination: Lessons from COVID-19 for the climate and biodiversity emergencies〔R〕.〔S. L. 〕:UCL Institute for Innovation and Public Purpose, 2023.

〔27〕KROGSTRUP S, OMAN W.Macroeconomic and financial policies for climate change mitigation: a review of the literature〔R〕.〔S. L. 〕: IMF, 2019.

〔28〕KANG W, LEE K, RATTI R A.Economic policy uncertainty and firm-level investment〔J〕. Journal of Macroeconomics, 2014,

39:42–53.

［29］WEN HUWEI, LEE CHIEN–CHIANG, ZHOU FENGXIU. How does fiscal policy uncertainty affect corporate innovation investment? Evidence from China's new energy industry［J］. Energy Economics, 2022, 105:105767.

［30］STERN N H. Economics: current climate models are grossly misleading［J］. Nature, 2016, 530(7591):407–409.

［31］MAZZUCATO M. From market fixing to market–creating: a new framework for innovation policy［R］. Sussex: University of Sussex, 2016.

［32］MIKHEEVA O, RYAN–COLLINS J.Governing finance to support the net–zero transition: lessons from successful industrialisation ［R］.［S. L.］:UCL Institute for Innovation and Public Purpose, 2020.

［33］DABLA–NORRIS E, DANIEL J, NOZAK M, et al.Fiscal policies to address climate change in Asia and the Pacific［R］.［S. L.］: IMF, 2021.

［34］SIEGMEIER J, MATTAUCH L, FRANKS M, et al.The fiscal benefits of stringent climate change mitigation: an overview［J］. Climate Policy, 2018, 18(3):352–367.

［35］PARELIUSSEN J, CROWE D, KRUSE T, et al.Policies to reach net zero emissions in the United Kingdom［R］. Paris:OECD, 2022.

［36］AGLIETTA M, ESPAGNE E, PERRISSIN F B.A proposal to finance low–carbon investment in Europe［R］. Paris:France Stratégie, 2015.

［37］DASGUPTA D, HOURCADE J, NAFO S.A climate finance initiative to achieve the Paris agreement and strengthen sustainable development［R］.［S.L.］:HAL, 2019.

［38］BIS, 2022c.The monetary-fiscal policy nexus in the wake of the pandemic［R］.［S. L.］:BIS.

［39］BCG, GFMA.Climate finance markets and the real economy［EB/OL］. (2020-12-02)［2022-07-01］. https://www.gfma.org/policies-resources/gfma-and-bcg-report-on-climate-financemarkets-and-the-real-economy/

［40］IRENA.World energy transitions outlook:1.5 ℃ pathway［R］.［S.L.］: IRENA, 2021.

［41］IEA.Net-zero by 2050：a roadmap for the global energy sector［R/OL］. (2021-05-18)［2022-09-09］. https://www.iea.org/reports/net-zero-by-2050

［42］CBI.China green securitization report-state of the market 2020［R/OL］. (2020)［2022-10-04］. https://www.climatebonds.net/files/reports/cbi_cn_2020_sotm_04h_1.pdf

［43］IMF.Climate-sensitive management of public finances—"green PFM"［R/OL］. (2021-08-11)［2023-01-09］. https://www.imf.org/en/Publications/staffclimate-notes/Issues/2021/08/10/Climate-Sensitive-Management-of-Public-Finances-Green-PFM-460635

第五章

［1］易纲.发展绿色金融＋促进低碳发展——中国人民银行行

长易纲在新加坡金融科技节上的视频演讲［EB/OL］.（2020-12-09）
[2025-01-01].http://www.pbc.gov.cn/goutongjiaoliu/113456/113469/
4141550/index. html

［2］舒利敏，张俊瑞. 环境信息披露对银行信贷期限决策的影
响——来自沪市重污染行业上市公司的经验证据［J］. 求索，2014,
（06）：45-51.

［3］倪娟，孔令文. 环境信息披露、银行信贷决策与债务融资成
本——来自我国沪深两市 A 股重污染行业上市公司的经验证据［J］.
经济评论，2016,（01）：147-156+160.

［4］易纲. 中国的利率体系与利率市场化改革［J］. 金融研究，
2021,（09）：1-11.

［5］CARNEY M.Breaking the tragedy of the horizon-climate
change and financial stability［J］. Speech given at Lloyd's of London,
2015, 29: 220-230.

［6］BATTISTON S, MANDEL A, MONASTEROLO I, et al.A
climate stress-test of the financial system［J］. Nature Climate Change,
2017, 7(4): 283-288.

［7］MONASTEROLO I.Climate change and the financial system［J］.
Annual Review of Resource Economics, 2020, 12(1):299-320.

［8］BATTISTON S, DAFERMOS Y, MONASTEROLO I.Climate
risks and financial stability［J］. Journal of Financial Stability, 2021,
54:100867.

［9］WEITZMAN M L.On modeling and interpreting the economics
of catastrophic climate change［J］. The review of economics and

statistics, 2009, 91(1): 1-19.

［10］SEMIENIUK G, CAMPIGLIO E, MERCURE J F, et al.Low - carbon transition risks for finance［J］. Wiley Interdisciplinary Reviews: Climate Change, 2021, 12(1): e678.

［11］HEINEN E, MATTIOLI G.Multimodality and CO2 emissions:A relationship moderated by distance［J］. Transportation research part D: Transport and environment, 2019, 75: 179-196.

［12］MCKIBBIN W J, MORRIS A C, PANTON A, et al.Climate change and monetary policy: dealing with disruption［J］. Crawford School of Public Policy Australian National University Research Paper Series, 2017.

［13］NGFS.Overview of environmental risk analysis by financial institutions［R］.［S.L.］:NGFS, 2020.

［14］CAMPIGLIO E, DAFERMOS Y, MONNIN P, et al.Climate change challenges for central banks and financial regulators［J］. Nature climate change, 2018, 8(6): 462-468.

［15］LAGARDE C.Climate change and central banking［J］. Green banking and green central banking, 2021, 24: 151.

［16］SCHNABEL I.Going negative: the ECB's experience［C］// The European economic association.monetary policy, low interest rates and risk taking at the 35th congress.Frankfurt:ECB, 2020.

［17］SCHNABEL I.From market neutrality to market efficiency［J］. International Monetary Review, 2021, 8(3): 1030003.

［18］BOLTON P, DESPRÉS M, AWAZU L, et al., 2020a.The green

swan ［EB/OL］. (2020-01-20)［2022-12-11］. https://www. bis.org/publ/othp31.htm

［19］WIEDMANN T, LENZEN M, KEYSSER L T, et al.Scientists' warning on affluence［J］. Nature Communications, 2020, 11(1): 3107.

［20］DIKAU S, VOLZ U.Central bank mandates, sustainability objectives and the promotion of green finance［J］. Ecological Economics, 2021, 184: 107022.

［21］BOYARCHENKO N, EISENBACH T M, GUPTA P, et al.Bank-intermediated arbitrage［R］. New York:NEWYORKFED, 2020.

［22］O'HARA M, ZHOU X A.Anatomy of a liquidity crisis: corporate bonds in the COVID-19 crisis［J］. Journal of Financial Economics, 2021, 142(1): 46-68.

［23］KARGAR M, LESTER B, LINDSAY D, et al.Corporate bond liquidity during the COVID-19 crisis［J］. The Review of Financial Studies, 2021, 34(11): 5352-5401.

［24］BORDO M D, DUCA J V.An overview of the FED's new credit policy tools and their cushioning effect on the COVID-19 recession［J］. Journal of Government and Economics, 2021, 3: 100013.

［25］MATIKAINEN S, CAMPIGLIO E, ZENGHELIS D.The climate impact of quantitative easing［R］. London:The London School of Economics and Political Science, 2017.

［26］DAFERMOS Y, GABOR D, NIKOLAIDI M, et al. Decarbonising is easy: beyond market neutrality in the ECB's corporate QE［EB/OL］. (2020-10-20)［2021-11-22］. https://neweconomics.

org/2020/10/decarbonising-is-easy

［27］WEIDMANNN B, RØD E G.The internet and political protestin autocracies ［M］. Oxford:Oxford University Press, 2019.

［28］BONEVA L, FERRUCCI G, MONGELLI F P.To be or not to be "green": how can monetary policy react to climate change?［R］.［S.L.］: ECB, 2021.

［29］GREENHAM T , RYAN-COLLINS J.Rethinking the role of the economy and financial markets ［J］. Journal of Civil Society, 2013, 9(2).

［30］ANDERSON B S, KREISER P M, KURATKO D F, et al. Reconceptualizing entrepreneurial orientation ［J］. Strategic management journal, 2015, 36(10): 1579-1596.

［31］OLOVSSON C.Is climate change relevant for central banks? ［J］. Sveriges Riksbank Economic Commentaries, 2018, 13(13): 1-8.

［32］VAN LERVEN F, RYAN-COLLINS J.Central banks, climate change and the transition to a low carbon economy ［R］.［S.L.］:UCL Discovery, 2017.

［33］MONASTEROLO I, RABERTO M.Is there a role for central banks in the low-carbon transition?A stock-flow consistent modelling approach ［R］.［S.L.］: SSRN, 2017.

［34］DE GRAUWE P, JI Y.Inflation targets and the zero lower bound in a behavioural macroeconomic model ［J］. Economica, 2019, 86(342): 262-299.

［35］WOLF JR C.A theory of non-market failure: framework for

implementation analysis〔J〕. The Journal of Law and Economics, 1979, 22(1):107–139.

〔36〕KRUEGER A O.Government failures in development〔J〕. Journal of Economic perspectives, 1990, 4(3): 9–23.

〔37〕PINCHOT A, SATO I, CHRISTIANSON G, et al.Unpacking green targets:a framework for interpreting private–sector banks' sustainable finance commitments〔EB/OL〕. (2019–10–03)〔2022–01–03〕. https://www.wri.org/research/unpacking–green–targets–frameworkinterpreting–private–sector–banks–sustainable–finance

〔38〕STIGLITZ J E.Economic growth revisited〔J〕. Industrial and Corporate Change, 1994, 3(1): 65–110.

〔39〕KROGSTRUP S, OMAN W.Macroeconomic and financial policies for climate change mitigation: A review of the literature〔EB/OL〕. (2019–09–04)〔2023–07–04〕. https://www.imf.org/en/Publications/WP/Issues/2019/09/04/Macroeconomic–and–Financial–Policies–for–ClimateChange–Mitigation–A–Review–of–the–Literature–48612

〔40〕ABIRY R, FERDINANDUSSE M, LUDWIG A, et al.Climate change mitigation: how effective is green quantitative easing?〔R〕. Tokyo:The Institute for Monetary and Economic Studies, 2022.

〔41〕BOLTON P, LI T, RAVINA E, et al., 2020b.Investor ideology〔J〕. Journal of Financial Economics, 137(2): 320–352.

〔42〕FERIDUN M, GÜNGÖR H.Climate–related prudential risks in the banking sector: a review of the emerging regulatory and supervisory practices〔J〕. Sustainability, 2020, 12(13): 5325.

［43］CAMPIGLIO E, DAFERMOS Y, MONNIN P, et al.Climate change challenges for central banks and financial regulators［J］. Nature Climate Change, 2018, 8(340):462–468.

［44］ZENGHELIS D.A strategy for restoring confidence and economic growth through green investment and innovation［J］. Policy Brief, 2012:18–22.

［45］MCLEAY M, RADIA A, THOMAS R.Money creation in the modern economy［EB/OL］. (2014–03–14)［2022–02–14］. https://www. bankofengland.co.uk/quarterly–bulletin/2014/q1/money–creation–in–themodern–economy

［46］JAKAB Z, KUMHOF M.Banks are not intermediaries of loanable funds–facts, theory and evidence［R］.［S.L.］:Bank of England, 2019.

［47］CURDIA V, WOODFORD M.The central–bank balance sheet as an instrument of monetary policy［J］. Journal of Monetary Economics, 2011, 58(1):54–79.

［48］COIBION O, GORODNICHENKO Y, KUENG L, et al.Innocent bystanders? Monetary policy and inequality［J］. Journal of Monetary Economics, 2017, 88:70–89.

［49］COLCIAGO A, SAMARINA A, DE HAAN J.Central bank policies and income and wealth inequality:a survey［J］. Journal of Economic Surveys, 2019, 33(4): 1199–1231.

［50］PIGOU A C.The veil of money［M］.［S.L.］:Hassell Street Press, 1949.

［51］SCHNABEL I.From market neutrality to market efficiency［J］. International Monetary Review, 2021, 8(3): 1030003.

［52］AFLAKI S, NETESSINE S.Strategic investment in renewable energy sources: The effect of supply intermittency［J］. Manufacturing & Service Operations Management, 2017, 19(3):489–507.

［53］DECKER R A, HALTIWANGER J, JARMIN R S, et al.Changing business dynamism and productivity: shocks versus responsiveness［J］. American Economic Review, 2020, 110(12):3952–3990.

［54］ANBIL S, CARLSON M A, STYCZYNSKI M F.The effect of the PPPLF on PPP lending by commercial banks［R］. Washington DC:Board of Governors of the Federal Reserve System, 2021.

［55］BEAUREGARD K.Sexism and the Australian voter: how sexist attitudes influenced vote choice in the 2019 federal election［J］. Australian Journal of Political Science, 2021, 56(3):298–317.

［56］SOUZA C, GANDOUR C, ROCHA R, et al.The effect of rural credit on deforestation: evidence from the Brazilian Amazon［J］. The Economic Journal, 2020, 130(626):290–330.

［57］NGFS.The transition to a sustainable economy: a global perspective［R］.［S.L.］: Network for Greening the Financial System, 2021.

［58］ECB.Climate policies and monetary policies–European Central Bank［R］. Frankfurt:European Central Bank, 2020.

［59］HAUSER A.It's not easy being green – but that shouldn't stop us: how central banks can use their monetary policy portfolios to support orderly transition to net-zero [EB/OL]. (2021-05-21) [2023-05-06]. https://www.bankofengland.co.uk/-/media/boe/files/speech/2021/may/its-not-easy-being-green-but-that-shouldnt-stop-us-speech-byandrew-hauser.pdf

[60] WEIDMANN J.What role should central banks play in combating climate change [J]. Green Banking and Green Central Banking, 2021, 24: 159.

[61] SEIDMAN A, SMITH J, JOHNSON R.The growing influence of private equity:acquisitions of fossil fuel assets by the top ten U.S. private equity firms [J]. Journal of Energy Finance, 2022, 15(3): 123-145.

[62] CLIMATE BONDS INITIATIVE.Explaining green bonds [EB/OL]. (2021) [2024-01-09]. https://www.climatebonds.net/market/explaining-green-bonds.

[63] ILHAN E, KRUEGER P, SAUTNER Z, et al.Climate risk disclosure and institutional investors [J]. The Review of Financial Studies, 2023, 36(7): 2617-2650.

[64] SHAH B.How might climate transition risk affect government bond portfolio performance? [R]. [S.L.]:MSCI Research Report, 2022.

[65] CEVIK S, JALLES J T.This changes everything: climate shocks and sovereign bonds [J]. Energy Economics, 2020, 107: 105856.

[66] SELTZER L H, STARKS L, ZHU Q.Climate regulatory risk and corporate bonds [R]. [S.L.]:National Bureau of Economic Research,

2022.

［67］BOUBAKER S, GOUNOPOULOS D, NGUYEN D K. Climate-related risks to financial stability ［R］. Frankfurt:European Central Bank, 2021.

［68］HOEPNER A G F, OIKONOMOU I, SAUTNER Z, et al.ESG shareholder engagement and downside risk ［J］. Review of Finance, 2024, 28(2): 483-510.

［69］DOWNAR B, ERNSTBERGER J, REICHELSTEIN S, et al.The impact of carbon disclosure mandates on emissions and financial operating performance ［J］. Review of Accounting Studies, 2021, 26(3): 1137-1175.

［70］DING X, YE L, YANG Y, et al.The impact mechanism of environmental information disclosure on corporate sustainability performance—micro-evidence from China ［J］. Sustainability, 2022, 14(19): 12366.

［71］KOLK A, LEVY D L, PINKSE J.Corporate responses in an emerging climate regime:the institutionalization and commensuration of carbon disclosure ［J］. European Accounting Review, 2008, 17:719-745.

［72］ABBOTT L J, PARKER S, ROST K.Financial disclosure management in the nonprofit sector:a framework for past and future research ［J］. Journal of Accounting and Economics, 2016, 65(2-3):277-298.

［73］PETRY J.From national marketplaces to global providers of financial infrastructures: exchanges, infrastructures and structural power in global finance［J］. New political economy, 2021, 26(4): 574−597.

［74］IN S Y, SCHUMACHER K.Carbonwashing: a new type of carbon data−related ESG greenwashing［R］.［S.L.］:Stanford Sustainable Finance Initiative, 2021.

［75］SMOLEŃSKA A, VAN'T KLOOSTER J.A risky bet: climate change and the EU's microprudential framework for banks［J］. Journal of Financial Regulation, 2022, 8(1): 51−74.

［76］EGGERTSSON G B, WOODFORD M.Optimal monetary policy in a liquidity trap［R］. Cambridge MA:NBER, 2003.

［77］CURDIA V, WOODFORD M.The central−bank balance sheet as an instrument of monetary policy［J］. Journal of Monetary Economics, 2011, 58(1): 54−79.

［78］KIYOTAKI N, MOORE J.Liquidity, business cycles, and monetary policy［J］. Journal of Political Economy, 2019, 127(6): 2926−2966.

［79］FRANZONI F, SEMERE S A.Deforestation in Brazil: an empirical evaluation on the effectiveness of the Soy Moratorium［D］. Bergen:NORWEGIAN SCHOOL OF ECONOMICS, 2019.

［80］PFEIFFER A, HEPBURN C, VOGT−SCHILB A, et al.Committed emissions from existing and planned power plants and asset stranding required to meet the Paris Agreement［J］. Environmental Research Letters, 2018, 13(5): 054019.

［81］SZARZEC K, NOWARA W, TOTLEBEN B.State−owned enterprises as foreign direct investors: Insights from EU countries［J］.

Post-Communist Economies, 2021, 33(5): 517-540.

［82］LUDLOW P.The European Commission［M］//LUDLOW P.The new European community.［S.L.］:Routledge, 2018: 85-132.

［83］ERIKA M, MARLENE K, INNA P.The role of the timing of sudden stratospheric warmings for precipitation and temperature anomalies in Europe［J］. International Journal of Climatology, 2021, 42(6):3448-3462.

［84］ILHAN O.The relationship between climate risk disclosure and institutional investor engagement: evidence from bond yield impacts［R］.［S.L.］:［s.n.］, 2022.

第六章

［1］朱民，STERN N, STIGLITZ J E，等．拥抱绿色发展新范式：中国碳中和政策框架研究［J］.世界经济，2023（3）：3-30.

［2］巴曙松．"旧"与"新"——巴曙松谈巴塞尔协议Ⅲ的演变、挑战与实施趋势［EB/OL］.（2022-06-14）［2024-04-05］. https://www. sohu.com/a/557161407_184.

［3］戴秀河．论巴塞尔协议体系的演化历程和实施现状［C］//《上海法学研究》集刊2022年第9卷——律师法学研究文集，2022：185-199.

［4］杨军．风险管理与巴塞尔协议十八讲(第2版)［M］.北京：中国金融出版社，2020.

［5］田博．对住房抵押贷款违约风险影响因素的实证研究［J］.经济研究导刊，2014（28）：108-110.

［6］刘瑞霞.气候风险信息披露的全球实践［J］.中国金融，2022（1）：86-88.

［7］人民银行国际青年司课题组.气候信息披露的国际实践［N］.第一财经，2021-03-02.

［8］BIS, 2022a. Principles for the effective management and supervision of climate-related financial risks［R］.［S. L.]:BIS.

［9］NGFS, 2020a.Case studies of environmental risk analysis methodologies［R］.［S. L.]:The Network of Central Banks and Supervisors for Greening the Financial System.

［10］NORDHAUS W D.Revisiting the social cost of carbon［J］. Proceedings of the National Academy of Sciences, 2017, 114(7):1518-1523.

［11］ACPR. French banking groups facing climate change-related risks［R］.［S. L.]: Analyses et synthèses, 2019.

［12］ESRB.Positively green:measuring climate change risks to financial stability［R］.［S. L.]:［s. n.], 2020.

［13］NGFS, 2020b. Overview of environmental risk analysis by financial institutions［R］.［S. L.]:The Network of Central Banks and Supervisors for Greening the Financial System.

［14］HULL J. Risk management and financial institutions［M］.［S. L.]: John Wiley & Sons, 2012.

［15］BIS.Climate-related financial risks: a survey on current initiatives［R］.［S. L.]: BIS, 2020.

［16］BIS, 2021a.Climate-related risk drivers and their transmission channels [R]. [S. L.]:BIS.

[17] BIS, 2021b.Climate-related financial risks-measurement methodologies [R]. [S. L.]:BIS.

[18] BIS, 2022b. Frequently asked questions on climate-related financial risks [R]. [S. L.]:BIS.

[19] MARSHALL B, EMERICK K.Adaptation to climate change:evidence from US agriculture [J]. American Economic Journal: Economic Policy, 2016, 8(3):106-140.

[20] DE NEDERLANDSCHE BANK.Waterproof? An exploration of climate-related risks for the Dutch financial sector [R]. [S. L.]: De Nederlandsche Bank, 2017.

[21] AZOULAY O.Why we need a shaded taxonomy from green to brown in between [EB/OL]. (2019-10-28) [2024-04-05]. https://gsh. cib.natixis.comlour-center-of-expertise/articles/why-we-need-ashaded- taxonomy-from-green-to-brown-and-in-between.

[22] BERENGUER M, CARDONA M, EVAIN J. Integrating climate-related risks into banks' capital requirements [R]. [S. L.]: I4CE Institute for Climate Economics, 2020.

[23] BANK FOR INTERNATIONAL SETTLEMENTS. Stresstesting banks for climate change – a comparison of practices[R]. [S. L.]:BIS, 2021.

[24] UK FINANCE.Integrating climate risk into the prudential capital framework [R]. [S. L.]:UK Finance, 2022.

[25] XU X Y, XIE W H, DENG M S.Global green taxonomy

development, alignment, and implementation［R］.［S. L.］:Climate Bonds Initiative, 2021.

第七章

［1］殷书炉，孙国良 . 金融助力"两高"企业低碳转型［J］. 中国外汇，2022（2）：24-27. 安国俊 . 碳中和目标下的绿色金融创新路径探讨［J］. 南方金融，2021，2：3-12.

［2］成琼文，李赵研 . 绿色信贷、企业债务期限结构与投融资期限错配［J］. 新金融，2021（12）：38-45.

［3］龙卫洋，季才留 . 基于国际经验的商业银行绿色信贷研究及对中国的启示［J］. 经济体制改革，2013（3）：155-158.

［4］陈骁，张明 . 中国的绿色债券市场：特征事实、内生动力与现存挑战［J］. 国际经济评论，2022（1）：104-133+7.

［5］鲁政委，钱立华，方琦，等 . 服务"双碳"目标，可持续债券市场迎来广阔空间［N］. 上海证券报，2022-04-11.

［6］陈诗一，祁毓 . 实现碳达峰、碳中和目标的技术路线、制度创新与体制保障［J］. 广东社会科学，2022（2）：15-23+286.

［7］巴曙松，丛钰佳，朱伟豪 . 绿色债券理论与中国市场发展分析［J］. 杭州师范大学学报（社会科学版），2019，41（1）：91-106.

［8］朱民，潘柳，张娓婉，2022d. 财政支持金融：构建全球领先的中国零碳金融系统［J］. 财政研究，（2）：18-28.

［9］CUI Y, GEOBEY S, WEBER O, et al.The impact of green lending on credit risk in China［J］. Sustainability, 2018, 10(6): 2008.

［10］REBOREDO J C, UGOLINI A. Price connectedness between

green bond and financial markets［J］. Economic Modelling, 2020(88):25–38.

第八章

［1］中金研究院.碳中和经济学——新约束下的宏观与行业趋势［M］.北京：中信出版社，2021.

［2］HUANG H, ZHANG J.Research on the environmental effect of green finance policy based on the analysis of pilot zones for green finance reform and innovations［J］. Sustainability, 2021, 13(7): 3754.

［3］ZHANG Y J.The impact of financial development on carbon emissions: an empirical analysis in China［J］. Energy Policy, 2011, 39(4):2197–2203.

［4］CBI.China green securitization report—state of the market［R］. Climate Bonds Initiative, 2020:9.

［5］EC.Frequently asked questions:what is the EU taxonomy and how will it work in practice?［R］.［S. L.］:European Commission, 2021.

［6］WORLD BANK.State and trends of carbon pricing 2019［R］. Washington, DC: World Bank, 2019.

［7］WORLD BANK.State and trends of carbon pricing 2021［R］. Washington, DC: World Bank, 2021.

［8］HEINE D, SEMMLER W, MAZZUCATO M, et al.Financing low–carbon transitions through carbon pricing and green bonds［R］.［S. L.］:World Bank, 2019.

［9］WORLD BANK.Blockchain and emerging digital technologies

for enhancing post-2020 climate markets［R］. Washington, DC: World Bank, 2018.

［10］MUGANYI T, YAN L, SUN H P.Green finance, fintech and environmental protection: evidence from China［J］. Environmental Science and Ecotechnology, 2021(7):100107.

［11］WORLD BANK.State and trends of carbon pricing 2020［R］. Washington, DC: World Bank, 2020.

第九章

［1］尚达曼，朱民，等.未来全球金融治理［M］.朱隽，等译.北京：中信出版集团，2020.

［2］国际碳行动伙伴组织.全球碳排放权交易：ICAP 2023 年进展报告［R］.［S.L.］：ICAP，2023.

［3］李波，FABIO NATALUCCI, ANANTHAKRISHNAN PRASAD.混合融资如何支持新兴和发展中经济体的气候转型［EB/OL］.（2022-11-15］［2024-04-05］. https://www.imf.org/zh/ blogs/Articles/2022/11/15/how-blended-finance-can-support-climate-transition- inemerging-and-develeping-economiess.

［4］生态环境部.中国应对气候变化的政策与行动 2022 年度报告［EB/OL］.（2023-10-27）［2024-04-21］. https://www.mee.gov.cn/ywgz/ydqhbh/wsqtkz/202310/t20231027_1044178.shtml.

［5］刘世伟，任秋潇，蒋先峰.绿色金融国际经验研究［EB/OL］.（2023-02-06）［2024-02-01］. https://www.financialnews.com.cn/m/2023-02/06/content_264143.html.

［6］国家发展和改革委员会 ."十四五"规划《纲要》解读文章之 27 | 加快发展方式绿色转型［EB/OL］.（2021-12-25）［2024-03-12］.https://www.ndrc.gov.cn/fggz/fzzlgh/gjfzgh/ 202112/t20 211225_1309715.html.

［7］朱民，STERN N，STIGLITZ J E，等 .拥抱绿色发展新范式：中国碳中和政策框架研究［J］.世界经济，2023（3）：3-30.

［8］徐华清，高翔，柴麒敏，等 .中国推动全球气候治理和国际合作的战略和对策研究［R］.北京：国家应对气候变化战略研究和国际合作中心，2020.

［9］王遥，毛倩，等 .全球绿色金融发展报告（2022 ［M］.北京：社会科学文献出版社，2023.

［10］中国金融学会绿色金融专业委员会 .绿色金融创新案例研究［R］.北京：中国金融学会绿色专业委员会，2022.

［11］IPCC.Global warming of 1.5℃［EB/OL］.(2018)［2024-04-05］.https://www.ipcc.ch/sr15/.

［12］IPCC.AR6 synthesis report:climate change 2023［EB/OL］.(2023-03-20)［2024-04-05］.https:// www.ipcc.ch/report/ar6/syr/.

［13］EC, 2018a.Financing a sustainable European economy final report［R］.［S. L.］:［s. n.］.

［14］EC, 2018b.Action plan: financing sustainable growth［R］.［S. L.］:EC.

［15］HM Government.Mobilising green investment:2023 green finance strategy［EB/OL］.(2023-04-11)［2024-04-09］.https://www. gov.uk/government/publications/green-finance-strategy/mobilisinggreen-investment-2023-green-finance-strategy

［16］CARNEY M. Clean and Green Finance［J/OL］. Finance &

［17］Development, 2021［2024-04-05］. https://www.imf.org/en/ Publications/

［18］fandd/issues/2021/09/mark-carney-net-zero-climate-change.

［19］ROBINS N, DIKAU S, VOLZ U.Net-zero central banking：a new phase in greening the financial system［R］.［S. L.］:LSE Grantham Research Institute on Climate Change and the Environment, 2021.

［20］IDFC, NATIXIS.PDBs'catalytic role in achieving the UN SDGs［EB/OL］. (2022-12)［2024-04-09］. https://www.idfc.org/wp-content/uploads/2022/12/cib-etude-green-hub-web-15dec-144dpi-compressed.pdf

［21］LI L, ZHANG Y, ZHOU T, et al.Mitigation of China's carbon neutrality to global warming［J］. Nature Communications, 2022, 13(1): 5315.

［22］CBI，中债研发中心，兴业研究公司.中国可持续债券市场报告2022［EB/OL］.（2023-06-09）［2024-01-01］. https://www. climatebonds.net/files/report/cbi_china_ sotm_22_cn.pdf

［23］MCKINSEY & COMPANY.Financing the net-zero transition: From planning to practice［EB/OL］. (2023-01-13)［2024-04-07］. https://www.mckinsey.com/capabilities/risk-and-resilience/our-insights/ financing-the-net-zero-transition-from-planning-to-practice.

［24］STIGLITZ J E, GREENWALD B.Toward a new paradigm in monetary economics［M］. Cambridge:Cambridge University Press, 2002.

［25］CRS.Introduction to financial services: the regulatory framework［R］.［S. L.］: CRS, 2022.

第十章

［1］胡鞍钢. 中国实现 2030 年前碳达峰目标及主要途径［J］. 北京工业大学学报（社会科学版），2021, (3):1-15.

［2］谭显春，郭雯，樊杰，等. 碳达峰、碳中和政策框架与技术创新政策研究［J］. 中国科学院院刊，2022,37(4): 435-443.

［3］樊星，张彦宁，张诗艺，等. 发达国家 2020 年前减排承诺进展评估及相关建议［J］. 环境保护，2022,50(3):84-90.

［4］裴庆冰. 典型国家碳达峰碳中和进程中经济发展与能源消费的经验启示［J］. 中国能源，2021(9).

［5］PAN D, CHEN C, GRUBB M, et al.Financial policy, green transition and recovery after the COVID-19［EB/OL］.（2020-10-01）［2022-09-01］. https://ssrn.com/abstract= 3719695.

［6］ACEMOGLU D, AGHION P, BURSZTYN L, et al.The environment and directed technical change［J］. American Economic Review, 2012, 102(1):131-66.

第十一章

［1］沈坤荣，金刚，方娴. 环境规制引起了污染就近转移吗？［J］. 经济研究，2017, (05):44-59.

［2］沈能. 环境效率、行业异质性与最优规制强度——中国工业行业面板数据的非线性检验［J］. 中国工业经济，2012, (03):56-68.

［3］董直庆，王辉.环境规制的"本地－邻地"绿色技术进步效应［J］.中国工业经济，2019, (01):100–118.

［4］林伯强.碳中和背景下的广义节能——基于产业结构调整、低碳消费和循环经济的节能新内涵［J］.厦门大学学报（哲学社会科学版），2022, 72(02):10–20.

［5］方溯源，刘志惠，方雄鹰.气候变化引起的金融风险与防范［J］.西部金融，2021, (01):19–23.

［6］邓德军.我国低碳经济转型对金融稳定的影响研究［J］.湖北社会科学，2022, (02):75–82.

［7］张济建，苏慧，王培.产品市场竞争、机构投资者持股与企业 R&D 投入关系研究［J］.管理评论，2017, 29(11):89–97.

［8］于亚卓，张惠琳，张平淡.非对称性环境规制的标尺现象及其机制研究［J］.管理世界，2021, 37(09):134–147.

［9］罗知，齐博成.环境规制的产业转移升级效应与银行协同发展效应——来自长江流域水污染治理的证据［J］.经济研究，2021, 56(02):174–189.

［10］涂正革，谌仁俊.排污权交易机制在中国能否实现波特效应？［J］.经济研究，2015, (07):160–173.

［11］刘晔，张训常.碳排放交易制度与企业研发创新——基于三重差分模型的实证研究［J］.经济科学，2017, (03):102–114.

［12］张彩云，吕越.绿色生产规制与企业研发创新——影响及机制研究［J］.经济管理，2018, (01):71–91.

［13］王舒扬，吴蕊，高旭东，等.民营企业党组织治理参与对企业绿色行为的影响［J］.经济管理，2019, (08):40–57.

［14］任胜钢，郑晶晶，刘东华，等.排污权交易机制是否提高了企业全要素生产率——来自中国上市公司的证据［J］.中国工业经济，2019, (05):5-23.

［15］李秀玉，史亚雅.绿色发展、碳信息披露质量与财务绩效［J］.经济管理，2016, 38(07):119-132.

［16］薛爽，赵泽朋，王迪.企业排污的信息价值及其识别——基于钢铁企业空气污染的研究［J］.金融研究，2017, (01):162-176.

［17］闫海洲，陈百助.气候变化、环境规制与公司碳排放信息披露的价值［J］.金融研究，2017, (06):142-158.

［18］沈洪涛，黄楠.碳排放权交易机制能提高企业价值吗［J］.财贸经济，2019, (01):144-161.

［19］陈雨露.当前全球中央银行研究的若干重点问题［J］.金融研究，2020(02):1-14.

［20］薄凡，庄贵阳."双碳"目标下低碳消费的作用机制和推进政策［J］.北京工业大学学报 (社会科学版), 2022, 22(01):70-82.

［21］聂辉华，谭松涛，王宇锋.创新、企业规模和市场竞争：基于中国企业层面的面板数据分析［J］.世界经济，2008, 359(07):57-66.

［22］孟庆玺，尹兴强，白俊.产业政策扶持激励了企业创新吗？——基于"五年规划"变更的自然实验［J］.南方经济，2016, 327(12): 1-25.

［23］王海，尹俊雅.地方产业政策与行业创新发展——来自新能源汽车产业政策文本的经验证据［J］.财经研究，2021, 47(05): 64-78.

［24］张帅，陆利平，张兴敏，等.金融系统气候风险的评估、定价与政策应对：基于文献的评述［J］.金融评论，2022, 14(01):99-120+124.

［25］韩珣，李建军，彭俞超.政策不连续性、非金融企业影子银行化与企业创新［J］.世界经济，2022, 45(04):31-53.

［26］王班班，齐绍洲.有偏技术进步、要素替代与中国工业能源强度［J］.经济研究，2014, 49(2):115-127.

［27］方意，王晏如，黄丽灵，等.宏观审慎与货币政策双支柱框架研究——基于系统性风险视角［J］.金融研究，2019(12):106-124.

［28］马正宇，秦放鸣.宏观金融网络中的气候政策冲击机制和效应分析［J］.金融与经济，2022(04):13-22.

［29］刘磊，张晓晶.中国宏观金融网络与风险：基于国家资产负债表数据的分析［J］.世界经济，2020, 43(12):27-49.

［30］张培.金融危机传导的理论和实证研究——基于宏观资产负债表的视角［J］.武汉大学学报(哲学社会科学版), 2015, 68(03):73-79.

［31］吴念鲁，杨海平.经济金融风险传染的防范与治理——基于资产负债表视角的分析［J］.西南金融，2016(02):15-18.

［32］张成思.金融化的逻辑与反思［J］.经济研究，2019, 54(11):4-20.

［33］张成思，郑宁.中国实体企业金融化：货币扩张、资本逐利还是风险规避？［J］.金融研究，2020(09):1-19.

［34］蔡海静，谢乔昕，章慧敏.权变抑或逐利：环境规制视角

下实体企业金融化的制度逻辑［J］.会计研究，2021(04):78-88.

　　［35］李建军，韩珣.非金融企业影子银行化与经营风险［J］.经济研究，2019, 54(08):21-35.

　　［36］毛志宏，哈斯乌兰，金龙.实体企业影子银行化会加剧违约风险吗？［J］.经济科学，2021(02):72-84.

　　［37］朱民，彭道菊.创新内含碳中和目标的结构性货币政策［J］.金融研究，2022(06):1-15.

　　［38］CHEN Y J, LI P, LU Y.Career concerns and multitasking local bureaucrats: evidence of a target-based performance evaluation system in China［J］. Journal of Development Economics, 2018, 133(6): 84-101.

　　［39］DALE W J, WILCOXEN P J.Environmental regulation and US economic growth［J］. Journal of Economics, 1990, 21(2):314-340.

　　［40］GREENSTONE M.The impacts of environmental regulations on industrial activity:evidence from the 1970 and 1977 Clean Air Act Amendments and the Census of Manufactures［J］. Journal of Political Economy, 2002, 110(6):1175-1219.

　　［41］BERMAN E, BUI T M.Environmental regulation and labor demand:evidence from the south coast air basin［J］. Journal of Public Economics, 2001, 76(2):265-295.

　　［42］ROGERS E M.Diffusion of innovations(5th edition)［M］. New York:The Free Press, 2003.

　　［43］UNRUH G C.Understanding carbon lock-in［J］. Energy Policy, 2000(28):817-830.

　　［44］PORTER M E, LINDE C V D.Toward a new conception of

the environment competitiveness relationship［J］. Journal of Economics Perspectives, 1995, 9(4):97-118.

［45］KRUGER P.Climate change and firm valuation: evidence from a quasi-natural experiment［R］. Geneva:Swiss Finance Institute Research Paper, 2015.

［46］BOLTON P, DESPRÉS M, AWAZU L, et al., 2020a.The green swan［EB/OL］. (2020-01-20)［2022-12-11］. https://www. bis.org/publ/othp31.htm.

［47］SCHUMPETER J.The theory of economic development［M］. Somerset:Transaction Publishers, 1982.

［48］GUTH W D, GINSBERG A.Guest editors' introduction: corporate entrepreneurship［J］. Strategic Management Journal, 1990:5-15.

［49］GLASSERMAN P, YOUNG H P.Contagion in Financial Networks［J］. Journal of Economic Literature，2016，54:779-831.

［50］OZGÜR O.Financialization and capital accumulation in the non-financial corporate sector: a theoretical and empirical investigation on the US economy:1973-2003［J］. Cambridge Journal of Economics, 2008, 32(6):863-886.

［51］DIAMOND D W, DYBVIG P H.Bank runs, deposit insurance, and liquidity［J］. Journal of Political Economy, 1983, 91(3):401-419.

［52］BEZEMER D, RYAN-COLLINS J, VAN LERVEN F, et al.Credit policy and the "debt shift" in advanced economies［J］. Socio-Economic Review, 2021, 21(1):437-478.

第十二章

［1］COASE R H. The problem of social cost［J］. Journal of Law and Economics, 1960, 3(1): 1–44.

［2］STAVINS R N. The design of environmental policy instruments: lessons from theory and practice［M］. Oxford: OUP Catalogue, 2011.

［3］WEF, IMF. Global carbon pricing: pathways for implementation ［EB/OL］.(2020–01–01)［2024–04–05］. https://www.weforum.org/reports/globalcarbon–pricing–pathways–for–implementation.

［4］GRUBB M, VROLIJK C, BRACK D. The kyoto protocol: A guide and assessment［M］. Oxford: Earthscan, 2002.

［5］STERN N. The economics of climate change［J］. American Economic Review, 2016, 106(7): 1–37.

［6］BÖHRINGER C, LANGE I.Optimal transfers for the international allocation of emissions allowances［J］. Environmental & Resource Economics, 2005, 32(3): 339–363.

［7］JENKINS J. Carbon credits and emission reduction projects［J］. Energy Policy, 2003, 31(14): 1481–1488.

［8］MICHAELOWA K, JOTZO F. Linking carbon markets —a review of institutional and political options［J］. Climate Policy, 2015, 15(2): 165–183.

［9］DIAZ–RAINEY I, CROSBIE P, DAY R H. Financial markets and climate change: pricing carbon in the EU emissions trading scheme ［M］. Cheltenham: Edward Elgar Publishing, 2012.

［10］HÄRTEL C, UNGEHEUER M, WEBER C. Green investments and carbon market–based derivatives: evidence from european electricity companies［J］. Journal of Banking & Finance, 2013, 37(11): 4411–4421.

［11］CARMONA R, COULON M, SCHWARZ M. An introduction to commodity derivatives［M］. Cambridge: Cambridge University Press, 2010.

［12］SKEES J R, BARNETT B J, BRUCE J W. Weather risk management for agriculture and renewable energy［J］. Journal of Banking & Finance, 2012.

［13］ZENG N, LI Y, WEI Y M, et al. Evolutionary game analysis on financial investment behavior under the global carbon neutrality target［J］. Journal of Cleaner Production, 2019, 238, 118227.